Professor Dr. phil. Emmanuel Lévinas, geb. 1905 in Kaunas (Litauen), lebt seit 1923 in Frankreich. Studium der Philosophie in Straßburg und Freiburg i. Br.; Teilnahme am Krieg, Gefangenschaft in Deutschland: nach dem Krieg Leiter des Israelitischen Lehrerseminars in Paris; Arbeiten zum Judentum und zur Philosophie; seit 1962 Professor für Philosophie; 1983 Karl-Jaspers-Preis. Bei Alber sind bisher folgende Bücher von Lévinas als Übersetzungen erschienen: Die Spur des Anderen (1983, [3]1992), Totalität und Unendlichkeit (1987), Wenn Gott ins Denken einfällt (1985, [2]1988).

In diesem Buch, seinem neben *Totalität und Unendlichkeit* zweiten philosophischen Hauptwerk, vertieft Lévinas die Kritik an der abendländischen Ontologie, die für ihn weder die Frage nach dem Anderen noch die ethische Frage nachdrücklich genug stellt. Stets hat Lévinas betont, meine Beziehung zur Unendlichkeit des Anderen bleibe letztendlich der Erörterung unzugänglich. Ihr Sprache zu suchen, hält er gleichwohl für die Aufgabe der Philosophie. Wie sehr ihr damit „Kampf und Schmerz des Ausdrucks" auferlegt sind, hat Lévinas nirgends eindringlicher demonstriert als in diesem Buch. In einer der Ausgesetztheit an die Sinnlosigkeit abgerungenen Sprache wird hier versucht, die Krise des neuzeitlichen Humanismus, die für Lévinas einhergeht mit der Vertreibung des Subjekts aus den Humanwissenschaften und mit der nicht enden wollenden Rede vom Ende der Metaphysik, so ernst zu nehmen, daß im Identitätszerfall auf der ontologischen Ebene die Berufung zu einer vorgängig anders bestimmten Conditio humana vernehmbar wird. Ihr Ort ist die Sinnlichkeit und Verletzlichkeit des Menschen, ihre Bestimmung eine „unübernehmbare Passivität", die Vorladung zu einer Verantwortung, für die ich mich so wenig vertreten lassen kann wie für mein eigenes Sterben. Diese Bestimmung gilt, so die These des Buches, unabhängig von den Gesetzen des Seins, sie regiert anders, als Sein geschieht.

Emmanuel Lévinas

Jenseits des Seins oder anders als Sein geschieht

Alber-*Reihe* Philosophie

Emmanuel Lévinas

Jenseits des Seins oder anders als Sein geschieht

Aus dem Französischen übersetzt
von Thomas Wiemer

Verlag Karl Alber Freiburg/München

Titel der Originalausgabe:
Autrement qu'être ou au-delà de l'essence

Die deutsche Übersetzung
wurde gefördert vom
Ministère de la Culture in Paris

Die Deutsche Bibliothek – CIP-Einheitsaufnahme

Lévinas, Emmanuel:
Jenseits des Seins oder anders als Sein geschieht /
Emmanuel Lévinas. Aus dem Franz. übers. von Thomas
Wiemer. – Freiburg (Breisgau); München: Alber, 1992
(Alber-Reihe Philosophie)
Einheitssacht.: Autrement qu' être ou au-delà de
l'essence ⟨dt.⟩
ISBN 3-495-47584-2

Gedruckt auf alterungsbeständigem Papier (säurefrei)
Printed on acid-free paper

Satz: Offsetdruckerei J. Krause, Freiburg i. Br.
Druck: F. X. Stückle, Ettenheim
ISBN 3-495-47584-2

Dem Gedenken der nächsten Angehörigen unter den sechs Millionen der von den Nationalsozialisten Ermordeten, neben den Millionen und Abermillionen von Menschen aller Konfessionen und aller Nationen, Opfer desselben Hasses auf den anderen Menschen, desselben Antisemitismus.

לזכר נשמת אבי מורי ר׳ יחיאל בר׳ אברהם הלוי,
אמי מורתי דבורה בת ר׳ משה,
אחי דב בר׳ יחיאל הלוי, ועמינדב בר׳ יחיאל הלוי
חותני ר׳ שמואל בר׳ גרשון הלוי, וחותנתי מלכה בת ר׳ חיים.

תנצבה

Und wenn der Gerechte sich abwendet von seinem rechtschaffenen Leben, um Unrecht zu tun, werde ich ihm ein Hindernis in den Weg legen, und er wird sterben. Weil du ihn nicht gewarnt hast, wird er sterben in seiner Sünde, und seiner gerechten Taten von einst wird nicht mehr gedacht werden. Von dir aber werde ich Rechenschaft fordern für sein Blut. Ez 3, 20

Und der Ewige sagte zu ihm: „Geh mitten durch die Stadt, mitten durch Jerusalem und mache ein Zeichen auf die Stirn der Männer, die seufzen und klagen wegen all der Greueltaten, die in ihr begangen werden." Und zu den anderen sagte er vor meinen Ohren: „Geht durch die Stadt hinter ihm her und schlagt zu. Bleibt hart und habt kein Mitleid. Greise, Jünglinge und Mädchen, Kinder und Frauen, tötet sie, macht sie nieder, die aber das Zeichen tragen, rührt nicht an, und beginnt mit meinem Heiligtum." Ez 9, 4-6

Die Weisen haben gesagt: „Lest nicht ‚und beginnt mit meinem Heiligtum', sondern ‚und beginnt mit denen, die mich heiligen' ... So lehrt es der Talmudtraktat Sabbath, 55a (Kommentar Rachis zu Ezechiel 9,6).

„... ‚Das ist mein Platz an der Sonne'. Damit beginnt und darin spiegelt sich die widerrechtliche Inbesitznahme der ganzen Erde."

„... Nach Kräften hat man sich der Begehrlichkeit bedient, um sie dem Allgemeinwohl dienstbar zu machen. Doch nur zum Schein, ein verfälschendes Bild der Liebe: denn im Grunde ist es nichts als Haß." Pascal, Pensées

Inhalt

Die Marginalien verweisen auf die Seitenzählung der französischen Originaltexte.
Die Originalanmerkungen von Lévinas sind arabisch gezählt. Mit kleinen Buchstaben gekennzeichnete Anmerkungen stammen vom Übersetzer.

Vorwort des Übersetzers

Ein Vorwort nach getaner Arbeit anzufügen, ist für den Übersetzer kaum leichter als für den Autor. Zumal bei einem Text, in dem das nur scheinbar eindeutige Verhältnis von Wort und Vorwort, Text und Kommentar, Gesagtem, Widerrufenem und anders zu Sagendem so eingehend erörtert wird, wie es im vorliegenden Buch der Fall ist.

Zu Recht kann man sich fragen, wo eigentlich dieser Text beginnt. Bei der Überschrift? Der doppelten Widmung, die, unverwechselbar, allen anschließenden Worten eingeprägt bleibt? Dem mehrstimmigen Motto, das auf frühere Texte und Texttraditionen verweist, sich ihnen verbindet und einen inhaltlichen Tenor vorgibt? Beim Inhaltsverzeichnis? Der Vorbemerkung des Autors? Der als eigenem Kapitel vorangestellten Inhaltsangabe? Oder erst mit der Exposition im zweiten Kapitel?

Daß der Text von Beginn an und schon, wo es darum geht, seinen Beginn festzustellen, dem Leser Schwierigkeiten macht, ist weder zufällig noch nebensächlich. Freilich wird erst vom – nicht weniger unsicheren – Ende her einsichtig, in welchem Sinne die „Inszenierung“ dieses Textes Teil seiner Botschaft ist.

Der Schwierigkeit, den Anfang zu finden, korrespondiert die Mühsal des dann folgenden Diskurses, der beschwerlich ist aufgrund der Botschaft, aber ebenso als der – oft atemlose – Versuch, sie zur Sprache zu bringen. Der Versuch der Übersetzung in eine andere Sprache hat, auf einer bestimmten Ebene, mit derselben Schwierigkeit zu kämp-

fen. Insofern ist das folgende Buch neben anderem auch die Übersetzung eines Lehrstücks vom Übersetzen.
Wer es zum ersten Mal liest und die Geduld hat, es bis zur letzten Seite auszuhalten, wird die Erfahrung machen, daß er am Ende doch nicht zu Ende gekommen ist. Was für manche Bücher zutrifft, gilt für dieses in besonderer Weise: daß es ein mehrfaches Lesen erfordert – so wie es selbst ein mehrfaches Sagen, ein Sagen „in mehreren Zeiten" und darin ein permanentes Übersetzen praktiziert. Sein Text ist so organisiert, daß er erst mit fortschreitender und wiederholter Lektüre einlöst, was er zunächst an unausgewiesenen Thesen, befremdlichen Bildern und irritierenden Begriffen oder Un-Begriffen auslegt. Löst er es ein?
Allemal zwingt er den Übersetzer und also den Leser, der nicht umhinkann, im Akt des Lesens den des Übersetzens zu erneuern – zur Geduld.
Bei dem Versuch, die „exercices de la patience", die der Originaltext dem französischen Leser zumutet, zu erhalten, ohne sie, wenn möglich, durch die Übersetzung blindlings zu verschärfen, war unter anderem der Versuchung zu widerstehen, den rauhen und unbequemen Text des Französischen, etwa durch Ergänzung der Kopula und syntaktischer Strukturen, im Deutschen „lesbarer" zu machen – um den Preis, ihn damit eindeutiger als im Original festzulegen. Dieser Widerstand ist nicht immer durchgehalten worden, und vielleicht ist er an manchen Stellen zu Unrecht oder mit den falschen Mitteln geleistet worden. Dennoch: das Unbequeme und vielfach Uneindeutige des französischen Textes gehört so essentiell zu seiner Botschaft, daß die Übersetzung ins Deutsche, das ja zum Teil auf ganz abweichende grammatische Muster festgelegt ist, gehalten bleibt, nach dem angemessenen Entsprechungen zu suchen.
Damit folgt die vorliegende Übersetzung einem anderen

Kurs als beispielsweise die 1981 publizierte Übertragung ins Englische. Dies kommt auch in den zusätzlichen (durch kleine Buchstaben gekennzeichneten) Anmerkungen zum Ausdruck (die arabisch gezählten gehören zum Originaltext). Die Hinzufügungen sind zum Teil dem Notstand des Übersetzens geschuldet, das sich oft gezwungen sieht, bestimmte Anklänge oder Polysemien der französischen Wendung in der Übertragung zu opfern. Die Markierung einiger solcher Stellen dient dem Versuch, den Vorgang des Übersetzens selbst mit transparent zu machen, vor allem dort, wo dies vom Text her sich nahelegt. Zusätzliche Anmerkungen tauchen aber auch bei bestimmten Schlüsselbegriffen auf, bei denen es ratsam schien, die Wahl der einen oder anderen Übersetzung zu erläutern. Und schließlich bei manchen der zahlreichen Anspielungen und impliziten Bezugnahmen, die dem französischen Leser transparenter sind als dem deutschen.

Erläuternd kommentieren diese Zusätze natürlich und explizieren so, was alle Übersetzung implizit mit der Entscheidung für bestimmte Entsprechungen und also gegen andere oder andere vernachlässigend durchführt: Exegese des Gesagten, um es anders zu sagen. Mit dem Risiko, es zu verdecken, zu entstellen, zu verraten – und dem Appell, das Übersetzte als immer nur vorläufig Gesetztes aufzunehmen. Ist doch die Übersetzung nicht zuerst das Ergebnis eines *Über*setzens ans andere Ufer, sondern ein Erfahren des Abstands, ein „Ins-Werk-Setzen der Differenz" (Maurice Blanchot). Was übersetzt, ist noch nicht angekommen ...

Die Zugänglichkeit und Unzugänglichkeit der so in einen neuen Sprachraum ausgesetzten Botschaft ist daher nicht einfach gegeben. Sie wird zugemutet. Als das riskante Unternehmen einer Annäherung, die in diesem Buch viele

Namen hat. Einer von ihnen lautet „ein schönes Wagnis, auf das man sich einlassen muß“.

Thomas Wiemer

Vorbemerkung

Die wichtigste und zum Verständnis des folgenden Diskurses und schon seines Titels unabdingbare Anmerkung soll gleich an der Schwelle dieses Buches hervorgehoben werden, auch wenn sie innerhalb des Werkes noch des öfteren wiederholt wird: Der Begriff *essence* bringt hier das von *étant* verschiedene *être* zum Ausdruck, das deutsche *Sein* im Unterschied zum *Seienden*, das lateinische *esse* im Unterschied zum *ens* der Scholastiker.[a] Wir haben nicht gewagt, es als *essance* zu schreiben, wie es die Sprachgeschichte eigentlich erfordern würde, in deren Verlauf das Suffix -ance, aus lateinisch -antia oder -entia, zur Bildung abstrakter Handlungsnomina geführt hat. Wir werden sorgfältig darauf achten, den Begriff *essence* und seine Ableitungen nicht im traditionellen Sinne zu gebrauchen. Wenn wir diesen traditionellen Sinn von *essence*, *essentiel*, *essentiellement* meinen, werden wir von eidos, eidetisch, wesentlich oder Natur, Washeit, fundamental usw. sprechen. p. IX

[a] *Der nachfolgende Text von Autrement qu'être zeigt, daß Lévinas mit dem Wort „essence", expliziter als mit „être", auf dem Geschehenscharakter des Seins insistiert, auf dem verbalen Seinsvollzug. Er macht allerdings ebenso deutlich, daß „être" und „essence" nicht strikt voneinander unterschieden werden: Nicht selten wird auch mit „être" der verbale Sinn des Seins zum Ausdruck gebracht. Um in der deutschen Übersetzung mit anzuzeigen, wo der französische Text das Wort „essence" gebraucht, geben wir es im folgenden durch die Verbform* sein *wieder, während „être" in der Regel mit* Sein *übersetzt wird.*

Verschiedene Auszüge des vorliegenden Werkes sind bereits in Zeitschriften veröffentlicht worden:
Unter dem Titel *La Substitution* erschien der größere Teil von Kapitel IV in der „Revue philosophique de Louvain" (Oktober 1968);[b] der Abschnitt *Au delà de l'Essence*, der dem Kapitel I entspricht und die Inhaltsangabe des vorliegenden Buches entwickelt, wurde in der „Revue de Métaphysique et de Morale" (August/September 1970) abgedruckt; der „Nouveau Commerce" veröffentlichte im Frühjahr 1971 unter dem Titel *Le Dire et le Dit* einen wesentlichen Teil von Kapitel II; ein Auszug aus Kapitel III erschien als *La proximité* im Oktober 1971 in den „Archives de Philosophie"; und in dem Band *Le Témoignage* (der die Vorträge und Protokolle einer Tagung vereinigt, die unter dem Vorsitz von Professor Enrico Castelli im Januar 1972 vom Centre International d'Etudes Humanistes und vom Institut d'Etudes Philosophiques de Rome veranstaltet wurde) finden sich unter dem Titel *Verité comme dévoilement et vérité comme témoignage* die zentralen Gedanken unseres Kapitels V.
Dennoch ist das vorliegende Buch nicht lediglich eine Sammlung von Artikeln. Es war in seiner ersten Fassung um das Kapitel IV, sein damaliges Kernstück, gruppiert
p. X und entstand vor den veröffentlichten Artikeln. Diese wurden dann aus dem größeren Ganzen herausgenommen, nachdem sie jeweils eine Überarbeitung erfahren hatten, die sie zu relativ eigenständigen Texten machte. Die Spuren dieser Eigenständigkeit sind in der jetzt vorliegenden Fassung nicht immer getilgt worden, wenn auch seither Veränderungen vorgenommen wurden und Anmerkungen neu hinzugekommen sind.

---

[b] *Dieser Teil liegt bereits in einer deutschen Übersetzung vor: SpA 295-330.*

In der Subjektivität eine Aus-nahme erkennen, die das Gefüge von *sein* und *Seiendem* und ihrer *Differenz* durcheinanderbringt; in der Substantialität des Subjekts, im harten Kern des „Einzigen" in mir, in meiner unvollständigen, uneinheitlichen Identität die Stellvertretung für die Anderen erblicken; diese allem Wollen zuvorkommende Selbstaufopferung denken als eine schonungslose Ausgesetztheit an das Verletztwerden durch die Transzendenz, und zwar nach Art eines Empfangens, das passiver – und auf andere Weise passiv – ist als die Rezeptivität, die Leidenschaft und die Endlichkeit; aus dieser unannehmbaren Empfänglichkeit die der Welt immanente *Praxis* und das der Welt immanente Wissen ableiten – damit sind die Thesen dieses Buches skizziert, das das *Jenseits-des-sein* nennt. Der Begriff kann gewiß keine Originalität für sich in Anspruch nehmen, der Zugang zu ihm jedoch ist steil und beschwerlich wie ehedem. Die Schwierigkeiten des Aufstiegs – sein vielfaches Scheitern und sein je neues Beginnen – sind einem Schreiben eingezeichnet, in dem dazu wohl noch die Atemlosigkeit des Autors sich bezeugt. Doch *einen nicht durch das Sein infizierten Gott zu vernehmen*, ist eine ebenso wichtige und ebenso ungesicherte menschliche Möglichkeit wie die, *das Sein dem Vergessen zu entreißen*, in das es in der Metaphysik und in der Onto-Theologie gefallen sein soll.

Inhaltsangabe

Kapitel I
Sein und Sich-vom-Sein-Lösen[a]

„Zugunsten der Passivität, schrieb Novalis, läßt sich einiges anführen. Es ist bezeichnend, daß ein Zeitgenosse des Novalis, Maine de Biran, der der Philosoph der Aktivität sein wollte, wesentlich so etwas wie der Philosoph zweier Passivitäten bleibt, der niedrigeren und der höheren. Ist aber die niedrigere niedriger als die höhere?" p. 3

Jean Wahl, *Traité de Métaphysique*, S. 562 (Ausgabe 1953)

1. Das „Andere"[b] des Seins

Wenn die Transzendenz einen Sinn hat, so kann sie für das *Ereignis des Seins* – für das *esse* – für das *sein (essence)*[1] – nur bedeuten: Übergehen zum Anderen des Seins. Aber,

[1] Der Begriff *essence* – es scheint uns zu gewagt, ihn *essance* zu schreiben – bezeichnet das vom *ens* unterschiedene *esse* – den Seinsvorgang oder das Seinsereignis – das vom *Seienden* verschiedene *Sein (die hervorgehobenen Wörter* Seienden *und* Sein *im Original deutsch).* Vgl. oben in der Vorbemerkung, S. 17.

[a] *Lévinas verwendet das französische Wort „désintéressement" in einer über den geläufigen Sprachgebrauch hinausgehenden Bedeutung, die an seine Komposition erinnert: désintéressement, Abkehr vom inter-esse, davon, im Sein zu sein und am Sein festzuhalten. Die Abkehr deutet sich hier nun zugleich an als eine – nicht dialektische – „Umkehrung" des Seins und der Seinsverhaftetheit – in die Richtung des Ethischen. Denn die heute im Französischen geläufige Bedeutung des Wortes „désintéressement" ist: Uneigennützigkeit, Selbstlosigkeit. Der Vorzug des Ausdrucks liegt also darin, und in diesem Sinne wird er zu einem der pro-*

was soll das heißen, das *Andere des Seins*? Unter den fünf im *Sophistes* genannten Hauptbegriffen fehlt der Gegenbegriff zum Sein, obschon bereits der *Staat* vom Jenseits-des-sein spricht.[c] Und was soll hier das Faktum des Übergehens bedeuten, das doch, indem es zum Anderen des Seins gelangte, auf dem Wege dieses Übergangs nicht umhinkönnte, seine Faktizität aufzulösen?

Übergehen zum *Anderen* des Seins, anders als sein. Nicht *anderssein*, sondern *anders als sein*. Auch nicht nichtsein. Übergehen ist hier nicht gleichbedeutend mit vergehen, sterben.

Das Sein und das Nichtsein erhellen sich gegenseitig und entwickeln eine spekulative Dialektik, die eine Bestimmung des Seins ist. Oder die Negativität, die das Sein zurückzustoßen sucht, wird sogleich wieder vom Sein überdeckt. Die sich auftuende Leere wird sogleich wieder ausgefüllt vom stummen und namenlosen Raunen des Es-gibt,[2] wie der freigewordene Platz des Sterbenden durch das Gemurmel der nachfolgenden Bewerber. Das esse des
p. 4 Seins beherrscht selbst das Nichtsein. Mein Tod ist bedeutungslos. Es sei denn, mein Tod risse die Totalität des Seins

---

grammatischen Termini des Buches, daß er den Abschied von der Seinsverhaftetheit, vom Beharren im Sein („conatus essendi"), und die Haltung der Uneigennützigkeit in einem Wort *präsent macht: den Abschied von der Seinsverhaftetheit* als *ethischen Modus. – Die Übersetzung „Sich-vom-Sein-Lösen" folgt einem Vorschlag von Ludwig Wenzler (Menschsein vom Anderen her, Einleitung in: HAM XXII), der seinerseits eine Erläuterung von Emmanuel Lévinas aufnimmt (vgl. im Anhang der genannten Übersetzung, S. 141 f.).*

[b] *Der für Lévinas' Denken zentrale Titel des* Anderen *wird im folgenden, abweichend von der üblichen Orthographie und ohne Rücksicht darauf, ob es sich um* den *Anderen oder um* das *Andere handelt, mit großem Anfangsbuchstaben geschrieben, um die vom geläufigen Sprachgebrauch verschiedene Bedeutung dieses Wortes auch graphisch zu signalisieren.*

[c] *Politeia 509 b.*

[2] Zum Begriff des *Es-gibt* vgl. unser Buch De l'existence à l'existant, Paris 1947, S. 93 ff.

mit sich fort – wie es sich Macbeth in der Stunde seines letzten Kampfes wünschte. Dann aber wäre das sterbliche Wesen – oder das Leben – bedeutungslos und lächerlich bis hinein in die „Selbstironie", mit der man es im äußersten Falle gleichsetzen könnte.

Sein oder Nichtsein, das ist also nicht die Frage der Transzendenz. Der Ausdruck das *Andere* des Seins – das Anders-als-sein – behauptet eine Differenz jenseits derer, die das Sein vom Nichts trennt: nämlich gerade die Differenz des Jenseits, die Differenz der Transzendenz. Doch fragt man sich sogleich, ob in der Formulierung *anders als sein* das Adverb *anders* sich nicht unweigerlich auf das Verb *sein* bezieht, das hier lediglich in einer künstlich elliptischen Wendung umgangen worden ist. So daß das Signifikat des Verbs sein unumgänglich wäre in allem Gesagten, in allem Gedachten, in allem Empfundenen. Unsere um das Verb sein gewobenen Sprachen würden demnach nicht nur dessen unantastbares – der Herrschaft der Götter überlegenes – Königtum spiegeln, sie wären selbst der Purpur dieses Königtums. Dann aber hätte keine Transzendenz mehr Sinn außer der nachgemachten Transzendenz von Hinterwelten jener Himmelsstadt, die am Himmel der Erdenstadt sich in deren Kraftfeld dreht. Das Sein der Seienden und der Welten – so verschieden diese untereinander auch sind – wirkt zwischen den Unvergleichlichen eine Schicksalsgemeinschaft. Es bringt sie in Verbindung, selbst wenn die Einheit des Seins, das sie versammelt, Einheit nur der Analogie wäre. Jeder Versuch, die Verbindung und das Geflecht der Verbindungen aufzulösen, unterstreicht sie nur. Das *Es-gibt* füllt den Leerraum, den die Negation des Seins läßt, wieder aus.

2. Sein und Interessiertsein[d]

Das *sein* vollzieht sich so als ein unerschütterliches Beharren im *sein*, von dem jedes Intervall des Nichts, das den Seinsakt unterbrechen wollte, wieder aufgefüllt wird. *Esse* ist *interesse*. Sein ist Interessiertsein. Interessiertsein, das sich nicht lediglich dem Geist anzeigt, wo er durch die Relativität seiner Negationskraft überrascht wird, und dem Menschen, der sich der Bedeutungslosigkeit seines Todes fügt; Interessiertsein, das sich nicht allein auf diese Widerlegung der Negativität beschränkt. Positiv bestätigt es sich als *conatus* der Seienden. Und was kann die Positivität anderes bedeuten als diesen *conatus*? Das Interessiertsein am Sein und das Interessiertsein des Seinsaktes selbst findet seinen dramatischen Ausdruck in den miteinander im Kampf liegenden Egoismen, im Kampf aller ge-
p. 5 gen alle, in der Vielfalt der gegeneinander allergischen Egoismen, die miteinander Krieg führen und auf diese Weise zusammen sind. Der Krieg ist der Vollzug oder das Drama des Interessiertseins am Sein.[e] Kein Seiendes kann

---

[d] *Interessiertsein hier nicht allein im Sinne der geistigen Anteilnahme, sondern im Sinne von* inter-esse*: im Sein (dabei) sein, am Sein festhalten, Beharren im Sein – und schon: Sich – Behaupten im Sein, Festhalten am eigenen Sein. Der heutige französische Sprachgebrauch hat diesen Bedeutungsgehalt in dem Wort „intéressement" ganz auf den kommerziellen Bereich zugespitzt und kennt es, im Unterschied zu „intéresser"/„intérêt", allein in der Bedeutung: Gewinnbeteiligung. Im vorliegenden Kontext, in dem das Wort gegenläufig zu „désintéressement" gebraucht wird (vgl. oben die Anmerkung zur Überschrift dieses Kapitels), geht es dagegen wesentlich um den inneren Zusammenhang des Seins und des Seinsaktes zu dem Aspekt des Gewinns-für-mich, der Sorge um den eigenen Nutzen. Bemerkenswerterweise erschließt dabei für Lévinas die Ableitung* intéressement *den Sinn des Stammes* esse *und nicht umgekehrt!*

[e] *Vollzug: „la geste", eigentlich: das Tatenlied; Gattungsbegriff für die Heldenepen des Mittelalters („chansons de geste"). Die durch die Verwendung des Wortes im vorliegenden Kontext evozierte Verbindung zwischen dem Seinsakt und einer Verherrlichung der (erfolgreichen, kriegerischen) Aktivität entspricht dem Tenor der gesamten Passage.*

seine Stunde erwarten. Jedes rivalisiert mit jedem trotz der Unterschiedlichkeit der Bereiche, denen die widerstreitenden Parteien zugehören mögen. Das *sein* ist so der äußerste Synchronismus des Krieges. Abgrenzungen werden sichtbar – und werden durch die Zusammenstöße sogleich wieder zunichte gemacht. Abgrenzungen kommen auf und gehen unter im Getümmel. Äußerste Gleichzeitigkeit oder Immanenz.

Indessen: Würde nicht durch den Frieden, in dem die Vernunft herrscht und den unmittelbaren Zusammenstoß der Seienden unterbricht, das *sein* sich umkehren in das dem *sein* gegenüber Andere?

Inszenieren nicht die Seienden, wo sie sich gedulden und auf die gegen den Anderen gerichtete Intoleranz ihres Beharrens im Sein verzichten, das *Anders-als-sein*? Doch dieser vernünftige Friede – Geduld und Ausdauer[f] – er ist Berechnung, Vermittlung, Politik. Der Kampf aller gegen alle wird zu Tausch- und Handelsbeziehung. Der Konflikt, bei dem, alle gegen alle, alle mit allen sind, wird zu wechselseitiger Begrenzung und Determination einer Materie. Das Beharren im Sein aber, das Interessiertsein, hält sich dabei durch aufgrund des entschädigenden Ausgleichs, der in der Zukunft die im Moment geduldig und aus politischen Erwägungen gebilligten Konzessionen

[f] *Die Formulierung erinnert an den Schlußvers einer Fabel La Fontaines, „Patience et longueur de temps / Font plus que force ni que rage“ (Fables, Buch II, Fabel XI „Le lion et le rat“).* Geduld und Ausdauer, *der Einsatz der Ratte, die damit einen ins Netz gegangenen Löwen losnagt, der sich in seiner blinden Wut mit all seiner Kraft nicht befreien kann, sind in dieser Fabel gleichsam der kommerzialisierte Gegenwert für die Großmütigkeit des Löwen, der zunächst darauf verzichtet hatte, die Ratte zu verspeisen. Die durch die Formulierung „zitierte“ Fabel illustriert und unterstreicht den hier angesprochenen Gedanken eines „vernünftigen Friedens“, der allein ein geschäftsmäßiger bleibt: der in beiderseitigem Interesse vertagte Krieg.*

wieder aufwiegen soll. Die Seienden bleiben stets versammelt, gegenwärtig – in einer Gegenwart freilich, die sich dank der Erinnerung und der Geschichte ausdehnt zu einer wie die Materie determinierten Totalität; in einer Gegenwart ohne Sprünge und Unvorhersehbarkeiten, in der dem Werden kein Raum bleibt; in einer Gegenwart, die zu einem gut Teil aus ver-gegenwärtigenden Vorstellungen besteht kraft der Erinnerung und der Geschichte. Nichts ist unbegründet. Die Masse bleibt konstant, und es bleibt das Interessiertsein. Die Transzendenz ist Scheintranszendenz und der Friede unbeständig. Dem Eigennutz hält er nicht stand. Und die schlecht eingehaltene Verpflichtung, die Tugend zu belohnen und die Laster zu bestrafen, läßt – den Beteuerungen derer zum Trotz, die behaupten, sie sei auf eine Frist hin eingegangen, die länger ist als die Distanz, die den Himmel von der Erde trennt – dunkle Gerüchte über den Tod Gottes oder den leeren Himmel glaubwürdig erscheinen. Niemand wird ihrem Schweigen mehr glauben.

Und doch muß man sich gleich hier schon fragen, ob nicht sogar die Differenz, die das *sein* im Krieg vom *sein* im Frieden scheidet – denn der Handel ist besser als der Krieg, denn das Gute hat im Frieden schon regiert – ob nicht sogar diese Differenz bereits jene *Atemlosigkeit des Geistes* oder den Geist mit angehaltenem Atem voraussetzt, in denen seit Platon das Jenseits-des-sein gedacht und zur Sprache gebracht wird. Und gleich hier muß man
p. 6 sich fragen, ob nicht jene Atemlosigkeit oder jenes Atemanhalten die äußerste Möglichkeit des *Geistes* ist, der Sinn trägt über das *sein* hinaus, unabhängig vom *sein*.

3. Das Sagen und das Gesagte

Rührt nicht das ausweglose Schicksal, in das das Sein alsbald den Ausdruck das *Andere* des Seins einschließt, von dem Einfluß her, den das *Gesagte* auf das *Sagen* ausübt, von dem *Orakelhaften*, in dem das Gesagte stehenbleibt? Wäre dann vielleicht der Bankrott der Transzendenz nichts anderes als der Bankrott einer Theologie, die im Logos das *Transzendieren* thematisiert und damit dem Passieren der Transzendenz einen Begriff zuweist, es zur „Hinterwelt" erstarren läßt, die das, was sie sagt, in den Krieg und in die Materie einbaut, die unvermeidlichen Modalitäten des vom Sein in seinem Interessiertsein gewirkten Schicksals?

Nicht, daß das *sein* als Beharren im *sein* – als *conatus* und Interessiertsein – sich auf ein Wortspiel beschränkte. Das Sagen gerade ist kein Spiel. Vor den Wortzeichen, die es verbindet, vor linguistischen Systemen und schillernden Bedeutungen – als Vorwort der Sprachen – ist es Nähe vom Einen zum Anderen, Verpflichtung zur Annäherung, der Eine für den Anderen, gerade die Bedeutsamkeit der Bedeutung. (Aber ist überhaupt die Annäherung durch die Verpflichtung zu definieren und nicht umgekehrt die Verpflichtung durch die Annäherung? Vielleicht haben wir zugunsten gängiger moralischer Maximen, in denen das Wort *Nächster* vorkommt, aufgehört, uns über all die Implikationen der Nähe und der Annäherung zu wundern.) Das ursprüngliche oder vor-ursprüngliche Sagen – das Vor-wort im eigentlichen Sinne – knüpft eine dramatische Verstrickung der Verantwortlichkeit.[g] Eine Ordnung

[g] Verstrickung der Verantwortlichkeit: *„une intrigue de responsabilité";* intrigue *ist eines der von Lévinas bevorzugten Worte, um eine außerordentliche Weise der Beziehung zum Ausdruck zu bringen: eine Beziehung ohne Kopräsenz der miteinander in Beziehung Stehenden, ein*

ernster als das Sein und dem Sein zuvor. Verglichen mit ihr zeigt das Sein alle Anzeichen eines Spiels. Spiel oder Entspannung des Seins, jeglicher Verantwortung enthoben, Spiel, in dem alles Mögliche erlaubt ist. Aber kommt das Spiel aus dem Interessiertsein heraus? Schon gehört zum Spiel das, was auf dem Spiel steht – Geld oder Ehre. Das Sich-vom-Sein-Lösen – ohne entschädigenden Ausgleich – ohne ewiges Leben, ohne die Lust des Glücks – die vollständige Unentgeltlichkeit – ist nicht all das auf einen äußersten Ernst bezogen und nicht auf die täuschende Leichtfertigkeit des Spiels? Fragen wir uns vorausgreifend: Verweist nicht dieser Ernst, in dem das *esse* des Seins sich umkehrt, auf jene vor-ursprüngliche Sprache – auf die Verantwortlichkeit des Einen für den Anderen – auf die Stellvertretung des Einen für den Anderen und die Bedingung (oder Unbedingung) der Geiselschaft, die auf diese Weise sich abzeichnet?

p. 7 Wie dem auch sei, das vor-ursprüngliche Sagen wandelt sich in eine Sprache, in der Sagen und Gesagtes sich wechselseitig bedingen, ja in der das Sagen seinem Thema sich unterordnet. Es läßt sich zeigen, daß selbst die Unterscheidung zwischen Sein und Seiendem von der Doppeldeutigkeit des Gesagten getragen wird, ohne daß die Unterscheidung noch auch die Doppeldeutigkeit sich deshalb auf bloß verbale Tricks zurückführen ließen. Die Korrelation von Sagen und Gesagtem, das heißt die Unterordnung des Sagens unter das Gesagte, unter das linguistische System und unter die Ontologie, ist der Preis, den die Manifestation verlangt. In der Sprache als Gesagtem läßt

---

nicht-lineares, nichtintentionales und unumkehrbares Aufeinanderbezogensein und Voneinandergetrenntbleiben; ein Verhältnis, in das man sich verstrickt findet, ohne sich dafür entschieden zu haben und ohne um die Gründe und Hintergründe zu wissen; „eine Weise, verurteilt zu sein, die Hingebung ist", wie es in einem späteren Buch heißt.

sich alles für uns ausdrücken – und sei es um den Preis eines Verrats.[h] Dienende und als solche unverzichtbare Sprache. Just in diesem Moment dient sie einer Untersuchung, die darauf aus ist, das *Anders-als-sein* oder *Andere des Seins* herauszuarbeiten – außerhalb der Themen, in denen es sich, sich selber untreu werdend, als *sein des Seins* zeigt, aber eben sich zeigt. Sprache, die, obschon sie es verrät und indem sie es verrät, dieses *Außerhalb-des-Seins*, diese *Aus-nahme* vom Sein zu sagen erlaubt, als sei das Andere des Seins Ereignis des Seins. Das Sein, seine Erkenntnis und das Gesagte, in dem es sich zeigt, bedeuten in einem Sagen, das im Verhältnis zum Sein eine Ausnahme bildet. Aber gerade im Gesagten zeigen sich sowohl diese Ausnahme als auch das Entstehen des Verstehens, die Geburt der Erkenntnis. Daß jedoch die Ausnahme sich zeigt und zur Wahrheit im *Gesagten* wird, reicht nicht als Vorwand, die apophantische Episode des Sagens zum Absoluten zu erheben, ist sie doch eine dienende oder verkündigende.

Episode des Dienens oder der Verkündigung, das heißt, so erhaben sie auch sei, eine einzig und allein vermittelnde. Denn die Thematisierung, in der das *sein* des Seins für uns zum Ausdruck kommt, denn die Theorie und das Denken, ihre Zeitgenossen, bezeugen keinerlei Schwäche des Sagens. Sie sind motiviert durch die Berufung des vor-ursprünglichen Sagens, durch die Verantwortung selbst. Davon wird später die Rede sein.[3]

---

[3] Vgl. Kap. V, 3.

[h] *Der hier gebrauchte französische Terminus für „läßt sich ausdrücken" (se traduit) beansprucht das Bild des Übersetzens; das „traduire" aber impliziert für Lévinas immer schon das „trahir" (verraten), denn die Übersetzung – vom Sagen ins Gesagte – kann nicht umhin, das zu Übersetzende festzusetzen, es der Synchronie einer Sprachordnung einzupassen und es so – immer auch – zu entstellen. Was die Notwendigkeit der Übersetzung / des Ausdrückens nicht erübrigt.*

Das Sagen aber erschöpft sich nicht im Apophantischen. Die Apophansis setzt schon die Sprache voraus, die antwortet aus Verantwortung, und der Ernst dieser Antwort bemißt sich nicht am Sein. Denn die Unmöglichkeit, die Verantwortung abzulehnen, spiegelt sich allein in dem Skrupel oder dem Gewissensbiß, der dieser Weigerung vorausgeht oder folgt. Die Wirklichkeit des Wirklichen übergeht die Skrupel. Doch von Natur aus oberflächlich, schließt das *sein* die Rückzugswinkel der Verantwortung nicht aus, wie etwa das Sein das Nichts ausschließt. Der Ernst des verantwortlichen Sagens behält eine Rückbezüglichkeit auf das Sein – deren Art noch näher zu bestimmen sein wird. Die moralische Unmöglichkeit ist dabei nicht weniger ernst,[i] nicht von einem Ernst, der die Ver-
p. 8 antwortung in irgendeinem Bereich niedrigerer Spannungen situieren würde, am äußersten Rande des Seins auf der Grenze zum Nichtsein. Als Ernst des *Anders*-als-sein hat er soeben, undeutlich noch, seine Affinität zum Ethischen gezeigt. *Anders-als-sein*, nach dem hier von Anfang an geforscht wird und das, sobald es für uns zum Ausdruck kommt, sich auch schon verraten findet im Gesagten, das über das Sagen herrscht, von dem es zur Sprache gebracht wird. Darin stellt sich ein methodisches Problem. Es bleibt nämlich zu fragen, ob das Vor- ursprüngliche des Sagens (ob das Anarchische, das Nicht-Ursprüngliche, wie wir es nennen) dazu gebracht werden kann, sich zu verraten, indem es sich in einem Thema zeigt (ob eine An-archäologie möglich ist) – und ob dieser Verrat sich rückgängig machen läßt; ob man zugleich wissen kann und das *Gewußte* von den Zeichen befreien, die die Thematisierung ihm einprägt, indem sie es der Ontologie unterordnet. Verrat, der der Preis dafür ist, daß alles sich

[i] *Als die logische oder ontologische. Vgl. Kap. V, 1, Anm. 2.*

zeigt, selbst das Unsagbare; er ermöglicht die Indiskretion gegen das Unsagbare, die wahrscheinlich die eigentliche Aufgabe der Philosophie ist.

In Sätzen zur Aussage gebracht, paßt sich das Unsagbare (oder An-archische) den Formen der formalen Logik an,[4] tritt das Jenseits-des-Seins in Gestalt von Glaubenssätzen auf, funkelt es in der Doppeldeutigkeit von *Sein* und *Seiendem* – in der, wie es heißt, das Sein vom Seienden verborgen werde. Das *Anders-als-sein* drückt sich aus in einem Sagen, das deshalb auch widerrufen werden muß, um nämlich auf diese Weise das *Anders-als-sein* dem Gesagten zu entreißen, in welchem das *Anders-als-sein* schon sich anschickt, nur mehr ein *Anderssein* zu bedeuten. Versinkt das Jenseits-des-Seins, von der Philosophie zur Sprache gebracht – und von ihr zur Sprache gebracht aufgrund ebender Transzendenz des Jenseits – in den Formen der dienenden Aussage, ohne sich aus ihnen befreien zu können?

---

[4] Die Bedeutungen, die über die formale Logik hinausgehen, zeigen sich in ihr selbst, und sei es auch nur durch die genaue Anzeige des Sinns, in welchem sie sich von der formalen Logik abheben. Die Anzeige ist umso genauer, je strenger die Logik ist, mit der diese Rückbezüglichkeit gedacht wird. Der Mythos von der Unterordnung jeglichen Denkens unter das Seinsverstehen rührt wahrscheinlich von dieser offenbarenden Funktion der Kohärenz her, und die formale Logik entwickelt die Gesetzmäßigkeit dieser Kohärenz, nach der der Abstand sich bemißt zwischen der Bedeutung und dem Sein und in der selbst das metaphysische *Diesseits* auf widersprüchliche Weise erscheint. Doch verleiht die Logik, unterbrochen von den Strukturen des Jenseits-des-Seins, die sich in ihm zeigen, den philosophischen Sätzen keine dialektische Struktur. Es ist der Superlativ, der das System unterbricht, mehr als die Negation der Kategorie, und zwar so, als bewahrten die logische Ordnung und das Sein, dem sie sich anzupassen vermag, den Superlativ, der über sie hinausgeht: in der Subjektivität die Maßlosigkeit des Nicht-Ortes, in der Liebkosung und der Sexualität das „Übermaß" der Berührung, als ob die Berührung eine Steigerung zuließe, bis zum Kontakt durch den Schoß, eine Haut, die unter die Haut geht – einer anderen Haut.

Dieses *Sagen* und dieses *Widerrufen-werden*, lassen sie
sich versammeln, können sie zur selben Zeit sein? Eine
solche Gleichzeitigkeit fordern, hieße in Wirklichkeit,
schon das *Andere* des Seins auf das *Sein* und auf das
Nichtsein zurückführen. Wir müssen uns mit der Extrem-
p. 9 situation eines diachronen Denkens begnügen. Am Be-
ginn der Philosophie hat der Skeptizismus diese Diachro-
nie zum Ausdruck gebracht und verraten; zum Ausdruck
gebracht und verraten die Diachronie genau dieses Aus-
drucks und genau dieses Verrats. Das *Anders-als-sein* den-
ken erfordert vielleicht ebensoviel Kühnheit, wie sie der
Skeptizismus bekundet, der sich nicht scheut, die Unmög-
lichkeit der Aussage zu behaupten, und dabei gleichwohl
diese Unmöglichkeit zu *realisieren* wagt, durch ebendie
Aussage dieser Unmöglichkeit. Wenn der Skeptizismus
nach den zahllosen „unwiderlegbaren“ Widerlegungen,
die das logische Denken gegen ihn vorbringt, die Stirn hat
wiederzukehren (und immer kehrt er als rechtmäßiges
Kind der Philosophie wieder), so deshalb, weil dem Wi-
derspruch, den die Logik in ihm vernimmt, das „zugleich“
der beiden gegensätzlichen Thesen des Widerspruchs fehlt
– weil eine heimliche Diachronie dieses zweideutige oder
rätselhafte Sprechen beherrscht und weil überhaupt die
Bedeutung über die Synchronie hinaus, über das *sein* hin-
aus bedeutet.

4. *Die Subjektivität*

Anders als sein. Das heißt, das Zerbrechen eines Schicksals artikulieren, das im *sein* herrscht; im *sein*, dessen Bruchstücke und dessen Modalitäten trotz ihrer Verschiedenheit zueinandergehören, also derselben Ordnung nicht entrinnen, *der* Ordnung nicht entrinnen, als ob die Fadenenden, von der Parze zerschnitten, sich hernach wieder zusammenfügten. Es heißt, ein Versuch über die *Freiheit* hinaus. Die Freiheit, Unterbrechung des Determinismus in den Gestalten von Krieg und Materie, entgeht noch nicht dem Schicksal zu sein; sie hat ihren Platz in der Zeit und in der Geschichte, die die Ereignisse in einen Erzählzusammenhang versammelt und synchronisiert, ihre Immanenz und ihre Ordnung enthüllt.

Es heißt, die Möglichkeit einer – schmerzlichen – Trennung vom *sein* denken.[5] Um wohin zu gehen? Um sich welchem Bereich zuzuwenden? Um sich auf welcher ontologischen Ebene anzusiedeln? Die Trennung vom *sein* bestreitet indessen das unbedingte Vorrecht der Frage: *wo*? Sie bedeutet und gebietet den Nicht-Ort. Das *sein* ist darauf aus, jede Aus-nahme wieder zu umgreifen und wieder einzuholen – die Negativität, die Nichtung und, schon seit Platon, das Nichtsein, das „in gewissem Sinne ist". Es wird daher zu zeigen sein, daß die Ausnahme des „Anderen gegenüber dem Sein", jenseits des Nichtseins, die Subjektivität oder die Menschlichkeit bedeutet, das *Sich*, das die Vereinnahmungen durch das *sein* ausschlägt. Ich-Einzigkeit, unvergleichlich, weil außerhalb der Gemeinschaft, der Gattung und der Form, Ruhe in sich nicht p. 10
mehr findend, un-ruhig, mit sich selbst nicht in Übereinstimmung. Einzigkeit, deren Außer-sich, deren Differenz zu sich selbst die Nichtindifferenz selber ist und die ausser-ordentliche Rekurrenz des Pronominalen oder des Reflexiven, das *Sich*, das indessen nichts Außergewöhnliches mehr hat, ist es doch in die gängige und geläufige Sprache eingegangen, in der die Dinge *sich* zeigen, die Koffer *sich* packen und die Gedanken *sich* verstehen lassen. Einzigkeit

[5] Es wird selbstverständlich zu zeigen sein, daß die Notwendigkeit des Denkens dem Sinn der Transzendenz eingeschrieben ist. Vgl. unten S. 342 ff.

ohne Ort, ohne die ideale Identität, die ein Seiendes kraft seines Kerygmas hat, das die unzähligen Aspekte seiner Manifestation identifiziert, ohne die Identität des mit sich selbst übereinstimmenden Ich – Einzigkeit, die sich vom *sein* zurückzieht – Mensch.

In einigen ihrer lichtesten Momente hat die Geschichte der Philosophie um eine solche Subjektivität gewußt, die wie in aufbegehrender Jugend mit dem *sein* bricht. Vom *Einen* ohne Sein bei Platon bis zu Husserls reinem, in der Immanenz transzendentem *Ich* hat sie um die metaphysische Trennung vom Sein gewußt, selbst wenn durch den Verrat, den das Gesagte wie unter dem Bann eines Orakels begeht, die Ausnahme, alsbald dem *sein* und dem Schicksal zurückerstattet, sich wieder der Regel fügte und zu nichts weiter als zu Hinterwelten geführt hat. Paradigmatisch der Mensch bei Nietzsche. Ist für Husserls transzendentale Reduktion eine Einklammerung ausreichend? Eine bestimmte Art zu schreiben, sich mit der Welt einzulassen, die wie Tinte an den Händen, die sie zu entfernen suchen, kleben bleibt? Man muß bis zum Nihilismus der poetischen Schreibweise Nietzsches gehen, der die unumkehrbare Zeit in ein wirbelndes Chaos stürzt – bis zum Lachen, das die Sprache verweigert.

Sprache, die der Philosoph im Sprachmißbrauch durch die Philosophiegeschichte wiederfindet, in der das Unsagbare und das Jenseits-des-Seins sie uns zum Ausdruck bringen. Doch bleibt die Negativität, noch ganz korrelativ zum Sein, der Bedeutung des *gegenüber dem Sein Anderen* unzureichend.

5. Die Verantwortung für den Anderen

Wie aber sollten an der – wiederum zeitlichen – Bruchstelle, an der doch Sein *geschieht*, Sein *vergeht*, Sein und Zeit zerfallen, um so die Subjektivität von ihrem *sein* zu befreien? Das Zerfallen und das Befreien, dauern sie nicht ihrerseits, ereignen sie sich nicht im Sein? Das *Anders-als-sein* kann nicht in irgendeiner ewigen, der Zeit enthobenen Ordnung liegen und auf unerklärliche Weise die Zeitenfolge beherrschen. Kant hat in der Antithese der vierten Antinomie gezeigt, inwiefern dies unmöglich ist. Die Zeitigung der Zeit muß also – in derselben Weise, in der sie p. 11 Sein und Nichts, Leben und Tod bedeutet, auch das *Jenseits-des-Seins-und-des-Nichtseins* bedeuten; sie muß eine Differenz bedeuten gegenüber dem Paar Sein und Nichts. Die Zeit ist *sein* und Seinsbezeigung. Die Zeitigung der Zeit klärt sich durch eine Phasenverschiebung des Jetzt sich selbst gegenüber, die das Fließen der Zeit ausmacht:[j] die Differenz des Identischen. Die Differenz des Identischen ist zugleich seine Manifestation. Aber die Zeit ist ebenso die Wiedereinholung aller Abstände: durch die Retention, durch das Gedächtnis, durch die Geschichte. Es muß in ihrer Zeitigung, in der dank der Retention, des Gedächtnisses und der Geschichte nichts verlorengeht, in der alles gegenwärtig und vorstellbar wird, in der alles vermerkt wird und sich der Verschriftung anbietet oder sich zusammenfügen oder, wie Heidegger sagen würde, versammeln läßt, in der alles zu Substanz erstarrt oder verknöchert, es muß in dieser wiedereinholbaren Zeitigung, in der Zeitigung ohne verlorene, ohne zu verlieren-

[j] *Die Übersetzung orientiert sich an der Terminologie der Husserlschen Texte zur Phänomenologie des inneren Zeitbewußtseins, auf deren Überlegungen Lévinas hier aufbaut. Zum größeren Kontext vgl. unten Kap. II, 2 u. 3.*

de Zeit, in der das Sein der Substanz sich vollzieht – ein unwiederbringlicher Zeit-lauf[k] sich ankündigen, eine Diachronie, die aller Synchronisierung gegenüber widerständig bleibt, eine transzendente Diachronie.

Den Sinn dieser Ankündigung gilt es zu erhellen: Kann sie über den Bruch der Diachronie hinaus die Beziehung aufrechterhalten, ohne doch jenes „tiefe Einst" als verflossene Vergangenheit wieder der Vorstellung zu übereignen, ohne eine „Modifikation" der Gegenwart zu bedeuten und folglich einen Anfang, ein thematisierbares Prinzip und, folglich weiter, den historischen und erinnerbaren Ursprung aller Vergangenheit? Kann sie dagegen jeder Gegenwart gegenüber fremd bleiben, fremd aller Vorstellung, und kann sie folglich eine Vergangenheit bedeuten, die älter ist als jeder erinnerbare Ursprung, eine *vor-ursprüngliche und anarchische Vergangenheit*? Die Ankündigung dieser vor-ursprünglichen Vergangenheit in der Gegenwart wäre dann nicht erneut ein ontologisches Verhältnis.

Wenn aber die Zeit die Ambiguität von *Sein* und *Anders-als-sein* zeigen soll – dann kann ihre Zeitigung nicht als *sein*, sondern dann muß sie als *Sagen* gedacht werden. Das *sein* erfüllt das Gesagte – oder das Epos des Sagens; das Sagen selbst jedoch entzieht sich durch seine Zweideutigkeit, das heißt durch das Rätsel, dessen Geheimnis es wahrt, dem Epos des *sein*, von dem es umfangen wird; das Sagen bedeutet darüber hinaus, nach Art einer Bedeutung, die zwischen diesem *darüber hinaus* und der Rückkehr zum

[k] *Dem französischen Wort [laps], heute fast nur noch in der Wendung „laps du temps" (svw. eine gewisse Zeit, ein bestimmter Zeitraum) gebräuchlich, ist noch sehr sichtbar seine lateinische Herkunft eingeschrieben, und es assoziiert von daher mit der Zeit das Bild des Gleitens und Verfallens.*

Epos des *sein* hin und her schwankt. Zweideutigkeit oder Rätsel – unveräußerliche Macht des Sagens und Modalität der Transzendenz.[6] Die Subjektivität ist gerade die Verknüpfung und die Auflösung der Verknüpfung – die Verknüpfung oder die Auflösung der Verknüpfung – zwischen dem *sein* und dem gegenüber dem *sein* Anderen. p. 12

Doch wie kann das Sagen in seiner ursprünglichen Rätselhaftigkeit gesagt werden? Wie zeitigt sich die Zeit, damit die Dia-chronie der Transzendenz – das gegenüber dem Sein Andere – sich ankündigen kann? Wie kann sich die Transzendenz dem *esse* entziehen und sich doch in ihm ankündigen? In welchem konkreten Fall kommt es zu der einzigartigen Beziehung mit einer Vergangenheit so, daß in ihr diese Vergangenheit nicht auf die Immanenz, in der sie sich ankündigt, zurückgeführt wird, einer Beziehung, die die Vergangenheit vergangen sein und sie nicht wieder als Gegenwart – oder als Vorstellung – zurückkehren läßt, die sie Vergangenheit sein läßt ohne Rückbezug auf eine Gegenwart welcher Art immer, die durch die Vergangenheit „modifiziert" würde, Vergangenheit, die folglich nicht Ursprung gewesen sein kann, vor-ursprüngliche Vergangenheit, anarchische Vergangenheit?

Eine lineare Rückwärtsbewegung – eine Retrospektive, die entlang der Zeitenfolge auf eine sehr weit entfernte Vergangenheit zuginge – wäre niemals in der Lage, die absolut diachrone Vor- ursprünglichkeit zu erreichen, die nicht wieder einholbar ist durch die Erinnerung und die Geschichte. Doch gilt es möglicherweise andere Verwicklungen der Zeit zu entwirren als die der bloßen Sukzession von Gegenwarten. Menschen haben danksagen können

[6] Vgl. „Enigme et phénomène" in der zweiten Auflage unseres En découvrant l'existence avec Husserl et Heidegger, S. 203-216. Deutsch unter dem Titel „Rätsel und Phänomen" in SpA 236-260.

gerade dafür, daß sie imstande waren dankzusagen; die gegenwärtige Dankbarkeit pflanzt sich auf sich selbst wie auf eine schon vorgängige Dankbarkeit auf. In einem Gebet, in dem der Gläubige darum bittet, daß sein Gebet erhört werde, geht das Gebet sich gewissermaßen selbst voraus oder folgt sich selbst nach.

Indessen findet sich die Beziehung mit einer Vergangenheit, die getrennt bleibt von allem, was gegenwärtig und zu vergegenwärtigen ist – weil sie nicht der Ordnung der Gegenwart angehört – einbegriffen in das außerordentliche und alltägliche Geschehen meiner Verantwortung für die Schuld und für das Unglück der Anderen, in meiner Verantwortung, die verantwortlich ist für die Freiheit des Anderen; in der erstaunlichen menschlichen Brüderlichkeit, in der die Brüderlichkeit – mit der kalten Nüchternheit Kains gedacht – die Verantwortung zwischen getrennten Seienden, die sie so laut beteuert, aus sich selbst noch nicht erklären würde. Die Freiheit des Anderen kann niemals in der meinen ihren Anfang haben, das heißt, sie kann nicht aus derselben Gegenwart herrühren, sie kann nicht zeitgenössisch, nicht für mich vorstellbar sein. Die Verantwortung für den Anderen kann nicht in meinem Engagement, nicht in meiner Entscheidung ihren Anfang haben. Die grenzenlose Verantwortung, in der ich mich vorfinde, kommt von diesseits meiner Freiheit, von einem „Früher-als-alle-Erinnerung“, einem „Später-als-alle-Vollendung“, vom Un-gegenwärtigen, dem schlechthin Nicht-ursprünglichen, An-archischen, von einem Diesseits- oder Jenseits-des-sein. Die Verantwortung für den Anderen ist der Ort, an dem der Nicht-Ort der Subjektivität seinen Platz findet und an dem das Vorrecht der Frage:
p. 13 wo? verlorengeht. Die Zeit des *Gesagten* und des *sein* läßt dort das vor-ursprüngliche Sagen vernehmen, entspricht der Transzendenz, der Dia-chronie, dem irreduziblen Ab-

stand, der hier zwischen dem Un-gegenwärtigen und allem vorstellbaren Abstand sich auftut und der auf seine – noch zu erläuternde – Weise dem Verantwortlichen winkt.

6. *Sein und Bedeutung*

Aber ist nicht die Beziehung mit diesem Vor-ursprünglichen schon eine Wiedereinholung? Sehen wir genauer zu. Die Antwort des Verantwortlichen thematisiert nicht das Diachrone, so als würde es behalten, wiedererinnert oder historisch rekonstruiert. Sie vermag weder zu thematisieren noch zu verstehen. Doch keineswegs aus Schwäche. Dem, was nicht zum Inhalt werden kann, korrespondiert keine Fassungskraft. Das Un-gegenwärtige ist das Un-begreifbare aufgrund seiner Maßlosigkeit oder seiner „superlativischen“ Ergebenheit oder, zum Beispiel, aufgrund seiner Güte, die der Superlativ selbst ist. Das Un-gegenwärtige ist hier unsichtbar, getrennt (oder heilig) und darin Nicht-Ursprung, an-archisch. Die Unmöglichkeit zu thematisieren kann an der Güte des Diachronen liegen. Das *Gute* kann weder zu Gegenwart werden noch in eine Vorstellung eintreten. Die Gegenwart ist Beginn in meiner Freiheit, während das *Gute* sich nicht der Freiheit anbietet – es hat mich gewählt, bevor ich es gewählt habe. Niemand ist gütig aus freien Stücken. Fehlt aber der Subjektivität einerseits die Zeit, das *Gute* zu wählen, und wird sie infolgedessen, ohne es zu wissen, von seinen Strahlen durchdrungen, worin sich formal die Struktur der Unfreiheit abzeichnet, so sieht sie doch andererseits diese Unfreiheit auf dem Wege einer Ausnahme wieder freigekauft durch die Güte des *Guten*. Die Ausnahme ist einzig. Und wenn niemand gütig ist aus freien Stücken, so ist doch auch niemand Sklave des *Guten*.[7]

Unvordenklich, unvorstellbar, unsichtbar fällt die Vergangenheit, die ohne Gegenwart auskommt und doch mehr als vollkommen ist, Plus-quam-perfekt, in die Vergangenheit grundlosen Zeit-laufs. Uneinholbar für die Erinnerung nicht aufgrund ihrer Entfernung, sondern weil sie kein gemeinsames Maß hat mit der Gegenwart. Die Gegenwart ist *sein*, das beginnt und das endet, Beginn und Ende zu einer thematisierbaren Verbindung versammelt,
p. 14 ist das Endliche, korrelierend mit einer Freiheit. Die Diachronie ist Verweigerung der Verbindung, das Nicht-Totalisierbare und in diesem Sinne genau *Unendliche*. Doch in der Verantwortung für den *Anderen*, für eine andere Freiheit, ist mir die Negativität dieser Anarchie Gebot, dieser der Gegenwart, dem Erscheinen entgegengebrachten Verweigerung des Unvordenklichen; sie weist mich dem Anderen, dem Erstbesten, an, sie nähert mich ihm an, macht ihn mir zum Nächsten – und entfernt sich so gleichermaßen vom Nichts wie vom Sein, indem sie gegen meinen Willen diese Verantwortung hervorruft, das heißt mich als Geisel für den *Anderen* zu seinem Stellvertreter macht. Mein Innerstes wird eingesetzt in ein Wider-Willen – Für-einen-Anderen. Gegen-meinen-Willen, Für-einen-Anderen – ist die Bedeutung schlechthin und der Sinn des (substantivierten und reflexiven) *Sich* – Akkusativ, der von keinem Nominativ abgeleitet ist – sich finden, indem man sich verliert.

---

[7] Das *Gute* setzt die Freiheit ein – es liebt mich, bevor ich es geliebt habe. Aufgrund dieser Vorzeitigkeit ist die Liebe Liebe. Das *Gute* soll nicht der Zeitpunkt eines auf Befriedigung angelegten Bedürfnisses sein – es ist nicht der Zielpunkt eines erotischen Bedürfnisses, eines Verhältnisses mit dem *Verführerischen,* welches dem *Guten* zum Verwechseln ähnelt, jedoch nicht sein anderes ist, sondern sein Imitator. Das *Gute* als das *Unendliche* hat kein anderes; nicht weil es das Ganze wäre, sondern weil es *Gutes* ist und nichts seiner Güte entgeht.

Das Außergewöhnliche dieser Art, sich kundzutun, besteht darin, daß an mich eine Anordnung ergeht, die mich an das Gesicht[l] des Anderen weist. Aufgrund dieser Anordnung, die einer Weihe[m] gleichkommt, ist die Nicht-Gegenwart des *Unendlichen* kein Ausdruck negativer Theologie. Alle negativen Attribute, die das Jenseits-des-sein aussagen, werden zu Positivität in der Verantwortung – einer Antwort, die einer nicht thematisierbaren Provokation antwortet und daher Nicht-Berufung, Verletzung ist – die antwortet, bevor sie versteht, und so Verantwortung trägt für eine vor jeder Freiheit, vor jedem

---

[l] *Durch die bisher publizierten Übersetzungen und auch in der deutschsprachigen Sekundärliteratur zu Lévinas ist es schon beinahe zur Selbstverständlichkeit geworden, vom* Antlitz *des Anderen zu sprechen, wo im französischen Original von* visage *die Rede ist. Die außergewöhnliche Bedeutung, die diesem Wort in der Lévinasschen Phänomenologie zukommt, scheint es zu rechtfertigen, im Deutschen auf das seltenere Wort* Antlitz *zurückzugreifen, für das es im Französischen keine Entsprechung gibt. Diese Übersetzung hat indessen einen entscheidenden Nachteil. Sie versieht, gewollt oder ungewollt, die Lévinassche Diktion mit einer – zusätzlichen – Aura der Erhabenheit, die ihr nur zum geringeren Teil gerecht wird, während sie wichtigere andere Teile verdeckt. Zwar ist* visage *in Lévinas' Beschreibungen par excellence der „Ort", an dem Transzendenz einbricht und spurhaft begegnet. Dieser Umstand verschafft dem Begriff jedoch keineswegs das Sonntagskleid einer spiritualisierten Semantik, er indiziert vielmehr eine der* Konkretionen *von Transzendenz. Gerade an der „Materialität" des* visage *versucht Lévinas zu entziffern, was über sie hinausweist;* visage als Verdichtung von Leiblichkeit und Sinnlichkeit, *in diese Richtung akzentuiert er die in früheren Texten sehr viel ausführlicher behandelte Phänomenologie des* visage, *wo er sie im vorliegenden Buch aufnimmt. Die Übersetzung* Antlitz *steht dieser Profilierung des Terminus eher im Wege. Aus diesem Grund erscheint hier die erste und geläufige Entsprechung von* visage: Gesicht *als die adäquatere Übersetzung. Sie wird im folgenden beibehalten.*

[m] *Im Französischen ist die Nähe der beiden Worte zueinander transparenter als im Deutschen: ordre – ordination. Das Wort* ordination *qualifiziert den* ordre *als eine meinem Willen vorgängige „heilige" Bestimmung; dem Anderen geweiht, d. h. ebenso unfreiwillig und unausweichlich ihm ausgeliefert („auf Gedeih und Verderb") wie unbedingt ihm verpflichtet.*

Bewußtsein, vor jeder Gegenwart eingegangene Schuld; und doch so antwortet und verantwortet, als hinterlasse das Unsichtbare, das ohne Gegenwart auskommt, eben dadurch, daß es ohne Gegenwart auskommt, eine Spur. Eine Spur, die als Gesicht des Nächsten leuchtet, in der Zweideutigkeit dessen, *vor dem* (oder, ohne allen Paternalismus, *dem*) und dessen, *für den* ich verantwortlich bin; Rätsel oder Ausnahme des Gesichtes, das Richter ist und zugleich derjenige, für den ich Partei ergreife.

Positivität der Verantwortung, die, außerhalb des *sein*, das *Unendliche*[n] zum Ausdruck bringt und dabei die Verhältnisse und Prinzipien umkehrt, die Ordnung des Interessiertseins auf den Kopf stellt: die Verantwortung wächst in dem Maße, in dem sie übernommen wird. Es handelt sich nicht um ein *Sollen*,[o] das Gebot, ein Ideal ins Unendliche zu verfolgen. Die Unendlichkeit des Unendlichen lebt gegenläufig. Die Schuld vergrößert sich in dem Maß, in dem sie abgetragen wird. Differenz, die womöglich den Namen Herrlichkeit verdient. Die Positivität des *Unendlichen* ist die Umkehrung der dem nicht thematisierbaren *Unendlichen* geschuldeten Antwort in Verantwortung, in Annäherung an den anderen Menschen; das *Unendliche* überschreitet dabei in der Weise der Herrlichkeit alle Fassungskraft und zeigt so gleichsam sinnwidrig seine Maßlosigkeit in der Annäherung an den Nächsten, die dem Maß

---

[n] *Das französische „l'Infini" bedeutet sowohl* das *als auch* der *Unendliche. Der durch die Termini Verantwortung und Herrlichkeit evozierte biblisch-prophetische Hintergrund mag an ein Äquivalent für den Namen Gottes denken lassen und so die zweite Lesart näherlegen. Allerdings um den Preis einer größeren Eindeutigkeit, die dem Gemeinten kaum gerecht wird. Wenn schon das Deutsche die Ambivalenz der französischen Form nicht halten kann, ist vielleicht das neutrale Genus am ehesten geeignet, die hinter der unvermeidlichen Determination nicht zu bezwingende Indetermination mit anzuzeigen.*

[o] *Deutsch im französischen Original.*

des Unendlichen folgt. Die Subjektivität diesseits oder jenseits von frei und unfrei – die dem Nächsten gegenüber p. 15 verpflichtete Subjektivität – ist die Bruchstelle, an der das *sein* durch das *Unendliche* überschritten wird.

Bruchstelle, aber zugleich Knotenpunkt. Das Leuchten der Spur ist rätselhaft, das heißt, es ist zweideutig noch in einem anderen Sinne, durch den es vom Erscheinen eines Phänomens sich abhebt. Es kann nicht als Ausgangspunkt einer Beweisführung dienen, die es unerbittlich in die Immanenz und ins *sein* führen würde. Die Spur zeichnet sich ab und verwischt sich im Gesicht als die Zweideutigkeit eines Sagens und moduliert so ebendie Modalität des *Transzendenten*.[8]

Das Unendliche läßt sich also nicht an seiner Spur verfolgen wie das Wild durch den Jäger. Die vom *Unendlichen* hinterlassene Spur ist nicht das Überbleibsel einer Gegenwart. Ihr Leuchten selbst ist mehrdeutig. Wäre es anders, würde ihre Positivität die Unendlichkeit des Unendlichen nicht *mehr* wahren, als die Negativität sie wahrt.

Das Unendliche verwischt seine Spuren, nicht um den Gehorsamen zu überlisten, sondern weil es die Gegenwart, in der es mir gebietet, transzendiert und weil ich es aus diesem Gebot nicht ableiten kann. Das Unendliche, das mir befiehlt, ist weder geradlinig wirkende Ursache noch Thema, das durch die Freiheit, und sei es auch nur rückblickend, schon beherrscht würde. Diesen Umweg vom Gesicht her, diesen Umweg in bezug auf den Umweg, der gerade im Rätsel der Spur liegt, haben wir Illeität genannt.[9]

Das „Du“ wie die gegenständliche Thematisierung aus-

---

[8] Vgl. den „Enigme et phénomène“ betitelten Aufsatz in DEHH 203 ff.; deutsch in SpA 236 ff.

[9] DEHH 187-202; deutsch SpA 209-235.

schließend, indiziert der nach den Pronomina *il* oder *ille* gebildete Neologismus Illeität eine Weise, mich anzugehen, ohne eine *Verbindung* mit mir einzugehen. Natürlich ist erst noch das Element anzugeben, in dem dieses *Angehen* geschieht. Wäre die Beziehung mit der Illeität eine solche des Bewußtseins, würde „il" (Es) ein Thema bezeichnen, wie wahrscheinlich selbst das „Du" in Bubers Ich-Du-Beziehung. Wahrscheinlich, weil Buber niemals positiv das geistige Element benannt hat, in dem die Ich-Du-Beziehung sich ereignet. Die Illeität des Jenseits-des-Seins aber meint: daß ihr Auf-mich-Zukommen ein Abschied ist, der mich eine Bewegung zum Nächsten ausführen läßt. Die Positivität dieses Abschieds, das, wodurch dieser Abschied, diese Diachronie nicht lediglich ein Ausdruck negativer Theologie ist, liegt in meiner Verantwortung für die Anderen. Oder, wenn man so will, darin, daß sie sich in ihrem Gesicht zeigen. Das Paradox solcher Verantwortung besteht darin, daß ich verpflichtet bin, oh-
p. 16 ne daß diese Verpflichtung in mir begonnen hätte – als hätte in mein Bewußtsein ein Befehl sich eingeschlichen wie ein Dieb, sich eingeschmuggelt wie von einer der bei Platon erwähnten umherschweifenden Ursachen aus.[p] Was für ein Bewußtsein unmöglich ist und deutlich bezeugt, daß wir uns nicht mehr im Bereich des Bewußtseins befinden. Im Bewußtsein macht sich dieses „ich weiß nicht woher" durch eine anachronistische Störung bemerkbar, durch die Vorzeitigkeit der Verantwortung und des Gehorsams in bezug auf den erhaltenen Befehl oder den Vertrag. Als könnte die erste Bewegung der Verantwortung nicht darin bestehen, auf den Befehl zu warten und nicht einmal, ihn zu empfangen (was noch einer Quasi-Aktivität gleichkäme), sondern darin, diesem Befehl zu

[p] *Vgl. Timaios 48 a ff.*

gehorchen, schon bevor er zum Ausdruck kommt. Oder als käme er schon vor jeder möglichen Gegenwart zum Ausdruck, in einer Vergangenheit, die sich in der Gegenwart des Gehorsams anzeigt, ohne in ihr erinnerbar zu sein, ohne in sie vom Gedächtnis her zu gelangen; indem er zum Ausdruck kommt durch denjenigen, der in ebendiesem Gehorsam gehorcht.
Doch ist das vielleicht eine noch recht narrative, recht epische Art zu reden. Bin ich Gesprächspartner eines *Unendlichen*, dem es an Aufrichtigkeit gebricht und das mir deshalb indirekt seine Gebote gibt, von ebendem Gesicht her, zu dem es mich verurteilt?
Die Illeität, die nicht einfach eine schiefe Darbietung für einen schielenden Blick bezeichnet, kann zwar auf den ersten Zugang eine solche Zuordnung der Personen bedeuten. Doch darf man dabei nicht stehenbleiben. Das Unendliche zeigt sich durch seinen Befehl, sich dem Nächsten zuzuwenden, nicht einer Subjektivität an, die schon fertige Einheit wäre. Indem sie sich an die Stelle des Anderen setzt, bricht die Subjektivität in ihrem *Sein* das *sein* auf. Als der-Eine-für-den-Anderen – löst sie sich auf in Bedeutung, in Sagen oder Wort des Unendlichen. Die Bedeutung geht dem *sein* voraus. Sie ist nicht ein Stadium der Erkenntnis, in dem diese an die Anschauung appellierte, die sie allererst erfüllen würde – und sie ist auch nicht die Sinnwidrigkeit der Nicht- Identität oder der unmöglichen Identität. Sie ist die Herrlichkeit der Transzendenz.
Stellvertretung – Bedeutung. Nicht Verweis des einen Ausdrucks auf einen anderen, so wie es im Gesagten thematisiert erscheint, sondern Stellvertretung als die eigentliche Subjektivität des Subjekts, Unterbrechung der unumkehrbaren Identität, die dem *sein* zugehört, Unterbrechung dieser Identität in der Übernahme der Verantwortung, die mir aufgebürdet wird, unausweichlich, und in

der die Einzigkeit des Ich erst einen Sinn annimmt: in der nicht mehr von dem Ich die Rede ist, sondern von mir. Das Subjekt, das nicht mehr ein Ich ist – sondern das ich bin –, ist nicht generalisierbar, ist nicht ein Subjekt im allgemei-
p. 17 nen; was so viel heißt wie: überzugehen vom Ich zu mir, der ich ich bin und nicht ein Anderer.[10] Die Identität des Subjekts hat hier in der Tat ihren Grund in der Unmöglichkeit, sich der Verantwortung, der Sorge und des Einstehens für den Anderen zu entziehen. Bedeutung, Sagen – meine Expressivität, meine Bedeutsamkeit als Zeichen, meine Worthaftigkeit als Wort – all dies kann nicht als eine Modalität des Seins verstanden werden: das Sich-vom-Sein-Lösen unterbricht das *sein*. Stellvertretung des Einen für den Anderen – ich – Mensch – ich bin keine Transsubstantiation, nicht Umwandlung einer Substanz in eine andere; ich schließe mich nicht ein in einer anderen Identität, ich ruhe nicht in einer neuen Gestalt. Als Bedeutung, Nähe, Sagen, Getrenntheit – verschmelze ich mit nichts. Soll man so weit gehen, dieser Beziehung der Bedeutung, als die wir die Subjektivität aufgefaßt haben, einen eigenen Namen zu geben? Soll man das Wort Sühne nennen und die Subjektivität des Subjekts, das Anders-als-sein als Sühne denken? Vielleicht wäre das etwas gewagt und verfrüht. Zumindest aber wird man sich fragen dürfen, ob nicht die Subjektivität als Bedeutung, als der-Eine-für-den-Anderen auf die Verwundbarkeit des Ich, auf die nicht mitteilbare, die nicht auf den Begriff zu bringende Sensibilität zurückgeht.

[10] *Das Ich ist nicht die Spezifizierung des allgemeinen Begriffs der Seele.* Kant hat das in bestimmten Passagen seiner Schrift Transzendentale Dialektik gesehen, wenn er etwa darauf besteht (B 405 u; A 354), daß vom einen Subjekt zum anderen Subjekt übergehen dem positiven Tatbestand gleichkomme, sich an die Stelle des anderen zu setzen.

7. Die Sensibilität

Der Mensch ist nicht in Abhängigkeit vom Sein und vom Nichtsein zu denken, sofern man diese als letztgültige Bezugsgrößen annimmt. Die Menschlichkeit, die Subjektivität – das ausgeschlossene Dritte, ausgeschlossen von überallher, Nicht-Ort – bedeuten, daß die genannte Alternative zerplatzt, bedeuten der-Eine-an-der-Stelle-des-Anderen – Stellvertretung – Bedeutung in ihrer Bedeutsamkeit als Zeichen, früher als das *sein*, früher als die Identität. Die Bedeutung läßt, bevor sie ist, die Versammlung, die innere Sammlung oder die Gegenwart des *sein* platzen. Diesseits oder jenseits des *sein* – Bedeutung – Atemlosigkeit des Geistes, der ausatmet, ohne einzuatmen, Selbstlosigkeit und Unentgeltlichkeit oder Dankbarkeit – das Zerbrechen des *sein* ist ethischer Art. Dieses Jenseits kommt zur Sprache – und zeigt sich in ihr – durch ein atemloses oder den Atem anhaltendes Sagen, die äußerste Möglichkeit des Geistes, ja seine Epochè, durch die er *sagt*, schon bevor er sich in seinem eigenen Thema zur Ruhe setzt und sich darin vom *sein* vereinnahmen läßt. Dieses Zerbrechen der Identität – diese Verwandlung des Seins in Bedeutung, das heißt in Stellvertretung – ist die Subjektivität des Subjekts oder seine Unter-werfung unter alles – seine Empfänglichkeit, seine Verwundbarkeit, das heißt seine Sensibilität.

Die Subjektivität – Ort und Nicht-Ort dieses Zerbrechens p. 18
– vollzieht sich als eine Passivität, die passiver ist als jede Passivität. Der diachronen Vergangenheit, die durch das Vergegenwärtigen der Erinnerung oder der Geschichte nicht einzuholen ist, das heißt ohne gemeinsames Maß bleibt mit der Gegenwart, entspricht oder antwortet die unübernehmbare Passivität des Sich. „Se passer" – sich vollziehen – denkwürdiger Ausdruck, in dem das *sich* sich

gleichsam abzeichnet in der Vergangenheit, die vergeht und so *sich* vollzieht[q] wie das Altwerden – ohne „aktive Synthesis“. Die Antwort, die Verantwortung ist – für den Nächsten einzustehen – erklingt in dieser Passivität, in diesem Sich- vom-Sein-Lösen der Subjektivität, in dieser Sensibilität oder Empfindlichkeit der Sinne.

Verwundbarkeit, Ausgesetztsein der Beleidigung, der Verletzung – Passivität, die passiver ist als jede Geduld, Passivität des Akkusativs, des Anklagefalls, Trauma einer Anklage, unter der eine Geisel bis hin zur Verfolgung zu leiden hat, Infragestellung der Identität [in] der Geisel, die an die Stelle der Anderen gesetzt wird: *Sich* – Niederlegung oder Niederlage der Identität des *Ich*. Genau das ist, radikal gedacht, die Sensibilität. In diesem Sinne Sensibilität als die Subjektivität des Subjekts. Stellvertretung für den Anderen – der Eine an der Stelle des Anderen – Sühne.[11]

Die Verantwortung für den *Anderen* – in ihrer Vorzeitigkeit gegenüber meiner Freiheit, in ihrer Vorzeitigkeit in bezug auf die Gegenwart und die Vorstellung – ist eine Passivität, die passiver ist als jede Passivität – Ausgesetztsein dem Anderen, ohne dieses Ausgesetztsein selbst noch einmal übernehmen zu können, rückhaltloses Aus-

---

[11] Zu den in diesem Abschnitt angesprochenen Begriffen vgl. in HAH 83-101; deutsch: HAM 85-104.

[q] *Lévinas aktualisiert die Mehrwertigkeit des französischen „se passer“: passieren, vergehen, verstreichen, vorübergehen, jeweils in der hier besonders beanspruchten Rückbindung an das Pro-nomen des Subjekts, sich, mit dem impliziten Verweis auf das Genus des Passivs (zu dessen Bildung es im Französischen mit verwendet wird). – Die Übertragung „sich vollziehen“ hält zum einen an der hier wichtigen Reflexivität des Ausdrucks fest und versucht zum anderen das „Passieren“ nicht als momentanes Geschehen („sich ereignen“), vielmehr im Modus zeitlicher Erstreckung, im Modus der Dauer zu sagen. Die Übertragung kann jedoch im Unterschied zum Original die Dimension der Vergangenheit nicht im selben Wort mit transparent machen.*

gesetztsein, Ausgesetztheit des Ausgesetztseins, Ausdruck, *Sagen*. Offenheit, Aufrichtigkeit, Wahrheit des *Sagens*. Nicht *Sagen*, das sich im *Gesagten* verbirgt und schützt, das sich angesichts des Anderen mit bloßen Worten begnügt – sondern Sagen, das sich entblößt, das heißt das sich noch seiner Haut entledigt – Empfindlichkeit, die unter die Haut, die an die Nerven geht, Überempfindlichkeit, die sich aussetzt bis zum Leiden – und so, ganz Zeichen, sich bezeichnet, sich bedeutet. Die Stellvertretung endet, wo sie mit dem Sein am Ende ist, im *Sagen* – im Zeichengeben, das Zeichen gibt von ebendiesem Zeichengeben, das sich ausdrückt. Ausdruck vor aller Thematisierung eines Gesagten und der dennoch nicht Stammeln ist, nicht erst anfängliches Sagen oder seine noch unernste Vorstufe. Diese Entblößung über die Nacktheit hinaus, über die Form hinaus, erfüllt nicht mehr den Tatbestand der Negation und gehört nicht mehr zur Ordnung des Seins. Verantwortung über das Sein hinaus. In der Aufrichtigkeit, in der Offenheit, in der Wahrheit dieses *Sagens* – in der Unverstelltheit des Leidens – wird das Sein verwandelt. Doch bleibt dieses *Sagen*, in seiner Aktivität, Passivität; passiver als jede Passivität, weil bedingungsloses, rückhaltloses Opfer – gerade deshalb unfreiwillig, Opfer im Sinne einer bezeichneten Geisel, die sich p. 19
nicht selbst zur Geisel erwählt hat, vielleicht jedoch durch das *Gute* erwählt wurde, in einer unfreiwilligen, durch den Erwählten nicht übernommenen Erwählung. Das *Gute* nämlich kann weder in die Gegenwart eingehen, noch läßt es sich vorstellen, gerade als *Gutes* aber wiegt es das Gewaltsame seiner Anderheit auf, selbst wenn das Subjekt durch die Zunahme dieser immer fordernder werdenden Gewalt zu leiden hat.

Die Nähe des Einen zum Anderen wird hier außerhalb ontologischer Kategorien gedacht, in denen gleichfalls und in unterschiedlichen Funktionen der Begriff *anderer* vorkommt – sei es als Hindernis in bezug auf die Freiheit, die Verstehbarkeit oder die Vollkommenheit, sei es als Grenze, durch die ein endliches, sterbliches und seiner selbst unsicheres Seiendes erkannt und darin bestätigt wird – sei es als Sklave, als Mitarbeiter oder als hilfreicher Gott. In all diesen Fällen wird die Nähe ontologisch gedacht, nämlich als Grenze oder Ergänzung in bezug auf das Vollbringen des Seinsereignisses, das darin besteht, im *sein* zu verharren und die Immanenz zu entfalten, im *Ich*, im Identischen zu verbleiben. Die Nähe bleibt verringerter Abstand, vertriebene Exteriorität. Die vorliegende Arbeit versucht, die Nähe nicht in Abhängigkeit vom Sein zu denken. Das *Anders-als-sein* differiert in absoluter Weise vom *sein*, auch wenn es im Sein sich vernehmen läßt. Es hat keine gemeinsame Gattung mit dem *sein* und wird sagbar allein in der Atemlosigkeit, die das außer-ordentliche Wort *jenseits* artikuliert. Die Anderheit zählt hier ausserhalb jeglicher Charakterisierung als anderer für die ontologische Ordnung – und außerhalb aller attributiven Bezeichnung – als nah in einer Nähe der Sozialität, die provozierend ist durch ihre bloße Anderheit. Wir haben versucht, diese Beziehung unter Verzicht auf die Kategorien zu analysieren, die sie verstellen. Nähe als Sagen, als Berührung, als Aufrichtigkeit der Ausgesetztheit; Sagen vor aller Sprache, ohne das jedoch keine Sprache, als Übermittlung von Botschaften, möglich wäre.

Bei der hier vorgestellten Denkweise geht es nicht darum, das Sein abzulehnen oder es in lächerlicher Überheblichkeit geringschätzig zu behandeln, als Versagen einer höhe-

ren Ordnung oder *Unordnung*. Das Sein nimmt jedoch,
umgekehrt, erst von der Nähe her seinen rechten Sinn an.
Aus den Umwegen der Illeität, aus der anarchischen Pro-
vokation, die mich zum Anderen verurteilt, ergibt sich,
wie ein Gebot, der Weg, der zu Thematisierung und Be- p. 20
wußtwerdung führt: Die Bewußtwerdung wird veranlaßt
durch die Gegenwart des Dritten an der Seite des Näch-
sten, dem die Annäherung gilt; auch dem Dritten gilt sie;
die Beziehung zwischen dem Nächsten und dem Dritten
kann mir, der ich mich annähere, nicht gleichgültig sein.
Es braucht eine Gerechtigkeit unter den Unvergleichli-
chen. Es braucht folglich einen Vergleich zwischen den
Unvergleichlichen und eine Synopse; Zusammenstellung
und Gleichzeitigkeit; es braucht Thematisierung, Denken,
Geschichte und Schrift. Doch ist es notwendig, das Sein
vom *Anderen des Seins* her zu verstehen. Sein, von der
Bedeutung der Annäherung aus gedacht, heißt *mit dem
Anderen* sein, für den Dritten oder gegen den Dritten; mit
dem Anderen und dem Dritten gegen sich selbst. In der
Gerechtigkeit gegen eine Philosophie, die nicht über das
Sein hinausblickt und, die Sprache mißbrauchend, das Sa-
gen auf das Gesagte reduziert und allen Sinn auf das Inter-
essiertsein. Die *Vernunft*, der man die Tugend zuschreibt,
der Gewalt Einhalt zu gebieten – um zur Ordnung des
Friedens zu gelangen –, setzt das Sich-vom-Sein-Lösen,
die Passivität oder die Geduld voraus. In diesem Sich-
vom-Sein-Lösen zeichnet sich – wenn es als Verantwor-
tung für den Anderen ebenso Verantwortung für den
Dritten ist – die vergleichende, versammelnde und den-
kende Gerechtigkeit ab, die Synchronie des Seins und der
Friede.

9. Die Subjektivität ist keine Modalität des „sein“

Das Problem der Transzendenz, das Gottesproblem, und das Problem einer auf das *sein* – auf die seinshafte Immanenz – irreduziblen Subjektivität gehören zusammen.

Ohne die Binsenwahrheit zu bemühen, nach der jede, wie auch immer gefaßte Wirklichkeit subjektiv ist – und der jene andere Binsenwahrheit entspricht, nach der jedes, wie auch immer gefaßte Ding Seinsverstehen voraussetzt –, hat Kant, als er bei der Lösung der Antinomien die zeitliche Reihe der Erfahrung einerseits und die vom Verstand gedachte un-zeitliche (oder synchrone?) Reihe andererseits unterschied, genau in der *Objektivität* des Objektes seine *Phänomenalität* gezeigt: ein Verweis auf die grundlegende Unabgeschlossenheit der zeitlichen Folge und dadurch auf die Subjektivität des Subjekts.

Aber wird so die Subjektivität in ihrer Irreduzierbarkeit gedacht? Hegel und Heidegger suchen die Unterscheidung zwischen dem Subjekt und dem Sein ihrer Bedeutung zu entheben. Indem sie in das Sein erneut die Zeit einführen, erklären sie die Idee einer auf das *sein* irreduziblen Subjektivität für überholt und führen sie, über das vom Subjekt untrennbare Objekt hinausgehend, deren Wechselbeziehung und das von daher verstehbare An-
p. 21 thropologische auf eine Modalität des Seins zurück. Hegel bezeichnet in der Einführung der *Phänomenologie des Geistes* die These, das Wissen sei ein Instrument, um sich des Absoluten zu bemächtigen (technologische Metapher), oder ein Medium, durch das das Licht der Wahrheit den Erkennenden durchdringe (dioptrische Metapher), als „bloße Vermutung“ – und bestreitet so, daß zwischen der Subjektivität und dem Erkennbaren ein radikaler Bruch bestehe. Erst im Absoluten nimmt das *Jenseits* einen Sinn an – das *sein*, verstanden als Immanenz eines Wissens,

trüge der Subjektivität Rechnung, die dabei auf ein Moment des Begriffs, des Denkens oder des absoluten *sein* zurückgeführt wird. Heidegger notiert in einer Bemerkung am Ende seines *Nietzsche*: „Der sonst übliche Name Subjektivität belastet das Denken sogleich und allzu hartnäckig mit den Irrmeinungen, die jede Beziehung des Seins auf den Menschen und gar auf seine Ichheit als eine Zerstörung des objektiven Seins ausgeben.“[r] Heideggers Bemühen geht dahin, die Subjektivität abhängig vom Sein zu denken, von dem sie eine „Epoche“[12] zum Ausdruck bringt: Die Subjektivität, das Bewußtsein, das *Ich* – haben das *Dasein* zur Voraussetzung, das dem *sein* angehört als die Art und Weise, in der dieses *sein* sich manifestiert, wobei jedoch die Manifestation das Eigene und Eigentliche des *sein* ist. Die Erfahrung und das Subjekt, das die Erfahrung macht, konstituieren ebendie Weise, in der in einer gegebenen Seins „epoche“ *sein* sich vollzieht, das heißt sich manifestiert. Jedes Überholen wie jedes Wiederaufwerten des Seins im Subjekt liefe noch auf das *sein* des Seins hinaus.

Unsere Frage nach dem *Anders-als-sein* erahnt gerade in der Hypostase des Subjekts – in seiner Subjektivierung – eine Aus- nahme, einen Nicht-Ort diesseits der spekulativ immer wiedereinholbaren Negativität, ein *Außerhalb* zum Absoluten, das sich nicht mehr in Begriffen des Seins sagen läßt. Und nicht einmal mehr im Begriff des Seienden, das in dem Verdacht befangen bliebe, nur das Sein zu modulieren und so den durch die Hypostase bewirkten Bruch wieder zusammenzufügen. Das Subjekt widersetzt

---

[12] Im Sinne von Verbergung und Enthaltung des Seins hinter dem von ihm erhellten Seienden.

[r] *In der Abhandlung „Die Metaphysik als Geschichte des Seins“ (1941), vgl. Martin Heidegger, Nietzsche, Bd. II, 3. Aufl. Pfullingen 1976, S. 451.*

sich dieser Ontologisierung, schon wenn man es als *Sagen* denkt. Hinter jeder Aussage des Seins als solchen überschreitet das *Sagen* gerade das von ihm thematisierte Sein, um es dem *Anderen* zu sagen; zwar ist, was vom ersten bis zum letzten Wort aufgefaßt werden kann, Sein, doch reicht das letzte *Sagen über das* thematisierte oder zur Totalität versammelte *Sein hinaus.* Nicht rückführbar auf das *sein* ist die Stellvertretung in der Verantwortung – die Bedeutung oder der-Eine-für-den-Anderen[s] oder die Niederlegung des Ich, die weiterreichend ist als jede Nie-
p. 22 derlage und gegenläufig zum *conatus* – oder die Güte. In ihr nimmt mich der Andere in Beschlag, und zwar in ganz anderer Weise als die Wirklichkeit des Wirklichen: Er nimmt mich in Beschlag, weil er Anderer ist, weil diese Anderheit sich mir auferlegt mit der ganzen Last der Bedürftigkeit und der Schwäche. Lassen sich die Stellvertretung und die Güte vielleicht noch als eine „Bewegung" oder als eine Modalität in bezug auf das *sein* des Seins interpretieren? Bewegen sie sich womöglich noch im Licht des Seins? Indes: Geschieht das Sehen des Gesichtes im Licht des Seins? – Ist hier das Sehen nicht sogleich ein Auf-sich-Nehmen? Die Intention: *auf den Anderen hin* offenbart, wo sie sich erfüllt, die Widerlegung der Intentionalität. *Auf den Anderen hin* kulminiert in einem *Für-den-Anderen*, in einem Leiden wegen seines Leidens, ohne Aufklärung, das heißt ohne Maß, was etwas ganz anderes ist als die rein negative Blindheit des Schicksals, das die Augen nur zu verschließen scheint, um seine Gaben in aller Willkür zu bescheren. Weil sie an der äußersten Stei-

[s] *Im Original „l'un-pour-l'autre": nicht ein reziprokes oder allgemeines* Füreinander, *vielmehr eine Konstitution oder Konstellation, in der die Unvergleichlichkeit, die Einzigkeit des Einen allein in seiner ‚Position-*für‘, *d. h. in seiner Abtretung zugunsten des Anderen begründet ist.*

gerung von *sein* aufbricht, ist die Güte *anders* als das Sein – sie ist nicht mehr berechnend. Sie ist nicht wie die Negativität, die das, was sie verneint, in ihrer Geschichte aufhebt. Sie zerstört, ohne Erinnerungen zu hinterlassen, ohne die den Idolen der Vergangenheit für ihre blutigen Opfer errichteten Altäre in Museen zu befördern; sie brennt die heiligen Haine nieder, in denen die Nachklänge der Vergangenheit widerhallen. Der außer-gewöhnliche, außer-ordentliche – transzendente – Charakter der Güte hängt gerade an diesem Bruch mit dem Sein und mit seiner Geschichte. Das Gute auf das Sein zurückführen, auf seine Berechnungen und auf seine Geschichte, heißt die Güte für nichtig erklären. Das immer mögliche Schwanken zwischen der Subjektivität und dem Sein, wobei die Subjektivität nur ein Modus des Seins wäre, die Gleichwertigkeit der beiden Sprachen, ist hier zu Ende. Die Güte gibt der Subjektivität ihre irreduzible Bedeutung.

Das menschliche Subjekt – ich –, zur Verantwortung gerufen, ob den Tränen nahe oder dem Lachen, ist weder eine Abart der Natur noch ein Moment des Begriffs noch eine Artikulation der „Anwesenheit des Seins bei uns", der Parusie. Dabei geht es nicht darum, die ontologische Würde des Menschen zu beteuern, als ob das *sein* der Würde genügen könnte, es handelt sich, im Gegenteil, darum, das philosophische Vorrecht des Seins zu bezweifeln und die Frage nach dem Jenseits oder dem Diesseits[t] zu stellen. Den Menschen auf das Selbstbewußtsein reduzieren und das Selbstbewußtsein auf den Begriff, das heißt auf die *Geschichte*; die Subjektivität und das „ich" aus dem *Be-*

---

[t] *D. h. die Transzendenzfrage, und zwar in zweifacher Hinsicht: Mit den nominalisierten Präpositionen* Jenseits *und* Diesseits *verweist Lévinas auf die Ordnung (genauer: die An-archie) der Verantwortlichkeit wie auf deren „Ort" in der leibhaft-sinnlichen Verfassung des Menschen. Keineswegs also auf Hinterwelt und Welt.*

griff und der *Geschichte* ableiten, um so selbst der Einzigartigkeit eines Menschen „X" einen Sinn zu finden, der abhängig bleibt vom Begriff; schließlich als kontingent vernachlässigen, was jene Reduktion an Irreduziblem und
p. 23 jene Ableitung an Restbestand hinterlassen mögen – all das hieße, unter dem Vorwand, die Wirkungslosigkeit der „guten Absicht" und der „schönen Seele" gleichgültig zu finden und der Bequemlichkeit des psychologistischen Naturalismus, der humanistischen Rhetorik und des existentialistischen Pathos die „Anstrengung des Begriffs" vorzuziehen, das Besser-als-sein vergessen, will sagen das *Gute*.

Das Jenseits-des-Seins oder *das Andere-des-Seins* oder das *Anders-als-sein* – das hier in der Diachronie situiert und als Unendliches benannt wird – hat Platon als das *Gute* erkannt. Daß Platon daraus wiederum eine Idee und eine Quelle der Erkenntnis gemacht hat, steht auf einem anderen Blatt. Immer jedoch zeigt sich das Jenseits-des-Seins, wo es sich im Gesagten zeigt, auf rätselhafte Weise, das heißt, indem es sich schon verrät. Sein Widerstand gegen das Zusammenstellen, Vereinigen und Zusammenwirken, gegen die Gleichzeitigkeit, die Immanenz, die Gegenwart der Manifestation bedeutet die Diachronie der Verantwortung für den Anderen, die Diachronie eines tiefen Einst, das älter ist als jede Freiheit, die Freiheit beherrscht und dennoch, in der ausgesagten Gegenwart, mit ihr gleichzeitig wird. Diese Diachronie ist ihrerseits Rätsel: das Jenseits-des-Seins, das zur Ontologie zurückkehrt und nicht zu ihr zurückkehrt; das Jenseits, das Unendliche, das, als ausgesagtes, zum Sinn des Seins wird und es nicht wird.

10. Der Gang der Untersuchung

Die verschiedenen Begriffe, die der Versuch hervorbringt, Transzendenz zu nennen, geben einander Echo. Die Erfordernisse der Thematisierung, in der sie genannt werden, verlangen eine Einteilung in Kapitel, obschon die Themenbereiche, in denen diese Begriffe auftreten, sich für eine Darstellung in linearer Abfolge nicht eignen, obschon sie sich nicht wirklich voneinander trennen lassen und obschon sie nicht umhinkönnen, ihre Schatten und Spiegelungen aufeinander zu projizieren. Die Klarheit der Darstellung leidet hier also vielleicht nicht allein unter der Unbeholfenheit des Darstellenden.
Der nachfolgende Hauptteil hat seinen Platz zwischen der vorliegenden Inhaltsangabe, die in ihn einführt, und dem Schlußkapitel, das ihn in einer Art Fazit noch einmal anders erhellt. Er bemüht sich, die Subjektivität des Subjekts auszuarbeiten, ausgehend von Überlegungen zur Wahrheit, zur Zeit und zum Sein in seiner Doppeldeutigkeit von Sein und Seiendem, deren Träger das *Gesagte* ist. Der Hauptteil erläutert anschließend das Subjekt – im *Sagen* – als von vornherein durch Verantwortung inspirierte Sensibilität (Kap. II). Nachfolgend geht es darum, die Nähe als Sinn der Sensibilität zu erweisen (Kap. III), die Stellvertretung als das *Anders-als-sein* auf dem Grunde der Nähe (Kap. IV) und als Beziehung zwischen Subjekt und *Unendlichem*, in der das Unendliche *sich vollzieht, passiert* (Kap. V). Bei der Ausarbeitung der Stellvertretung im p. 24
Sagen der Verantwortung gilt es dann – von diesem *Sagen* der Stellvertretung aus –, die Ordnung des *Gesagten* zu berücksichtigen: des Denkens, der Gerechtigkeit und des Seins, und gilt es die Bedingungen zu verstehen, unter denen die verschiedenen Philosophien in ihrem *Gesagten* – in der Ontologie – die *Wahrheit* bedeuten können; in-

dem man nämlich mit dem wechselvollen Los, das im philosophischen Denken dem Skeptizismus beschieden ist – der abwechselnd widerlegt wird und zurückkehrt –, die Alternanzen oder die der Zusammenstellung sich versagende Dia-chronie des *Anders-als-sein* oder der Transzendenz und ihrer Darstellung verknüpft.

Ist die Denkbewegung, wie sie soeben abgesteckt wurde, sicher genug? Ist ihr Anfang überhaupt zugänglich? Wird man dem Vorgehen nicht anlasten, daß es vor den unterwegs lauernden Gefahren nicht genügend auf der Hut und kaum imstande ist, sich ihrer zu erwehren? Wahrscheinlich kann es von seinen vorphilosophischen Erfahrungen nicht ganz loskommen, wird es weithin den Anschein erwecken, als wandle es auf ausgetretenen Pfaden und unter unbedachten Impulsen. Doch auf ein schönes Wagnis muß man sich beim Philosophieren schon einlassen. Daß der Beginn des stummen Selbstgesprächs der Seele allein von seinem Ende her zu rechtfertigen sei – ist noch eine optimistische Auffassung des philosophischen Diskurses, die sich allenfalls ein Genie, und zwar ein Genie der Synthese wie Hegel, gestatten kann, war er sich doch gewiß, den Kreis des Denkens ganz abschreiten zu können. Hegel fragt sich, zu Recht wahrscheinlich, ob eine Vorrede, in der das Projekt eines philosophischen Unternehmens formuliert wird, nicht überflüssig oder sogar verdunkelnd sei, und Heidegger bestreitet die Möglichkeit einer Einführung da, wo die Bewegung im Sein anhebt, anstatt vom Menschen her auszugehen, da, wo es nicht darum geht, den Menschen in die Nähe des Seins zu geleiten, wo vielmehr das Sein beim Menschen anwest. Muß man nicht mit ebenso großer Behutsamkeit an die Möglichkeit denken, den philosophischen Diskurs zu beenden oder abzuschließen? Ist nicht die Unterbrechung sein einzig mögliches Ende? Etwas einfacher hat uns Husserl bei-

gebracht, daß jede Bewegung des Denkens einen Anteil an Naivität enthält – der selbst beim Hegelschen Unternehmen zumindest in seinem Anspruch liegt, das *Wirkliche* einzugrenzen. Husserl hat uns beigebracht, daß die Reduktion der Naivität sogleich nach weiteren Reduktionen ruft, daß die Gnade der Intuition unbegründete Gedanken umfaßt und daß, wenn Philosophieren heißt, sich des absoluten Ursprungs zu vergewissern, der Philosoph die Spur seiner eigenen Schritte verwischen muß und ebenso und unablässig, in einem endlosen methodologischen Auf-der-Stelle-Treten, die Spuren, die das Verwischen der Spuren hinterläßt. Es sein denn, die Naivität des Philoso- p. 25
phen riefe, über die Selbstreflexion hinaus, nach der Kritik, die ein *anderer* Philosoph übt, unabhängig davon, welche Unbedachtheiten dieser seinerseits begehen mag, und unabhängig von der Beliebigkeit seines eigenen Sagens. Die Philosophie läßt auf diese Weise ein Geschehen[u] zwischen Philosophen und eine intersubjektive Bewegung entstehen, die nicht dem Dialog bei der wissenschaftlichen Zusammenarbeit gleicht und nicht einmal dem platonischen Dialog, der eher Erinnerung eines Geschehens ist als dieses Geschehen selbst. Es ist anders strukturiert. Empirisch gesehen fügt es sich zur Geschichte der Philosophie, in die immer wieder neue Gesprächspartner eintreten und etwas einzuwenden haben, in der jedoch die

[u] *Im französischen Text steht das Wort „drame", mit dem Lévinas hier eine Art der Beziehung auszudrücken sucht, die sich von der dialogischen abhebt. Gewiß wesentlich aufgrund einer anderen zeitlichen Strukturierung: anders als gleichzeitig („dialogue des coéquipiers en science") und auch anders als in einer zeitlichen Sukzession, die als ganze noch einmal zum System einer Geschichte sich versammeln ließe. Lévinas bevorzugt für diese andere zeitliche Struktur anderweitig den Terminus „dia-chronie", für das davon bestimmte Beziehungsgeschehen wählt er gerne den – wie „drame" der Theatersprache entlehnten – Ausdruck „intrigue" (vgl. oben Anm. g). Zum Begriff „drame" vgl. auch die Erläuterung in TI XVI, note 1 (deutsch: TU 30 f., Anm. 1).*

alten erneut das Wort nehmen, um darauf zu antworten, durch die Interpretationen nämlich, die sie hervorrufen; und in der gleichwohl, trotz jenes unzureichenden „Sichergehens“ – oder gerade deswegen –, niemandem ein Nachlassen der Aufmerksamkeit gestattet ist oder ein Mangel an gedanklicher Präzision.

Hauptteil

Kapitel II
Von der Intentionalität zum Empfinden

1. Das Fragen und die Verpflichtung auf den Anderen p. 29

Der Philosoph sucht die Wahrheit und gibt ihr Ausdruck. Die Wahrheit besteht, bevor sie eine Aussage oder ein Urteil kennzeichnet, darin, das Sein zur Schau zu stellen. Doch was zeigt sich unter dem Namen „Sein" in der Wahrheit? Und wer ist es, der da schaut?

Was zeigt sich unter dem Namen „Sein"? Dieser Name ist nicht ohne Doppelsinn. Handelt es sich um einen Namen, um ein Nomen oder um ein Verb? Bezeichnet das Wort *Sein* eine – ideale oder reale – Entität oder den *Seinsprozeß* dieser Entität: das *sein*?[1] *Bezeichnet* das Wort? Gewiß bezeichnet es. Aber bezeichnet es nur? Denn wenn es nur bezeichnet, ist es, selbst als Verb, Nomen. Und unter der Einwirkung der Bezeichnung zeigt sich zwar der Prozeß, selbst wenn er Bewegung ist, im *Gesagten* aber erstarrt er, wird er fixiert. Ist es das Geheimnis von *Sein* und *Seiendem*, ihre Differenz, die hier bereits zu denken gibt? Von Anfang an wird die Unterscheidung und die Doppeldeutigkeit von Sein und Seiendem sich als wichtig erweisen und das Sein – als bestimmend für die Wahrheit. Doch ist diese Unterscheidung ihrerseits eine Doppeldeutigkeit und bedeutet nicht das Letztgültige. Wenn sich die genannte Differenz im Gesagten zeigt – in den Worten, was nicht heißt, sie sei epi-phänomenal –, wenn sie vom *Zeigen*

[1] In dieser Arbeit bezeichnet der Terminus *sein („essence")* das vom *Seienden* verschiedene *Sein.* Vgl. oben in der Vorbemerkung.

als solchem abhängt, so ist sie gleichrangig mit dem Sein, dessen Versteckspiel zweifellos *seinshaft* ist; wenn aber das *Zeigen* eine Modalität der Bedeutung ist, dann gilt es, vom *Gesagten* auf das *Sagen* zurückzugehen. Das Gesagte und das Ungesagte schöpfen das ganze Sagen nicht aus; das Sagen bleibt diesseits des Gesagten – oder geht über es hinaus.

Doch bleiben wir zunächst bei dem, was die allgemeine Bedeutung von Wahrheit impliziert. Die Frage „Was zeigt
p. 30 sich?" stellt derjenige, *der* schaut, schon bevor er die Differenz zwischen Sein und Seiendem thematisch unterscheidet. Die Frage drückt aus ein „*Was?*", ein „*Was ist das?*", ein „*Was heißt: ist?*". Von dem, was ist, gilt es zu erfahren, *was* es ist. Das „*Was?*" ist schon ganz eingewickelt in Sein, hat Augen nur für das Sein, in dem es schon versinkt. Vom *Sein* dessen, *was ist*, gilt es zu erfahren, was es ist. Die Frage – selbst die Frage „Was heißt: Sein?" – fragt also in bezug auf das Sein, in bezug auf das, was gerade in Frage steht. Die Antwort wird von vornherein in Begriffen des Seins verlangt, ob man darunter nun *Seiendes* oder *Sein des Seienden*, Seiendes oder *sein* des Seins versteht. Die Frage „Was?" ist so korrelativ zu dem, was sie entdecken will, und sie bedient sich dessen bereits. Ihre Suche spielt sich vollständig im Sein ab – in dem, was sie erst sucht. Wenn die Frage „Was?" in ihrer Zugehörigkeit zum Sein am Ursprung allen Denkens ist (kann es sich damit überhaupt anders verhalten, solange das Denken in determinierten Termini vor sich geht?), dann gehen alle Suche und alle Philosophie auf die Ontologie zurück, auf das Verstehen des Seins des Seienden, auf das Verstehen von *sein*. Das Sein wäre nicht nur das Problematischste – es wäre das im höchsten Maße Verstehbare.

Und doch wird diese Verstehbarkeit zur Frage. Daß die Verstehbarkeit zur Frage wird – ist erstaunlich. Hier taucht ein Problem auf, das der Frage „Wer?“ und der Frage „Was?“ vorausgeht.[2] Warum gibt es in der Zurschaustellung die Frage?

Man könnte zunächst einmal so darauf antworten: Es gibt die Frage, weil es die Suche gibt und weil das Erscheinen des Seins auch die Möglichkeit seines Scheins ist und der Schein das Sein gerade in seiner Unverborgenheit verschleiert und weil die Suche nach der Wahrheit das Sein dem Scheinen entreißen muß. Oder – aber ist das nicht dasselbe? – es gibt die Frage, weil jede Manifestation nur partiell ist und als solche erst sichtbar, wohingegen die Wahrheit sich nicht zerlegen läßt, ohne dabei verfälscht zu werden, und sie folglich ein Fortschreiten ist und sich in verschiedenen Zeiten zur Darstellung bringt, wobei sie in einer jeden problematisch bleibt. Aber die Frage der *Frage* p. 31
ist eine radikalere. Warum wird die Suche zur Frage? Wie kommt es, daß das „Was?“, das schon ganz ins Sein vertieft ist, um es noch weiter zu erschließen, zur bittenden Frage, zum Gebet wird, einer Spezialsprache, die in die „Kommunikation“ des *Gegebenen* einen Hilferuf einbringt, einen an den Anderen gerichteten Ruf um Beistand?

Das Problem entsteht sicherlich nicht wie ein Streit um des Kaisers Bart, den ein launenhaftes oder vorwitziges oder

[2] Die zuvor kommenden oder vorgängigen Fragen sind gewiß nicht die ersten, die gestellt werden: Die Menschen handeln, sprechen, denken sogar, ohne sich um Prinzipien zu kümmern, wohingegen das Vorgängige, das Vor-ursprüngliche, das Diesseits nicht einmal einem Anfang gleichkommt, nicht den Status des Prinzips hat, vielmehr aus der – vom Ewigen zu unterscheidenden – Dimension des An-archischen kommt. Von den ersten Fragen an macht der Diskurs, der die dienstbare Indiskretion ebenso umfaßt wie das „Geheimnis der Engel“, das Unsagbare überall bekannt und entheiligt es, mißbraucht er die Sprache. Er fängt ins Gesagte das Unsagbare ein, das der Philosoph zu reduzieren sich bemüht.

geschicktes Subjekt verursacht, indem es sich dem Sein zuwendet, das an sich unproblematisch wäre. Es ist jedoch nicht erforderlich, die Metapher des Anrufs, der vom sich manifestierenden Sein an das Subjekt ergeht, buchstäblich zu nehmen. Zwar ist die Manifestation des Seins – das Erscheinen – primäres Ereignis, doch besteht gerade *der Primat des Primären in der Präsenz des Präsenten*. Eine Vergangenheit, die älter ist als jede Gegenwart – eine Vergangenheit, die niemals Gegenwart war und deren an-archisches Alter niemals auf das Spiel von Verbergen und Offenbaren „hereingefallen" ist – eine Vergangenheit, deren *andere* Bedeutung erst noch zu beschreiben ist – *bedeutet* über die Manifestation des Seins hinaus, die so nur ein Moment dieser bedeutsamen Bedeutung zum Ausdruck brächte. Man kann in der Dia-chronie, von der wir oben in bezug auf den progressiven Charakter der Manifestation gesprochen haben, das Intervall erahnen, das das *Selbe* vom *Anderen* trennt, das Intervall, das sich in der Manifestation spiegelt. Die Manifestation, die man zu Recht für eine im Moment aufblitzende Eröffnung und Intuition halten könnte, dauert – diskontinuierlich – von Frage zu Antwort. Dies aber führt uns dahin, das „*Wer schaut*" – das identische Subjekt, das seinen Platz angeblich in der Erschlossenheit des Seins hat – überraschend als Knotenpunkt einer (im weiteren noch zu bestimmenden) dia-chronen Verstrickung zwischen dem *Selben* und dem *Anderen* auszumachen. Das stillschweigende Hin und Her zwischen Frage und Antwort, durch das Platon das Denken charakterisiert, ist bereits auf eine Verstrickung bezogen, in der – vom *Anderen* her, der dem *Selben* gebietet – der Knoten der Subjektivität geknüpft wird, selbst wenn das Denken, wo es dem Sein in seiner Manifestation zugewandt ist, *sich* selbst erfährt. *Sich* fragen und *sich* Fragen stellen, dieses „*sich*" löst die Verzwirnung von *Selbem* und

Anderem zu Subjektivität nicht auf, vielmehr verweist es auf sie. Verstrickung des *Anderen* im *Selben*, die nicht auf eine Erschlossenheit des *Anderen* für den *Selben* hinausläuft. Der Andere, an den sich die Bitte der Frage richtet, gehört nicht zur intelligiblen Sphäre, die zu erforschen ist. Er befindet sich in der Nähe. Genau hier stellt sich die *Wer-heit* des *Wer* außerhalb der ontologischen Washeit des gesuchten und die Suche leitenden *Was*. Der *Selbe* hat mit dem *Anderen* zu tun, bevor – in welcher Eigenschaft auch immer – der Andere für ein Bewußtsein erscheint. Die Subjektivität ist strukturiert als *der-Andere-im-Selben*, p. 32
aber nach einem anderen Modus als dem des Bewußtseins. Das Bewußtsein ist immer korrelativ zu einem Thema, einer vorgestellten Gegenwart – zu einem Thema, das vor mir steht, zu einem Seienden, das Phänomen ist. Die Art und Weise, in der die Subjektivität sich strukturiert als der-Andere-im-Selben, unterscheidet sich von der des Bewußtseins, das Bewußtsein des Seins ist, so entfernt, so schmal und so unbeständig diese Beziehung zwischen dem Bewußtsein und seinem vor-gestellten Thema auch immer ist: ob sie nun Wahrnehmung einer „leibhaften" Gegenwart ist, Figuration eines Bildes, Symbolisierung eines Symbolisierten, Transparenz und Verhüllung des Flüchtigen und des Unbeständigen in der Anspielung oder Ahnung, die sich nicht objektivieren läßt, aber doch nach Objektivierung strebt, und so Bewußtsein und so Bewußtsein des Seins.

Die Subjektivität, das meint der-Andere-im-Selben, und zwar so, daß sein Modus sich auch noch einmal unterscheidet von der Art, in der Gesprächspartner einander gegenwärtig sind, wo sie in friedlichem Einverständnis miteinander im Dialog stehen. Der- Andere-im-Selben der Subjektivität ist die Beunruhigung des Selben durch den Anderen. Weder intentionale noch selbst dialogische

Wechselbeziehung, die das Sein in seiner ihm eigenen Reziprozität bezeugen würden. Auch die Zurückgezogenheit des Seins auf sich selbst – das durch diesen Rückzug umrissene „sich selbst", in der der Reflex des Seins korrelativ zum Sein bleibt – erreicht nicht den Knotenpunkt der Subjektivität.

Der zu Subjektivität verknüpfte Knoten – der, sobald die Subjektivität zum Bewußtsein des Seins geworden ist, in ihr sich noch im Fragen bekundet – bedeutet eine Verpflichtung des Selben auf den Anderen, die in Beschlag nimmt vor jedem In-Erscheinung-Treten des Anderen, vorgängig zu jedem Bewußtsein; er bedeutet ein Betroffenwerden durch den Anderen, den ich nicht kenne, ja der sich durch keine Identität legitimieren kann und sich, als Anderer, eben mit nichts identifizieren läßt. Verpflichtung, die als Verantwortung des Selben für den Anderen zu beschreiben ist, als Antwort auf seine Nähe, vor jeder Frage, in der aber die verdeckte Entstehung des Bewußtseins selbst – Wahrnehmen oder Vernehmen des Seins – und der Dialog sich unversehens vom Fragen her werden aufweisen lassen. Im Gegensatz zu den Behauptungen des Idealismus wäre das Sein also nicht die Konstruktion eines erkennenden Subjekts. Das Subjekt, das sich dem Denken und der Wahrheit des Seins öffnet, was nicht zu bestreiten ist, öffnet sich ihnen auf einem völlig anderen Weg als dem, der das Subjekt als Ontologie oder Seinsverstehen erscheinen läßt. Das Sein rührte, so gesehen, nicht von der Erkenntnis her. Dieses Nicht-von-der-Erkenntnis-Herrüh-
p. 33 ren hat einen ganz anderen Sinn, als ihn die Ontologie unterstellt. Sein und Erkenntnis zusammen bedeuteten diesem anderen Sinn nach in der Nähe des Anderen und in einer bestimmten Modalität meiner Verantwortung für den Anderen, jener Antwort, die aller Frage zuvorkommt, jenes Sagens vor dem Gesagten.

Das Sein bedeutete dann von jenem der-Eine-für-den-Anderen her, der Stellvertretung des Selben für den Anderen. Und die Anschauung von Sein und das Sein verweisen auf ein Subjekt, das sich früher erhoben hat als das Sein und die Erkenntnis – früher und diesseits, in einer unvordenklichen Zeit, die keine Erinnerung als Apriori wiedereinholen kann. Die „Geburt" des Seins aus dem Fragen, in dem das erkennende Subjekt sich aufhält, verwiese so auf ein *Vor-dem-Fragen*, auf die An-archie der Verantwortung, sie wiese gleichsam vor jede Geburt zurück. Wir werden versuchen, im Begriff des Sagens ohne Gesagtes eine solche Modalität des Subjektiven darzulegen, ein *Anders-als-sein*. Konditionalformen, wohin man schaut! Und eigenartige Eventualitäten, in der Tat! Wir werden dafür einzustehen haben, daß wir so doch recht frei und als sei kein Risiko damit verbunden mit dem *Eventuellen* umgehen und dabei die ersten Seiten und die Warnungen der Einleitung zur *Phänomenologie des Geistes* außer acht lassen. Zumindest aber werden uns diese Eventualitäten gestatten, mit ersten Hinweisen die Ausrichtung dieses Kapitels anzukündigen und, statt an der Endlichkeit des Subjekts, das zur Relativität einer auf immer unvollendeten Wissenschaft verurteilt wäre, Anstoß zu nehmen, von Beginn an in dieser Endlichkeit selbst, insofern sie dem der- Eine-für-den-Anderen der Nähe entstammt, die Vorzüglichkeit – Erhabenheit und Bedeutung – der Verantwortung zu erahnen, das heißt der Sozialität – Ordnung, der die endliche Wahrheit – Sein und Bewußtsein – untersteht.

2. Das Fragen und das Sein; Zeit und Erinnerung

Wenn man für die Bitte taub ist, die im Fragen mitschwingt, bis hinein in das scheinbare Schweigen des Den-

kens, das sich selbst befragt, dann wird alles in der Frage zur Wahrheit hin ausgerichtet sein und vom *sein* des Seins herrühren. Man wird sich folglich an den Grundriß dieser Ontologie zu halten haben, selbst wenn in dem, was sie bisweilen impliziert, Modulationen vergessener Stimmen mitschwingen. Zur Ontologie – zur Darlegung des Seins in seiner Doppeldeutigkeit von Sein und Seiendem – gehören Zeit und Sprache, insofern die Sprache, indem sie die Streuung der Dauer in Namen und Sätze hinein ver-
p. 34 sammelt, Sein und Seiendes verstehen läßt. In diesem Gesagten werden wir jedoch unvermutet das Echo des Sagens ausmachen, dessen Bedeutung sich nicht in die Versammlung einholen läßt.

Wir haben gezeigt, daß die Frage „Was zeigt sich in der Wahrheit?“ das Sein befragt, das sich in Termini ebendieses Seins zur Schau stellt. Die Frage „Wer schaut?“ ist ihrerseits eine ontologische. Wer ist dieser *Wer*? In dieser Form gestellt, erfordert die Frage, „den Schauenden“ mit einem der schon bekannten Seienden zu identifizieren, selbst wenn die Antwort auf die Frage „Wer schaut?“ in dem einsilbigen „ich“ zur Sprache kommen müßte, ohne jeden Inhalt, einzig und allein Zeichensendung, von vornherein „ich, der …“, tatsächlich aber „ich, der Euch bekannt ist“, „ich, dessen Stimme Ihr in Eurer Erinnerung findet“ oder „ich, der ich mich in das System Eurer Geschichte einfügen könnte“. Wenn die Frage „Wer?“ darauf aus ist, die Situation des Subjekts aufzudecken – das heißt den Platz einer Person in einer gegebenen Lage, in einem Kontext von Dingen und Seienden –, oder wenn sie darin besteht, „Wer ist er?“, „Aus welchem Land kommt er?“ zu fragen – wie Platon im *Phaidros* sich ausdrückt (um die zu diskreditieren, die, statt einer Aussage zuzuhören, sich, schon als Philologen, die Frage nach dem Aussagenden stellen) –, dann würde die Frage „Wer?“ nach dem Sein fragen. Ein solcher „Wer?“ läuft auf ein „Was?“ hinaus, auf das „Was hat es auf sich mit ...?“. Er läuft darauf hinaus oder verliert sich darin. Die Differenz zwischen *Wer?* und *Was?*, die sich im Wortschatz und in der Grammatik spiegelt, wäre so nur eine *eidetische* oder seinshafte, motiviert durch die Natur oder die Seinsart des Seienden, das zum Problem wird. Der logische Supremat des *Was?* im Gesagten macht diese Differenz zunichte. Der Logos als Gesagtes – Offenbarung des Seins in seiner Doppeldeutigkeit von Sein und Seiendem – läßt den *Wer?* sich verlieren im *Was?*. Er läßt ihn sich darin verlieren auf eine noch evidentere Weise in unserer Frage „*Wer schaut?*“, die ja nicht nach diesem oder jenem fragt, sondern nach dem *sein* des „schauenden Wer“ in seiner Allgemeinheit. Sie fragt in dem „Wer ist dieser *Wer*?“: „Was hat es auf sich mit diesem *Wer*, dem der Blick auf das Sein gegeben ist?“. Auf diese Weise würde sich von überallher der Vorrang der Frage „*Was?*“ oder der ontologische Charakter des *Problems* bestätigen.

In jedem Fall bedeutet dieser Vorrang, daß, wenn wir uns bezüglich der Wahrheit fragen: „Wer schaut das Sein, das sich in der Wahrheit manifestiert?“, die Aufnahme der Manifestation des Seins nicht außerhalb des sich manifestierenden Seins stattfinden kann. Die Antwort auf die Frage „*Wer schaut?*“ kann also ihrerseits nur die Exposition des Seins bedeuten: Das Subjekt des Schauens ist allemal ein denkendes Seiendes, in einer strikten Korrelation zu seinem Objekt, der Einheit Subjekt-Objekt zu- p. 35
gehörig. Wie sollte man im übrigen, wenn man vom Begriff der Wahrheit ausgeht, die Aufnahme der Manifestation des Seins außerhalb des sich manifestierenden Seins ansiedeln? Soll sich der Schauende außerhalb des *Absoluten* stellen und soll sich das Schauen dem Seinsereignis entziehen, indem es sich den Rückzugsraum der Inner-

lichkeit gräbt, in welchem das Wissen abgelegt, angehäuft und formuliert wird? Dann aber, würden Dinge außerhalb des Seins geschehen, entstünde dort immer noch Sein, was sich im Wortlaut selbst zu widersprechen scheint. *Wir sind noch nicht in der Lage, Klarheit zu haben über diesen Schein, und noch weniger, ihn abzubauen, auch wenn wir an der Stelle, an der sich die Rückwendung des Seins zu sich selbst – oder die Subjektivität – vollzieht,* anderes vermuten als diese Re-flexion. Notwendig gehört also derjenige, dem sich das Sein zeigt, noch zum Sein und läuft *schauen* auf *sein* hinaus.

Die Exposition oder das Sich-Darbieten des Seins erführe darin jedoch eine Verfälschung. Der Schauende und das Schauen wären nicht „in die Sache verwickelt", würden sich ausschließen von dem, was sich zeigt, sich verbergen in einem „Diesseits". Sicher wäre das „Diesseits" nicht ein Bereich, in dem der durch die Zurschaustellung hervorgerufene „Wer" verlorenginge, doch bliebe es eine Seinsmodalität, eine Weise, sich zu entziehen, sich auszunehmen, sich zurückzuziehen, ohne zu verschwinden; sich zurückzuziehen in die Nacht eines Sich. Erschöpft sich der *Wer* – der Schauende, die Subjektivität, die *Seele* – in diesem Prozeß der Verinnerlichung? Oder erschöpft sich die Verinnerlichung in der Negativität des Sich-nicht-Zeigens? Zweifellos ist das die eigentliche Frage: Was bedeutet *Wer*? Doch wäre die Verinnerlichung eine absolute Ausnahme, so wäre das in der Wahrheit enthüllte Sein verstümmelt, von seiner Innerlichkeit abgeschnitten, wäre es, in seiner Wahrheit, teilweise verschleiert, scheinbar und un-wahr.

Es muß also, damit die Wahrheit entsteht, die Aus-nahme der Innerlichkeit auf die ein oder andere Weise wiedereingeholt werden – es muß die Aus-nahme zur Regel zurückkehren – es muß im dargestellten Sein das Subjekt des

Wissens sich wiederfinden und es müssen der Pulsschlag und das Atmen der „Seele“ zum Ganzen des Seins gehören oder zurückkehren. Die Wahrheit kann nur in der Darstellung des Seins für es selbst bestehen, im Selbstbewußtsein. Das plötzliche Auftauchen einer Subjektivität, einer Seele, eines *Wer*, bleibt korrelativ zum Sein, das heißt gleichzeitig und eins mit ihm. Die Verwandlung der Zurschaustellung in Wissen muß sich interpretieren lassen als eine Art Modulation dieser Zurschaustellung. Die *Seele* lebte allein für die Enthüllung des Seins, durch das sie entsteht oder hervorgerufen wird, sie p. 36
wäre ein Moment im Leben des *Geistes*, das heißt der *Seinstotalität*, die nichts außerhalb ihrer läßt, *Selbes*, das sich zu *Selbem* gesellt. Indessen würde die Manifestation des Seins, die ihm selber gilt, eine Trennung innerhalb des Seins implizieren. Die Manifestation kann unmöglich als ein Aufblitzen erfolgen, in dem die Totalität des Seins sich für die Totalität des Seins zeigt, denn dieses „sich zeigen für“ deutet auf eine Phasenverschiebung, die nichts anderes ist als die Zeit, jener erstaunliche Abstand des Identischen zu sich selbst.

Die Phasenverschiebung im Jetzt, das „Ganze“, das sich vom „Ganzen“ abhebt – die Zeitlichkeit der Zeit – ermöglicht gleichwohl ein Wiedererlangen, durch das nichts verlorengeht. Ent-deckung des Seins, das herausgetreten ist aus seiner Identität, herausgetreten aus sich selbst (was hier Phasenverschiebung genannt wird), und Wiederfinden der Wahrheit; zwischen dem, was sich zeigt, und der Absicht, die es erfüllt – Zeigen. Das *Selbe* als diese Absicht und das *Selbe* als ent-deckt und nichts als entdeckt und *auf das Selbe hinauslaufend* – Wahrheit. Es bedarf der Zeit, des Nachlassens der unbeweglichen Ewigkeit, der Immanenz des Ganzen im Ganzen, damit die neue – einzigartige – Spannung sich aufbaut, durch die im Sein die Intentionalität oder das Denken erwacht. Die Wahrheit ist Wiederfinden, Zurückrufen, Erinnern, Versammeln unter die Einheit der Apperzeption. Nachlassen der Zeit und Spannung des erneuten Erfassens, Entspannung und Spannung, bruchlos, kontinuierlich. Nicht bloßes Sich-Entfernen der Gegenwart, sondern gerade Ver-gegenwärtigung, das heißt Entfernung, in der die Gegenwart der Wahrheit *schon ist* oder *noch ist*; Ver-gegenwärtigung, das heißt erneutes Einsetzen der Gegenwart, die in ihrem „ersten Mal" zum zweiten Mal ist – Retention und Protention, zwischen dem Vergessen und dem Erwarten, zwischen dem Erinnern und dem Entwerfen. Zeit, die Erinnerung ist, und Erinnerung, die Zeit ist – Einheit von Bewußtsein und *sein*.

Sollte aber in der zeitlichen Phasenverschiebung der Totalität des Seins – der Totalität, die allein der Wahrheit genügen könnte – die Totalität, indem sie sich von sich selbst entfernt, „über die Totalität hinausgehen"? Und doch dürfte die Totalität nichts außerhalb lassen.[3] Infolgedessen
p. 37 ereignet sich die Transzendenz der in der Wahrheit zum Thema gewordenen Totalität als eine Aufgliederung der Totalität in Teile. Wie können aber die Teile gleichbedeutend sein mit dem Ganzen, was ja das Sich-Darbieten als Wahrheit impliziert? Indem sie das Ganze spiegeln. Das

---

[3] Als Entdeckung des Seins für es selbst darf die Wahrheit, die vom Sein nichts wegzunehmen hat, ihm auch nichts hinzufügen. Andernfalls würde das Sein sich nur zeigen, um durch das Ereignis der Entdeckung bereits entstellt zu werden: die Wahrheit würde die Wahrheit verhindern, wie in der ersten Hypothese in Platons Parmenides. Also kann die Ent-deckung – im Moment, da das Sein sich seiner selbst bewußt wird und seinem Sein ein Wissen oder seinem alten Wissen ein neues Wissen hinzufügt – nicht eine Hinzufügung zum Sein bilden, das sich zeigt, vielmehr muß sie seine Vollendung sein. Das Sich-Darbieten des Seins oder die Wahrheit ist das vollendete *sein* des Seins und Zeit zugleich die Zurschaustellung des Seins für es selbst und sein *sein*.

sich in einem Teil spiegelnde Ganze ist Bild. Die Wahrheit würde sich also in den Bildern des Seins ereignen. Es ist jedoch darum nicht weniger wahr, daß die Zeit und die Erinnerung und die erstaunliche Diastase der Identität und ihr Wiederzusammenfinden, wodurch das *sein* seine Zeit als *sein* „macht“, jenseits von *sein* und Wahrheit sind, auch wenn wir bei dem Versuch, sie zu verstehen und sie darzulegen, sagen, daß sie jenseits des sein *sind*, daß sie also *sind*. Jenseits des *sein* bedeutet die Bedeutung, das ausgeschlossene Dritte zwischen Sein und Nichtsein.
Das Bild ist Ziel des Sich-Darbietens, Figur, die sich zeigt, das Unmittelbare, das sinnlich Wahrnehmbare und zugleich Ziel, in dem die Wahrheit nicht am Ziel ist, weil das Ganze des Seins in ihm sich nicht in sich selbst zeigt, sondern in ihm lediglich sich spiegelt.[4] Im Bild ist das sinnlich Wahrnehmbare, das Unmittelbare, intentional ausgerichtet auf die Suche nach einer vollständigeren Gegenwart. Wenn aber das Sich-Darbieten eine Aufteilung der Totalität des Seins impliziert, dann erreicht es keine Vollendung, ohne zu vergehen. Die Wahrheit ist verheißene Wahrheit. Als immer verheißene, immer zukünftige, immer geliebte liegt die Wahrheit in der Verheißung und in der Liebe der Weisheit,[5] auch wenn es nicht verboten ist, in der Zeit der Enthüllung das strukturierte Werk der Geschichte zu sehen und ein Fortschreiten in kontinuierlicher Folge bis an den Rand der Nicht-Philosophie.

---

[4] Insofern das Bild zugleich Ziel und Nichtvollendung der Wahrheit ist, wird die Sensibilität, die die Unmittelbarkeit selbst ist, zum Bild – das vom Wissen her zu interpretieren ist. Doch hat die Sensibilität, so unsere These, in ihrer Unmittelbarkeit noch eine andere Bedeutung (vgl. Kap. III). Sie beschränkt sich nicht auf die Funktion, das Bild des Wahren zu sein.

[5] Wir werden später (Kap. V) zeigen, wie die Philosophie – als Liebe der immer zukünftigen Wahrheit – ihre Rechtfertigung aus ihrer umfassenderen Bedeutung erhält: als Weisheit der Liebe.

Die Philosophie ist Entdeckung des Seins, und das *sein* des Seins ist Wahrheit und Philosophie. Das *sein* des Seins ist Zeitigung der Zeit – Diastase des Identischen und sein Wiederergreifen oder Erinnern, Einheit der Apperzeption. Ursprünglich bezeichnet das *sein* weder die Umrisse der Körper noch die bewegliche Linie der Akte, in denen ein Licht glänzt; es bezeichnet jene „Modifikation" ohne Veränderung und ohne Übergang, unabhängig von jeder qualitativen Bestimmung und formaler als die stumpfe Abnutzung der Dinge, die durch das Knarren eines Möbelstücks in lautloser Nacht ihr schon mit Materie beschwertes Werden zu erkennen geben. Modifikation, durch welche das Selbe sich von sich selbst ablöst oder
p. 38 sich selbst abgibt, sich auflöst in dieses und jenes, sich selbst nicht mehr abdeckt und so sich ent-deckt (wie in der Malerei Dufys, in der die Farben aus ihren Konturen heraustreten oder nicht durch sie begrenzt werden), Phänomen wird – das *esse* allen Seins. Das *sein* des Seins bezeichnet nichts, was benennbarer Inhalt wäre – Ding oder Ereignis oder Handlung –, es nennt jene Beweglichkeit des Unbeweglichen, jene Vervielfältigung des Identischen, jene Diastase des Punktuellen, jenen Zeit-lauf. Die besagte Modifikation ohne Veränderung und ohne Verschiebung – *sein* des Seins oder Zeit – wartet nicht auf ein zusätzliches Licht, das eine Bewußtwerdung allererst erlaubte. Diese Modifikation ist gerade die Sichtbarkeit des Selben für das Selbe, die bisweilen auch Erschlossenheit genannt wird. Das Werk des Seins – das *sein* – die Zeit – der Zeit-lauf – ist Darbietung, Wahrheit, Philosophie. Das *sein* des Seins ist Zerstreuung der Undurchsichtigkeit; nicht nur, weil man diese „Ausdehnung" des Seins im vorhinein verstanden haben müßte, damit dann die Wahrheit erstehen könnte auf den Dingen, den Ereignissen und den Akten, die *sind*; vielmehr weil diese Ausdehnung

selbst die *ursprüngliche Zerstreuung* der Undurchsichtigkeit ist. In ihr werden die Formen erkennbar oder erwacht das Wissen; in ihr verläßt das Sein die Nacht oder tauscht es zumindest den Schlaf – die potenzierte Nacht – gegen eine unaufhebbare Schlaflosigkeit des Bewußtseins. Derart daß alles Spezialwissen, jede Ausübung des Verstandes – Ideologie, Glaube, Wissenschaft – jede Wahrnehmung, jedes entdeckende Verhalten welcher Art immer, ihr Licht dem *sein* verdankten, dem ersten Licht, und der Philosophie, seiner Morgen- oder Abendröte. Durch den Abstand des Identischen zu sich selbst ist die Zeitlichkeit *sein* und ursprüngliches Licht, ebenjenes, das Platon von der Sichtbarkeit des Sichtbaren und von der Hellsichtigkeit des Auges unterschieden hat. Die Zeit des *sein* vereinigt die drei Momente des Wissens. Ist das Licht des *sein*, das sehen läßt, seinerseits zu sehen? Gewiß kann es zum Thema werden, das *sein* kann sich zeigen, kann genannt und beschrieben werden. Doch das Licht bietet sich dann in einem Licht dar, das seinerseits nicht thematisch ist, das vielmehr für das „hörende Auge" in einzigartigem Klang erklingt, im Klang der Stille. Ausdrücke wie: das Auge, das den Klang der Stille hört, sind keine Barbarismen, deshalb nicht, weil es hier darum geht, sich der Zeitlichkeit des Wahren anzunähern, und weil in der Zeitlichkeit das Sein sein *sein* entfaltet.

Geht die Zeitlichkeit über das *sein* hinaus? Die Frage bleibt: Jene Nacht oder jener Schlaf, die das Sein durch die Zeit „verließe", um sich zu manifestieren, gehören sie noch zum *sein*, als bloße Negationen von Licht und Wach- p. 39
heit? Oder „sind" sie vielmehr ein „*Anders*" oder ein „*Diesseits*"? Sind sie gemäß einer Zeitlichkeit jenseits der Erinnerung, in der Diachronie, jenseits des *sein* – *diesseits* oder *jenseits*, *anders-als-sein*, dazu angelegt zwar, sich im Gesagten zu zeigen, doch um sogleich wieder reduziert zu

werden? Läßt sich das Subjekt gänzlich von der Ontologie her verstehen? Damit ist eines der Hauptprobleme der vorliegenden Untersuchung genannt oder, genauer, das, was sie in Frage stellt.

3. Zeit und Rede

a. Das sinnliche wahrnehmbare Erlebnis

Die Entdeckung eines jeden Dings ist abhängig von seiner Einfügung in das besagte Licht – oder den besagten Klang – der Zeit des *sein*. Entdeckt werden die Dinge in dem, wie sie beschaffen sind, die Beschaffenheiten aber im Erlebnis, das zeitlich ist. Das Sich-Darbieten – die Phänomenalität des Seins – läßt sich nicht von der Zeit trennen. Von daher wird die Wohlbegründetheit einer philosophischen Tradition einsichtig, die über Kant, Berkeley und Descartes bis auf die Antike zurückgeht und die über die Empfindung nachdenkt. Als „gemeinsamer Akt von Empfindendem und Empfundenem" ist die Empfindung die Zweideutigkeit des zeitlichen Fließens des Erlebnisses und der Identität der Seienden und der Ereignisse, die durch Worte bezeichnet werden.
Diese Zweideutigkeit ist nicht aufgelöst worden durch den Begriff der Intentionalität, so wie er sich in der Husserlschen Polemik gegen den Psychologismus durchgesetzt hat, als es entscheidend darum ging, das psychische Leben des Logikers – das intentionale *Erlebnis*[a] – radikal zu unterscheiden von der das Psychische und das Erlebnis überschreitenden Idealität der thematisierten logischen Bildung. Es wäre von daher natürlich gewesen, einzu-

[a] *Im Original deutsch.*

räumen, daß die Empfindung allein als Akt des Empfindens zum *Erleben*[b] gehört, daß das Empfinden aus einer Komplexion erlebter Noesen besteht und daß es seinem Wesen nach sich in intentionalen Aufnahmefunktionen erschöpft, die auf die besagten sinnlich wahrnehmbaren Beschaffenheiten hin ausgerichtet sind in der Absicht, diese zu identifizieren. Diese Beschaffenheiten würden sich von jeder anderen Gegebenheit abheben durch ihre unmittelbare Präsenz, durch ihre Inhaltsfülle und durch ihre Reichhaltigkeit. Als wechselnde Beschaffenheiten würden sie sich doch nur außerhalb des Erlebnisses verändern, auf der Ebene des Empfundenen, *jenseits* des Empfindens. Das Erlebnis und das Empfundene, das Erlebnis und die sinnlich wahrnehmbaren Beschaffenheiten – wären so durch einen „Sinnabgrund“ getrennt, wie Husserl sich ausdrückt.
Und doch, dieses Schema läßt sich nicht aufrechterhalten. Das sinnlich Wahrnehmbare offenbart sich nicht in der Darbietung, die so etwas wäre wie der aufblitzende Moment einer *Noesis* reinen Empfangens. Die Noesis selbst hat eine zeitliche Erstreckung und eine Konstitution in der Zeit; sie bezieht sich in ihrer Intention auf die Materialität einer ὑλή. Die sinnlich wahrnehmbaren Beschaffenheiten: Töne, Farben, Härte, Weichheit – die sinnlich wahrnehmbaren Beschaffenheiten, Attribute von Dingen, werden demzufolge ihrerseits in der Zeit erlebt als psychisches Leben, indem sie sich erstrecken oder in einer Sukzession zeitlicher Phasen ablaufen und nicht nur andauern oder in der meßbaren Zeit der Physiker sich verändern. Husserl stimmt damit überein, er besteht darauf, mehr als irgendjemand heute, und er rehabilitiert damit die Lehren, denen er durch gewisse Aspekte seiner Thesen zu wider-

p. 40

[b] *Im Original deutsch.*

sprechen schien. Die sinnlich wahrnehmbaren Beschaffenheiten sind nicht allein das Empfundene, sie sind das Empfinden, wie die Gefühlszustände. Das war immer die Lehre Berkeleys. Man mag dem Empfinden noch so sehr die Intentionalität zuerkennen, die objektive Farben und Töne identifiziert, das Empfinden bleibt eine Verkürzung dieser Farben und dieser Töne. Es „ähnelt" dem Empfundenen. Etwas ist dem Objektiven und dem Erlebnis gemeinsam. Es sieht ganz so aus, als sei das Empfindbare – dessen Bedeutung vielschichtig und dessen Status im Bewußtsein nur erst vom *Erkennen* her bestimmt worden ist, als Rezeptivität – ein Element *sui generis*, in dem sich Identitäten auflösen und aus dem Identitäten auftauchen, in dem jedoch deren Undurchsichtigkeit als Substanz in Dauer übergeht, obschon der Erlebnisfluß immer im Begriff steht, zu idealen Identitäten zu gerinnen.[6]
Bei Husserl werden das innere Zeitbewußtsein und das Bewußtsein überhaupt in der Zeitlichkeit der Empfindung beschrieben: „das Empfinden sehen wir an als das ursprüngliche Zeitbewußtsein"[7] und „Bewußtsein ist nichts ohne Impression".[8] Zeit, Sinneseindruck und Bewußtsein werden zusammengeschlossen. Selbst auf dieser ursprünglichen Ebene, der des Erlebnisses, wo das Fliessen, reduziert auf die reine Immanenz, noch den *Verdacht*

[6] Welchem Modell zufolge? Die Frage stellt sich. Denn wenn der Horizont für das Verstehen des Seins des Seienden – des *sein* – die Zeit ist und wenn alle Substantialität sich in Dauer auflöst, welches ist dann das Prinzip oder die Matrix des Seienden? Verdient hier nicht das „etwas" der formalen Logik, Kants „transzendentales Objekt", das bereits die Thematisierung der Rede voraussetzt, einiges Erstaunen? Verweist nicht die Rede auf den Einen? Vgl. unten Anm. 38 in diesem Kapitel.
[7] Edmund Husserl, Zur Phänomenologie des inneren Zeitbewußtseins (1893-1917), hrsg. von Rudolf Boehm, Den Haag 1966, S. 107 (= Husserliana Bd. X); im folgenden zitiert unter dem Sigel Hua X.
[8] Hua X, 100.

einer Objektivierung ausschließen müßte, bleibt das Bewußtsein Intentionalität – „eigentümliche Intentionalität“[9] zwar, aber undenkbar ohne aufgefaßtes Korrelat. Diese eigentümliche Intentionalität ist die Zeit selbst. Bewußtsein entsteht in dem Maße, in dem der Sinneseindruck zu sich selbst in Differenz gerät, ohne zu differieren; differierend, ohne zu differieren, in der Identität – anders. So als verstopfte sich die Impression selbst, klärt sie sich, indem sie sich „entschlackt“; sie hebt diese Koinzidenz des Sich mit sich auf, in der das „Selbe“ unter sich selbst wie unter einem Löschhütchen erstickt. Sie ist nicht phasengleich mit sich selbst: *soeben vergangen, im Begriff zu entstehen.* Doch in der Identität differieren, den Moment im Griff behalten, der sich verändert, genau das meint „Pro-tention“ oder „Re-tention“! In der Identität differieren, sich modifizieren, ohne sich zu wandeln – das Bewußtsein leuchtet in der Impression auf, soweit diese sich von sich selbst entfernt: um *noch* auf sich zu warten oder um sich *schon* wiedereinzuholen. Noch, schon – Zeit; und Zeit, in der nichts verlorengeht. Selbst die Vergangenheit modifiziert sich, ohne ihre Identität zu wandeln, entfernt sich, ohne sich loszumachen, wird dabei „älter“, versinkt in einer tieferen Vergangenheit: mit sich identisch durch die Retention der Retention. Und so weiter. Bis hin zum Gedächtnis, das in Bildern einholt, was die Retention nicht zu bewahren vermocht hat, bis hin zur Historiographie, die das rekonstruiert, wovon auch das Bild verlorengegangen ist. Vom Bewußtsein sprechen heißt von der Zeit sprechen. p. 41

Es heißt jedenfalls von der wiedereinholbaren Zeit sprechen. Die Zeitlichkeit umfaßt auf einer bestimmten Ebene – auf der für Husserl ursprünglichen Ebene – ein Bewußtsein, das nicht einmal intentional ist im „eigentümlichen“

[9] Hua X, 31.

Sinne der Retention. Denn trotz der in ihr gegebenen vollkommenen Übereinstimmung zwischen dem Wahrgenommenen und der Wahrnehmung (die kein Licht mehr durchlassen dürfte), trotz der strikten Gleichzeitigkeit, die die Gegenwärtigkeit der Gegenwart ausmacht’[10] trotz der Nicht-Modifikation dieses „absolut Unmodifizierte[n], [der] Urquelle für alles weitere Bewußtsein und Sein“[11] – dieses heute ohne morgen und ohne gestern – trotz alledem *imprimiert* sich die *Ur-impression*,[c] die Proto-impression nicht ohne Bewußtsein.[12]

„Unmodifiziert“, mit sich selbst identisch, aber ohne Retention – geht nicht die Urimpression jeder Pro-tention und so ihrer eigenen *Möglichkeit* voraus? Husserl scheint dies zu sagen, wenn er die Urimpression „absoluten Anfang“ aller Modifikation nennt, die sich als Zeit ereignet, Urquell, der „nicht selber erzeugt wird“, der durch „*genesis spontanea*“ entsteht. „Sie erwächst nicht (sie hat keinen
p. 42 Keim), sie ist Urzeugung.“[13] Das „Wirkliche“, das dem Möglichen vorausgeht und es überrascht – sollte das nicht exakt die Definition der *Gegenwart* sein, die nach dieser Beschreibung zwar gleichgültig wäre gegenüber der Protention („die Erzeugung hat keinen Keim!“), aber deswegen nicht weniger ihr Bewußtsein? Wir berühren hier sicherlich den bemerkenswertesten Punkt in dieser Philosophie der das Universum „konstituierenden“ Intentionalität, in der der Prototyp der theoretischen Objektivierung alle Weisen intentionaler Einstellung, seien sie axiologisch oder praktisch, beherrscht und in der jedenfalls eine strikte Parallelität zwischen den doxischen, axiologischen und

[10] Hua X, 110 f. (Beilage V).
[11] Hua X, 67.
[12] Hua X, 119 (Beilage IX).
[13] Hua X, 100.
[c] *Im Original deutsch.*

praktischen Setzungen durchgehend behauptet wird. Vom Primat des Theoretischen hat Husserl also das Seelenleben nicht befreit – weder im Bereich des Sich-Auskennens mit dem „Zuhandenen“ noch in dem der axiologischen Emotion noch in dem von der Metaphysik der Seienden zu unterscheidenden Seinsdenken! Das objektivierende Bewußtsein – die Hegemonie der ver-gegenwärtigenden Vorstellung – wird, paradoxerweise, überwunden im Bewußtsein der Gegenwart.[14] Und dies macht gewiß die primordiale oder prinzipielle Bedeutung verständlich, die im Ganzen der Husserlschen Untersuchungen den bisher so wenig erforschten Aufzeichnungen über die „lebendige Gegenwart“ zukam. Selbst als Rehabilitierung der „sinnlichen Gegebenheit“ des empiristischen Sensualismus gewinnt die Proto-impression im Kontext der Intentionalität (*die bei Husserl beherrschend bleibt*) – oder nach der Hegelschen Negativität – erneut die Fähigkeit, Erstaunen hervorzurufen. Bewußtsein, welches sich außerhalb jeglicher Negativität im *Sein* ereignet, das noch in der Zeitlichkeit der Retention und der Protention vorgeht. Die lebendige Gegenwart führt dahin, den Begriff des Ursprungs und der Schöpfung einsichtig zu machen, einer Spontaneität, in der Aktivität und Passivität ganz ineinander übergehen. Da nun dieses *ursprünglich* nicht-objektivierende und in der lebendigen Gegenwart nicht objektivierte Bewußtsein thematisierbar ist und in der Retention auch thematisierendes Bewußtsein ist, ohne dabei etwas von seiner „Individualität“[15] verleihenden Zeitstelle zu verlieren, kehrt unversehens die Nicht-Intentionalität der Protoimpression wieder zur Ordnung zurück, führt sie

[14] Hua X, 119: „Man darf nur dieses Urbewußtsein … nicht als einen auffassenden Akt mißverstehen.“
[15] EU 463 f.

weder auf ein Diesseits-des-Selben hin noch auf ein Diesseits-des-Ursprungs. Nichts gelangt unerkannt in das Selbe, um den Zeitfluß zu unterbrechen und damit das Bewußtsein, das in Gestalt dieses Flusses entsteht. Als Phasenverschiebung der Identität der „lebendigen Gegen-
p. 43 wart“ mit sich selbst, als Phasenverschiebung der Phasen selbst, gemäß der Intentionalität von Retentionen und Protentionen, versammelt der Fluß die Vielfalt der Modifikationen, die von der „lebendigen Gegenwart“ her auseinanderlaufen. Die Zeit der Sensibilität bei Husserl ist die Zeit des Wiedereinholbaren. Daß die Nicht-Intentionalität der Proto-impression nicht Verlieren des Bewußtseins meint, daß dem Sein nichts unbemerkterweise zustoßen kann,[16] daß nichts den Bewußtseinsfaden durchtrennen kann[17] – schließt die Diachronie von der Zeit aus, jene irreduzible Diachronie, deren Bedeutung – sie reicht tiefer als die *Bezeigung* des Seins – die vorliegende Untersuchung zur Geltung bringen möchte.

Indem sie in ihrer Identität variiert und in ihrer Differenz identisch bleibt – behalten, wiedererinnert oder rekonstruiert –, indem sie nach den bewundernswert phänomenologischen Formulierungen Kants gespeichert wird durch „die Synthese der Auffassung in der Anschauung“ (das heißt im sinnlich Wahrnehmbaren, das zu Erkenntnis wird) und durch die Synthese „der Wiedererkenntnis in der Einbildungskraft“, wird die Impression Zeit und öffnet sie sich auf sich selbst hin.

Ist nicht vielleicht das Fließen, eher als eine Metapher, die der Bewegung des Wassers in einem Fluß entlehnt ist, genau die Zeitlichkeit der Zeit und das „Wissen“, aus dem das „Be-wußtsein“ gemacht ist? Von der Zeit in Begriffen

---

[16] Hua X, 119 (Beilage IX).
[17] Hua XVII, 242.

des Fließens sprechen heißt von der Zeit in Begriffen der Zeit und nicht zeitlicher Ereignisse sprechen:[18] die Zeitigung der Zeit, Erschlossenheit, durch welche die Empfindung sich manifestiert, empfunden wird, modifiziert wird, ohne ihre Identität zu verändern, indem sie sich durch eine Art Diastase des Punktuellen verdoppelt, sich zeitlich auseinanderschiebt – ist weder ein Attribut noch ein Prädikat, das eine als Empfindung „empfundene" Kausalität ausdrückte. Die zeitliche Modifikation ist weder Ereignis noch Handlung noch Wirkung einer Ursache. Sie ist das Verb sein.

b. Die Sprache

Das Verb, verstanden als Bezeichnung eines Ereignisses und bezogen auf die Zeitigung der Zeit, würde diese als Ereignis erklingen lassen, während doch jedes Ereignis die Zeit schon voraussetzt, ihre Modifikation ohne Wandlung, die Phasenverschiebung des Identischen, die hinter den Transformationen und der Dauerhaftigkeit kribbelt und, als Altern, in dieser Dauerhaftigkeit selbst. Doch das Verb erreicht seine eigentliche Verbalität erst da, wo es aufhört, Handlungen und Ereignisse zu benennen, wo es aufhört, überhaupt zu benennen. Da erst hat das Wort ein „eigenes Gebaren", einzigartig und nicht reduzierbar auf die nennende oder evozierende Symbolisierung. Das Verb *sein* sagt das Fließen der Zeit, als sei die Sprache nicht p. 44

[18] „Aber ist nicht der Fluß ein Nacheinander, hat er nicht doch ein Jetzt, eine aktuelle Phase und eine Kontinuität von Vergangenheiten, in Retentionen jetzt bewußt? Wir können nicht anders sagen als: Dieser Fluß ist etwas, das wir *nach dem Konstituierten* so nennen, aber es ist nichts zeitlich ‚Objektives' (…) Für all das fehlen uns die Namen." Hua X, 75. – Fehlen uns die Namen oder übersteigt die Sache das Nennbare? Erreichen wir nicht vielmehr das unthematisierbare Fließen der Zeit durch *Reduktion* vom Gesagten aus?

fraglos gleichbedeutend mit der Bezeichnung. Als erreiche in dem Wort *sein* das Verb allererst seine Funktion als Verb. Als laufe diese Funktion auf das Kribbeln und das leichte Jucken jener Modifikation ohne Wandlung hinaus, die die Zeit bewirkt. Wiedereinholbare Zeit, gewiß, in der Retention, im Gedächtnis, der „Fabel" und dem Buch. Zwischen dem Verb und dem Sein – oder dem *sein* des Seins – ist das Verhältnis nicht wie zwischen Gattung und Art. Das *sein* – die Zeitigung – ist die Verbalität des Verbs. Das Sein, auf dessen Differenz zum Seienden man hinauswill, dieser befremdliche zeitliche Juckreiz, die Modifikation ohne Wandlung (für die man auf Metaphern rekurriert, die dem Zeitlichen entnommen sind und nicht der Zeit, Metaphern wie Seinsprozeß oder Seinsakt oder Enthüllung oder Vollzug des Seins oder sein Verlauf), das Sein ist nichts anderes als das Verb. Die Zeitigung ist das Verb des Seins. Die aus der Verbalität des Verbs hervorgegangene Sprache besteht dann nicht nur darin, das *sein* des Seins verstehbar zu machen, sondern auch darin, es in Schwingung zu versetzen.

Die Sprache beschränkt sich infolgedessen nicht darauf, ein System von Zeichen zu sein, die an die Stelle der Seienden und der Beziehungen treten – eine Konzeption, die unabdingbar wäre, wenn das Wort allein Nomen wäre. Vielmehr ist nach dem oben Gesagten die Sprache Auswuchs des Verbs. Und schon als Verb ist sie Träger des sinnlichen Lebens – Zeitigung und *sein* des Seins. Die erlebte Empfindung – Sein und Zeit – wird bereits im Verb verstanden. Und die Sensibilität, in der die Beschaffenheiten der wahrgenommenen Dinge übergehen in Zeit und in Bewußtsein – ist sie nicht je schon *zur Sprache gekommen*, unabhängig von dem schalldichten Raum, in dem die Dinge allem Anschein nach in einer stummen Welt sich abspielen? Lassen nicht die qualitativen Veränderungen des in der

Sensibilität ausgesprochenen Verbs das *Wie* verständlich werden? Erklingen nicht die Empfindungen, in denen die sinnlichen Beschaffenheiten erlebt werden, *auf adverbiale Weise* oder, genauer, als Adverben des Verbs sein?

Würden sie dann aber, wenn sie plötzlich diesseits des Gesagten zu fassen wären, nicht eine andere Bedeutung offenbaren?

Indessen ist die Sprache auch ein Nominalsystem. Im verbalen oder zeitlichen Fließen der Empfindung bezeichnet p. 45 oder konstituiert die Benennung Identitäten. Durch das Licht, das die Zeitigung im sinnlich Wahrnehmbaren erschließt, indem sie das sinnlich Wahrnehmbare dank seiner eigenen Fährte entdeckt, und das sie durch die Retention und das Gedächtnis sammelt – welche Sammlung Kant vor aller Idealisierung des sinnlich Wahrnehmbaren wohl in den einzelnen Synthesen der Einbildungskraft erblickte – durch dieses Licht identifiziert das Wort „dieses *als* dieses", sagt es die Idealität des Selben im Verschiedenen aus. Identifizierung, die Sinnstiftung ist: „dieses als jenes". In ihrem Sinn erweisen sich Seiende als identische Einheiten. „Das Zeitbewußtsein ist die Urstätte der Konstitution von Identitätseinheit überhaupt", schreibt Husserl.[19] Die „identischen Einheiten" sind nicht zunächst gegeben oder thematisiert, um erst anschließend einen Sinn zu erhalten, sie sind gegeben durch diesen Sinn. „Dieses als jenes" – das wird nicht erlebt, es wird gesagt. Die Identifizierung wird *vernehmbar* und *verstehbar* auf der Basis eines geheimnisvollen Schemas, eines Schon-Gesagten, einer vorgängigen Doxa, die die Voraussetzung jeder Beziehung zwischen dem Universalen und dem Individuellen ist, denn diese Beziehung kann selbstverständlich nicht auf einer Ähnlichkeit beruhen.

---

[19] EU 75 f.

Die Identifizierung ist eine kerygmatische. Das Gesagte ist nicht lediglich Zeichen oder Ausdruck eines Sinns: es verkündet oder sanktioniert dieses als jenes. An den Überschuß dieser „Spontaneität"[20] über das Abbild oder den Reflex, den das Denken in seinem Reflektieren umfaßt, läßt nur entfernt der Begriff des *Aktes* denken, den man gewöhnlich dem reinen Empfangen des sinnlich Wahrnehmbaren gegenüberstellt.[21] Dieser zwischen Passivität und Aktivität gelegene Überschuß findet sich in der Sprache, die eintritt in ein Hörensagen, in ein *Schon-Gesagtes*, in eine Doxa, ohne die die identifizierende, nennende
p. 46 Sprache das sinnlich Wahrnehmbare nicht hätte erreichen können; Doxa, *Schon-Gesagtes*, Fabel, Epos, in denen das

[20] „... daß wir uns nichts, als im Objekt verbunden, vorstellen können, ohne es vorher selbst verbunden zu haben" (Kant, Kritik der reinen Vernunft, B 130). Der Verweis auf die Spontaneität erfolgt durch den eigentlichen Sinn von Objektivität – der Synthese oder der Beziehung, die hier nicht der ***Inhalt*** des Objektes ist, sondern seine Objektivität. Infolgedessen ist der Verweis auf das Subjekt weder ein psychologischer noch bloßer Sprachgebrauch („Objekt setzt Subjekt voraus"), sondern gerade ein transzendentaler: ein Phänomen wie „objektive Verbindung" hat keinen Sinn ohne transzendentale Spontaneität, ohne ein eben als Spontaneität strukturiertes Subjekt (vergleichbar etwa der Freiheit, die in einer Hegelschen Perspektive unvorstellbar wäre ohne Institutionen oder ohne Industriegesellschaft).

[21] Husserl selbst interpretiert die Objektivierung im Bereich des prä-prädikativen Urteils, in dem man sich vor der Sprache und dem sozialen Zeichenkode, den sie allererst liefert, in dem man sich vor dem *Gesagten* wähnen könnte, als ein *Tun.* „Damit erweist sich auch schon das bloße wahrnehmende Betrachten eines vorgegebenen Substrates als unsere Leistung, als ein Tun und nicht als ein bloßes Erleiden von Eindrücken." (EU 60 f.) Die Verkennung dieser, wenn man so sagen kann, prä-linguistischen Ebene des Wortes behindert Husserl bei der Untersuchung des prä-prädikativen und prä-sozialen Urteils, wo trotz der absoluten Stille, die in einer Welt ohne Intersubjektivität herrschen müßte, auf die unsagbare Idealität der Substrate ein Echo aus der Welt antwortet, in der die Bedeutungen ausgesprochen werden „und es immer wieder neuer Anstrengung bedarf, um diesen sich aufdrängenden Sinn der Ausdrücke fernzuhalten" (EU 58).

Gegebene in seinem Thema steht. Ist seine zeitliche Speicherung nicht doxisch, bietet sie sich doch auch bei Husserl dem vorprädikativen Urteil von vornherein als Urdoxa[d] dar?[22] Ebenso wie Benennung ist das Wort Ernennung, Sanktionierung von „diesem als diesem“ oder von „diesem als jenem“ – Sagen, das auch *Verständnis* ist und *Hören*, eingelassen ins *Gesagte*: Gehorsam im Innern des Wollens („ich meine dies oder jenes“)[e], Kerygma auf dem Grunde eines *fiat*.[23] Ein *Schon-Gesagtes* vor aller Sprache stellt, jeder Rezeptivität zuvor, die Erfahrung dar oder bedeutet sie, in den verschiedenen Sinnrichtungen dieses Wortes (deutet auf sie und gebietet sie); sie bietet so den von den Völkern gesprochenen historischen Sprachen einen Ort, der es ihnen gestattet, das Verschiedene, das sie thematisieren, in bestimmter Weise anzuordnen und zu konzentrieren.

Im sinnlich Wahrnehmbaren als Erlebnis zeigt sich die Identität, wird sie Phänomen, denn im sinnlich Wahrnehmbaren als Erlebnis wird das *sein* – Zeitlauf und Erinnerung, die ihn wieder einholt, Bewußtsein – verstehbar und „erklingt“ es; die Zeit des Bewußtseins ist Erklingen und Verstehen der Zeit. Doch diese Zweideutigkeit und

---

[22] Vgl. z. B. EU 51-59.

[23] Das Wort hat eine „Meinung“, die nicht lediglich eine Absicht ist. Jacques Derrida hat, gewagt und glücklich getroffen, diesen Terminus mit „vouloir dire“ übersetzt und so in seine Bezugnahme auf das Wollen (das jede Intention bleibt) und auf die Exteriorität der Sprache den angeblich inneren Aspekt des Sinns integriert. Vgl. Jacques Derrida, La voix et le phénomène. Introduction au problème du signe dans la phénoménologie de Husserl, Paris: Presses universitaires de France 1967. Deutsch: Die Stimme und das Phänomen. Ein Essay über das Problem des Zeichens in der Philosophie Husserls. Übersetzt und mit einem Vorwort versehen von Jochen Hörisch, Frankfurt a. M.: Suhrkamp 1979.

[d] *Im Original deutsch.*

[e] *Der französische Ausdruck [„j'entends dire ceci ou cela“] impliziert: „ich* will *dies oder jenes sagen“ und „ich* höre *von diesem oder jenem“.*

diese erkenntnistheoretische Funktion der Sensibilität – diese Zweideutigkeit des Verstehens und der Anschauung, durch die die Bedeutsamkeit des sinnlich Wahrnehmbaren und der Unmittelbarkeit nicht ausgeschöpft wird – ist ihr logisches und ontologisches Spiel als Bewußtsein. Spiel, das nicht aus einer Laune heraus beginnt und dessen Horizont es zu zeigen gilt; doch Spiel, das die mehrfache Verantwortung, durch die es entsteht, nicht zwangsläufig aus dem Spiel läßt. Bei der Untersuchung des sinnlich Wahrnehmbaren in der Doppeldeutigkeit von Dauer und Identität – die schon die im *Gesagten* aufscheinende Doppeldeutigkeit von Verb und Nomen ist – haben wir es als *schon gesagtes* entdeckt. Die Sprache ist in Gang gekommen und das Sagen, das das Gesagte trug – aber über das Gesagte hinausging – ging im Gesagten auf, verging in ihm – schrieb sich ihm ein. Oder wenn man so will, unsere Untersuchung galt der Zeit, die die Historiographie kennzeichnet, das heißt, der wiedereinholbaren, wiederauffindbaren Zeit, der verlorenen Zeit, die sich wiederfinden läßt. Wie die erzählte Zeit in der Erzählung und im Geschriebenen zur umkehrbaren Zeit wird, so wird auch jedes Phänomen zur Sprache gebracht: als Gleichzeitigkeit des im Thema aufeinander Folgenden. Im Nachlassen oder im Entspannen der Zeit wird das modifizierte Selbe, das im Begriff steht, sich zu verlieren, behalten, schreibt es sich der Erinnerung ein und wird es identifiziert – wird es
p. 47 genannt. Als Erlebnis, als „Bewußtseinszustand“ wird das durch ein Substantiv bezeichnete Sein, gemäß der Erlebniszeit, ent-spannt zu Leben, zu *sein*, zu Verb; doch durch das von der Diastase der Identität erschlossene Licht – durch die Zeit – findet das Selbe das modifizierte Selbe wieder; das Bewußtsein ist genau das. Dieses fortgesetzte Wiederfinden ist Identifizierung: dieses als dieses oder als jenes. Identifizierung, die Sinnstiftung ist. Die Seienden

zeigen sich als identische Seiende in ihrem Sinn. Sie sind nicht zunächst gegeben oder thematisiert, um erst anschließend einen Sinn zu erhalten, sie sind gegeben durch den Sinn, den sie haben. Doch geschieht das fortgesetzte Wiederfinden durch die Identifizierung in einem *Schon-Gesagten.* Das Gesagte – das Wort – ist nicht lediglich Zeichen für einen Sinn, und es ist nicht einmal nur *Ausdruck* eines Sinns (im Gegensatz zur Husserlschen Analyse in der Ersten logischen Untersuchung) – zugleich verkündet und sanktioniert das Wort eine Identifizierung von diesem zu jenem im *Schon-Gesagten.*

c. Das Gesagte und das Sagen

Die Identität der Seienden verweist zurück auf ein Sagen, das teleologisch auf das Kerygma des Gesagten hin ausgerichtet ist, dabei jedoch so sehr im Gesagten aufgeht, daß es darin in Vergessenheit gerät; auf ein Sagen, das *korrelativ* ist zum Gesagten oder das die Identität des Seienden idealisiert, es so konstituiert, dabei das Unumkehrbare wiedereinholt, das Fließen der Zeit zu einem „etwas" gerinnen läßt, das thematisiert, einen Sinn schafft, Stellung nimmt zu diesem zu Gegenwart fixierten „etwas", es sich in der Vorstellung ver-gegenwärtigt und es so der Labilität der Zeit entreißt. Das Sagen, das auf das Gesagte hin ausgerichtet ist[24] und in ihm aufgeht, korrelativ ist zum Gesagten, nennt ein Seiendes im Licht oder im Erklingen der erlebten Zeit, die das Phänomen *erscheinen* läßt, Licht

[24] Der durch Brentano und Husserl wiederaufgenommene Terminus der Intentionalität hat zwar in der Scholastik und in der Phänomenologie einen in bezug auf den Willen verblaßten Sinn. Doch rechtfertigt die teleologische Bewegung, die die Thematisierung inspiriert, die Bezugnahme auf die Sprache des Willens, so verblaßt diese Bezugnahme auch immer ist. Das *Meinen* in seiner identifizierenden Aussage verschwimmt, wenn man es durch Absicht [visée] übersetzt.

und Erklingen, die ihrerseits in einem anderen Gesagten identifiziert werden können. Bezeichnung und Erklingen kommen nicht von außen zum Phänomen hinzu, infolge eines vereinbarten Kodes, der den Gebrauch eines Zeichensystems regeln würde. Erst im *Schon-Gesagten* finden die Worte – Elemente eines historisch konstituierten Vokabulars – zu ihrer Funktion als Zeichen und zu einer Verwendung[25] und lassen sie alle Möglichkeiten des Vokabulars wuchern.

p. 48 Das Seiende, das *identisch* erscheint im Licht der Zeiten, *ist* sein *sein* im *Schon-Gesagten*. Das Phänomen selbst ist Phänomenologie. Nicht daß ein Diskurs von irgendwoher die Phasen der Zeitlichkeit willkürlich zu einem „dieses als jenes" ordnen würde. Noch die Zurschaustellung des Seins – seine Manifestation – das *sein* als *sein*, das Seiende als Seiendes – werden gesprochen. Erst im Gesagten, im Epos des Sagens, wird selbst die Diachronie der Zeit synchronisiert zu erinnerbarer Zeit, wird sie Thema. Das *Epos* kommt nicht zu den identischen Einheiten, die es darlegt, hinzu, es legt sie dar als Identitäten, die durch eine erinnerbare Zeitlichkeit erhellt sind. Das Identische, auf das bezogen die Zeitlichkeit im Vorhergehenden als Abstand analysiert wurde, der das fortgesetzte Wiederfinden der Bewußtmachung ermöglicht (so als sei das Identische unabhängig von der Zeit, um erst „anschließend" in ihr fliessend zu werden), das Identische hat Sinn allein durch das Kerygma des Gesagten[26], in dem die erhellende Zeitlich-

[25] Freilich bleibt noch zu klären, wie die Zeichen-Wörter in das *Gesagte* des identifizierenden *Sagens* eindringen. – Doch bezeugt dies eine äusserste Passivität des Sagens hinter jenem Sagen, das zum bloßen *Korrelativ* des Gesagten wird; Passivität der Ausgesetztheit – dem Leiden und der Verletzung –, die die vorliegende Arbeit zu thematisieren sucht.

[26] Vgl. diesbezüglich unsere Untersuchung in DEHH 217 ff.; deutsch in SpA 261 ff.

keit im Verb *sein* für „das sie hörende Auge" erklingt. Und gerade deshalb ist der Mensch *wahres* Sein und gehört er keiner anderen Seinsgattung an. *Steht aber im Menschen das Vermögen des Sagens, unabhängig von seiner strikt korrelativen Funktion in bezug auf das Gesagte, im Dienste des Seins*? Wenn der Mensch lediglich zum Logos korrelatives Sagen wäre, könnte die Subjektivität unterschiedslos als ein Funktionswert des Seins oder als ein Wert seiner unabhängigen Variablen verstanden werden. Doch geht die Bedeutung des Sagens über das Gesagte hinaus: nicht die Ontologie bringt das sprechende Subjekt hervor. Im Gegenteil, erst die Bedeutsamkeit des Sagens, die über das im Gesagten versammelte *sein* hinausgeht, kann die Auslegung des Seins oder die Ontologie rechtfertigen.[27]

Denn der Zeit-lauf bedeutet zugleich Uneinholbares, Widerständiges gegenüber der Gleichzeitigkeit der Gegenwart, Unvorstellbares, Unvordenkliches, Prähistorisches. Vor den Synthesen der Auffassung und des Wiedererkennens vollzieht sich die absolut passive „Synthese" des Alterns. Eben dadurch vergeht die Zeit, vollzieht sie *sich*, wird sie vollzogen. Das Unvordenkliche ist nicht die Folge einer Gedächtnisschwäche, einer Unfähigkeit, die großen zeitlichen Abstände zu überwinden, aus zu tiefen Vergangenheiten wiederaufzutauchen. Vielmehr ist es für die zeitliche Zerstreuung unmöglich, sich wieder zu Gegenwart zu versammeln – ist die Diachronie der Zeit unüberwindbar, ein Jenseits-des-Gesagten. Die Diachronie ist es, die das Unvordenkliche bestimmt, nicht konstitu- p. 49
iert eine Gedächtnisschwäche die Diachronie. Doch damit entsteht ein Problem: Läßt sich die Diachronie nur negativ kennzeichnen? Ist sie ein Prozeß bloßen Verlierens? Ent-

[27] Vgl. unten Kapitel V, S. 342 ff.

hält sie keine Bedeutung? Es müßte um ein Bedeutung gehen, deren Bedeutetes kein „etwas“ ist, das im Thema des Gesagten identifiziert wäre, „dieses als jenes“, erhellt in der erinnerbaren Zeit des *sein*. Kann die Zeitigung nicht auf andere Weise bedeuten als dadurch, daß sie sich im Gesagten verstehen läßt, indem ihre Diachronie sich der Synchronisierung aussetzt? Wenn das Sagen nicht allein das Korrelativ eines Gesagten ist, wenn seine Bedeutsamkeit nicht aufgeht in der gesagten Bedeutung, kann man dann nicht in diesem Jenseits – oder in diesem Diesseits – des Sagens, das das Sein sagt, die Bedeutsamkeit der Diachronie finden? Hinter dem Sein und seinem Sich-Darbieten wird von jetzt an der Klang anderer, in der Ontologie vergessener Bedeutungen vernehmbar, die eine Untersuchung verlangen.
Doch bevor wir in diese Untersuchung des *Sagens* eintreten, kehren wir noch einmal zurück zur Struktur des *Gesagten*, in dem sich die identischen Entitäten oder die Seienden zeigen.[28]

d. Die Doppeldeutigkeit von Sein und Seiendem

Die Zeit und das von ihr entfaltete *sein* – entfaltet, indem die Zeit das im Thema der Aussage oder der Erzählung identifizierte *Seiende* manifestiert – erklingen nach Art einer Stille, ohne selbst thematisch zu werden. Gewiß können auch sie im Thema genannt werden, doch bringt diese Nennung das lautlose Erklingen nicht definitiv zum Verstummen, das Summen der Stille, in dem das *sein* wie ein Seiendes sich identifizieren läßt. In der Umgebung

[28] Diese und die folgenden Überlegungen verdanken Heidegger viel. Einem entstellten und falsch verstandenen Heidegger? Zumindest ist dann die Entstellung nicht eine Weise gewesen, das Verdanken zu leugnen, noch das Verdanken ein Grund zu vergessen.

dessen, was betäubt worden war, erklingt für „das hörende Auge“ erneut eine Stille; die Stille, die das Sein hervorperlen läßt, wodurch die Seienden in ihrer Identität erhellt werden und sich zeigen.

Im prädikativen Aussagesatz – in der Apophansis – kann dagegen das Seiende sich verbal verstehen lassen als eine „Weise“ des *sein*, als die *fruitio essendi* selbst, als das *Wie* – als eine Modalität – dieses *sein* oder dieser Zeitigung.

Schon die tautologische Aussage, in der das Seiende zugleich Subjekt und Prädikat ist: A ist A, bedeutet nicht
lediglich die Inhärenz des A in sich selbst oder daß A alle p. 50
Eigenschaften von A besitzt. A ist A ist auch zu verstehen wie „der *Klang erklingt*“ oder wie „das *Rot rotet*“. A ist A läßt sich verstehen als *A a-t*. In „das *Rot rotet*“ bedeutet das Verb nicht ein Geschehen, keinerlei Dynamik des Rot im Gegensatz zu seiner Ruhe als Eigenschaft und auch keinerlei Aktivität des Rot, den Übergang beispielsweise vom Nicht-Rot zum Rot – das Erröten – oder den Übergang vom schwächeren zum stärkeren Rot, eine Verfärbung. Im Verb *roten* findet sich ebensowenig eine Metapher der Handlung oder der Veränderung, gleich welcher Art, ausgesagt, die sich auf die Analogie zur Dynamik der Handlung gründete, die doch par excellence berechtigt wäre, sich durch das Verb bezeichnen zu lassen.

Ist dieses Verb – rotet –, in dem die unmittelbare Koinzidenz des nominalisierten Adjektivs – das Rot – plötzlich zur Diachronie wird, lediglich ein Zeichen, das wie ein Nomen einen Prozeß, eine Folge von Zuständen gegenüber einem Gesprächspartner bezeichnet und das durch das Zeichensystem einer Sprache die Totalität der Seienden und der Geschehnisse verdoppelt[f]? Wahrschein-

[f] *Verdoppelt – oder auch „doubelt“, d. h. sie ersetzt, sich an ihre Stelle setzt; das französische Wort läßt beide Lesarten zu.*

lich verleiht man implizit dem Verb diese Zeichenfunktion – die Bezeichnung (die die Worte im *Gesagten* unbestreitbar ausüben) –, wenn man seine Funktion auf den „Ausdruck" von Geschehnissen – Handlung oder Veränderung – zurückzuführen sucht. Wenn im Verb *sein* das *sein* des Seins buchstabiert oder skandiert wird oder erklingt oder sich zeitigt, um darin zu Rede und Apophansis zu werden, dann nicht in Analogie zu Handlungen und Prozessen (bei denen das Feste in Energie übergeht), die das Verb vorzugsweise bezeichnen würde. Genau die Verbalität des Verbs nämlich erklingt in der prädikativen Aussage, und erst sekundär wird, aufgrund ihrer bevorzugten Entfaltung in der Zeit, die Dynamik der Seienden durch Verben bezeichnet und ausgedrückt. Die Bemühung, die darauf abzielt, die Verben auf ihre Zeichenfunktion zurückzuführen, setzt naiverweise die Einteilung der Seienden in Substanz einerseits und in Geschehen andererseits, in statisch und in dynamisch, als ursprünglich voraus. Die Verbindung zwischen dem Gesagten und dem Sein läßt sich andererseits nicht restlos auf die Bezeichnung zurückführen. Schon im Nomen zeigt sich, über das Zeichen hinaus, das imperativische Kerygma der Identifizierung.

Die Apophansis – das *Rot rotet* oder A ist A – verdoppelt nicht[g] das Wirkliche. Erst in der Prädikation ist das *sein* des Rot zu verstehen oder das *Roten* als *sein*. Erst in der Prädikation wird das nominalisierte Adjektiv verstehbar
p. 51 als *sein* und als Zeitigung im eigentlichen Sinne. Das *sein* bringt sich im Gesagten nicht nur zum „Ausdruck", vielmehr erklingt es in ihm ursprünglich – wenngleich doppeldeutig – als *sein*. Es gibt weder *sein* noch Seiendes hinter dem Gesagten, hinter dem Logos. Das Gesagte als

---

[g] *Verdoppelt nicht – und ersetzt nicht, vgl. vorhergehende Anmerkung.*

Verb ist *in potenzierter Weise sein* [l'essence de l'essence]. Das *sein* besteht eben darin, daß es so etwas gibt wie Thema, Doxa oder Logos und dadurch Wahrheit. Das *sein* bringt sich in der prädikativen Aussage nicht nur zum Ausdruck, es zeitigt sich in ihr.

Die Behauptung, das Sein sei Verb, bedeutet also nicht einfach oder sie bedeutet nicht allein, daß ein bestimmtes Wort, eine lautliche oder graphische Wirklichkeit, die zur kulturellen Wirklichkeit gehört und von den Grammatikern zur Klasse der Verben gezählt wird, Zeichen ist und einen Prozeß oder eine grundlegende Handlung bezeichnet, die an sich ohne Sprache auskämen; genausowenig wie die Sprache als Benennung, die das bezeichnete Seiende verdoppelt, diesem Seienden gegenüber indifferent ist und es lediglich sehen läßt. Die Behauptung, das Sein sei Verb, bedeutet also auch nicht, daß die Sprache, als äußere Benennung, dem *sein*, das sie nennt, fremd bleibt und dieses *sein* lediglich sehen läßt. Der Name, das Nomen verdoppeln das *Seiende*, das sie nennen, und sind für die Identität dieses Seienden notwendig. Ebenso das Verb: nicht nur ist es nicht der Name des Seins, vielmehr ist es, in der prädikativen Aussage, gerade das Erklingen des Seins, das als Sein verstanden wird. Die Zeitigung erklingt als *sein* in der Apophansis.

Die Sprache als Gesagtes kann also aufgefaßt werden als ein Nominalsystem, das Seiendes identifiziert, und folglich als ein Zeichensystem, das die Seienden verdoppelt, das Substanzen, Geschehnisse und Beziehungen durch Substantive oder durch andere, von Substantiven abgeleitete Teile der Rede bezeichnet – kurz, *das bezeichnet*. Indessen läßt sich die Sprache auch und mit gleichem Recht als Verb in der prädikativen Aussage auffassen, in der die Substanzen sich auflösen in Seinsweisen, in Weisen der Zeitigung, in der jedoch die Sprache nicht das Sein der

Seienden verdoppelt, in der sie das stille Erklingen des *sein* zur Darstellung bringt.

Allerdings geraten die identischen Seienden – die Dinge und die Eigenschaften der Dinge – in der prädikativen Aussage nicht infolge der psychologischen Reflexion über die Subjektivität und die Zeitlichkeit der Empfindung mit ihrem *sein* ins Klingen, sondern von der Kunst her, der Zurschaustellung schlechthin – dem auf das bloße Thema, auf die Darstellung reduzierten Gesagten – der Zurschaustellung, die absolut ist bis hin zur Schamlosigkeit und imstande, alle Blicke auszuhalten, für die allein sie sich
p. 52 ausersehen weiß – dem auf das Schöne reduzierten Gesagten, das tragend geworden ist für die abendländische Ontologie. Das *sein* und die Zeitlichkeit geraten darin ins Klingen vor Poesie oder Gesang. Und die Suche nach neuen Formen, von der jede Kunst lebt, hält überall die Verben wach, die gerade dabei sind, wieder zu Substantiven zu werden. In der Malerei rotet das Rot und grünt das Grün, die Formen entstehen als Konturen und sind leer durch ihre Leere als Formen. In der Musik erklingen die Klänge, in den Gedichten treten die Wörter, das Material am Gesagten, nicht mehr hinter dem zurück, was sie evozieren, sie singen mit ihren evozierenden Kräften und durch ihre Weisen zu evozieren, mit ihren Etymologien;[29] in Paul Valérys *Eupalinos* läßt die Architektur die Gebäude singen. Die Dichtung erzeugt Gesang – Erklingen und Klang, die die Verbalität des Verbs ausmachen oder das *sein*.

Farben, Formen, Klänge, Wörter, Gebäude – die schon dabei sind, sich mit Seiendem zu identifizieren, die schon ihre Natur und ihre Eigenschaften in den Adjektive tra-

[29] Und gewiß dachte Paul Valéry auch an etwas derartiges, als er die Dichtung ein Schwanken zwischen Klang und Sinn nannte.

genden Substantiven entdecken – beginnen in der unerschöpflichen Vielfalt der Werke, das heißt in der *essentiellen Erneuerung* der Kunst, erneut zu *sein*. Gerade darin zeitigt sich das *sein*, das sie modulieren. Die Farbpalette, die Tonleiter, das Wortsystem, der Formenschwung – ihre Ausübung erfolgt jeweils als reines *Wie*; in der Farbgebung und im Bleistiftstrich, im Geheimnis der Worte, in der Klangfülle, in all diesen modalen Begriffen erklingt *sein*. Das Streben der modernen Kunst oder vielleicht genauer: die Kunst im – niemals überholten – Stadium des Strebens scheint in all ihrer Ästhetik dieses Erklingen oder Erzeugen des *sein* in Gestalt von Kunstwerken zu suchen und zu vernehmen. Als seien die Unterschiede in Höhe, Register und Klangfarbe, in Farben und Formen, die Unterschiede der Wörter und Rhythmen nichts als Zeitigung, Klang und Farbstrich. Das Schreiben über das Schreiben wäre die Dichtung schlechthin. Die Musik beispielsweise in Xenakis' „Nomos alpha für Solo-Cello" ändert die Qualität der gespielten Noten um in Adverben, alle Washeit wird zu Modalität, die Saiten und das Holz gehen über in Klang. Was spielt sich da ab? Klagt eine Seele in der Tiefe der sich brechenden Klänge oder frohlockt sie zwischen den Noten, die sich nicht mehr zu einer melodischen Linie zusammenfügen, den Noten, die bisher, in ihrer Identität definiert, aufeinander folgten und so zur Harmonie des Ganzen beitrugen und ihr Kratzen über- p. 53
deckten? Doch trügerischer Anthropomorphismus, animistischer Irrtum! Das Cello *ist* Cello in der Klangfülle, die in seinen Saiten und in seinem Holz schwingt, selbst wenn sie bereits in Noten zerfällt – in identische Einheiten, die auf Tonleitern ihren angestammten Platz finden, von hell bis dunkel, nach unterschiedlichen Höhen. Das *sein* des Cello – Modalität von *sein* – zeitigt sich so im Kunstwerk.

Doch immer isoliert: jedes Kunstwerk ist auf diese Weise exotisch, ohne Welt, *sein* in Zerstreuung. Das Gesagte *im eigentlichen Sinne* verkennen (so relativ es auch immer sein mag), das Gesagte nämlich in den prädikativen Aussagen, die jedes plastische, lautliche, poetische Kunstwerk wachruft und in Gestalt der *Exegese* erklingen läßt, hieße eine Stumpfheit an den Tag legen, die der Einstellung gleichkommt, in der Sprache nur Substantive wahrzunehmen. Genau diesen Appell zur Exegese unterstreicht auch die *essentielle* Funktion, die dem verbalen Gesagten, in Form der unvermeidlichen Meta-Sprache, beim Auftauchen und bei der Präsentation des Kunstwerks zukommt – als Vorwort, Manifest, Titel oder ästhetischer Kanon. Genau diesen Appell, der die Modalität des im Werk gesagten *sein* auf den Grund des *eigentlich gesagten sein* zurückführt – so wie es in der prädikativen Aussage vernehmbar wird – rechtfertigt der Begriff Welt: *eigentlich gesagtes sein* – Verb – Logos, die in der *Prosa* des prädikativen Aussagesatzes erklingen. Die Exegese überdeckt nicht das Erklingen des *sein* im Kunstwerk, das Erklingen des *sein* schwingt im Innern des als Exegese *Gesagten*. Im Verb der Apophansis – im eigentlich gesagten Verb – dem Verb *sein* – erklingt das *sein* und wird es verstehbar. A ist A, aber auch A ist B, ist zu verstehen als eine Weise, in der das *sein* von A erklingt oder schwingt oder sich zeitigt. Alle Attribute individueller Seiender, alle Attribute von Seienden, die in oder durch Nomina fixiert sind, lassen sich in der Position von Prädikaten als Seinsweisen verstehen: die Eigenschaften, die die Seienden an den Tag legen, die typischen Allgemeinheiten, unter die sie sich einordnen lassen, die Gesetze, von denen sie beherrscht, die logischen Formen, durch die sie gehalten und wiederhergestellt werden. Selbst die Individualität des Individuums ist eine Seinsweise. Sokrates sokratet oder Sokrates ist Sokrates meint *die Weise*,

in der Sokrates ist. Die Prädikation macht die Zeit des *sein* vernehmbar und verstehbar.
Doch erklingt im Gesagten das *sein*, indem es schon dabei ist, Nomen zu werden. In der Kopula *ist* funkelt oder blinkt die Zweideutigkeit des *sein* und der nominalisierten Beziehung. Das Gesagte als Verb ist *sein* oder Zeitigung. p. 54
Oder genauer, der Logos entsteht[h] in jener Doppeldeutigkeit, in der sowohl das Sein als auch das Seiende verstanden und identifiziert werden können, in der das Nomen als Verb erklingen und das Verb der Apophansis zum Nomen werden kann.
Die Sprachlichkeit des *sein*, die die Undurchsichtigkeit zerstreut, sorgt für das Aufleuchten eines jeden Bildes und insofern sogar für das Licht der Anschauung;[30] sie ermöglicht das Sich-Darbieten der Seienden und das Sich-Darbieten des *sein* selbst. Die Darbietung der zeitlichen Diastase, das heißt die potenzierte Darbietung [l'ostension de l'ostension], Darbietung der Phänomenalität des Phänomens – ist ausgesagtes Verb in einem prädikativen Satz.
Doch plötzlich – infolge der Ambiguität des Logos – wird – im Laufe einer Identifizierung – *sein*, das Verb schlechthin, in dem das *Seinsgeschehen* erklingt, in dem das *Seinsgeschehen* sich darstellt, zum Nomen, es wird zum Wort,

[30] Die Bedeutung der Rede, als Bedingung für das Licht der Anschauung und für das Aufleuchten der Bilder, wird hier also nicht im Husserlschen Sinne als Korrelat signifikativer Akte aufgefaßt, die sich nach Bildern und anschaulicher Fülle sehnen.

[h] *Wörtlich: wird geknüpft [se noue]; die Metaphorik ist dabei zu beachten: Zur Kennzeichnung der Sprachlichkeit oder des Sprachgeschehens, das Lévinas im weiteren Verlauf als intersubjektives und als Transzendenzgeschehen erläutert, rekurriert er bevorzugt auf die Metaphern des Textes oder Gewebes zum einen, auf die des Dramatischen zum anderen (vgl. tisser, texture, noeud, nouer, dénouement, intrigue, drame, exposition, ostension, später trace, divine comédie …).*

das Identität bezeichnet und sanktioniert, das die Zeit (und das, was die Zeitigung der Zeit in der Apophansis moduliert hat, wie zum Beispiel Adverben) in einen Zusammenhang hinein versammelt. Das Verb sein – Feld der synchronisierbaren Diachronie, der Zeitigung – das heißt Feld der Erinnerung und der Historiographie – wird gleichsam Struktur, wird zum Thema und zeigt sich wie ein Seiendes. Die Phänomenalität – das *sein* – wird Phänomen, wird, zur Fabel versammelt, fixiert, wird in eine Gleichzeitigkeit oder zeitliche Vergleichbarkeit gebracht, wird dargeboten, wird benennbar, erhält einen Titel. Das Seiende oder eine Konstellation von Seienden tauchen plötzlich als thematisierte auf und lassen sich im Synchronismus der Benennung (oder in der nichtphasenverschobenen Einheit der Fabel) identifizieren, werden Geschichte, liefern sich dem Geschriebenen, dem Buch aus, in dem die Zeit der Erzählung, ohne sich umzukehren, erneut beginnt. Sachverhalte[i], bei denen Worte zuerst identifizierte Idealitäten bezeichnen – Substrate, wie Husserl sie nennt, Sachkerne. Doch wiederum zweideutig: die Identifizierung impliziert, ganz gleich bis zu welchem Grad, die Zeitigung des Erlebnisses, das *sein*. Die Dinge, alle Substrate, kommen von der Erzählung her und verweisen auf den Logos, auf das Gesagte; und schon löst sich das zur Sprache gebrachte Seiende in der Zeit des *sein* auf, das in der es erhellenden Apophansis erklingt.

Der Logos ist die Zweideutigkeit von Sein und Seiendem – ursprünglicher Doppelsinn. Jedes „Erlebnis"[j], erlebt in „zeitlicher Modifikation", Hervorperlen von *sein* – ist
p. 55 erinnerbar und kann von daher zur Sprache kommen, identifiziert werden, erscheinen, läßt sich vorstellen. Es

[i] *Im Original deutsch.*
[j] *Im Original deutsch.*

gibt kein Verb, das der Nominalisierung widersteht. Das Verb *sein* [*être*] läßt in der Prädikation (die sein „natürlicher Ort" ist) das *sein* [*essence*] erklingen, doch dieses Erklingen wird durch das Nomen in Seiendes versammelt. Sein *bezeichnet* von da an, statt zu *erklingen*. Sein bezeichnet von da an ein Seiendes, das als ganze Washeit nur das *sein* des Seienden hat, eine identifizierte Washeit, wie die eines jeden anderen benannten Seienden. Im Gesagten liegt der Geburtsort der Ontologie. Sie kommt zur Sprache in der Doppeldeutigkeit von Sein und Seiendem. Selbst die Fundamentalontologie, die die Verwechslung von Sein und Seiendem anprangert, spricht vom Sein wie von einem identifizierten Seienden. Und die Änderung ist beidseitig. Jede benennbare Identität kann sich auch zum Verb hin ändern.

Wer behauptet, diese Änderung in der Doppeldeutigkeit von Sein und Seiendem sei eine Doppeldeutigkeit des Logos, hänge am Status des Gesagten, reduziert damit noch nicht die Differenz zwischen Sein und Seiendem auf ein nichtssagendes syntaktisches Spiel. Solches behaupten heißt, das prä-ontologische Gewicht der Sprache ermessen, anstatt sie einzig und allein für einen Kode zu halten (der sie *auch* ist). Aber es heißt ebenso, deutet man den Umstand, daß das *sein* darstellt und sich darstellt, daß die Zeitigung zur Sprache kommt, erklingt, genannt wird, es heißt ebenso, das Gesagte nicht über das Sagen stellen. Es heißt zuerst, im Gesagten das Sagen erwecken, das sich vom Gesagten vereinnahmen läßt und *das, auf diese Weise vereinnahmt, in die Geschichte eintritt, die das Gesagte ihm aufzwingt*. Insofern das Sagen keine andere Bedeutung hätte als das Aussagen des Gesagten, insofern es strikt „korrelativ" zum Gesagten wäre, insofern würde es die These der Abhängigkeit des Subjekts vom Sein ganz genauso rechtfertigen wie die der Rückbezüglichkeit des

Seins auf das Subjekt. Wir müssen aber vor diese Korrelation zurückgehen. *Sagen*, ist das allein die aktive Form des *Gesagten*? Läuft *„sich sagen"*[k] auf *„gesagt werden"* hinaus? Das Reflexivpronomen *sich* und die Rekurrenz, die es bedeutet, stellen ein Problem dar. Sie können nicht einzig und allein vom Gesagten her verstanden werden. Der ursprüngliche Akkusativ dieses besonderen Pronomens ist kaum noch sichtbar, wenn es, mit Verben verbunden, ganz dazu dient, diesen im Gesagten eine passivische Form zu verleihen. Es gilt, auf ihre Bedeutung jenseits oder diesseits des Verständnisses von Aktivität und Passivität im Sein zurückzugehen, jenseits oder diesseits des Gesagten, jenseits des Logos und jenseits oder diesseits der Doppeldeutigkeit von Sein und Seiendem. Die „Reduktion" erfolgt in diesem Zurückgehen. Es umfaßt eine positive Phase: das Aufweisen der eigenen Bedeutung des *Sagens*, die diesseits der Thematisierung des *Gesagten* liegt.

p. 56 e. Die Reduktion

Selbstverständlich wird das Verb *sein* oder das Verb *bestehen* von diesen ersten Seiten an in Formulierungen gebraucht, die das *Diesseits des Seins* nennen, und selbstverständlich erscheint und zeigt sich das Sein mit dem *Gesagten*; sobald nämlich das *Sagen*, von diesseits des Seins her, Diktat wird und im Erzählzusammenhang und in der Schrift erlischt – oder abdankt. Gewiß ist es natürlich, falls Sein und Manifestation im Gesagten zusammengehen, daß das Sagen *diesseits* des Gesagten, sofern es sich zeigen läßt,

---

[k] *Die Register der deutschen und der französischen Sprache stimmen hier nicht überein: Die Reflexivformen dienen zwar in beiden auch zur Bildung einer pronominalen Umschreibung des Passivs („pronominales Passiv"), wovon jedoch die französische Sprache ungleich stärker Gebrauch macht als die deutsche.*

dann auch bereits in Begriffen des Seins zu sagen ist. Aber ist es notwendig und ist es überhaupt möglich, daß das *Sagen* von diesseits her thematisiert wird, daß es sich manifestiert, daß es in Sätze und Bücher eingeht? Es ist in der Tat notwendig. Die Verantwortung für den Anderen – ist genau ein solches Sagen vor allem Gesagten. Das erstaunliche Sagen der Verantwortung für den Anderen ist allen Widerständen des Seins zum Trotz eine Unterbrechung des *sein*, ein aus guter Gewalt auferlegtes Sich-vom-Sein-Lösen. Die Unentgeltlichkeit der Stellvertretung, unentgeltlich und gleichwohl gefordert – Wunder des Ethischen, älter als das Licht – dieses erstaunliche Sagen muß doch ans Licht kommen, und zwar aufgrund des Gewichtes und des Ernstes der Fragen, die auf es einstürzen. Es muß sich ausbreiten und sich sammeln zu *sein*, es muß sich aufrichten, sich hypostasieren, Weltzeit [éon] werden im Bewußtsein und im Wissen, es muß sich sehen lassen und den Einfluß des Seins ertragen. Einfluß, den das *Ethische* selbst, in seinem *Sagen* als Verantwortung, fordert. Ebenso aber muß das *Sagen* an die Philosophie appellieren, damit nicht das entstandene Licht das Jenseits- des-sein zu *sein* erstarren läßt und damit nicht die Hypostase einer *Weltzeit* sich als Idol festsetzt. Die Philosophie macht diese erstaunliche – als ein *sein* gezeigte und erzählte – Begebenheit einsichtig, indem sie jenen Einfluß des Seins wieder auflöst. Das philosophische Bemühen und die widernatürliche Position des Philosophen bestehen darin, das Diesseits zu zeigen und sogleich die Weltzeit zu reduzieren, die im *Gesagten* und im Zeigen triumphiert; und weiter darin, trotz der Reduktion das *Gesagte* in Gestalt der Ambiguität – in Gestalt des diachronischen Ausdrucks – zu bewahren, das *Gesagte*, dessen *Sagen* abwechselnd Bejahung und Zurücknahme ist – das Echo des reduzierten *Gesagten*. Reduktion, die nicht durch Einklammerung erfolgen kann, ist diese doch Schriftarbeit; Reduktion, die aus der Kraft der ethischen Unterbrechung des *sein* lebt.

Ein *Anders-als-sein* darstellen – das ergibt immer noch ein ontologisches *Gesagtes*, insoweit alles Zeigen ein *sein* darstellt. Die Reduktion dieses *Gesagten*, die unter Rückgriff auf Kopula und möglicherweise die Schriftform in Aussa-
p. 57 gesätzen erfolgt, die erneut in Strukturen gefügt sind, läßt die von ihr vollzogene Auflösung der Struktur ihrerseits *sein*. Die Reduktion läßt also das *Anders-als-sein* erneut als eine *Weltzeit* sein. Als Wahrheit dessen, was nicht in ein Thema eingeht, geschieht sie unzeitgemäß oder in zwei Zeiten und geht doch in keine von beiden ein. Vergleichbar der endlosen Kritik oder dem Skeptizismus, die in einer spiralförmigen Bewegung die Kühnheit der Philosophie ermöglichen, die darin besteht, die unablässig erneute Einbindung ihres *Sagens* in ihr *Gesagtes* zu zerstören. Indem das Gesagte Einspruch erhebt gegen die Abdankung des Sagens, die gleichwohl durch dieses Gesagte selbst bewirkt wird, erhält es die Diachronie aufrecht, in welcher mit angehaltenem Atem der Geist das Echo des *anders* vernimmt. Das Diesseits, das Vorzeitige, durch das vor-ursprüngliche *Sagen* beseelt, widersteht insbesondere der Gegenwart und der Manifestation oder überläßt sich ihnen nur als zeitliche Störung. Das unaussagbare Sagen überläßt sich dem Gesagten, der dienstbaren Indiskretion einer schon verfälschenden Sprache, die das Unsagbare überall bekanntmacht und entheiligt; die sich aber ihrerseits reduzieren läßt, ohne dabei das Unsagbare in der Mehrdeutigkeit oder im Rätsel des Transzendenten zu tilgen, von dem der atemlose Geist ein Echo behält, das sich entfernt.

Man kann aber auf diese Bedeutung des Sagens – Verantwortung und Stellvertretung – nur zurückgehen vom Gesagten her und von der Frage „Was hat es auf sich mit …?“, die schon mit dem Gesagten, in dem alles sich zeigt, gegeben ist. Man kann auf sie durch Reduktion nur zurückgehen von dem her, was sich zeigt, das heißt vom *sein* und der thematisierten Weltzeit her – dem einzigen, das sich manifestiert, bei dem jedoch der fragende Blick nichts anderes ist als die unmögliche Synchronisierung dessen, was nicht zu versammeln ist, die „historicité fondamentale“ Merleau-Pontys, der die Diachronie der Nähe schon entgangen ist.

Die Reduktion, der Rückgang vor das Sein, vor das Gesagte, in dem Sein sich zeigt, in dem die *Weltzeit* sich hypostasiert, kann in keiner Weise bedeuten, eine Ontologie durch eine andere zu berichtigen, von irgendeiner Scheinwelt zu einer wirklicheren Welt überzugehen. Berichtigung, Wahrheit und Irrtum haben ihren Sinn nur in der Ordnung des Seins, und nur hier ist der Verrat Verfehlung gegenüber einer Treueverpflichtung. Das Diesseits- oder das Jenseits-des-Seins – ist nicht ein Seiendes diesseits oder jenseits des Seins; doch bedeutet es genausowenig eine Seinsausübung – ein *sein* –, die wahrer oder authentischer wären als das Sein der Seienden. Die Seienden *sind*, und ihre Manifestation im Gesagten ist ihr wahres *sein*. Die Reduktion will keineswegs irgendeinen „transzendentalen Schein“ auflösen oder aufklären. Die Strukturen, in denen sie beginnt, sind ontologisch. Die Tatsache, daß das Sein und die wirklich wahren Seienden sich im Gesagten finden und daß sie sich dem Ausdruck und p. 58
der Schrift überlassen, nimmt ihnen nichts von ihrer Wahrheit und beschreibt nur das Niveau und den Ernst der Sprache. Ins Sein und in die Wahrheit eintreten heißt, ins Gesagte eintreten; das Sein ist untrennbar von seinem Sinn! Es wird gesprochen. Es steckt im Logos. Doch dann ist da die Reduktion vom Gesagten auf das Sagen, jenseits

des Logos, des Seins und des Nichtseins – jenseits von *sein*, von wahr oder unwahr – die Reduktion auf die Bedeutung, auf das der-Eine-für-den-Anderen der Verantwortung (oder genauer: der Stellvertretung) – Ort oder Nicht-Ort, Ort und Nicht-Ort, Utopie des Menschlichen – die Reduktion auf die Beunruhigung im buchstäblichen Sinne dieses Begriffs oder auf seine Diachronie, die durch das Sein, trotz seiner versammelten Kräfte, trotz der Simultankräfte in seiner Verbindung, nicht zu verewigen ist. Das Subjektive und sein *Gutes* lassen sich nicht von der Ontologie her verstehen. Dagegen kann man von der Subjektivität des Sagens aus die Bedeutung des Gesagten interpretieren. Es wird sich zeigen lassen, daß von Gesagtem und von Sein nur deshalb die Rede ist, weil das Sagen oder die Verantwortung nach Gerechtigkeit verlangen. Nur so wird das Sein Gerechtigkeit erfahren; nur so wird die – befremdliche, aber buchstäblich zunehmende – Behauptung verstehbar, daß infolge des Unrechts „alle Grundfesten der Erde wanken“[1]. Nur so erhält die Wahrheit das Land zurück, auf dem am Sein nicht länger festgehalten wird, das Land der Selbstlosigkeit, das Wahrheit und Ideologie zu trennen erlaubt.

4. *Das Sagen und die Subjektivität*

a. Das Sagen ohne Gesagtes

Von der Doppeldeutigkeit von Sein und Seiendem im Gesagten gilt es zurückzugehen auf das Sagen, das vor dem *sein* bedeutet, vor der Identifizierung, diesseits der genannten Doppeldeutigkeit; auf das Sagen, das das Gesagte

[1] *Vgl. Ps 82, 5.*

ausdrückt und thematisiert, aber es dem Anderen, dem Nächsten, bedeutet, und zwar in einer Bedeutung, die zu unterscheiden ist von der Bedeutung, die die Worte im Gesagten tragen. Bedeutung, die dem Anderen gilt, in der Nähe, die sich von jeder anderen Beziehung abhebt, denkbar als Verantwortung für den Anderen; man könnte sie Menschlichkeit oder Subjektivität oder *Sich* nennen. Das Sein und das Seiende haben Gewicht durch das Sagen, das sie entstehen läßt. Nichts wiegt schwerer, nichts ist erhabener als die Verantwortung für den Anderen, und das Sagen, das absolut nichts Spielerisches hat, ist von einem Ernst, der schwerer wiegt als sein eigenes Sein oder Nichtsein.

Dieses Sagen soll nun vorgängig zum Gesagten erreicht werden oder auf es wäre das Gesagte zu reduzieren. Den Sinn dieses „vorgängig" gilt es festzustellen. Was bedeutet p. 59
das Sagen, bevor es ein Gesagtes bedeutet? Darf man den Versuch wagen, den Knotenpunkt einer Verstrickung zu zeigen, die sich nicht auf die Phänomenologie beschränkt, das heißt auf die Thematisierung des Gesagten, und die, was das Sagen betrifft, sich nicht auf die Beschreibung seiner Funktion beschränkt, in Korrelation zum Gesagten zu verbleiben, das Gesagte zu thematisieren und das Sein auf sich selbst hin zu öffnen; der Funktion, das *Erscheinen* hervorzurufen und von daher im Thema Substantive und Verben entstehen zu lassen, „Zusammenstellung", Synchronisierung oder Strukturierung zu bewirken: das In-die-Welt-setzen und In-die-Geschichte-setzen im Blick auf eine Geschichtsschreibung? Das Sagen bedeutet anders als ein in Erscheinung tretender Diener, der *sein* und Seiende vorstellt – dies ist eine der Thesen des vorliegenden Buches.

Es ist nun zu zeigen, daß die eigentümliche Verstrickung des Sagens dieses zwar auf das Gesagte hinführt – auf die

Zusammensetzung der Struktur, die Gerechtigkeit und „ich denke“ ermöglicht; es ist zu zeigen, daß das Gesagte – das Erscheinen – aus dem Sagen ersteht; daß das *sein* folglich seine Zeit und seine Stunde hat; daß Klarheit entsteht und daß das Denken sich auf Themen richtet – all dies in Abhängigkeit von einer vorgängigen und eigenen Bedeutung des Sagens, die weder ontisch noch ontologisch ist und deren Artikuklation und Bedeutsamkeit diesseits der Ontologie zu erstellen bleibt.[31] Zwar wird in Korrelation zum Gesagten, in dem das Sagen aufzugehen droht, sobald das Gesagte formuliert wird, das Sagen selbst thematisiert, bringt es im erscheinenden *sein* sogar noch sein *Diesseits-der-Ontologie* zur Darstellung und fließt es ein in die Zeitigung des *sein*. Und gewiß treten durch diese Thematisierung des Sagens die Züge des Bewußtseins an ihm hervor: Das *Gesagte* wird in der Korrelation zwischen dem *Sagen* und dem *Gesagten* verstehbar als Noema eines intentionalen Aktes, die Sprache verkürzt sich zu Denken; zu Denken, das das Sprechen bedingt; zu Denken, das sich im Gesagten als Akt zeigt, der durch ein Subjekt getragen ist – als *Seiendes*, das im Aussagesatz gleichsam „in den Nominativ“ gesetzt ist, so daß das Sagen und das Gesagte in ihrer Korrelation die Struktur Subjekt-Objekt vorzeichnen.

Indes, das Sichtbarwerden des Sagens vom Gesagten her, in dem es zum Thema wird, verstellt noch nicht, „verfälscht“ nicht unwiederbringlich die eigene und eigentliche Bedeutsamkeit des Sagens. Die Verstrickung des Sagens, das vom Gesagten vereinnahmt wird, erschöpft sich nicht in dieser Vereinnahmung. Sie prägt ihre Spur sogar der Thematisierung ein, die sie erleidet schwankend zwi-

---

[31] Vgl. unten Kap. V, S. 342 ff.

schen Strukturierung, der Ordnung einer Konfiguration von Seienden – Welt und Geschichte für Historiographen – einerseits und der Ordnung der nicht-substantivierten Apophansis andererseits, in der das Gesagte *Angebot*[m] bleibt – Angebot an den Nächsten, dem Anderen „übertragene Bedeutsamkeit“[n]. Das Sein – als Verb des Satzes – ist zwar Thema, doch läßt es auch *sein* erklingen, ohne dabei das Echo des Sagens, von dem es getragen wird und durch das es entsteht, ganz zu übertönen. Als Erklingen, das immer bereit ist, in Nomina zu erstarren, wobei das Sein sich zur Kopula verfestigt und der „Sachverhalt“ „nominalisiert“ wird, ist die Apophansis immer noch Modalität des Sagens. Die prädikative Aussage – notwendige Metasprache zur Verstehbarkeit ihrer sich verlierenden Trümmer und ihrer vollständigen Nominalisierung zur p. 60

[m] *Lévinas insistiert hier auf dem Doppelsinn des französischen Wortes „proposition“, das im Kontext von Grammatik und Logik den (Aussage-) Satz, das Urteil bezeichnet, während es im übrigen svw.* Vorschlag *und* Angebot *bedeutet.*

[n] *Im französischen Text steht hier der seltene Ausdruck „signifiance baillée à Autrui“. Er ist in mehrfacher Hinsicht bemerkenswert. „Bailler“ ist ein altes Wort für „donner“ (geben) und im heutigen Französisch nur noch in einer sprichwörtlichen Wendung gebräuchlich („la bailler belle / bonne à qn.“: jdm. etwas weismachen, einen Bären aufbinden). Es ist darüber hinaus lebendig als Substantiv und bezeichnet als solches eine besondere Form der Pacht oder Vermietung, ein bestimmtes Rechtsverhältnis also. In der Etymologie des Verbs scheint ein Zusammenhang auf, der ein eigenes Licht auf die Verwendung des Ausdrucks im vorliegenden Kontext wirft; „baiulare“ meint im Lateinischen: eine schwere Last auf dem Rücken, mit dem Körper tragen („baiulus“ ist ursprünglich der Lastträger, dann auch der Briefträger, der Überbringer; von daher dann die Bedeutung des Gebens); das Besondere des Ausdrucks für den hier gegebenen Kontext liegt also darin, daß er ein Bedeutunggeben anspricht, das – anders als die Husserlsche „Sinngebung“ – gibt, indem es trägt, mit dem eigenen Körper (!) trägt; ein Geben oder übertragen, das darin besteht, seinen körperlichen Einsatz,* sich zu geben, *sich selbst zum Gegebenen zu machen, „condition de toute communication“, wie Lévinas im folgenden ausführt.*

mathematischen Sprache – hält sich auf der Grenze zu einer Entthematisierung des Gesagten und läßt sich auch verstehen als eine Modalität der Annäherung und der Berührung.[32] Jenseits der Thematisierung und des Inhalts, der sich in ihr darstellt – Seiende, Beziehung zwischen Seienden, die sich im Thema zeigen – bedeutet die *Apophansis* als eine Modalität der Annäherung an den Anderen. Sie verweist auf ein Sagen diesseits der Doppeldeutigkeit von Sein und Seiendem, das als *Verantwortung für den Anderen* an eine uneinholbare – nicht zu vergegenwärtigende – Vergangenheit gebunden ist, die sich zeitigt gemäß einer Zeit getrennter Epochen, gemäß ihrer Diachronie. Verantwortung, die sich zu erkennen geben wird als Stellvertretung in einer Untersuchung ausgehend von der Nähe, die irreduzibel ist auf das Bewußtsein von ... und die, wenn möglich, zu beschreiben ist als Umkehrung[33] seiner Intentionalität.

---

[32] In La pensée et le réel (Paris: Presses universitaires de France 1966) hat Jeanne Delhomme gezeigt, daß das philosophische Gesagte Modalität des Sagens ist und nicht bloß Objektivierung von Thesen und daß so das Sagen nicht allein eine Weise ist, sich das Sein vorzustellen. Das „Denken" und das „Wirkliche" im Titel des Buches kündigen darin nicht das Problem der Erkenntnis an, sondern zwei „Modalitäten", wobei das „Denken" vielleicht etwas Ähnliches bedeutet wie das, was in der vorliegenden Untersuchung „anders-als-sein" genannt wird. Doch Jeanne Delhomme erkennt allein dem philosophischen Gesagten die Fähigkeit zu, eine Modalität des Sagens zu bilden.

[33] Vom ursprünglichen – oder vor-ursprünglichen – Sagen der Verantwortung her stellt sich das Problem des *Wer?* Wir sind eben darauf gestoßen in dem *Wer schaut?,* das zurückzuführen ist auf das *Wer spricht?*. Das *Wer* des *Sagens* ist weder allein eine grammatische Notwendigkeit (jedes Verb braucht im Satz ein Subjekt) noch ein Ausweichen vor dem Paradox einer Sprache, die das Sagen von niemandem wäre, die einfach eine *sprechende Sprache* wäre und in der Luft hinge; es ist weder das ***ich*** des *ich denke,* das Subjekt eines Denkvorgangs, noch das *reine Ich* Husserls, das transzendent ist in der Immanenz der Intentionalität und das ausstrahlt von diesem Ich (als Subjekt, das die Korrelation Subjekt-Objekt voraussetzt und so auf die von Sagen und Gesagtem

Wer behauptet, daß die Beziehung mit dem Nächsten, die sich unbestreitbar im Sagen vollzieht, eine Verantwortung für diesen Nächsten bedeutet, *daß Sagen für den Anderen Bürgen heißt*, der behauptet damit zugleich, daß für eine solche Verantwortung weder Grenze noch Maß mehr an- p. 61
gebbar sind, ist sie doch „seit Menschengedenken" niemals vertraglich eingegangen worden und ist sie doch der Freiheit und dem Schicksal des anderen Menschen ausgeliefert, auf die ich keinen Einfluß habe. Er behauptet zugleich die Vision einer äußersten Passivität – einer Passivität, die man nicht übernehmen kann – in der Beziehung mit dem Anderen und, paradoxerweise, im bloßen Sagen selbst. Der „Akt des Sagens" wird hier von Anfang an eingeführt als die höchste Passivität der Ausgesetztheit dem Anderen gegenüber; ebendies ist die Verantwortung für die freien Initiativen des Anderen. Von daher „Umkehrung" der Intentionalität, die ja ihrerseits gegenüber der vollendeten Tatsache immer genügend *Geistesgegenwart* behält, um sie aufnehmen zu können. Von daher die Preisgabe der souveränen und aktiven Subjektivität – des ungebeugten und im Aussagesatz dem Subjekt im Nominativ vergleichbaren Selbstbewußtseins. Von daher in der Beziehung der Subjektivität mit dem Anderen – um deren Beschreibung wir uns mühen – ein gleichsam hagiographi-

---

verweist). Das *Wer* des Sagens ist nicht zu trennen von der eigentümlichen Verstrickung des Sprechens – und doch ist es nicht das *Für-sich* des Idealismus, das die Bewegung des zu sich selbst zurückkehrenden Bewußtseins bezeichnet und in dem das Sich folglich als identisch mit dieser Rückkehrbewegung zu verstehen ist, ein Wissen über das Wissen; und es ist auch nicht bloße Form, unter der das Kantsche „ich denke" oder die Identität des Hegelschen Begriffs hervorscheint und in der mit der scheinbaren Selbstverständlichkeit von Ausdrücken wie „für sich", „in bezug auf sich", „von sich" die ganze Einzigartigkeit des Auf-sich-Zurückgehens, einer rastlosen Rekurrenz, übergangen wird – die eigentliche Problematik des Subjekts.

scher Stil, der weder als Predigt noch als schöngeistiges Bekenntnis verstanden werden will.
Nicht die Entdeckung des „es spricht" oder des „die Sprache spricht" gibt dieser Passivität recht. Es gilt im Sagen – im Sinne der Annäherung – den Positions- oder Situationsverlust des Subjekts zu zeigen, das dennoch unersetzbare Einzigkeit bleibt, und im Sagen so etwas zu zeigen wie die Subjektivität des Subjekts. Passivität, die passiver ist als alle Rezeptivität, welche aus philosophischer Sicht das bevorzugte Modell für die Passivität des Subjekts abgibt.

b. Das Sagen als Ausgesetztheit gegenüber dem Anderen

Sagen heißt, sich dem Anderen annähern, ihm „Bedeutsamkeit übertragen". Was sich nicht in „Sinnstiftung" erschöpft, wie sie als Erzählzusammenhang dem Gesagten eingeschrieben ist. Als dem Anderen übertragene Bedeutsamkeit, übertragen vor aller Objektivierung, ist das Sagen-im-eigentlichen-Sinne keine Ausstellung von Zeichen. Die „Zeichenausstellung" liefe auf eine vorgängige Vorstellung von diesen Zeichen hinaus, als bestünde Sprechen darin, Gedanken in Worte zu übertragen, und folglich darin, zunächst als eine substantielle Beschaffenheit *für sich* und *bei sich* gewesen zu sein – so daß dann das Verhältnis zum Anderen als Intentionalität sich entfaltet, ausgehend von einem an sich und für sich gesetzten Subjekt, das dazu angelegt ist, zu spielen, geschützt vor allem Unheil und gedanklich das entborgene Sein als Feld dieses Spiels ermessend. Das Sagen ist Kommunikation, gewiß, aber als Bedingung aller Kommunikation, als Ausgesetztheit. Die Kommunikation beschränkt sich nicht auf
p. 62 das Phänomen der Wahrheit und der Manifestation von

Wahrheit, aufgefaßt als eine Kombination psychologischer Momente: Gedanke in einem Ich – Wille oder Intention, diesen Gedanken in ein anderes Ich übergehen zu lassen – Übermittlung durch ein Zeichen, das diesen Gedanken bezeichnet – Wahrnehmung des Zeichens durch das andere Ich – Entzifferung des Zeichens. Die Bestandteile dieses Mosaiks haben bereits ihren Ort in meiner vorgängigen Ausgesetztheit gegenüber dem Anderen, in der Nicht-Indifferenz gegenüber dem Anderen, die nicht bloße „Intention" ist, „eine Botschaft auszusenden". Der ethische Sinn einer solchen Ausgesetztheit gebenüber dem Anderen, die die Intention, Zeichen zu geben – und selbst die Bedeutsamkeit des Zeichens – voraussetzen, wird damit bereits sichtbar. Die Verstrickung von Nähe und Kommunikation ist keine Modalität der Erkenntnis.[34] Die Entschlüsselung der Kommunikation – irreduzibel auf die Zirkulation von Informationen, die auf dieser Entschlüsselung schon aufbaut – vollzieht sich im Sagen. Sie hängt nicht an den Inhalten, die dem Gesagten eingeschrieben sind und zur Interpretation und Entzifferung

[34] Die Verstrickung der Nähe ist keine Episode in der Verstrickung der Erkenntnis, wohingegen das Wissen durch die Kommunikation und das Sagen der Verantwortung begründet wird. Das Sagen der Verantwortung gewährt zudem das Niveau des Sich-vom-Sein-Lösens, der Selbstlosigkeit, das die Wissenschaft vor der Ideologie bewahrt. Das *sein* der Kommunikation ist nicht ein modalisiertes *sein* der Manifestation. Die Verstrickung des Sagens, in die das *Wer?* oder der *Eine* verstrickt ist, läßt sich überraschend feststellen an der Spur, die sie am Gesagten hinterläßt; und so wird die Reduktion möglich. Das Gesagte vereinnahmt das Sagen, aber wird seiner nicht Herr, obwohl es – indem es die Sprache mißbraucht und das Sagen verrät – das Sagen für uns zum Ausdruck bringt. Die Auflösung der Verstrickung des Sagens gehört nicht zur Sprache, insofern sie Gesagtes ist, sie untersteht nicht dem letzten Wort. Das Sagen bedeutet, ohne im Gesagten haltzumachen, es geht nicht von einem Ich aus und beschränkt sich nicht auf das Enthüllen in einem Bewußtsein.

durch den Anderen übermittelt werden. Sie besteht in der riskanten Entblößung seiner selbst, in der Aufrichtigkeit, im Zerbrechen der Innerlichkeit und in der Preisgabe jeglichen Schutzes, in der Ausgesetztheit an die Verletzung, in der Verwundbarkeit.

Das Sagen nähert sich dem Anderen, indem es das Noema der Intentionalität durchbricht und das Bewußtsein „wie eine Weste" umdreht, das Bewußtsein, das von sich her *für sich* geblieben wäre, selbst in seinen intentionalen Absichten. Die Intentionalität bleibt Streben nach Erfüllung und als Erfüllung zentripetale Bewegung eines Bewußtseins, das mit sich selbst übereinstimmt und sich ganz abdeckt, das wieder zu sich findet, ohne zu altern, in seiner Selbstsicherheit ruht, sich bestätigt, sich verdoppelt, sich verfestigt und zu Substanz verdickt. Im Sagen kommt das Subjekt dem Nächsten nahe, indem es sich aus-drückt im buchstäblichen Sinne des Wortes, hinausgetrieben wird aus jeglichem Ort, *keine Bleibe* mehr hat, keinen Boden betritt. Das Sagen entblößt über die Nacktheit hinaus das, was es noch an Verbergung hinter der Ausgesetztheit einer entblößten Haut geben kann. Es ist, vor aller Intention, die bloße *Atmung* dieser Haut. Das Subjekt ist nicht *in sich*, nicht bei sich, um sich dort zu verbergen oder um sich
p. 63 zu verbergen selbst noch hinter seinen Verletzungen und seinem Exil, verstanden als *Akte* des Sich- Verletzens oder des Ins-Exil-Gehens. Sein In-sich-Zusammengehen ist ein Nach-außen-Gekehrtwerden. Sein „dem Anderen gegenüber" ist genau dieses Nach-außen-Gekehrtwerden. Kehrseite° ohne Vorderseite. Das Subjekt des *Sagens* gibt

° *„Envers", in doppeltem Sinne: die Wendung an den Anderen (das „dem Anderen gegenüber") ist zugleich ein Gewendetwerden, eine Umkehr der thematisierenden Intentionalität – oder des* Bewußtseins *zum* Gewissen, *wie Levinas, auf dem Doppelsinn des französischen „conscience" (Bewußtsein, Gewissen) insistierend, an anderer Stelle formuliert.*

nicht Zeichen, es macht sich zum Zeichen, es geht auf in Verpflichtung.

Die Exposition [Darstellung, Auslegung, Ausgesetztheit] hat hier einen von der Thematisierung grundverschiedenen Sinn. Der *Eine* setzt sich dem *Anderen* aus, wie eine Haut sich dem aussetzt, was sie verletzt, wie eine Wange, die dem hingehalten wird, der sie schlägt. Diesseits der Doppeldeutigkeit von Sein und Seiendem, *dem Gesagten zuvor*, ent-deckt das Sagen den sprechenden *Einen*, nicht als ein für die Theorie enthülltes Objekt, sondern so, wie man sich entblößt, indem man seine Abwehr vernachlässigt, aus seiner Geschütztheit heraustritt, indem man sich der Schmach aussetzt – der Beleidigung und Verletzung. Doch ist das Sagen Entblößung der Entblößung, gibt es Zeichen gerade von seinem Zeichensein, von seiner Bedeutsamkeit, Aus-druck der Ausgesetztheit, Hyperbel[p] der Passivität, die das stille Wasser stört, in dem die Passivität, gäbe es das Sagen nicht, vor geheimen Plänen überquillen würde. Entblößung der Entblößung, ohne daß diese „Reflexion“ oder diese Iteration nachträglich zu der Entblößung hinzukommen müßte. Passivität der Ausgesetztheit als Antwort auf eine Vorladung, die mich identifiziert als den Einzigen, nicht indem sie mich zu mir selbst zurückführt, sondern indem sie mich aller identischen Washeit beraubt und folglich jeglicher Form, jeglicher Bestätigung, die sich noch in die Vorladung einschleichen könnte. Das Sagen bedeutet diese Passivität; im Sagen

---

[p] *Hyperbel nicht allein im Sinne der Übertreibung, sondern als ein Übersich-Hinausweisen, als Bewegung unendlicher (Über-)Steigerung. Der Terminus dient Lévinas zur Kennzeichnung eines besonderen – und für AQ wie für sein gesamtes Spätwerk entscheidenden – Weges der Gedankenverknüpfung; vgl. seine Erläuterung dazu in DD 141 f.; deutsch in WG 111-113).*

bedeutet diese Passivität, wird sie Bedeutsamkeit; Ausgesetztheit als Antwort-auf ..., Zur-Frage-sein vor jeder Befragung, vor jedem Problem, unbekleidet, ohne schützende Hülle, Bloßlegung bis zum Innersten wie ein Einatmen von Luft, Los-lösung bis hin zum *Einen*, bis zum *Einen* ohne Statur. Entblößung über die bloße Haut hinaus, bis zur tödlichen Verletzung, Entblößung bis zum Tod,[35] Sein
p. 64 als Verwundbarkeit. Kernspaltung, die das Innerste ihrer punkthaften Kerngestalt öffnet wie bis zu einer Lunge im Innersten seiner selbst; der Kern öffnet dieses Innerste nicht, solange er durch seine feste Schale geschützt bleibt,

---

[35] Der platonische Mythos vom „Letzten Gericht" im Gorgias (523 c-e) verdient in diesem Zusammenhang Erwähnung. Die aufgrund des „Letzten Gerichts" fällige unbedingte Annäherung an den Anderen – für Platon die grundlegende Modalität der Annäherung überhaupt – ist eine Beziehung zwischen Toten. Der Andere – ob Standesperson oder aus kleinen Verhältnissen – wird hier aller Kleidung entblößt, die irgendwie eine Eigenschaft anzeigt, „jeglicher Eigenschaft" entblößt, bis hin zur Nacktheit dessen, der stirbt, der durch einen unvorhersehbaren Tod überrascht wird. Der Richter seinerseits muß sich als Toter annähern, unter Ablegung seiner „Augen und Ohren", die mit seinem Körper als Ganzem verbunden sind und nicht etwa die Annäherung durch das Sehen oder Hören ermöglichen, sondern wie ein Schutzschirm dazwischenstehen und sie verhindern. Die Vorstellung vom Anderen ist demnach keine Beziehung der Geradlinigkeit. Die Nähe rührt nicht von einem Bild her, von nichts, was *erscheint.* Die Nähe reicht von Seele zu Seele, außerhalb aller Manifestation im Sinne eines Phänomens, außerhalb aller Gegebenheit. Was bedeutet da noch die ontologische Ebene – auch wenn sie für Platon vielleicht wirklicher ist als die Wirklichkeit – wo doch von Seele zu Seele ein Urteil, das heißt ein Erkenntnisakt, erfolgt. Doch darf man sich natürlich zu Recht fragen, worin denn ein Urteil besteht, das weder apriori ist noch über Gegebenes verfügt, das nicht aus *Erfahrung* ist – wenn nicht in der Vielfalt an Bedeutungen, die eben in der Berührung des Sagens liegen, außerhalb aller „Aussagen" des Gesagten (vgl. oben S. 29 f.). Zudem ist daran zu erinnern, daß die Nähe nicht von vornherein gerichtliches Urteil ist, vielmehr zuvor Verantwortlichkeit für den Anderen und daß sie sich erst mit dem Hinzukommen des Dritten (vgl. Kap V, 3) zum Urteil wandelt. Für Platon jedenfalls ist die Annäherung an den Anderen jenseits der Erfahrung, jenseits des Bewußtseins, eine Art Sterben.

durch eine Form oder auch nur dadurch, daß er, auf sein Punktsein reduziert, sich in der Zeitlichkeit seines *sein* identifizieren läßt und so wieder verdeckt wird. Die Grenze der Entblößung muß noch im Punktsein weiter sich selbst entrissen werden, der *Eine*, der Vorgeladene, muß offen werden bis dahin, daß er sich von seinem Innersten, das am esse klebt, trennt – bis dahin, daß er sich, selbstlos, vom Sein löst. Dieses Von-sich- Weggerissenwerden tief im eigenen Einssein, diese absolute Nicht-Übereinstimmung, diese Dia-chronie des Jetzt bedeutet in der Gestalt des Einen, der vom Anderen durchdrungen ist. Der Schmerz, diese Innenseite der Haut, ist Nacktheit, die nackter ist als alle Entblößung: Dasein, das, als Opfer auferlegt – geopfert eher als sich opfernd, weil gerade zur Widrigkeit des Schmerzes oder zum anhaltenden Leiden am Schmerz gezwungen – keinen eigenen Stand hat. Die Subjektivität des Subjekts ist ebendies: Verwundbarkeit, dem Leiden ausgesetzt sein, Sensibilität, Passivität, die passiver ist als alle Passivität, unwiederbringliche Zeit, uneinholbare Dia-chronie der Geduld, Ausgesetztheit, die immer noch weiter auszusetzen ist, Ausgesetztheit, die auszudrücken ist und die insofern zu *sagen* und insofern zu *geben* ist.

Das Sagen, die passivste Passivität, ist nicht zu trennen von der Geduld und vom Leiden; auch wenn es sich ins Gesagte flüchten kann, indem es von der Verletzung her wieder zur Liebkosung findet, in der der Schmerz sich schon regt, und von daher wieder zur Berührung findet und von daher zum Wissen um hart oder weich, warm oder kalt, und von daher zur Thematisierung. Von sich her ist das Sagen der Sinn der Geduld und des Schmerzes. Durch das Sagen bedeutet das Leiden in Gestalt eines *Gebens*, selbst wenn das Subjekt um den Preis der Bedeutung Gefahr liefe, sinnlos zu leiden. Denn liefe das Subjekt diese Gefahr

nicht, so verlöre der Schmerz seine eigentliche Schmerzlichkeit. Die Bedeutung als der-Eine-für-den-Anderen in der *Passivität*, ohne Übernahme des Anderen durch den Einen, setzt die Möglichkeit der reinen Sinnlosigkeit voraus, die die Bedeutung überkommt und bedroht. Ohne diesen Wahnsinn an den äußersten Grenzen der Vernunft nähme der *Eine* sich selbst wieder in den Griff und begänne so im Innersten seines Leidens erneut zu *sein*. Zweideutige Widrigkeit des Schmerzes! Das *Für-den-Anderen* (oder der Sinn) geht bis zum *Durch-den-Anderen*, bis zum Leiden durch einen Splitter, der im Fleisch brennt, und
p. 65 zwar *vergebens*. Nur so bleibt das *Für-den-Anderen – Passivität, passiver als alle Passivität, Emphase von Sinn – vor dem Für-Sich* bewahrt.

Als Entblößung bis zum nicht mehr qualifizierbaren *Einen*, bis zum bloßen *irgendwer*, einzig und erwählt, als Ausgesetztheit gegenüber dem Anderen ohne Möglichkeit, ihm auszuweichen, entbindet mich das Sagen in seiner Aufrichtigkeit als Zeichen, das dem Anderen gegeben wird, von aller Identität, die erneut auftauchen würde wie ein Gerinnsel, sich um sich selbst verfestigend, mit sich selbst übereinstimmend. Entbindung, die das *sein* umkehrt: nicht Seinsverneinung, sondern Sich-vom-Sein-Lösen, ein *Anders- als-sein*, das übergeht zum *Für-den-Anderen*, das für den Anderen brennt und dabei die Grundlagen jeder Für-sich-Position verzehrt und jegliches Substanzwerden, das durch diese Verzehrung noch Gestalt annehmen könnte, ja noch die Asche dieser Verzehrung verzehrt, aus der am Ende alles erneut zu entstehen droht. Identität in der unbeschränkten Geduld des Vorgeladenen, der geduldig, wider den eigenen Willen, fortwährend stirbt, nur in seinem Jetzt Bestand hat, „im Dienst ergraut". Die Umkehrung des Ich zum Sich – die Absetzung oder Entlassung des Ich – ist nichts anderes als die Modalität des Sich-vom-Sein-Lösens in Gestalt des leiblichen Lebens, das zum Ausdruck bestimmt ist und zur Gabe, aber eben bestimmt und nicht sich selbst bestimmend: ein Sich wider Willen, inkarniert, also gerade in der Möglichkeit des Opfers, des Leidens und der Verletzung. Vom *Für-den-Anderen* des Sagens läßt sich daher nicht in Begriffen des Bewußseins von ..., der thematisierenden Intentionalität sprechen noch auch in Begriffen des Engagements. Die Bedeutsamkeit des Sagens weist nicht zurück auf das Engagement, vielmehr setzt das Engagement das Sagen bereits voraus.[36] Doch wie ist dann das *Wider-den-eigenen-Willen* zu verstehen?

c. Wider den eigenen Willen

Das *Wider-den-eigenen-Willen* kennzeichnet das Leben in seinem eigentlichen Lebensvollzug. Das Leben ist Leben wider Willen: aufgrund seiner Geduld und seines Alterns.

Das *Wider-Willen* meint hier nicht den Gegensatz zum Belieben, zu einem Wollen, einer Natur, einem Fortbestehen in einem Subjekt, das durch eine fremde Macht gehemmt würde. Die Passivität des *Für-den-Anderen* bringt in diesem *Für-den-Anderen* einen Sinn zum Ausdruck, in den keinerlei – weder positive noch negative – Bezugnahme auf einen vorgängigen Willen hineinspielt; und zwar aufgrund der lebendigen Leiblichkeit des Menschen, als

---

[36] Vgl. unten Kap. V, 1. Beim Engagement des Subjektes in der Ordnung, die es betrachtet, wird die Wahrheit der Bedeutungen, die es wahrnimmt, beeinträchtigt. Es fehlt die Distanz, die dafür sorgt, daß das Schauspiel nicht durch den Blick selbst gestört wird. In der Bedeutsamkeit des Sagens gehört die Einbeziehung des Sagens in das Schauspiel mit zur Bedeutung dieses „Schauspiels". Doch stehen wir hier noch vor der Subjekt-Objekt-Relation, die durch eine solche Einbeziehung beeinträchtigt werden könnte.

p. 66 Möglichkeit des Schmerzes – als Sensibilität, die von sich her die Empfänglichkeit dafür ist, Schmerz zu empfinden – als entblößtes Sich, sich darbietend in seiner Haut, leidend – als in seiner Haut schon nicht wohl in seiner Haut, seine Haut nicht für sich habend – als Verwundbarkeit. Der Schmerz ist nicht lediglich ein beliebiges *Symptom* eines auf Widerstand gestoßenen Willens, sein Sinn ist kein durch die Sinne vermittelter. Das fortwährende Schmerzen des Schmerzes, das Krankhafte oder die Bösartigkeit dessen, was wehtut,[q] und das reine und bloße Aushalten der Leiblichkeit, die Plage der *Arbeit* und des *Alterns* – sind die Widrigkeit selbst, das Wider-sich im *Sich*. Das Belieben oder Nichtbelieben des Willens setzt bereits dieses Aushalten und diese Widrigkeit und diese ursprüngliche Müdigkeit voraus. Anstatt das *Wider-den-eigenen-Willen* des Leidens auf einen vorgängigen Willen zu reduzieren, ist vom Willen in Begriffen ebendieser Widrigkeit des Leidens zu sprechen. Die eigene Passivität des Aushaltens, der Geduld – die passiver ist als alle zum Freiwilligen korrelative Passivität – bedeutet in der „passiven“ Synthesis ihrer Zeitlichkeit.

Die Zeitigung der Zeit, wie sie sich im Gesagten zeigt, wird zwar wiedereingeholt durch ein aktives Ich, das die verstrichene Vergangenheit kraft des Gedächtnisses erinnert oder in der Historiographie rekonstruiert; oder das durch Einbildungskraft und Vorausschau die Zukunft antizipiert und das in der die Zeichen synchronisierenden Schrift selbst noch die Zeit der Verantwortlichkeit für den Anderen zu Gegenwart versammelt, das heißt vorstellt. Doch die Verantwortlichkeit für den Anderen kann sich

[q] *Die französischen Begriffe, alle mit demselben Wortstamm gebildet („mal“), betonen derart den inneren Zusammenhang von Schmerz, Krankheit und Bösartigkeit: maladie – malignité – mal. Auch das* Wider-Willen *gehört in diesen Zusammenhang: le* mal-gré.

nicht aus einem *freien* Engagement, nicht aus einer Gegenwart ergeben. Sie übersteigt jede aktuelle oder vorgestellte Gegenwart. Sie steht insofern in einer Zeit ohne Anfang. Ihre An-archie läßt sich nicht begreifen als ein bloßes Zurückgehen von Gegenwart zu früherer Gegenwart, als eine Extrapolation von Gegenwarten im Maß einer erinnerbaren, das heißt versammelbaren Zeit – einer im Wiedereinbringen einer vorstellbaren Vorstellung zu versammelnden Zeit. Diese An-archie, diese Weigerung, sich zu Vorstellung versammeln zu lassen, hat eine eigene Weise, mich zu betreffen: den *Zeit-lauf*[r]; doch der in der Zeitigung der Zeit uneinholbare Zeit-lauf hat nicht allein die Negativität des Unvordenklichen.

Die Zeitigung als Zeit-lauf – der Zeitverlust – ist gerade nicht Initiative eines Ich und auch nicht Bewegung auf irgendein Handlungs*ziel* zu.[37] Der Zeitverlust ist keines Subjektes Werk. Die Zeit, schon Synthese der Retentionen und Protentionen, in der die phänomenologische Analyse Husserls, die Sprache mißbrauchend, den Zeit-lauf wiedereinholt, übergeht das Ich. Die Zeit vergeht. Und die Synthese, die *geduldig* sich vollzieht und *passiv* im tiefsten Sinne heißt, ist Altern. Sie zerbricht unter dem Gewicht der Jahre und entzieht sich unumkehrbar der Gegenwart, das heißt der ver-gegenwärtigenden Vorstellung. Im Bewußtsein des Sich ist nicht mehr *Präsenz* des Sich gegenüber dem Sich, sondern Seneszenz. Als Seneszenz aber, außerhalb der Wiedereinholung durch die Erinnerung, ist p. 67

[37] Die Konzeption der Zeit als Zeit-lauf und Zeitverlust nimmt das Thema von „Le Temps et l'Autre" wieder auf. Vgl. die unter diesem Titel in Le Choix, le Monde, l'Existence. Publications du Collège Philosophique, Paris: Arthaud 1948, erschienene Untersuchung. Zweite Auflage, mit neuem Vorwort und als Monographie: Montpellier: fata morgana 1979 (= TA; dt.: ZA).

[r] Zeit-lauf *[laps], vgl. dazu oben in Kap. I Anm. k (S. 38.)*

die Zeit – unumkehrbar verlorene Zeit – Diachronie, und als solche betrifft sie mich.
Diese Diachronie der Zeit beruht nicht auf der Länge des Intervalls, so daß die Vorstellung es nicht umfassen könnte. Sie meint Auseinanderfallen der Identität, in der das Selbe nicht mehr das Selbe erreicht: Nicht-Synthese, Müdigkeit. Das Für-Sich der Identität ist hier nicht mehr für sich. Die Identität des *Selben* im „ich" kommt ihm wider Willen von außen zu, wie eine Erwählung oder wie die Inspiration, nach Art der Einzigkeit des Vorgeladenen. Das Subjekt ist für den Anderen; sein Sein geht dahin für den Anderen; sein Sein vergeht zu Bedeutung. Die Subjektivität, die altert, ist einzig, unersetzbar, ich und nicht ein Anderer, aber sie *ist ihrer selbst zum Trotz* in einem Gehorsam ohne Ausflucht, in dem die Auflehnung schon angelegt ist. Kennzeichnungen, die sich ausschließen; sie lösen sich auf in Verantwortlichkeit für den Anderen, die älter ist als jedes Engagement. *In Gestalt* einer solchen Auflösung bedeutet nicht eine Welt, sondern eine *Herrschaft*[s]. *Herrschaft* aber eines unsichtbaren *Königs*. Herrschaft des Guten, dessen *Idee* bereits eine *Weltzeit* ist. Das Gute, das in seiner Güte herrscht, kann nicht in die Gegenwart des Bewußtseins, auch nicht in die wiedererinnerte, eintreten. Im Bewußtsein ist es Anarchie. Der biblische Begriff der *Gottesherrschaft* – Herrschaft eines nicht thematisierbaren Gottes – eines un-zeitgenössischen, das heißt un-gegenwärtigen Gottes – darf nicht als ontisches Bild einer bestimmten „Epoche" der *„Seinsgeschich-*

[s] *Im Original „Règne", was zugleich bedeutet: Regentschaft, Königtum, Reich. Die im französischen Text gegebene Hervorhebung durch den großen Anfangsbuchstaben indiziert eine Herrschaft besonderer Art, die der Kontext erläutert. Die Übersetzung „Herrschaft" berücksichtigt die inhaltliche Nähe zu dem später entscheidenden Terminus „Herrlichkeit" („gloire", vgl. unten Kap. V, 2).*

te" gedacht werden, nicht als eine Modalität des *sein*. Im Gegenteil, das *sein* ist bereits *Weltzeit* der Herrschaft. Es gilt zurückzugehen von der Weltzeit auf die Gottesherrschaft, die in Gestalt der Subjektivität bedeutet, in Gestalt der Einzigkeit, die vorgeladen ist in der passiven Synthesis des Lebens – in Gestalt der Nähe des Nächsten und des Schuldens einer unbezahlbaren Schuld – in Gestalt einer endlichen Conditio – der Zeitlichkeit, die, als Altern und als Tod des Einzigen, einen Gehorsam ohne Ausflucht bedeutet.

In diesem Sinne, nicht im Sinne bloßer Frömmigkeit, ist der Abschnitt im *Phaidon* zu verstehen, der den Freitod verurteilt (Phaidon 61 c – 62 e): das Sein zum Tode ist Aushalten, Nicht- Vorwegnahme, eine Dauer wider den p. 68
eigenen Willen, Modalität des Gehorsams: die Zeitlichkeit der Zeit als Gehorsam. Das Subjekt als der vom Anderen unterscheidbare *Eine*, das Subjekt als *Seiendes* ist reine Abstraktion, falls man es von diesem Vorgeladensein trennt.

Doch wenn hier das Subjekt als *Seiendes* angesprochen wird, dann nicht, um die Aufmerksamkeit auf das Verb sein zu lenken, auf das letztlich dieses Partizip sich bezöge. Längst vor dieser Partizipation und als notwendiges Element dieser Partizipation am Verb, die sich im Partizip vollzieht, zeichnet sich die rein formale Möglichkeit der Nominalform des *Individuums* ab. Die Nominalform, die Form des Begriffs als Begriff, des *Einen* in diesem Begriff, ist irreduzibel auf die Verbalform. Jene Nominalform kommt von *anderswo* her als die Verbalität des *sein*.[38] Sie

[38] *Man kann nicht sagen, daß das Nomen [zugleich: der* Name, *T. W.]* – wodurch das Seiende ebenso ist wie es durch das Sein ist – seinerseits ***ist***. Es/Er ***ist*** nur im *Seienden*, das am Sein „teilhat". Welche Teilhabe, als Zeit des Alterns, das Aushalten – die Passivität, die Ausgesetztheit gegenüber dem Anderen bis hin zur Ausgesetztheit dieser Ausgesetztheit

ist nicht zu trennen von dem unausweichlichen Appell oder der Vorladung. Ihre Irreduzierbarkeit auf das Verb, und sei es das Verb sein, gilt es zu bedenken. Das Subjekt als Begriff, als Nomen ist *jemand* (dem womöglich das nach dem ausgestreckten Zeigefinger thematisierte „etwas" oder das „transzendentale Objekt" Kants bereits seine formale Struktur verdankt): derjenige, der, in wessen Abwesenheit auch immer, unausweichlich gerufen ist, jemand zu sein. Von diesem Appell oder dieser Erzählung, die keine Möglichkeit des Rücktritts läßt, ist das Subjekt nicht zu trennen. Und eben in der Gestalt des *Seins* dieses Seienden, als dia-chrone Zeitlichkeit des Alterns, geschieht gegen meinen Willen die Antwort auf einen Appell, der *direkt* ist wie ein verletzender Schlag; Antwort, die nicht zu verwechseln ist mit einem „inneren Bedürfnis", einer natürlichen Neigung; Antwort, die, fern aller Erotik, auf einen absolut heteronomen „Appell" antwortet.

d. Geduld, Leiblichkeit, Sensibilität

Das Subjekt ist also nicht von der Intentionalität der vorstellenden Aktivität, der Objektivierung, der Freiheit und des Wollens her zu beschreiben. Es ist zu beschreiben von der Passivität der Zeit her. Die Zeitigung der Zeit, uneinholbarer Zeitlauf, außerhalb jeglichen Wollens, ist
p. 69 ganz das Gegenteil der Intentionalität. Nicht daß die Zeit eine weniger deutliche Intentionalität wäre als die Vorstel-

---

selbst – des Genannten ist, der zur Verantwortung für den Anderen vorgeladen oder berufen ist und der, dem Begriff des Ich sich entziehend, ich bin, einzig und ohne Gattung, Individuum, das die Individualität flieht. Indes: der *Name* außerhalb des ***sein*** oder jenseits des *sein,* das Individuum vor der Individualität – heißt Gott. Er geht aller Gottheit voraus, das heißt dem göttlichen sein, das, wie die Individuen, die in ihrem Begriff Zuflucht nehmen, die falschen Götter beanspruchen.

lung und in eine weniger bestimmte Richtung „liefe" als die zum „Objekt", zur „Exteriorität" hin. Die Zeitigung ist das „Gegenteil" der Intentionalität aufgrund der Passivität ihrer Geduld; in ihr ist Subjekt, was im Gegensatz zum thematisierenden Subjekt steht: eine Subjektivität des Alterns, die von der Identifizierung des Ich mit sich selbst her nicht zu erwarten ist, *Einer* ohne Identität, aber einzig in der unabweisbaren Verpflichtung zur Verantwortung. Verpflichtung, die als unabweisbar bedeutet wird anstelle des eigenen conatus existendi, dessen *Anstrengung* ein *Erleiden* ist, *Einer* in der Passivität des *sich* der Wendung „es vollzieht sich"; in der Geduld, im Aushalten des Alterns, in dem sich das Unabweisbare der Nähe herausbildet, der Verantwortung für den anderen Menschen, die man vor der erinnerbaren Zeit „sich zugezogen hat", wenn man so sagen kann, gleichsam von der Rückseite der „Synthese der Apprehension" her, die als identisch erkannt wird im Gesagten und Geschriebenen. Auf dieses *Diesseits* gilt es zurückzugehen, von der Spur aus, die das *Gesagte*, in dem alles sich zeigt, von ihm behält. Der Rückgang auf das Sagen ist die *phänomenologische Reduktion*, in der das Unbeschreibbare beschreibbar wird. Das Subjekt wird beschreibbar als *Sich*, von vornherein im Akkusativ (oder unter Anklage!) und als solches bereits Voraussetzung der „unendlichen Freiheit des Gleichen" (durch die Hegel die Rückkehr des Bewußtseins und der Zeit zu sich selbst charakterisiert). Diese Freiheit ereignet sich bereits im Erzählzusammenhang, im Gesagten. Das Subjekt wird zu beschreiben sein als entblößt und mittellos,[t] als *Einer* oder als *Jemand*, hinausgetrieben aus dem

[t] *Die beiden französischen Termini rücken durch ihren annähernden Gleichklang („dénudé et dénué") und dasselbe Etymon auch in ihrer aktuellen Bedeutung näher zusammen als im Deutschen: die Entblößung hat konkret Mittellosigkeit, Armut und Ohnmacht zum „Inhalt".*

Sein, diesseits des Seins, verwundbar, das genau heißt sensibel, und so, daß ihm, wie dem *Einen* in Platons *Parmenides*, Sein nicht zugeschrieben werden kann.

Die Zeitigung vor dem Zeitwort – oder in einem Zeitwort ohne Subjekt – oder in der Geduld des Subjekts, das gleichsam „gegenläufig" zum aktiven Ich daliegt – die Geduld des Alterns ist nicht eine dem eigenen Tod gegenüber eingenommene Haltung, sondern eine Müdigkeit:[39] eine passive Ausgesetztheit an das Sein, ohne es zu übernehmen, Ausgesetztheit an den eben dadurch unsichtbaren, verfrühten, immer gewaltsamen Tod. Müdigkeit: einzigartiges „zuviel sein", das ebenso ein Scheitern ist, aber in einer Schwäche, in der der *conatus* nicht nachläßt, in der der Freitod Flucht ist, als wäre das Sein, indem es sich fremd wird, nichts als eine Modalität – eine *Weltzeit* der *Herrschaft* – jenes mehrfach notwendigen Dienstes im „Sein für den Anderen", im „der-Eine-für-den-Anderen", in der Nähe, die ernsthafter ist als das Sein oder das Nichtsein. Notwendigkeit eines Dienstes ohne Knechtschaft.
p. 70 Notwendigkeit, weil dieser Gehorsam jeder willentlichen Entscheidung, die ihn getragen hätte, zuvorkommt, und Notwendigkeit, die das Selbst der Ruhe, des Lebens, das das Leben genießt, überschreitet – weil Notwendigkeit eines Dienstes, aber eines Dienstes, der in dieser Un-ruhe, in dieser Beunruhigung *besser* ist als die Ruhe. Antinomie, die gerade Zeugnis des Guten ist.[40]

Untragbare Passivität des Sich. Kein Akt vermag in dieser Passivität den *Einen* zu ersetzen – weder durch Einsatz noch durch Vermehrung. Die Passivität des Subjekts im Sagen ist nicht die Passivität eines subjektlosen „Die Spra-

---

[39] Vgl. den ersten Entwurf einer Analyse der Ermüdung in unserem EE 41 ff.

[40] Vgl. weiter unten Kap. V, 2 b.

che spricht“[u]. Sie ist ein *Sich-Anbieten*, das nicht einmal von seiner eigenen Großzügigkeit getragen wird – ein Sich-Anbieten, das Leiden ist, eine Güte wider Willen. Das „wider Willen“ läßt sich nicht zerlegen in einen Willen, der durch eine Widrigkeit behindert würde. Es meint Leben, alterndes Leben und unabweisbare Verantwortung – Sagen. Die Subjektivität als Unter-worfenheit des Sich meint Leiden am Leiden – das äußerste Sich-Anbieten oder das Leiden im *Sich- Anbieten*[v]. Die Subjektivität ist Verwundbarkeit, die Subjektivität ist Sensibilität. Die Sensibilität, die totale Passivität des Sagens, ist nicht reduzierbar auf ihre eventuelle Erfahrung in einem Subjekt, selbst wenn sie eine solche Erfahrung ermöglicht. Als Ausgesetztheit gegenüber dem Anderen ist sie Bedeutung, sie ist die Bedeutung selbst, der-Eine-für-den-Anderen bis hin zur Stellvertretung; aber Stellvertretung in der Getrenntheit, das heißt Verantwortung. In unserer Untersuchung wird das zu zeigen sein. Sie wird sich dabei mit der Nähe befassen, deren Bedeutung in der Verwundbarkeit liegt.
Die Leiblichkeit des Subjekts – das ist die Mühe der Anstrengung, das unableitbar Widrige an der Müdigkeit, die schon im Schwung der Bewegung und in der Energie der Arbeit sich abzeichnet. Um die Passivität des Subjekts zu beschreiben, sollte man nicht von seiner Gegenüberstel-

---

[u] *Im Original deutsch und damit auf das Sprachdenken Martin Heideggers anspielend, wie dieser es beispielsweise in der Sammlung Unterwegs zur Sprache ausgeführt hat.*

[v] *„La subjectivité de sujétion du Soi, est la souffrance de la souffrance – l'ultime s'offrir ou la souffrance dans le* s'offrir.“ *Die lautliche und etymologische Nähe der französischen Worte für Leiden und Sich-Anbieten („souffrance“, „s'offrir“) tragen zu einer Steigerung oder Intensivierung des Ausdrucks bei, die illustriert, was Lévinas an anderer Stelle unter den Stichworten „emphase“ und „hyperbole“ als eine eigene Weise der Gedankenverknüpfung erläutert hat. Vgl. DD 141-143; deutsch: WG 111-113.*

lung zu einer Materie ausgehen, die ihm von außen Widerstand leistet oder ihm in seinem Leib widersteht, mit dem er unverständlicherweise behaftet ist und dessen Funktionieren gestört wird; und ebensowenig sollte man ausgehen von der Gegenüberstellung des Menschen zu einer Gesellschaft, die ihn zur Arbeit zwingt und ihn dabei um die „Früchte der Arbeit“ bringt.

Diese Passivität ist gewiß eine Weise, in der das Subjekt dem Anderen ausgesetzt ist, doch ist die eigentliche Passivität des Subjekts passiver noch als die, die der Unterdrückte erleidet, der zum Kampf gezwungen ist. Die passivste Passivität, das Untragbare – die Subjektivität oder ebendie Unterworfenheit des Subjekts – beruht auf meiner Besessenheit durch die Verantwortung für den Unterdrückten, der nicht ich selbst bin, sondern der der Andere ist. Erst dadurch bleibt der Kampf menschlich und erst dadurch *imitiert* nicht die Passivität *auf schlechte Weise* das *sein* in der Wiedereinholung des Sich durch das Ich, und sei es auch Opferwille und Großzügigkeit. Die Ausgesetztheit gegenüber dem Anderen ist ein Sich-vom-Sein-Lösen – Nähe, Besessenheit durch den Nächsten;
p. 71 Besessenheit wider Willen, das heißt Schmerz. Der Schmerz sollte nicht sogleich interpretiert werden als eine erlittene und doch übernommene Handlung, das heißt als eine Erfahrung des Schmerzes durch ein Subjekt, das für sich bestünde; der Schmerz ist reines Defizit, ein Anwachsen der Schuld in einem Subjekt, das nicht wieder zu sich kommt, das „nicht sein Auskommen hat“. Die Subjektivität des Subjekts ist gerade dieses Nicht-wieder-zu-sich-Kommen, ein Anwachsen der Schuld über das Sollen[w] hinaus. Widrigkeit, konzentriert in der leiblichen Verfaßtheit, die empfindlich ist für den sogenannten phy-

[w] *Im Original deutsch.*

sischen Schmerz, ausgesetzt ist der Schmähung und der Verletzung, der Krankheit und dem Alter, aber Widrigkeit schon seit der Ermüdung durch die ersten körperlichen Anstrengungen.[41] Weil meine Passivität als Subjekt, meine Ausgesetztheit gegenüber dem Anderen, der physische Schmerz selbst ist, deshalb kann ich ausgebeutet werden; und nicht: weil ich ausgebeutet werde, ist meine Ausgesetztheit gegenüber dem Anderen absolut passiv, das heißt, schließt sie jegliches Übernehmen aus, ist sie *wider* meinen *Willen*. In Gestalt der Leiblichkeit, deren Bewegungen Ermüdung sind und deren Dauer Altern heißt, ist die Passivität der Bedeutung – des der-Eine-für-den-Anderen – nicht Akt, sondern Geduld, das heißt, von sich her, Sensibilität oder drohender Schmerz.

Inwiefern drohend?

Im Sinne eines Drohens, das nicht eine bloße Möglichkeit im Neutralen ankündigt. Drohen, insofern der Schmerz sich schon in der Sensibilität abzeichnet, die als Wohlbefinden und Genuß erlebt wird. Wenn das Für-den-Anderen ein *Wider-den-eigenen-Willen* ist, wenn dieses Wider-den-eigenen-Willen nicht ein bloßes *Erleiden* ist, nicht schlicht und einfach eine Passivität der Wirkung, wenn es gewissermaßen bescheidener noch als das Erleiden ist und also das Subjekt betrifft, das in seiner Einzigkeit leidet – dann insofern es im Genießen schon anhebt, im Genießen, in dessen Umkreis sich das Ich behauptet und in dem es sich gefällt und zu sich kommt.

Im Leiblichen kommen die Merkmale zusammen, die wir im Vorhergehenden aufgezählt haben: für den Anderen, wider den eigenen Willen, von sich her; die Plage der Arbeit im Aushalten des Altwerdens, in der Pflicht, dem

---

[41] Vgl. die phänomenologischen Versuche über die Trägheit und die Ermüdung in unserem EE 41 ff.

Anderen zu geben – bis hin zum Brot, das ich mir gerade in den Mund stecke, und bis hin zum Mantel, den ich trage. Als Passivität im fortwährenden Leiden des vorausgeahnten Schmerzes ist die Sensibilität Verwundbarkeit, wobei der Schmerz sich anschickt, einen Genuß gerade in seiner Einsamkeit zu unterbrechen und so mich von mir selbst wegzureißen. Es hieße die Nicht-Anonymität des Für-den-Anderen, die gleichwohl nichts Freiwilliges im-
p. 72 pliziert, verkennen, hielte man das Geben für beschränkt auf ein bloßes Ausgeben von Erworbenem, das sich angesammelt hat. Wenn das Geben die Nähe selbst ist, so erreicht es seinen vollen Sinn erst da, wo es mir das nimmt, was mir mehr zueigen ist als der Besitz. Der Schmerz dringt mitten ins Herz des Für-sich ein, das im Genießen schlägt, im Leben, das sich in sich selbst gefällt, das von seinem Leben lebt.[42] Geben, für-den-Anderen-sein, wider Willen, doch dabei das Für-sich unterbrechend, heißt: sich das Brot vom Munde reißen, den Hunger des Anderen mit meinem eigenen Fasten stillen. Das Für-den- Anderen der Sensibilität zählt erst, wenn man so sagen kann, vom Genießen und vom Auskosten her. Denn die Sensibilität spielt nicht das Spiel des *sein*, spielt überhaupt kein Spiel; sie ist die Ernsthaftigkeit selbst, die das Vergnügliche und die Selbstgefälligkeit des Spiels unterbricht. Doch gerade vom Auskosten und vom Genießen muß die Untersuchung der Sensibilität ausgehen.

e. Der Eine

Die Ausgesetztheit gegenüber dem Anderen kommt nicht obendrein zum *Einen* hinzu, um ihn von innen nach außen zu tragen. Die Ausgesetztheit ist gerade der-Eine-

[42] Über das Leben als Genießen, vgl. TI 82-116; deutsch: TU 152-203.

in-der-Verantwortung und dadurch in seiner *Einzigkeit*, jeglichen Schutzes beraubt, der ihn nur vervielfältigen würde; das „Anders-als-sein" ist kein Spiel, es ist Entspannung, die schwerer wiegt als das Sein.
Äußerste Passivität des Sagens und bis hinein in seine letzte Zuflucht Ausgesetztheit gegenüber dem Anderen, unausweichlich verpflichtetes Sagen. Einzigkeit, die, gegenläufig zu der auf sich zurückkommenden Gewißheit, aufgrund der Nichtübereinstimmung mit sich bedeutet, aufgrund der Un-ruhe, aufgrund der Be-un-ruhigung – die keine Identität gewinnt und nicht für das Wissen erscheint – defizitär, Schmerzstelle, aber – genau wie die Einheit des Kantschen „ich denke" – *undeklinierbar* in dieser Passivität ohne Spiel. Ausnahmsweise und nur, wenn man die Sprache mißbraucht, kann man es Ich [Moi ou Je] nennen. Doch ist die Benennung dann nur stellvertretende Nennung: es gibt *nichts*, was *ich* genannt wird; *ich* sagt derjenige, der spricht. Das Pro-nomen verstellt bereits den Einzigen, der einzig ist, indem er spricht; es unterstellt ihn einem Begriff und bezeichnet doch nur die Maske oder die Person des Einzigen; die Maske, die das *ich* zurückläßt, wenn es dem Begriff entgeht, das heißt das *ich* des Sprechens in der ersten Person, das absolut unverwandelbar bleibt in ein Nomen, ist es doch Zeichen, das Zeichen gibt von ebendiesem Zeichengeben, Ausgesetztheit des Sich auf den Anderen hin, in Nähe und Aufrichtigkeit. Das Subjekt der Verantwortung, genau wie die Einheit der transzendentalen Apperzeption, meint nicht die Einmaligkeit eines einzigen Exemplars, wie es sich im *Gesagten*, in der *Erzählung* darstellt: „es war einmal ...". p. 73
Einzigkeit bedeutet hier Unmöglichkeit, sich zu entziehen und sich ersetzen zu lassen, Unmöglichkeit, in der gerade die Rekurrenz des *ich* sich ausbildet. Einzigkeit des Erwählten oder des Verpflichteten, nicht des Wählenden,

Passivität, die sich nicht umwandeln läßt in Spontaneität. Untragbare, nicht sub- sumierbare, traumatische Einzigkeit; Erwählung in der Verfolgung.
Erwählt, ohne die Erwählung übernehmen zu können! Wenn diese Passivität nicht auf die Passivität der Wirkung in einer Kausalbeziehung zurückgeht, wenn sie diesseits von Freiheit und Unfreiheit gedacht werden kann – dann muß sie den Sinn einer *Güte wider Willen* haben, einer Güte, die stets älter ist als die Wahl und deren Wert – das heißt genau die Exzellenz oder Güte, die Güte an der Güte – einzig imstande ist, das Gewaltsame der Wahl auszugleichen (und, darüber hinaus, zum Besten zu wenden!). Güte, die stets älter ist als die Wahl: das *Gute* hat den Einzigen immer schon erwählt und verpflichtet. Und als Erwählter, der seine Erwählung nicht erwählt und bei der Einsetzung, die ihm widerfährt, fehlt – ist der Eine von einer Passivität, die passiver ist als alle Passivität des *Erleidens*. Die Passivität des Einen – seine Verantwortlichkeit oder sein Schmerz – beginnen nicht im Bewußtsein, das heißt sie beginnen überhaupt nicht; diesseits des Bewußtseins bestehen sie in jener vor-ursprünglichen Einwirkung des Guten auf den Einen, Einwirkung, die stets älter ist als jede Gegenwart, als jeder Beginn – Diachronie, die verhindert, daß der Eine wieder zu sich kommt und sich als eine Substanz identifiziert, die mit sich selbst in zeitlicher Übereinstimmung ist, als ein transzendentales Ich. Einzigkeit ohne Identität. Nicht-Identität – jenseits des Bewußtseins, das seinerseits in sich ist und für sich – Nicht-Identität, weil bereits Stellvertretung für den Anderen.
Die Diachronie als Bezeichnung für die Einzigkeit des Einen, der, diesseits des *sein*, durch die Verantwortung verpflichtet ist und sich beständig selbst verfehlt, immer noch ungenügend entblößt ist, defizitär wie eine Stelle, die schmerzt – die Diachronie des Subjekts ist keine Meta-

pher. Das Subjekt, um es so adäquat wie möglich auszudrücken (denn der Grund des *Sagens* läßt sich niemals ganz adäquat ausdrücken), ist nicht *in* der Zeit, es ist die Diachronie selbst: in der Identifizierung des Ich das Altern dessen, der nie so wieder anzutreffen ist, wie er war. Diachronie einer Erwählung, die keine Identität verleiht, einer Erwählung, die ärmer macht, die entblößt, Güte, die Forderungen stellt und insofern nicht bloß Eigenschaft ist, die den Einen vervielfältigen würde. Denn würde sie ihn vervielfältigen, könnte der Eine sich von der Güte, die ihn hält, unterscheiden, dann könnte er Stellung nehmen zu seiner Güte, wissen, daß er gut ist, und so seine Güte verlieren.

f. Subjektivität und Menschlichkeit p. 74

Die Begriffe fügen sich zu einer Ordnung und spielen sich ab in der Wahrheit (deren Voraussetzungen wie etwa Konventionen die Kombination der Begriffe einem Spiel ähnlich machen), nach den logischen Möglichkeiten des Denkens und den dialektischen Strukturen des *Seins*. Die Anthropologie kann nicht die Rolle einer vorrangigen wissenschaftlichen oder philosophischen Disziplin beanspruchen mit dem Hinweis darauf – worauf sie sich früher berief –, daß alles Denkbare durch das menschliche Bewußtsein geht. Dieser Durchgang erscheint vielmehr den Humanwissenschaften in der größten Gefahr, Entstellungen ausgesetzt zu sein. Der Hegelianismus hat, wobei er alle modernen Formen des Mißtrauens gegenüber den unmittelbaren Gegebenheiten des Bewußtseins antizipiert, uns an den Gedanken gewöhnt, daß die Wahrheit nicht mehr in der durch mich selbst erreichten Evidenz liegt, das heißt in der Evidenz, die durch die außergewöhnliche Form des *cogito* behauptet wird, das in der

Gewißheit seiner ersten Person das Erste überall wäre; daß sie vielmehr in der unüberbietbaren Fülle des gedachten Inhalts liegt, so wie sie heutzutage vielleicht am Verschwinden des lebendigen Menschen hinter den mathematischen Strukturen hängt, die in ihm *Gedanken werden* eher, als daß er sie denkt.

Denn nichts, heißt es heute, ist *konditionierter* als das Bewußtsein und das angeblich originäre Ich. Die Illusion, die die menschliche Subjektivität zu produzieren imstande ist, wäre dabei besonders heimtückisch. Indem er sich dem Menschen nähert, bleibt der Wissenschaftler Mensch, aller Askese zum Trotz, die er sich als Wissenschaftler auferlegen mag. Er steht in der Gefahr, seine – ihm selbst unbekannten – Sehnsüchte für Realitäten zu halten, sie durch Interessen leiten zu lassen, die eine unzulässige Täuschung in das Spiel der Begriffe hineinbringen, trotz der Kontrolle und der Kritik, die seine Kollegen oder seine Mitarbeiter üben können; er riskiert so, eine Ideologie anstelle von Wissenschaft zu entwickeln. Die *Interessen*, die Kant an der theoretischen Vernunft selbst aufgedeckt hat, hatten diese der praktischen Vernunft untergeordnet, die dann Vernunft schlechthin geworden ist. Diese Interessen werden durch den Strukturalismus gerade abgestritten, der sich vielleicht definieren läßt durch den Primat der theoretischen Vernunft. Doch das Aufgeben der Interessen und des Festhaltens am Sein [désintéressement] liegt jenseits des *sein*.

Es stellt sich heraus – wie wir im Laufe dieser Untersuchung sehen werden –, daß der Bereich des Menschlichen, an den man herangehen kann wie an einen Gegenstand unter anderen (selbst wenn man dann den Umstand vernachlässigt, daß in ihm das Wissen sich einen Weg bahnt), Bedeutungen annimmt, die so miteinander verknüpft sind und so ineinanderstehen, daß sie zu äußersten und irreduziblen begrifflichen Möglichkeiten führen; Bedeutungen, die die Grenzen überschreiten, in denen sich die Beschreibung, selbst die dialektische, der Ordnung und des Seins hält, zum Außerordentlichen hin, zum Jenseits-des-Möglichen, wie beispielsweise die *Stellvertretung des Einen für den Anderen*, die *unvordenkliche Vergangenheit, die nicht durch die Gegenwart gegangen ist*, die *Setzung des Sich als Ab-Setzung, Abdankung des Ich*, das *Weniger-denn-nichts als Einzigkeit*, die *Differenz im Verhältnis zum Anderen als Nicht-Indifferenz*. Niemand ist gehalten, diesen Möglichkeiten die Wahrheit der Wissenschaften unterzuordnen, die sich auf das materielle oder formale Sein beziehen oder auf das *sein* des Seins. Es brauchte den Dogmatismus der mathematischen und dialektischen Beziehung (abgeschwächt allein durch eine eigenartige Empfänglichkeit für eine gewisse apokalyptische Dichtung), um vom Spiel der Strukturen, das Wissenschaft heißt und gerade durch die Spielregeln noch dem Sein verbunden ist, die äußersten Möglichkeiten menschlicher Bedeutungen auszuschließen; extra-vaganter Bedeutungen, denn sie führen gerade zu so etwas wie Auswegen. Bedeutungen, in denen – fernab von allem Spiel und unerbitterlicher als selbst im Sein – Menschen stehen, die niemals mehr bewegt worden sind (ob zur Heiligkeit oder zur Schuld) als[x] durch andere Menschen, denen sie bis hinein in die Ununterscheidbarkeit ihrer Präsenz in der Masse eine Identität zuerkennen und vor denen sie als unersetzbar und einzig dastehen in ihrer Verantwortung. p. 75

Gewiß kann man selbst gegen die Bedeutsamkeit von Extremsituationen, zu denen die von der menschlichen Wirklichkeit ausgehenden Begriffe führen, sich auf die Bedingtheit des Menschlichen berufen. Die menschliche

---

[x] *Das Wort* als *fehlt im französischen Text.*

Identität ist durch die Vorbehalte von seiten der Psychoanalyse, der Soziologie und der Politik[43] derart belastet, daß man niemals weiß, zu wem man spricht und womit man es zu tun hat, wenn man seine Überlegungen auf das factum humanum baut. Doch braucht man dieses Wissen nicht für die Beziehung, in der der Andere der Nächste ist und in der, schon bevor er Individuation der Gattung *Mensch* oder *vernünftiges Tier* oder *freier Wille* oder, was immer das heißt, *sein* ist, er der Verfolgte ist, für den ich verantwortlich bin bis dahin, sein Geisel zu sein; wobei meine Verantwortung, statt mich in meinem „*sein*" als transzendentales Ich zu enthüllen, mich entblößt und mich unabhängig weiter entblößt – von allem, was mir mit einem anderen Menschen gemeinsam sein kann und was so imstande wäre, mich zu ersetzen –, um mich anzusprechen in meiner Einzigkeit als denjenigen, für den niemand einstehen kann. Man kann sich daher also fragen, ob irgendetwas in der Welt weniger bedingt ist als der Mensch, dem noch die letzte Sicherheit, die eine Grundlage böte,
p. 76 fehlt; ob insofern irgendetwas weniger ungerechtfertigt ist als die Bestreitung der menschlichen Bedingtheit und ob irgendetwas auf der Welt unmittelbarer unter seiner Entfremdung seine Nicht-Entfremdung verrät, seine Getrenntheit – seine *Heiligkeit* –, die vielleicht das Anthropologische jenseits der Gattung Mensch definiert. Man kann sich fragen, ob, und zwar nicht aus transzendentalen, sondern aus rein logischen Gründen, das Mensch-Objekt überhaupt am Beginn allen Wissens stehen darf. Die Beeinflussungen, die Komplexe und die Verstellung, die den Menschen belasten, korrumpieren nicht die genannte Heiligkeit, sie sanktionieren den Kampf für den ausgebeu-

[43] Vgl. dazu Paul Ricoeur, Le conflit des interpretations. Essais d'herméneutique, Paris: Seuil 1969. Deutsch: ders., Hermeneutik und Strukturalismus. Der Konflikt der Interpretationen I, München: Kösel 1973.

teten Menschen. Nicht in ihrer Freiheit erweist sich daher die Subjektivität als absolute, ist doch die Freiheit in einem aufgeblasenen und verdorbenen, verratenen oder verrückten Willen unmöglich. Die Subjektivität ist geheiligt in ihrer Anderheit, vor der ich, aus meiner Souveränität entlassen, in einer unabweisbaren Verantwortung meine „Position“ finde. Paradoxerweise ist der Mensch als alienus – Fremder und Anderer – nicht entfremdet.

Eine solche Heiligkeit versucht das vorliegende Buch auszuarbeiten. Nicht um damit eine Art Heilsweg zu predigen (nach dem zu forschen im übrigen nichts Schändliches wäre), vielmehr um ausgehend von der äußersten Abstraktheit wie von der äußersten Konkretheit des Gesichtes des Anderen jene tragischen oder zynischen Untertöne, allemal aber jene Heftigkeit zu verstehen, die selbst die nüchternen Beschreibungen der Humanwissenschaften noch kennzeichnet; und um Rechenschaft zu geben von der unmöglichen Indifferenz gegenüber dem Menschlichen, die selbst – und gerade – in der unentwegten Rede vom Tode Gottes, vom Ende des Menschen und vom Zerfall der Welt sich nicht verborgen halten kann; einer Welt, deren Gefährdungen niemand wird verharmlosen können, doch deren Trümmer, schon vor der eigentlichen Katastrophe – wie die Ratten, die das Schiff verlassen, bevor es gesunken ist –, uns in den bereits bedeutungslosen Zeichen einer sich auflösenden Sprache erreichen.

Kapitel III
Sensibilität und Nähe

p. 77 *1. Sensibilität und Erkenntnis*

Die Wahrheit kann nur in der Darstellung des Seins für es selbst bestehen, in einer eigentümlichen Unangemessenheit sich selbst gegenüber, die aber auch Gleichheit meint; Teilung, bei der der Teil dem Ganzen gleichkommt: bei der der Teil das *Bild* des Ganzen ist. Bild, das unmittelbar aufgenommen wird, ohne Veränderungen zu erleiden – sinnlich wahrnehmbares Bild. Doch der Abstand zwischen dem Bild und dem Ganzen untersagt dem Bild, bei seiner Fixiertheit stehenzubleiben. Das Bild muß sich an der äußersten Grenze seiner selbst aufhalten oder über sich hinausgehen, damit die Wahrheit nicht lediglich partielle und parteiische Wahrheit ist. Das Bild muß das Ganze *symbolisieren*. Die Wahrheit besteht für das Sein, dessen Bilder sowohl Spiegelung als auch Symbol sind, darin, durch neue Bilder hindurch seine Identität zu gewinnen. Das Symbol wird wahrgenommen oder eingeführt und erhält seine *Bestimmung* in der Passivität und der Unmittelbarkeit oder der sinnlich wahrnehmbaren Konkretion. In einer Unmittelbarkeit jedoch, die beim Wissen um die Wahrheit immer verdrängt wird. Das Wissen ist insofern indirekt und verschlungen. Es entsteht ausgehend von der sinnlichen Anschauung, die bereits als sinnlich Wahrgenommenes auf *das* hin ausgerichtet ist, was sich im Bild als über das Bild hinausgehend abzeichnet; dieses *als* dieses oder *als* jenes, dieses, das den Saum der Sensibilität abstreift, in der es als reflektiertes gleichwohl verbleibt: die

Anschauung ist bereits die Sensibilität, die *Idee* wird, eines anderen dieses als dieses – *Aura* einer anderen Idee – Offenheit in der Offenheit. Ineinanderfügung von Ideen, womit noch keinerlei Vorentscheidung getroffen ist über die analytische, synthetische oder dialektische Kraft, die erlaubt, eine Idee aus der anderen hervorgehen zu lassen; und auch noch nichts präjudiziert ist bezüglich der harten Arbeit „experimenteller" oder „rationaler" Untersuchung, die – im Konkreten immer Vorahnung und Erfindung – solche Implikationen expliziert, die einen „Inhalt" aus einem anderen gewinnt, die dieses und jenes identifiziert. „Subjektive" Bewegung des Wissens, die so zum eigentlichen Geschehen des Seins gehört, zu seiner Zeitigung, in der das *sein* Sinn annimmt, in der das Bild schon Idee ist, Symbol eines anderen Bildes; zugleich Thema und p. 78
Offenheit, Zeichnung und Transparenz. Subjektive Bewegung, die gleichwohl zu ebender Indifferenz des Noemas gegenüber der Noesis und dem Denker gehört, die im Noema aufgehen und in ihm vergessen werden.

Das Wissen, die Identifikation, die dieses unter jenem versteht oder von diesem behauptet, es sei jenes, der *Verstand*, hat also nicht in der reinen Passivität des sinnlich Wahrnehmbaren Platz. Schon das sinnlich Wahrnehmbare als Anschauung eines Bildes ist vorgebende Behauptung.

Die „Intention"[a], die die Identifizierung von diesem als diesem oder als jenem anregt, ist „Proklamation", „Promulgation" und insofern Sprache, Aussage eines Gesagten. Der erste Bruch mit der Passivität des innerlich Wahrnehmbaren ist *ein mit einem Gesagten korrelierendes Sa-*

---

[a] *Die Wortwahl im französischen Text macht den inneren Zusammenhang von verstehen und behaupten, von Verstand, Behauptung und Intention mit transparent: entend – prétend – entendement – prétention – intention.*

gen.[1] Eben deshalb ist alles Wissen symbolisch und mündet in einer sprachlichen Form.

Wir berühren damit einen ambivalenten Punkt, der zentral ist für unsere gesamte Untersuchung. Das Sagen, das ein Gesagtes aussagt, ist im Bereich des sinnlich Wahrnehmbaren die erste „Aktivität", die dieses als jenes festlegt. Doch diese Aktivität der Festlegung und des Urteils, der Thematisierung und der Theorie, erscheint plötzlich im *Sagen* als reinem „Für-den-Anderen", reiner Zeichengabe – reinem „Sich-zum-Zeichen-Machen" – reinem Aus-druck des Sich – reiner Aufrichtigkeit – reiner Passivität. Es sei denn, der Umschlag ließe sich zeigen von diesem Sagen – dem reinen Ausdruck des Sich in der Zeichengabe an den Anderen (der Sprache vor dem Gesagten) – hin zum Sagen, das ein Gesagtes aussagt. Wir werden in diesem Zusammenhang die Nominalisierung der Aussage anschauen, die das Sagen davon abschneidet, Vorschlag an die Adresse des Anderen zu sein; die das Sagen im Gesagten aufgehen läßt und in der „Fabel" eine Struktur aufweist, an der die Wörter der lebendigen Sprache, die in den Wörterbüchern verzeichnet sind und gleichwohl das synchrone System für den Sprechenden abgeben, ihre Anhaltspunkte finden.

Wie dem auch sei, das *Gesagte* kommt nicht einfach zu einem vorgängigen Wissen hinzu, sondern es ist die ureigene Aktivität des Wissens, seine eigentliche Symbolik. Insofern ist die Symbolik im Bereich des Wissens nicht das Ergebnis einer Frustration, der Ersatz für eine fehlende Anschauung, Husserls „signitives", „nicht erfülltes Denken". Sie ist das *Jenseits* des sinnlich Wahrnehmbaren schon in der Anschauung und das *Jenseits* der Anschau-

---

[1] Vgl. unseren Aufsatz „Langage et proximité", in: DEHH 217-236; deutsch: „Sprache und Nähe", in SpA 260-294.

ung in der Idee. Die Begrifflichkeit und Symbolik des Wissens ist also nicht der Notbehelf eines Denkens, das unfähig wäre, sich intuitiv auf die „Sache selbst“ hin zu öffnen. Von sich her ist die Offenheit auf das Sein hin Einbildungskraft und Symbolik: das Offenbare als Offenbares geht über sich hinaus als Symbol von diesem zu p. 79
jenem; das Offenbare als Offenbares wird im „dieses als jenes“ identifiziert, also von vornherein behauptet und zur Sprache gebracht. Dadurch ist das Wissen immer a priori: weiter als das Spiel der Reflexe, auf das die sogenannte sinnliche Anschauung reduziert wird. Der Verstand, ohne den das Bild erstarrt, hat die Autorität einer obersten und souveränen Instanz – die die Identität von diesem und von jenem proklamiert und promulgiert – was in der Philosophie seit langem unter dem Titel der Spontaneität des Verstandes anerkannt ist.

Wenn alle Offenheit Verstehen beinhaltet, hat das Bild in der sinnlichen Anschauung bereits die Unmittelbarkeit des Sinnlichen verloren. Die Ausgesetztheit an Genuß und Schmerz – die Verwundbarkeit – hat sicher nicht die Bedeutung, *das Sein zu reflektieren*. Als Entdecken und Wissen gehört die sinnliche Anschauung bereits zur Ordnung des Gesagten, ist sie Idealität. Die Idee ist nicht eine bloße Sublimierung des sinnlichen Wahrnehmbaren. Die Differenz zwischen sinnlich Wahrnehmbarem und Idee ist nicht die zwischen genaueren und weniger genauen Erkenntnissen oder zwischen Erkenntnissen des Individuellen und solchen des Universalen. Das Individuelle als Erkanntes ist bereits ent-sinnlicht und in der Anschauung auf das Universale bezogen. Die eigentliche Bedeutung des sinnlich Wahrnehmbaren ist dagegen in Begriffen des Genießens und Verletzens zu beschreiben – die, wie wir sehen werden, die Termini der Nähe sind.

Die Nähe, die demnach die Bedeutung des sinnlich Wahrnehmbaren ist, gehört nicht zur Bewegung des Erkennens, nicht zu jener Operation, durch die der Gedanke, den das Wort an die Stelle des Bildes eines Seienden setzt, den „Horizont“ des Erscheinens „erweitert“, indem er den Schatten in sich aufnimmt, dessen Konsistenz als Gegebenes Undurchsichtigkeit auf die Transparenz der Anschauung projiziert. Die Anschauung, die in einen Gegensatz zum Begriff gebracht wird, ist bereits Sinnliches in begrifflicher Gestalt. Das Sehen imitiert oder präfiguriert aufgrund seiner Distanz und seines totalisierenden Erfassens die „Unparteilichkeit“ des Intellektes und seine Weigerung, bei etwas stehenzubleiben und es dabei bewenden zu lassen – wozu die Unmittelbarkeit des sinnlich Wahrnehmbaren disponieren würde oder die durch diese Unmittelbarkeit konstituiert wird. Der eigentliche Sinn dessen, wozu die Unmittelbarkeit des sinnlich Wahrnehmbaren disponiert, liegt anderswo, und er erschöpft sich keineswegs darin, die Bewegung und die Dynamik des Erkennens anzuhalten.

Die sinnliche Anschauung kann selbst da, wo sie durch das Wissen informiert oder deformiert ist, zu ihrer eigentlichen Bedeutung zurückkehren. Die Empfindung, die bereits als „sinnliche Anschauung“ funktioniert – als Einheit von Empfindendem und Empfundenem im Auseinandertreten und Wiederzusammenfinden der Zeitlichkeit mit erinnerbarer Vergangenheit – als Identität in der Sprachlichkeit von diesem und jenem, von diesem als jenem, die die Selbstgegenwärtigkeit des Seins gewährleistet – die Empfindung, die bereits Element des Bewußtseins ist, ist zugleich Quelle des Idealismus und das, was gegen den Idealismus absticht. Der idealistische Sensualismus eines
p. 80 Berkeley, dessen tragfähige Positionen die Husserlsche Phänomenologie bis in unsere Zeit weitergeführt hat, besteht darin, die sinnlich wahrnehmbaren Beschaffenheiten

der Gegenstände auf empfundene Inhalte zurückzuführen; damit stellt sich, indem das Empfindende das Empfundene adäquat in Besitz nimmt, das immanente *sein* des Bewußtseins ein, die Koinzidenz des Seins und seiner Manifestation, Kennzeichen des Idealismus – was sich, in anderer Form, in der zeitgenössischen Ontologie bestätigt.

Doch die Empfindung, die den Grund der sinnlichen „Erfahrung" und der Anschauung bildet, reduziert sich nicht auf die „Klarheit" oder die „Idee", die man über sie und von ihr gewinnen kann. Nicht daß ihr ein undurchsichtiges Element zueigen wäre, das der Leuchtkraft des Intelligiblen widersteht, aber selbst noch in Begriffen des Lichtes und des Sehens definiert ist. Sie ist Verwundbarkeit – Genießen und Leiden –, und ihr Status beschränkt sich nicht darauf, daß sie sich vor ein zuschauendes Subjekt begibt. Die Intentionalität des Entdeckens und die Symbolisierung einer Totalität, die durch die *Erschlossenheit* des Seins, auf das sich die Intentionalität richtet, umfaßt wird, konstituieren nicht die einzige und nicht einmal die dominante Bedeutung des sinnlich Wahrnehmbaren. Gewiß muß eine dominante Bedeutung der Sensibilität erlauben, von ihrer sekundären Bedeutung als Empfindung Rechenschaft zu geben, die schon Element eines Wissens ist. Wie schon gesagt: daß die Sensibilität „sinnliche Anschauung" werden und in das Abenteuer der Erkenntnis eintreten kann – ist kein Zufall. Die dominante Bedeutung der Sensibilität, die schon in der Verwundbarkeit in Sicht gekommen ist und die sich weiter in der Verantwortlichkeit der Nähe zeigen wird, in der Beunruhigung und in der Schlaflosigkeit, enthält auch die Motivation für ihre kognitive Funktion.

Im Wissen, das von sich her symbolisch ist, vollzieht sich der Übergang vom Bild, das Begrenzung und Besonder-

heit bedeutet, zur Totalität und infolgedessen, bezogen auf das *sein* des Seins, all das, was die Abstraktion beinhaltet. Die abendländische Philosophie hat niemals die gnoseologische – und folglich ontologische – Struktur der Bedeutung in Zweifel gezogen. Zu behaupten, daß diese Struktur in der Sensibilität sekundär ist und daß die Sensibilität als Verwundbarkeit gleichwohl bedeutet, heißt, einen Sinn anderswo zu erkennen als in der Ontologie und sogar die Ontologie dieser Bedeutung jenseits des *sein* unterzuordnen. Die Unmittelbarkeit als Überempfindlichkeit – ihre Verwundbarkeit – wird im Prozeß des Wissens gleichsam betäubt. Doch wahrscheinlich ebenso verdrängt oder unterbrochen. Im Verhältnis zu dieser Verwundbarkeit (die den Genuß in anderer Weise als ihre Antithese voraussetzt) bezeichnet das Wissen – die Entdeckung des Seins
p. 81 für es selbst – einen Bruch mit dem Unmittelbaren und in gewissem Sinne eine Abstraktion. Die Unmittelbarkeit des sinnlich Wahrnehmbaren, das sich nicht auf die gnoseologische Funktion der Empfindung beschränkt, bedeutet, der Verletzung und dem Genuß ausgesetzt zu sein – der Verletzung im Genuß ausgesetzt zu sein – was der Verletzung ermöglicht, an die Subjektivität des selbstgefälligen, sich selbst setzenden und nur für sich selbst stehenden Subjekts heranzukommen. Diese Unmittelbarkeit ist zunächst die Leichtigkeit des Genießens, unmittelbarer noch als das Trinken, Kopfsprung in die Tiefen des Elementes, in seiner unvergleichlich frischen Fülle und Erfüllung – Lust; das heißt Selbstgefälligkeit und Selbstgenügsamkeit des Lebens, das das Leben – bis hin zum Freitod – liebt. Selbstgefälligkeit der Subjektivität, Selbstgefälligkeit um ihrer selbst willen empfunden – worin ebendie „Egoität“ der Subjektivität besteht, ihre Substantialität. Doch sogleich auch „Entkernung“ des unvollkommenen Glücks, in dem die Sensibilität schlägt: Nicht-

Übereinstimmung des Ich mit sich selbst, Beunruhigung, Schlaflosigkeit, die tiefer reicht als das Wiederfinden der Gegenwart; sogleich auch Schmerz, der das Ich aus der Fassung bringt oder es in einem Schwindelanfall anzieht wie ein Abgrund, um zu verhindern, daß das in sich ruhende und für sich stehende Ich den Anderen, der es verletzt, in einer intentionalen Bewegung „auf sich nimmt" und trägt, und damit in dieser Verwundbarkeit sich die Umkehrung ereigne: zum *Anderen, der den Selben inspiriert* – Schmerz, Überflutung des Sinns durch die Sinnlosigkeit, auf daß der Sinn die Sinnlosigkeit bestehe,[b] der Sinn, das heißt der-Selbe-für-den-Anderen. So weit muß die Passivität oder die Geduld der Verwundbarkeit gehen! In ihr bedeutet die Sensibilität Sinn: durch den Anderen und für den Anderen, für alle Anderen. Nicht in den erhabenen Gefühlen des „Schöngeistigen", sondern so, als risse man das Brot vom Munde dessen fort, der es gerade mit Genuß verzehrt, um es dem Anderen zu geben – die „Entkernung" des Genusses, indem der Kern des Ich unterwandert wird.

2. *Sensibilität und Bedeutung*

Eine Wärmeempfindung, eine Geschmacks- oder Geruchsempfindung ist nicht ursprünglich Erkenntnis eines Schmerzes, eines Geschmacks oder eines Geruchs. Es ist nicht zu bestreiten, daß sie diese Bedeutung des Entdekkens annehmen kann und dann allerdings an ihrem eigentlichen Sinn einbüßt, indem sie zu Erfahrung von ..., zu Bewußtsein von ... wird, indem sie sich vor dem in sein Thema ausgeführten Sein „aufstellt", Rede wird, in der

[b] *Oder auch: überhole [passe].*

aller Anfang anfängt. Doch schon geht es dann um ein
Sagen, das korrelativ ist zu einem Gesagten und mit ihm
gleichzeitig. Die Gegenwart der Manifestation – Ur-
p. 82 sprung des Faktums Ursprung überhaupt – ist Ursprung
für die Philosophie. Und erneut läuft dann die Empfin-
dung auf die thematisierende Rede hinaus.

Gelingt es indes der Empfindung, zwischen ihrem Anfang und ihrem Ausgang zu bleiben? Bedeutet sie nicht außerhalb dieser Grenzen? Die Philosophie, die mit dem *Erscheinen* entsteht, mit der Thematisierung, versucht im Laufe ihrer Phänomenologie die Reduktion des Manifesten und der Manifestation auf ihre vor-ursprüngliche Bedeutung, auf eine Bedeutung, die nicht Manifestation bedeutet. Es gibt Grund zu der Annahme, daß diese vorursprüngliche Bedeutung die Motive des Ursprungs und des Erscheinens mit umfaßt. Sie bleibt deswegen weder auf die Gegenwart noch auf die Vorstellung beschränkt. Wenn sie auch die Morgendämmerung einer Manifestation bedeutet, in der sie gewiß leuchten und sich zeigen kann, so erschöpft sich ihr Bedeuten doch nicht im Verströmen oder im Zurückhalten eines solchen Lichts.

Von diesem Anfang oder von diesem Endpunkt der Philosophie, gedacht als nec plus ultra, läßt sich Husserl in seiner Deutung der Subjektivität als Bewußtsein von ... inspirieren, in seiner Theorie von der Priorität der „doxischen Setzung“, von der alle Intentionalität, gleich welcher Beschaffenheit, getragen würde, in seiner Theorie von der möglichen Überführung aller anders als theoretischen in eine theoretische Intentionalität, die so die grundlegende wäre; einer Überführung im übrigen ohne Zuhilfenahme der Reflexion über den Akt, die die nicht-theoretische Intentionalität objektivieren würde. Trotz des großen Anteils, den die Husserlsche Philosophie durch den Begriff der nicht-theoretischen Intentionalität

an der Aufdeckung von Bedeutungen hat, die anders sind als die des Erscheinens (und an der Subjektivität als Quelle der Bedeutungen und als eine, die sich durch das Aufbrechen und die Verbindung der Sinne gewissermaßen definiert) – es bleibt bei Husserl eine grundlegende Analogie, die er durchgehend zwischen dem kognitiven Bewußtsein von … und den axiologischen oder praktischen Intentionen behauptet. Zwischen der Seinserfahrung einerseits und dem Handeln und Begehren andererseits hält sich eine strikte Parallelität durch: die Axiologie wird „Erkenntnis" der Werte oder dessen, *was sein soll*, so wie die Praxis Erkenntnis des Gebrauchsgegenstandes wird oder dessen, was *zu tun* ist. Die Empfindung – „Primärgehalt" in den *Logischen Untersuchungen* oder „hylé" in den *Ideen* – nimmt am Sinnhaften nur noch als *beseelt* durch die Intentionalität teil oder als konstituiert in der immanenten Zeit nach dem Schema des theoretischen Bewußtseins von …, in der Retention und der Protention, in der Erinnerung und der Erwartung. Zwar wird niemand bestreiten können, daß beim Geruchs- oder Geschmacks- p. 83
sinn die Öffnung für … oder das Bewußtsein von … oder die Erfahrung von … nicht das Dominante ist, daß das Genießen oder Leiden, das diese Empfindungen sind, nicht in der Weise von Kenntnissen, als Wissen *bedeuten*, selbst wenn ihre Bedeutung sich im Wissen zeigt. Die Unterscheidung zwischen Vorstellungsgehalt und sogenanntem affektiven Gehalt der Empfindung gehört zur trivialsten Psychologie. Aber wie bedeutet die Bedeutung, wenn ihre Darstellung in einem Thema, wenn ihr Leuchten nicht ihr Bedeuten ist oder ihre Verstehbarkeit, sondern lediglich ihre Manifestation, wenn ihr Durchbruch zum Licht ihr Bedeuten nicht erschöpft? Das Bedeuten der Empfindung wird seither in der philosophischen Tradition des Westens als eine *Modalität* ihrer Manifestation

aufgefaßt, als Licht von „anderer Farbe“ im Vergleich zu der, die die theoretische Intentionalität erfüllt, aber doch als Licht. Die Struktur der Intentionalität bleibt weiterhin die des Denkens oder des Verstehens. Das Affektive bleibt Information: über sich, über die Werte (wie bei Max Scheler), über eine Dis-position im Seinsgeschehen und bleibt damit, kraft dieser Disposition, Seinsverstehen (wie die *Stimmung*[c] bei Heidegger), Onto-logie, wie auch immer die Modalitäten und Strukturen des Daseins aussehen, die über all das hinausgehen, was die intellektualistische Tradition unter Denken verstand, die sich aber nichtsdestoweniger zu einem *Logos* des Seins zusammenfügen. Doch vielleicht scheint die Priorität der Erkenntnis und des Verstehens in der Intentionalität sich mit den davon verschiedenen Bedeutungen der Thematisierung nur deshalb so schnell abzufinden, weil Husserl selbst in seiner Beschreibung der Intentionalität auf unmerkliche Weise ein Element einführt, das sich von der reinen Thematisierung deutlich abhebt: Die Anschauung erfüllt (das heißt befriedigt) oder enttäuscht eine Absicht, die unerfüllt auf ihren Gegenstand aus ist. Von der Unerfülltheit, die zu einem Symbol gehört, im Vergleich zu einem das Symbolisierte illustrierenden Bild, vollzieht sich der Übergang zur Unerfülltheit des Hungers. Darin liegt ein *Begehren* außerhalb des *bloßen Bewußtseins von* ... Noch Intention zwar, aber in einem ganz anderen Sinn als bei der theoretischen Absicht, unabhängig von der Art der eigenen Praxis, die zur Theorie gehören mag. Intention als *Begehren*, derart daß die Intention, zwischen Enttäuschung und *Erfüllung*[d] liegend, den „objektivierenden Akt“ bereits auf die Spezifizierung der *Neigung* reduziert, eher als daß sie aus dem

[c] *Im Original deutsch.*
[d] *Im Original deutsch.*

Hunger einen Spezialfall des „Bewußtseins von ...“ macht.
Andererseits ist, Husserl zufolge, das zur Manifestation korrelative Bewußtsein von ..., die Struktur aller Intentionalität, grundlegend für alles, was sich zeigt, oder es ist p. 84
sogar das *sein* all dessen, was sich zeigt. Man kann sich fragen, ob nicht selbst Heidegger am grundlegenden Primat des Erkennens festhält, insofern das *sein* des Seins, das alles Seiende durchdringt und über das man nicht hinausgelangen kann, *sein*, das in sich selbst unfaßbares Geheimnis ist, durch seinen Rückzug gerade den Einzug des Lichts bedingt und sein Geheimnis durch die Enthüllung der Seienden manifestiert. Das Erkennen, das sich im prädikativen Urteil ausspricht, hat natürlicherweise in ihm seinen Grund. Indem das *sein* des Seins durch ebendieses *sein* die Wahrheit ermöglicht, ist das Subjekt – wie immer man es nennen mag – schon untrennbar vom Wissen, vom Erscheinen und von der Intentionalität. Aber können nicht doch Bedeutungen von jenseits des *sein* her sich zeigen[2] – Bedeutungen, die nicht Leuchten und Erscheinen bedeuten – und sei es auch um den Preis, daß sie sich in ihrer Manifestation schon verraten, indem sie durch ihr Erscheinen die Erscheinungsformen des *sein* bekleiden, darin jedoch an die *Reduktion* appellieren? Erschöpft die Tatsache des Sich-Zeigens den *Sinn* dessen, was sich zwar zeigt, was aber als Nicht-Theoretisches nicht als Zeigen „funktioniert“, nicht als Zeigen bedeutet? Wo ist der Rest

[2] Es wird sich zeigen, daß es möglich ist, die Manifestation und das Sein von der Gerechtigkeit her zu verstehen, zu der ein Sagen gelangt, das sich nicht nur an den Anderen, sondern an den Anderen in Gegenwart des Dritten wendet – Gerechtigkeit, die nichts anderes ist als diese Anwesenheit des Dritten und diese Manifestation und für die jedes Geheimnis, jede Intimität bereits Verstellung ist – Gerechtigkeit, aus der die Absolutheitsansprüche der Ontologie entspringen und auch die Definition des Menschen als Seinsverstehen.

anzusiedeln, der weder das ist, was sich zeigt, noch die Enthüllung selbst ist – die Offenheit oder Idee oder Wahrheit dessen, was sich zeigt? Ist es sicher, daß die Manifestation all das *gründet*, was sich manifestiert? Und muß sie nicht ihrerseits durch das, was sich manifestiert, erst gerechtfertigt werden?

Die Interpretation der sinnlichen Bedeutung durch das Bewußtsein von … geht, so wenig intellektualistisch man dieses auch verstehen mag, am sinnlich Wahrnehmbaren vorbei. Gewiß stellt sie einen Fortschritt dar gegenüber dem sensualistischen Atomismus, denn sie vermeidet die Mechanisierung des sinnlich Wahrnehmbaren dank des „Sinnabgrunds" oder der Transzendenz, die das Erlebte vom „intentionalen Gegenstand" trennt. In der Transzendenz der Intentionalität nämlich *spiegelt* sich die Diachronie – das heißt das Seelenleben, der „Psychismus" selbst, in dem als Verantwortung für die Anderen, in der Nähe, die Inspiration des Selben durch den Anderen zum Ausdruck kommt. Die Sensibilität paßt sich so wieder der Ausnahme des Menschlichen an. Doch von dieser Spiegelung gilt es zurückzugehen auf die Diachronie als solche,
p. 85 die der-Eine-für-den-Anderen in der Nähe ist: nicht diese oder jene Bedeutung, sondern ebendie Bedeutsamkeit der Bedeutung, der-Eine-für-den-Anderen als Sensibilität oder Verwundbarkeit, Passivität oder reine Empfänglichkeit, die so passiv ist, daß sie Inspiration wird, das heißt genau Anderheit-im-Selben, Trope des durch die Seele beseelten Leibes, Psychismus in Gestalt einer Hand, die selbst das Brot noch gibt, das sie gerade verzehren wollte. Psychismus als ein mütterlicher Leib.

Interpretiert als Offenheit der Enthüllung, als Bewußtsein von … wäre die Sensibilität bereits eingeschränkt auf das Sehen, die Idee, die Anschauung – eine Synchronie thematisierter Elemente und ihre Gleichzeitigkeit mit dem

Blick. Während doch Grund besteht, sich zu fragen, ob das Sehen seinerseits sich in Eröffnung und Erkenntnis erschöpft. „Einen Anblick genießen" oder „mit den Augen verschlingen", sind solche Ausdrücke rein metaphorisch? Wie bedeuten nicht-vorgestellte Empfindungen? Dies zeigen heißt, ihren Psychismus beschreiben, noch bevor man sie mit dem Bewußtsein von ... als thematisierendem Bewußtsein identifiziert, noch bevor man in ihnen auf die Spiegelung der besagten Diachronie trifft. Das thematisierende Bewußtsein in der privilegierten Rolle der Sichtbarmachung, die ihm zukommt, gewinnt seinen Sinn im Psychismus, der von diesem Bewußtsein nicht ausgeschöpft wird und den es positiv zu beschreiben gilt. Andernfalls muß die Ontologie nicht allein als Beginn des thematisierenden Denkens angesehen werden – was unvermeidlich ist – und als sein Endpunkt in einem Text, sondern als die Bedeutung selbst.

Wir werden also im folgenden zu zeigen versuchen, daß die Bedeutung Sensibilität ist. Daß man nicht philosophieren kann, bevor etwas sich zeigt, in dem der Sinn schon ein Gesagtes ist, ein Etwas, ein „Thematisiertes", impliziert keineswegs, daß das Sich-Zeigen sich nicht durch die Bedeutung rechtfertigt, die so das Sich-Zeigen motivieren und sich in ihm – als schon verratene und zu reduzierende – manifestieren würde, das heißt, sich manifestieren würde im Gesagten. Daß man nicht philosophieren kann, bevor sich etwas manifestiert hat, impliziert ebensowenig, daß die zu aller Manifestation korrelative Bedeutung „sein" die Quelle dieser Manifestation und aller Bedeutung ist, wie man von Heidegger her denken könnte, noch daß das Sich-Zeigen die Grundlage all dessen ist, was sich manifestiert, wie Husserl annimmt. Gerade über den Sinn eines Psychismus, der sich in der abendländischen Tradition zwischen dem Sein und seiner Manifestation oder in der Korrelation des Seins und seiner Manifestation abspielt, gilt es von neuem nachzudenken.

p. 86 Dabei ändert sich noch nichts, wenn man den Begriff des Bewußtseins von … erweitert und ihn als „Seinszugang" beschreibt. Die Exteriorität, die durch eine solche Redeweise vorausgesetzt wird, ist bereits der Thematisierung, dem Bewußtsein von …, der sich selbst genügenden Korrelation von *Sagen* und *Gesagtem* entnommen. Der Seinszugang bringt einen Begriff zur Sprache, der ebenso tautologisch ist wie die Manifestation des Seins oder die Ontologie. Die Manifestation bleibt der bevorzugte und letztgültige Sinn des Subjektiven; selbst die Idee eines letztgültigen oder ersten Sinns, die[e] ontologisch ist, bleibt bestehen. Die Begriffe des Seinszugangs, der Vorstellung und der Thematisierung eines Gesagten – setzen jeweils die Sensibilität voraus und insofern Nähe, Verwundbarkeit und Bedeutsamkeit. Zwischen der eigenen und eigentlichen Bedeutung des Sinnlichen und der der Thematisierung und des Thematisierten als solchen ist der Abgrund sehr viel tiefer, als es die Parallelität erahnen läßt, die Husserl zwischen allen „Beschaffenheiten" oder allen „Setzungen" der Intentionalität durchgehend behauptet. Was implizieren würde, daß das Seelische gleichbedeutend ist mit dem Intentionalen. Unsere Untersuchung wird im weiteren auf die Intentionalität im Sinne eines Leitfadens zum *Wesen* des Psychismus und dessen, was das Wesen der Sensibilität bestimmte, verzichten und die Sensibilität in ihrer vor-natürlichen Bedeutung bis hin zur *Mutterschaft* verfolgen, in der die Bedeutung als Nähe bedeutet, bevor sie sich zu *Beharren im Sein* innerhalb einer *Natur* versteift.

[e] *Oder auch:* der; *der französische Text läßt den relativischen Anschluß an „Sinn" ebenso wie an „Idee" zu.*

3. Sensibilität und Psychismus

Der Psychismus der Intentionalität liegt nicht im Bewußtsein von ..., nicht in ihrer Fähigkeit zur Thematisierung noch auch in der „Wahrheit des Seins“, die sich in ihr nach dieser oder jener Bedeutung des Gesagten entdecken läßt. Der Psychismus ist die Form einer ungewöhnlichen Phasenverschiebung – einer Lockerung oder eines Aufknotens – der Identität: der Selbe wird daran gehindert, mit sich selbst übereinzustimmen, unvollständig gemacht, aus seiner Ruhe gerissen, zwischen Schlaf und Schlaflosigkeit, Keuchen, Schaudern. Nicht Abdankung des Selben, der entfremdet würde und Sklave des Anderen, vielmehr Selbstaufopferung in der vollen Verantwortung für den Anderen. Identität, hervortretend, schon unter Anklage, durch die Verantwortung und im Dienst am Anderen. In Gestalt der Verantwortung ist der Psychismus der Seele: der Andere in mir. Krankheit der Identität, Krankheit als Identität – unter Anklage und *Sich* – der-Selbe-für-den-Anderen, der-Selbe-durch-den-Anderen.[3] Quiproquo, außerordentliche Stellvertretung, weder Täuschung noch p. 87
Wahrheit, vor-zeitige Verstehbarkeit der Bedeutung, dabei aber Umsturz der im Gesagten thematisierbaren Ordnung des Seins, der Gleichzeitigkeit und der wechselseitigen Entsprechung der ausgesagten Beziehungen. Bedeutung, die einzig möglich ist als Inkarnation, als Verkörperung. Die Beseelung, das eigentliche Pneuma des Psychismus, die Anderheit in der Identität, ist die Identität eines dem Anderen sich aussetzenden Leibes, der sich zum „Für-den-Anderen“ macht: die Möglichkeit des *Gebens*. Die nicht zusammenzubringende Dualität der Elemente

[3] Die *Seele* ist der Andere in mir. Der Psychismus, der-Eine-für-den-Anderen, kann Besessenheit und Psychose sein; die Seele ist bereits Keim des Wahnsinns.

dieser Trope ist die Dia-chronie des der-Eine-für-den-Anderen, die Bedeutsamkeit der Intelligibilität, die nichts der Anwesenheit und der Gegenwart oder der Gleichzeitigkeit des *sein* verdankt, dessen Schwundstufe sie bilden würde. Die Intentionalität ist nicht Psychismus aufgrund der Thematisierung, die sie vollbringt[4] – unabhängig von der Rolle der Manifestation für den Anfang der Philosophie und der Notwendigkeit des Lichtes sogar für die Bedeutung der Verantwortung. Der Psychismus der Intentionalität hängt, jenseits der Korrelation von Gesagtem und Sagen, von der Bedeutsamkeit des Sagens und der Inkarnation ab, von der Diachronie; die Intentionalität wird niemals – es sei denn, sie verlöre ihren Sinn, verriete sich, *erschiene*, gemäß der Verstehbarkeit des Systems[5] – gleichzeitig mit dem Thema, auf das sie sich richtet. Die Bedeutung, die das Affektive, das Axiologische, das Aktive, das sinnlich Wahrnehmbare, den Hunger, den Durst, das Begehren, die Bewunderung belebt, rührt nicht von der Thematisierung her, die in all dem zu finden ist, sie rührt auch nicht von einer Variation oder einer Modalität der Thematisierung her. Das der-Eine-für-den-Anderen, das durch deren Bedeutsamkeit konstituiert wird, ist weder eine Kenntnis des Seins noch irgendein anderer Seinszugang. Die genannten Bedeutungen beziehen ihre Bedeutsamkeit weder aus dem Erkennen noch aus ihren Erkenntnisbedingungen. Die Bedeutung, die sie jeweils im System tragen, im Gesagten, in der Synchronie einer Sprache, ist dem erwähnten vorgängigen Psychismus entlehnt,

---

[4] Von dem der-Eine-für-den-Anderen der Inkarnation des Selben aus läßt sich die „Transzendenz" der Intentionalität verstehen: das Für-den-Anderen des Psychismus ist Passivität des Ausgesetztseins, die bis hin zur Ausgesetztheit des Ausgesetztseins geht, bis hin zum Aus-druck oder Sagen; das Sagen wird dann zu Thematisierung und Gesagtem.

[5] Vgl. oben S. 137-141.

der Bedeutung schlechthin. Im System beruht die Bedeutung darauf, daß die Begriffe sich gegenseitig definieren in der Synchronie der Totalität, wobei das Ganze gleichsam die Finalität der Bestandteile darstellt. Sie beruht auf dem System der Sprache, die gerade dabei ist, gesprochen zu werden. In Gestalt dieser Situation vollzieht sich die universale Synchronie. Im Gesagten eine Bedeutung haben, heißt für ein Element des Systems, so beschaffen sein, daß es in der Bezogenheit auf andere Elemente aufgeht, und heißt umgekehrt für andere Elemente, durch das eine her-
vorgerufen zu werden. Natürlich kann der Psychismus in p. 88
dieser Art einen Sinn haben, so wie jeder beliebige andere Bestandteil der gesprochenen Sprache, der sich im Gesagten, im Erzählten oder Geschriebenen zeigt. Das psychische Faktum kann einen Sinn haben in seiner Bezogenheit auf ein anderes psychisches Faktum – wie jedes beliebige Element aus der Welt der sogenannten äußeren Erfahrung: die Wahrnehmung läßt sich so verstehen aus ihrem Bezug zu Erinnerung und Erwartung; und umgekehrt sind die Wahrnehmung, die Erinnerung und die Erwartung geeint durch ihr kognitives Wesen, durch ihre „Unerschütterlichkeit", und werden sie verständlich aus dem Gegensatz zu Wille, Bedürfnis und Hunger, die auf aktive oder passive Weise unruhig sind und sich, in umgekehrter Entsprechung, aus dem Verhältnis zur Ausgeglichenheit des Theoretischen verstehen lassen. Formulierungen wie „alles Bewußtsein ist Bewußtsein von etwas" oder „alle Wahrnehmung ist Wahrnehmung eines Wahrgenommenen" lassen sich in diesem synchronischen Sinne verstehen und können dann die plattesten Banalitäten zum Ausdruck bringen, indem sie ihre Bedeutung dem System entnehmen und in Abhängigkeit von dessen mehr oder weniger ausgearbeiteter Gliederung bedeuten. Die Bedeutung der Wahrnehmung, des Hungers, der Empfindung

usw. im Sinne von Begriffen bedeutet aufgrund der Korrelation der Termini in der Gleichzeitigkeit eines linguistischen Systems. Diese Bedeutung ist jedoch zu unterscheiden von der Bedeutsamkeit des der-Eine-für-den-Anderen – des Psychismus, der Wahrnehmung, Hunger und Empfindung anregt oder – beseelt. Beseelen ist hier keine Metapher, vielmehr, wenn man so sagen kann, eine Bezeichnung für das irreduzible Paradox der Verstehbarkeit: das Paradox des Anderen im Selben, der Trope des „Für-den-Anderen" in ihrer vorgängigen „Wendung". Bedeutung in ihrer eigentlichen Bedeutsamkeit, außerhalb jeglichen Systems, früher als alle Korrelation, Übereinstimmung oder Eintracht zwischen verschiedenen Ebenen, die, *sobald man sie thematisiert*, eine unüberbrückbare Kluft aufweisen, wie Vokale in diäretischer Stellung, die einen nicht zu verschleifenden Hiat beibehalten, zwei cartesianische Ordnungen, Leib und Seele, die keinen gemeinsamen Raum haben, um sich zu berühren, keinen logischen *Topos*, um eine Gesamtheit zu bilden. Sie sind dennoch, bevor sie thematisiert werden, in Übereinstimmung gebracht, aufeinander abgestimmt, und zwar nach Art eines Akkordes, der allein als Arpeggio möglich ist. Damit wird nicht die Verstehbarkeit widerrufen, im Gegenteil, darin liegt gerade die Vernunftgemäßheit der Bedeutung, durch die die tautologische Identität – oder das Ich – „den Anderen" erhält und worin sie durch ihn den Sinn einer unersetzbaren Identität annimmt, die unersetzbar ist, indem sie dem Anderen „gibt".

Das Gesagte zeigt, aber verrät (und zeigt doch, indem es verrät!) die Diärese, die „Unordnung" des Psychismus, der das *Bewußtsein von* ... beseelt und der im philosophischen Gesagten Transzendenz heißt. Doch nicht im *Gesagten* bedeutet der Psychismus, auch wenn er sich in ihm
p. 89 manifestiert. Die Bedeutung, das meint: der-Eine-für-den-

Anderen als eine Identität, die nicht mit sich selbst übereinstimmt – was gleichbedeutend ist mit der ganzen Last und der Würde eines beseelten Leibes, das heißt eines dem Anderen dargebotenen, sich aus-drückenden oder sich verströmenden Leibes! Dieses Sich-Verströmen – gleichsam ein umgewendeter conatus, eine Art Inversion des *sein* – Beziehung durch eine absolute Differenz hindurch, Beziehung, die sich auf keinerlei synchrone und reziproke Beziehung zurückführen läßt, die ein totalisierendes und systematisches Denken in ihr suchen würde, indem es sorgsam darauf bedacht wäre, die „Einheit von Leib und Seele" zu verstehen: weder Struktur noch Innenleben eines Inhalts in einem Behältnis noch Kausalität noch auch Dynamik, welche sich noch in einer Zeit erstreckt, die wiederum zu Geschichte zu versammeln wäre. Die „historicité fondamentale" Merleau-Pontys – das Versammeln des Subjekts und seiner Welt zu einer Welt – spielt sich im Gesagten ab.[6] Der Psychismus oder das Beseelen ist die Art und Weise, in der es einer solchen Differenz zwischen dem Einen und dem Anderen – die aber zugleich *Beziehung zwischen Relaten* ist, *die nicht zueinander passen*, die ohne gemeinsame Zeit sind – gelingt, die Nicht-Indifferenz zu bedeuten. Ein beseelter Leib oder eine inkarnierte Identität – ist die Bedeutsamkeit dieser Nicht-Indifferenz.

Beseelen, das man kaum besser zur Sprache bringt durch die Metapher des Wohnens, der Anwesenheit eines Piloten in der Gondel seines Luftschiffs oder eines Lebensprinzips, das sogleich einem Führungsprinzip assimiliert wird,

[6] Im Gegensatz zu dem, was in Bergsons Evolution Créatice behauptet wird, ist nicht jede Unordnung eine andere Ordnung: die An-archie des Dia-chronischen läßt sich nicht zu Ordnung „versammeln" – es sei denn im Gesagten, dessen Opfer Bergson hier allerdings wird, obschon er der Sprache mißtraut.

der Virilität eines Logos und einer Befehlsgewalt. Beseeltheit als Ausgesetztheit auf den Anderen hin, Passivität des Für-den-Anderen in der Verwundbarkeit, die zurückgeht bis auf die Mutterschaft; in ihr liegt die Bedeutung der Sensibilität. Die Sensibilität läßt sich sicher nicht besser zur Sprache bringen, wenn man von der Rezeptivität ausgeht, in der die Sensibilität bereits Vorstellung geworden ist, Thematisierung, Versammlung des Selben und des Anderen zu Gegenwart, zu *sein*; noch auch, wenn man ausgeht vom *Bewußtsein von* ..., das gewisse Aspekte dieser Gegenwart behält in Form von Kenntnissen, Informationen, Botschaften, das dabei jedoch dem Sein lediglich Bilder abzieht, die es wie unzählige Schalen umgeben (was die Vervielfältigung des Seins auf zahllose Bildschirme ermöglicht); unter diesen Schalen aber bleibt die Haut des Seins, das „leibhaft" gegenwärtige Sein, intakt.

Die Modifikation der Sensibilität zu Intentionalität ist gerade durch die Bedeutung des Empfindens als *Für-den-Anderen* motiviert. Man kann zeigen, wie, auf latente Weise, die Gerechtigkeit aus der Bedeutung entsteht, die Gerechtigkeit, die zu Bewußtsein werden muß, synchron mit
p. 90 dem Sein, gegenwärtig in einem Thema, in dem die Intentionalität des Bewußtseins selbst sich zeigt. Als Manifestation läßt sich das Bewußtsein von ... ganz genauso in Begriffen der Subjektivität wie in Begriffen des Seins aussagen. Zwischen beiden besteht eine strikte Korrelation. Der Psychismus bedeutet dann nicht länger als der-Eine-für-den-Anderen, er wird neutralisiert zu Ausgeglichenheit, zu Angemessenheit: als gehörte das Bewußtsein zur Gleichzeitigkeit des Gesagten, des Thematischen, des Seins. Der Erkenntnis als symbolischer Absicht entspricht das Sein, das sich symbolisch zeigt – signitiv im Husserlschen Sinne – von einem anderen her als es selbst und für die Anschauung – das Sein in seinem Bild als Präsenz

(Wahrnehmung) oder als Absenz (Imagination und Erinnerung). In der Folge läßt sich der ganze Psychismus als Wissen interpretieren; sowohl das Axiologische als auch das Praktische, Hunger wie Durst, Geschmacks- und Geruchsempfindung usw. zeigen sich als Modalitäten des Bewußtseins von ... und haben es mit Gegenständen zu tun, die mit Wertattributen versehen sind. Und so ergibt sich der latente Psychismus der Intentionalität, dessen Korrelation als eine Gleichzeitigkeit von Bewußtseinsakt und seinem im System des Gesagten sich entfaltenden intentionalen Korrelativ zu verstehen ist: der Hunger ist Hunger des Eßbaren, die Wahrnehmung Bewußtsein des Wahrgenommenen, ganz so, wie „vier das Doppelte von zwei ist". Die phänomenologische – das heißt *reduktive* – Beschreibung muß einer solchen Präsentation des Seelischen, als bilde es ein System, einen Komplex von Spezifizierungen oder Variationen des Bewußtseins von ..., mißtrauen, denn sie vergißt die Gerechtigkeit, in der jene Gleichzeitigkeit erst entsteht; Gerechtigkeit, die auf einen Psychismus zurückweist – zwar nicht als Thematisierung, aber als Diachronie des Selben und des *Anderen* in der Sensibilität.

Als nicht-reduzierte ist die Sensibilität die Dualität von Empfindendem und Empfundenem, Trennung – und sogleich Vereinigung – in der Zeit, Phasenverschiebung im Jetzt und schon Retention der ausgegliederten Phase. Als reduzierte ist die Sensibilität beseelt, Bedeutung des Einen für den Anderen, nicht zusammenzubringende Dualität von Leib und Seele, des Leibes, der umgewendet wird zum Für-den-Anderen durch die Beseeltheit, Dia-chronie, die anders ist als die der Vorstellung.

Die Bedeutung von Geschmack und Geruch – von Essen und Genießen – muß ausgehend von der Bedeutsamkeit der Bedeutung, vom der-Eine-für-den-Anderen gesucht

werden. Denn wir haben gezeigt, daß der-Eine-für-den-Anderen im Psychismus – daß die Bedeutung – nicht eine irrelevante Formalbeziehung ist, vielmehr die ganze Last
p. 91 und die ganze Würde eines Leibes, der aus seinem conatus herausgerissen wird. Die Passivität, die passiver ist als jede zum Akt antithetische Passivität, eine Nacktheit, die nackter ist als jeder [gezeichnete] Akt, eine Nacktheit, die sich aussetzt bis dahin, daß sie sich ausgießt, daß sie sich verströmt und daß sie betet,[f] eine Passivität, die sich als Ausgesetztheit nicht darauf beschränkt, dem Blick des Anderen ausgesetzt zu sein, vielmehr Verwundbarkeit und Leiden ist bis zur Erschöpfung, wie bei einer Blutung, Passivität, die noch das Aussehen, das ihre Nacktheit annimmt, entblößt, die noch ihre Ausgesetztheit aussetzt – die sich ausdrückt – die spricht – die noch den Schutz, den ihr die bloße Form der Identität verleiht, aufgibt – Passivität *des Seins-für-den-Anderen*, die allein möglich ist, wo ich selbst noch das Brot gebe, das ich esse. Doch dazu muß man zuvor *sein Brot genießen*, nicht um sich so verdient zu machen, wenn man es gibt, sondern um darin sein Herz zu geben – um sich zu geben, wenn man gibt. Das Geniessen ist ein unausweichliches Moment der Sensibilität.

4. Das Genießen

Bei der Geschmacksempfindung besteht die Sensibilität nicht darin, durch ein Bild oder den Anblick einer Präsenz die Absicht des Hungers zu bekräftigen. In jeder Sensibilität schließt die Beschreibung als Erfüllung[g] oder als Ent-

[f] *Vgl. 1 Sam 1, 15, eine Stelle, auf die Lévinas in anderem Kontext aufmerksam gemacht hat und die die Zusammenstellung des Sich-Ausgiessens und des Betens erklärt – oder illustriert.*
[g] *Im Original deutsch.*

täuschung des Bewußtseins von … einen Hunger mit ein, der, ohne den letztgültigen Sinn der Sensibilität zu konstituieren, die zu Wissen gewordene Empfindung noch stört. In der Geschmacksempfindung ereignet sich nicht eine Art Überlagerung des anvisierten Sinns durch seine Illustration, durch eine „leibhafte" Präsenz. In der Geschmacksempfindung wird ein Hunger gestillt. Erfüllen, befriedigen – der Sinn des Schmeckens – das meint gerade die Bilder überspringen, die Ansichten, die Spiegelungen oder die Abschattungen, die Phantomerscheinungen, die Phantasmen, die Schalen der Dinge, die dem Bewußtsein von … genügen. Die Leere des Hungers ist leerer als jede Neugier und läßt sich nicht mit dem Klingeln der Münze stillen, nach der der Hunger verlangt. Dieses Überspringen der Bilder „frißt" die Distanz auf radikalere Weise, als sie zwischen Subjekt und Objekt zu überwinden ist. Ein Verschlingen, das niemals verschlingend genug ist und in dem Sich-Vermischen von Empfindendem und Empfundenem allein durch die Ungeduld, satt zu werden, definiert werden kann. Die Aufhebung [des Hungers] geht so weit, daß sie selbst die Form zerstört, die der im Verkosten aufgefaßte Inhalt noch aufweist, die Form, die der Beschaffenheit ihre Zugehörigkeit zur Kategorie der Beschaffenheit sichert. Durch diese Form geprägt, „informiert", ist die Beschaffenheit imstande, sich zu „spiegeln", verschiedene „Ansichten" zu zeigen, sich p. 92 in Bilder und Informationen hinein zu vervielfältigen. Der Geschmack als Stillung, der Geschmack, insofern er einen Hunger befriedigt, ist Zerbrechen der Form des Phänomens, das sich auflöst zu amorphem „Rohstoff". Die Materie geht vor sich, „tut ihr Werk als Materie", „materialisiert" im Stillen, das eine Leere erfüllt, bevor sie eine Form annimmt und sich dem Wissen um diese Materialität anbietet und ihrem Besitz – in Form von

Gütern.[7] Das Kosten ist zunächst Stillen. Die Materie „materialisiert" im Stillen, das über jede intentionale Beziehung der Erkenntnis oder des Besitzes, des „In-die-Hand-Nehmens" hinaus ein „Hineinbeißen" bedeutet. Das Hineinbeißen ist irreduzibel auf das In-die-Hand-Nehmen, denn es ist schon Aufnahme, Aufgesaugtwerden durch ein „innen", in die Ambiguität zweier „Innerlichkeiten" hinein: die des „Behältnisses" mit räumlichen Formen und die des Ich, das das Andere seiner Identität einverleibt und sich so um sich selbst dreht.

Die Geschmacksempfindung ist nicht ein Wissen, das den physikalisch-chemischen oder biologischen Mechanismus des Verzehrens begleitet, ein Bewußtsein der objektiven Ausfüllung einer Leere, ein „auf wunderbare Weise" im „*Kosten*" verinnerlichtes Schauspiel; sie ist weder das epiphänomenale Nachhallen eines physischen Geschehens noch „Spiegelung" der räumlichen Struktur der Erfüllung noch die im Psychismus der Empfindung erfolgende idealistische Konstitution eines Gegenstandes, in diesem Falle des „Zahns, der ins Brot beißt". Ins Brot beißen, genau das ist die Bedeutung des *Kostens*. Der Geschmack ist die „Art und Weise", in der das sinnliche wahrnehmende Subjekt räumlicher Körper wird; oder er ist, auf seine irreduzible Weise, das Geschehen, in dem das räumliche Phänomen des Beißens mit dem identisch wird, was Ich heißt; in dem es Ich wird durch das Leben, das von seinem eigenen Leben lebt in einem „frueri vivendi": das Stillen stillt sich am Stillen. Das Leben genießt sein eigenes Leben, als nährte es sich von Leben

[7] Obwohl auch dabei das Brot sich nicht an die Transzendenz des Noematischen hält, das im Gesagten erscheint und die unendlichen Schalen des *Bildes* zur Schau stellt. Das Brot bezieht sich bereits auf ein inkarniertes Subjekt, das zuvor das Brot im Schweiße seines Angesichtes verdient hat.

ebenso wie von dem, was leben macht, was belebt, oder genauer, als hätte das „Sich-Nähren" diese doppelte Referenz. Vor aller Reflexion, vor jeder Rückkehr zu sich, ist das Genießen Genießen des Genießens, immer sich selbst verfehlend, sich erfüllend an diesen Defiziten, denen Befriedigung verheißen ist, sich befriedigend schon an diesem ungeduldigen Vorangehen der Befriedigung, den eigenen Hunger genießend. Genießen des Genießens vor aller Reflexion, aber ohne sich im Genießen dem Geniessen zuzuwenden, wie das Sehen sich dem „Gesehenen" p. 93
zuwendet. Jenseits der Vervielfältigung des Sichtbaren in Bilder ist das Genießen Vereinzelung eines Ich in seinem Sich-um-sich-selbst-Drehen. Aufwickeln eines Knäuels – genau das ist die Bewegung des Egoismus. Er muß sich in sich selbst gefallen, so als erschöpfte er das *Wesen* der Sensibilität, damit die Sensibilität in ihrer Passivität – in ihrer Geduld und ihrem Schmerz – „für den Anderen" bedeuten kann, indem sie das Knäuel abwickelt. Ohne den Egoismus, der sich in sich selbst gefällt, hätte das Leiden keinen Sinn, so wie es die Passivität der Geduld verlöre, wenn es nicht in jedem Moment ein Überrolltwerden des Sinns durch die Sinnlosigkeit wäre. Das Genießen und die Vereinzelung der Sensibilität zu einem Ich nehmen der äußersten Passivität der Sensibilität – ihrer Verwundbarkeit – ihrer Ausgesetztheit gegenüber dem Anderen – die Anonymität der unbedeutsamen Passivität der Trägheit, die im Leiden liegende Möglichkeit des „vergeblichen Leidens" verhindert, daß sich in ihm die Passivität zum Akt umkehrt. Auf diese Weise stört das Für-den-Anderen das Subjekt und affiziert es zugleich in seiner Innerlichkeit; durch den Schmerz. Das Genießen in seiner Möglichkeit, sich, befreit von dialektischen Spannungen, in sich selbst zu gefallen, ist die Bedingung des Für-den-Anderen der Sensibilität und ih-

rer Verwundbarkeit als Ausgesetztheit gegenüber den Anderen.

Die Sensibilität hat Sinn allein als ein „Sorge tragen um die Bedürfnisse des Anderen“, um seine Mißgeschicke und um seine Verfehlungen, das heißt als ein Geben. Doch das Geben hat nur Sinn als ein Sich-selbst-Entrissenwerden-*wider-Willen* und nicht lediglich *ohne* mich; und das Sich-selbst-Entrissenwerden-wider-Willen hat nur Sinn als ein dem-Sich-in-sich-selbst-Gefallen-des-Genießens-Entrissenwerden; sich das Brot abringen, das man gerade verzehrt. Erst ein essendes Subjekt kann Für-den-Anderen sein oder bedeuten. Die Bedeutung – der-Eine-für-den-Anderen – hat Sinn allein zwischen Seienden aus Fleisch und Blut.

Die Sensibilität kann nur deshalb Verwundbarkeit oder Ausgesetztheit gegenüber dem Anderen oder Sagen sein, weil sie Genießen ist. Die Passivität der Verletzung – das „Bluten“ für den Anderen – ist das Abringen des Bissens Brot vom Munde dessen, der es gerade genüßlich verzehrt. Wider Willen – gewiß; aber nicht als Einwirkung auf eine indifferente Oberfläche. Beeinträchtigung, die unmittelbar die Fülle des Sich-in-sich-selbst-Gefallens betrifft (das zugleich Selbstgefälligkeit in der Selbstgefälligkeit ist), die die Identität im Genießen betrifft (in dem sie identischer ist, als jede Identifizierung eines Begriffs im Gesagten es sein kann), Beeinträchtigung des Lebens, in dem die Bedeutung – das Für-den-Anderen – sich verzehrt, des Lebens, das das Leben lebt oder genießt.

p. 94 Die Unmittelbarkeit des Sinnlichen ist die Unmittelbarkeit des Genießens und seiner Enttäuschung – wobei die schmerzlich abgerungene Gabe, indem sie abgerungen wird, auf eine unmittelbare Weise ebendieses Genießen „verdirbt“; nicht als Gabe des Herzens, sondern des Brotes, in das ich gerade beißen will, des eigenen Bissens Brot;

als Öffnung nicht nur des Portemonnaies, sondern der Türen des eigenen Heims: „dein Brot teilen mit dem Hungrigen und Notleidende aufnehmen in dein Haus" (Jesaia 58). Die Unmittelbarkeit des Sinnlichen ist das Für-den-Anderen der eigenen Materialität, die Unmittelbarkeit – oder die Nähe – des Anderen. Die Nähe des Anderen ist das unmittelbare Sich-Ausgeben für den Anderen in der Unmittelbarkeit des Genießens – die Unmittelbarkeit des Geschmacks – „Materialisierung der Materie" – die verändert wird durch das Unmittelbare der Berührung.[8]

5. *Verwundbarkeit und Berührung*

Die Sensibilität ist Ausgesetztheit gegenüber dem Anderen. Keineswegs Passivität der Trägheit, nicht Verharren in einem Zustand – der Ruhe oder der Bewegung – und Fähigkeit, die Ursache zu erleiden, die aus diesem Zustand herausführt. Die Ausgesetztheit als Sensibilität ist noch passiver: indem es den conatus des *esse* gleichsam umkehrt, ein Rückhaltloses-angeboten-gewesen-sein, das keinen Schutz findet in irgendeinem Zustand der Konsistenz oder Identität. Rückhaltloses-angeboten-gewesen-sein und nicht Großzügigkeit des Sich-Anbietens, das *Akt* wäre und das schon das unbegrenzte Erdulden der Sensibilität zur Voraussetzung hat. Rückhaltloses-angebotengewesen-sein, wobei der Infinitiv in der Vergangenheitsform die Nicht-Gegenwart, den Nicht-Beginn, die Nicht-Initiative der Sensibilität unterstreicht – Nicht-Initiative, die, älter als jede Gegenwart, nicht eine dem Akt gleich-

[8] Totalité et Infini hat eine Interpretation des Sinnlichen im Sinne des Verzehrens und Genießens entwickelt. Vgl. TI 82-116; TU 152-203.

zeitige Passivität und dessen Gegenstück ist, sondern das Diesseits oder das Zuvor von frei und unfrei, ebendie An-archie des *Guten*. Rückhaltloses-angeboten-gewesen-sein, als wäre die Sensibilität gerade das, was aller Schutz und alle Schutzlosigkeit bereits voraussetzen: die Verwundbarkeit nämlich.

Sobald die Sensibilität aus ihrem gnoseologischen Höhenflug, bei dem sich ihre Bedeutung ganz in der Anschauung und der theoretischen Rezeptivität „auf Distanz" (nämlich der des Blicks) erschöpfte, in die Berührung zurückfällt,[9] kehrt sie, wie bei der Zweideutigkeit des Kusses,
p. 95 vom *Ergreifen* zum *Ergriffenwerden* um, von der Aktivität des Bilderjägers zur Passivität der Beute, vom Zielen zur Verletzung, vom intellektuellen Akt der Auffassung zum Erfaßtwerden im Sinne der Furcht und Sorge[h], ja der Obsession durch ein Anderes, das sich nicht manifestiert. Noch vor dem Nullpunkt, den die Abwesenheit von Schutz und Deckung markiert, ist die Sensibilität Affizierung durch das Un-Phänomen, eine Infragestellung durch die Anderheit des Anderen, noch vor dem Einwirken einer Ursache, vor dem Erscheinen des Anderen; ein vor-ursprüngliches Nicht-in-sich-Ruhen, die Beunruhigung des Verfolgten – wo sein? wie sein? –, das heißt ein Sich-Winden in den Angstdimensionen des Schmerzes, ungeahnten Dimensionen des Zuvor, des Diesseits; ein Sich-selbst-Entrissenwerden, weniger sein als nichts, Zurückgeworfenwerden ins Negative – hinter das Nichts – Mutter-

[9] Sehen und hören kann man so, wie man berührt: „Der Wald, die Seen und die fruchtbaren Ebenen haben meine Augen mehr berührt als die Blicke. Ich habe mich auf die Schönheit der Welt gestützt und den Duft der Jahreszeiten in meinen Händen gehalten." (La Comtesse de Noailles)

[h] *Der französische Terminus „appréhension" bezeichnet sowohl die Furcht und Sorge, Befürchtung, Besorgnis als auch, im philosophischen Sprachgebrauch, Auffassung und Auffassen.*

schaft, Schwangerschaft des Anderen im Selben. Sollte die Beunruhigung des Verfolgten nichts anderes sein als eine Modifikation der Mutterschaft, jenes „Seufzens des Schosses“[i], der durch die verletzt ist, die er tragen wird oder die er getragen hat? In der Mutterschaft bedeutet die Verantwortung für den Anderen, die bis zur Stellvertretung für die Anderen geht und bis zum Leiden sowohl unter dem, was die Verfolgung bewirkt, als auch unter dem Verfolgen selbst, an dem der Verfolger zugrunde geht. Die Mutterschaft – das Tragen schlechthin – trägt auch noch die Verantwortung für das Verfolgen des Verfolgers.

Eher als Natur – früher als die Natur – ist die Unmittelbarkeit diese Verwundbarkeit, diese Mutterschaft, diese Vor-Geburt oder Vor-Natur, auf die die Sensibilität zurückgeht. Nähe, die enger, die zusammenschnürender ist als das Aneinandergrenzen, die älter ist als jede vergangene Gegenwart. Das Ich verleugnet diese Vorzeitigkeit: Dem Druck eines unvordenklichen Gewichtes nachgebend, erträgt das unbeugsame, undeklinierbare, vor jedem Kratzer geschützte Ich den Anderen, dem es gegenübertritt, deshalb, weil es sich, so scheint es, für den Anderen engagiert hat oder weil es möglicherweise aus seiner Erin-

[i] *Das Zitat erinnert an den biblischen Ausdruck für „erbarmen“ („rakhamin“), in dem im Hebräischen ein Bezug zu dem Wort für „Gebärmutter“ („rekhem“) anklingt. Lévinas hat an anderer Stelle auf diesen Zusammenhang hingewiesen (vgl. HAH 110, Anm. 6, 7; deutsch: HAM 95). Der Verweis auf diese Verbindung illustriert den im vorliegenden Kontext zunächst überraschenden Zusammenhang von Sensibilität, Verfolgung und Mutterschaft: nicht nur ist die Beunruhigung des Verfolgten wie eine innerste sinnliche Empfindung und so eine Explikation der Sensibilität; in der Beunruhigung des Verfolgten berühren sich die vom Anderen ausgehende und die um seinetwillen erlittene Bedrängnis, sie berühren sich, schon bevor der Andere als er selber* präsent *und* erkennbar *ist, und sie berühren sich in einer leiblichen Konkretion, in der der Bedränger zugleich derjenige ist, der die Sorge um ihn, das „Erbarmen“ mit ihm wachruft; genau so berührt das Ungeborene den Schoß der Mutter.*

nerung heraus Verpflichtungen – alte und wichtige Verpflichtungen – übernommen hat, die es eingegangen sein mag, ohne es zu wissen. Eingerollt in die Nähe der Berührung ist alle verpflichtete Freiheit, die man im Vergleich zur Wahlfreiheit, dessen wichtigste Modalität das Bewußtsein ist, endliche Freiheit nennt; und doch bemüht man sich, alle Verpflichtungen auf die Freiheit zurückzuführen. Erstaunt darüber, sich in die Welt der Gegenstände einbezogen zu finden – die Thema seiner freien Betrachtung ist – sucht das Bewußtsein in seiner Erinnerung den vergessenen Moment, in dem es sich, ohne es zu wissen, dem Gegenstand verbunden hat oder in dem es einwilligte, sich mit ihm verbunden wahrzunehmen, jenen Moment, der, sobald er durch die Erinnerung wieder erweckt
p. 96 ist, nachträglich zum Zeitpunkt einer in aller Freiheit eingegangenen Verbindung wird. Eine solche Rückführung verweigert sich der irreduziblen Anarchie der Verantwortung für den Anderen.

Die Sensibilität als Mutterschaft, Verwundbarkeit, Verantwortung, Nähe, Berühung kann sich unmerklich zum Berühren hin verschieben, zum Betasten, zur Offenheit für …, zum Bewußtsein von …, zum reinen Wissen, das dem „intakten Sein“ Bilder entnimmt und sich über die betastbare Washeit der Dinge informiert.[10]

[10] Nicht insofern sie mit kulturellen Attributen bekleidet sind, sondern primär insofern der Nächste sie besessen hat – als Gegenstände teuren Andenkens -, machen die Dinge besessen. Jenseits der „mineralischen“ Oberfläche der Dinge ist die Berührung Obsession durch die Spur einer Haut, durch die Spur eines unsichtbaren Gesichtes, das die Dinge tragen und das erst die Reproduktion zum Idol erstarren läßt. Der rein mineralische Kontakt ist defizitär. Die Obsession setzt sich ab von der Geradlinigkeit des Verzehrens und der Erkenntnis. Doch in jeder Berührung schlummert die Liebkosung und in jeder sinnlichen Erfahrung die Berührung (vgl. die vorhergehende Anmerkung): das Thematisierte verschwindet in der Liebkosung, in der die Thematisierung zu Nähe wird. Sicher ist das zu einem Teil Metaphorik und die Dinge wären dann wahr

Die doxische Setzung, die in der Berührung schlummert, wird thematisch und taucht auf, um die Berührung zu Wissen zusammenzufassen, das sich auf eine weiche, rauhe oder sonstwie beschaffene Oberfläche des Gegenstandes bezieht – Dinge oder ein lebendiger Körper oder ein menschlicher Leib –, und um das Wissen in das System der Bedeutungen einzupassen, die im Gesagten vorkommen. Doch dieses Wissen über das Außen der Dinge *verbleibt* in der Nähe, die nicht „Erfahrung der Nähe" ist, die nicht Wissen ist, welches das Subjekt vom Objekt hat; sie ist auch nicht Vorstellung der räumlichen Nachbarschaft und nicht einmal das „objektive" Faktum dieser räumlichen Nachbarschaft, die durch einen Dritten feststellbar oder für mich selbst, der ich den Gegenstand betaste, aus dem Umstand dieses Betastens ableitbar ist. Die nicht-thematisierte Nähe gehört nicht einfach zum „Horizont" der Berührung als Potentialität dieser Erfahrung. Die Sensibilität – die Nähe, die Unmittelbarkeit und die Beunruhigung, die in ihr bedeuten – werden nicht von irgendeiner Apperzeption her konstituiert, durch die das Bewußtsein in Beziehung gesetzt wird zu einem Leib: die Inkarnation ist keine transzendentale Operation eines Subjektes, das sich inmitten der Welt ansiedelt, die es sich vorstellt; die sinnliche Erfahrung des Leibes ist von Anfang an inkarnierte Erfahrung. Das Sinnliche – Mutterschaft, Verwundbarkeit, Befürchtung – knüpft den Knoten der Inkarnation in einer Verstrickung, die weiter reicht als die Selbstapperzeption; einer Verstrickung, in der ich an den Anderen gebunden bin, schon bevor ich an meinen eigenen Leib

oder trügerisch, bevor sie nah sind. Aber ist nicht die Poesie der Welt schon vor der Wahrheit der Dinge und untrennbar von der Nähe par excellence, der des Nächsten, oder von der Nähe des Nächsten par excellence?

gebunden bin. Die Intentionalität – die Noese –, die die Philosophie des Bewußtseins im *Empfinden* unterschei-
p. 97 den will und die sie in einer rückläufigen Bewegung als Ursprung des verliehenen Sinns wieder an sich bringen möchte – die sinnliche Anschauung – ist bereits nach Art des Befürchtens und der Obsession durch das Empfundene in Beschlag genommen; und das Empfundene löst dabei sein noematisches Erscheinen auf, um von einer nichtthematisierbaren Anderheit her gerade die Noese zu beherrschen, die ursprünglich ihm, dem Empfundenen, Sinn verleihen sollte. Gordischer Knoten des Leibes! Die Extremitäten, in denen er beginnt oder endet, sind auf ewig in dem unauflösbaren Knoten verborgen, der in der unfaßbaren Noese seinen eigenen transzendentalen Ursprung beherrscht. Die sinnliche Erfahrung als Obsession durch den Anderen – oder Mutterschaft – ist bereits die Leiblichkeit, die die Philosophie des Bewußtseins von der sinnlichen Erfahrung her konstituieren will. Leiblichkeit des eigenen Leibes, die, wie die Sensibilität selbst, eine Verknüpfung oder eine Auflösung der Verknüpfung des Seins bedeutet, die jedoch auch einen Übergang zur physikalisch-chemisch-physiologischen Bedeutung des Leibes enthalten muß. Zu ihr führt wahrscheinlich die Sensibilität als Nähe, als Bedeutung, als der-Eine-für-den-Anderen – die im *Geben* bedeutet, wenn das *Geben* nicht den Über-fluß des Überflüssigen anbietet, sondern das dem-eigenen-Munde-abgerungene-Brot. Bedeutung, die also im Nahrung-, Kleidung- und Wohnunggeben bedeutet – in den mütterlichen Beziehungen, in denen die Materie sich allererst in ihrer Materialität zeigt.

Das sogenannte inkarnierte Subjekt resultiert nicht aus einer Materialisierung, einem Eintritt in den Raum und in die Verhältnisse der Berührung und des Geldes, die ein Bewußtsein vollzogen hätte – das heißt ein gegen jeden

Eingriff gefeites und vorab unräumliches Selbstbewußtsein. Vielmehr weil die Subjektivität Sensibilität ist – Ausgesetztheit gegenüber den Anderen, Verwundbarkeit und Verantwortung in der Nähe der Anderen, der-Eine-für-den-Anderen, das heißt Bedeutung – und weil die Materie genau der Ort dieses Für-den-Anderen ist, die Art und Weise, in der die Bedeutung bedeutet, bevor sie sich als *Gesagtes* im System der Synchronie, im linguistischen System, zeigt – deshalb ist das Subjekt aus Fleisch und Blut, ein Mensch, der Hunger hat und der ißt, Eingeweide in einer Haut, und so fähig, das Brot zu *geben*, das er gerade verzehrt, oder seine Haut zu geben.

Die Bedeutung wird so von dem der-Eine-für-den-Anderen der Sensibilität her gedacht und nicht vom System der Termini her, die in einer Sprache für denjenigen, der spricht, gleichzeitig sind und deren Gleichzeitigkeit eben allein die Situation dessen ist, der spricht. Niemals ist eine Vielfalt in allen ihren Bestandteilen vollständiger kopräsent, verfügbarer als im Sprecher, der ein Gesagtes – einen p. 98
Logos – einen thematisierten Sinn äußert, eine Versammlung von Begriffen in der Doppeldeutigkeit von Sein und Seiendem.

Doch das auf das Gesagte hin ausgerichtete Sagen erhält diese Ausrichtung vom Anderen her, vom anderen Menschen, der mir das Wort entreißt, ehe er mir erscheint. Das auf das Gesagte hin ausgerichtete Sagen ist die Obsession durch den Anderen – Sensibilität, in der der Andere in einer Berufung, die keine Möglichkeit eines Ausweichens läßt – die keine Möglichkeit eines ungestraften Ausweichens läßt –, in einer verletzenden Berufung, an die unwiderrufliche Verantwortung und in diesem Sinne genau an die Identität des Subjekts appelliert. Bedeutung als Zeugnis oder Martyrium – Verstehbarkeit, die früher ist als die Erhellung, früher als die Gegenwart der Initiative, aufgrund derer die Bedeutung des Logos in seiner Gegenwart – in seiner Synchronie – das Sein bedeutet.

Sich an die Bedeutung des Gesagten – und des in der Apophansis aufgehenden Sagens – halten und dabei den Vorschlagscharakter und die Ausgesetztheit gegenüber dem Anderen vergessen, in denen beide, als Aussagesatz und als Darstellung,[j] bedeuten, hieße, sich an das Bewußtseins-Subjekt halten und damit letztendlich an das Subjekt im Sinne des Selbstbewußtseins und Ursprungs – arché –, in dem die abendländische Philosophie mündet. Welcher Abgrund auch immer die *psyché* der Antike vom Bewußtsein der Moderne trennen mag, beide entspringen sie einer Tradition der Verstehbarkeit, die auf das Versammeln der zum System vereinigten Termini zurückgeht, das heißt für einen Sprecher, der einen Satz äußert, was die konkrete Situation der Versammlung in ein System ausmacht. Dabei ist das Subjekt Ursprung, Initiative, Freiheit, Gegenwart. Sich selbst bewegen oder sich seiner selbst bewußt sein heißt nämlich, sich auf sich selbst beziehen, Ursprung sein. Von daher das Problem, das ein Ursprungs-Subjekt darstellt, wenn es zugleich ein Subjekt aus Fleisch und Blut ist. Man versucht dann, es von einer Inkarnation her zu verstehen, die als eine verunglückte Vorstellung von sich selbst, als eine Schwäche dieser Vorstellung aufgefaßt wird oder als die Verdunkelung eines transparenten und spontanen Bewußtseins zu Rezeptivität und Endlichkeit. Von daher die Notwendigkeit, zum Anfang – oder zum Bewußtsein – zurückzugehen, die als die eigentliche Aufgabe der Philosophie erscheint: Rückkehr zu ihrer Insel, um sich dort in der Gleichzeitigkeit des ewigen Augen-

[j] *Mit den beiden Termini ist die je doppelte Bedeutung der französischen Äquivalente aufgenommen: proposition = Vorschlag [Angebot] und Aussagesatz; exposition = Ausgesetztheit und Darstellung.*

blicks einzuschließen und sich der mens instantanea Gottes anzunähern.

Wenn dagegen die Bedeutung anders bedeutet als durch die Synchronie des Seins, wenn Verstehbarkeit und Sein sich unterscheiden, wenn das *sein* selbst erst von einer Sinnstiftung her bedeutet, die auf das der-Eine-für-den-Anderen, die Bedeutsamkeit der Bedeutung, zurückgeht, dann ist ein Begriff von Subjektivität angezeigt, der unabhängig vom Abenteuer des Wissens ist und in dem die Leiblichkeit des Subjekts nicht von seiner Subjektivität getrennt ist. Die Subjektivität aus Fleisch und Blut, in der p. 99
Materie, ist für das Subjekt nicht eine „Weise der Selbstgewißheit". Die Nähe zwischen Seienden aus Fleisch und Blut ist nicht ihre „leibhafte" Gegenwart – liegt nicht mehr darin, daß sich diese Seienden für den Blick abzeichnen und ein Außen – Washeiten – Formen – präsentieren, Bilder anbieten, die das Auge aufnimmt (und deren Anderheit die berührende oder haltende Hand munter oder leichthin aufhebt, indem sie sie durch den bloßen Zugriff annulliert, so als würde niemand gegen diese Aneignung Einspruch erheben). Die materiellen Seienden beschränken sich ebensowenig auf den Widerstand, den sie der Anstrengung entgegensetzen, die durch sie provoziert wird: ihr Verhältnis zum Mund ist nicht ein Geschehen der Erkenntnis oder der Handlung. Die Subjektivität aus Fleisch und Blut, in der Materie – die Bedeutsamkeit der Sensibilität, eben der-Eine-für-den-Anderen – ist vor-ursprüngliche Bedeutsamkeit, die jeglichen Sinn gibt, weil sie *gibt*; nicht weil sie als vor-ursprüngliche ursprünglicher wäre als der Ursprung, sondern weil die Diachronie der Sensibilität, die sich nicht zur Gegenwart der Vorstellung versammeln läßt, sich auf eine uneinholbare, vor-ontologische Vergangenheit der Mutterschaft bezieht und eine Verstrickung darstellt, die sich nicht den

Episoden der Vorstellung des Wissens, nicht der Öffnung auf Bilder oder einen Informationsaustausch hin unterordnet.

In dem, was für die cartesianische Konzeption in einer Menschheit aus Fleisch und Blut unverständlich scheint: in der Beseeltheit eines Leibes durch das Denken – was unsinnig ist nach der Verstehbarkeit des Systems, in der die Beseeltheit ausschließlich in Begriffen der Vereinigung und Ineinanderfügung verstanden wird und einen deus ex machina erfordert – ist nichts anderes vorgezeichnet als die *Bedeutung* selbst: der-Eine-für-den-Anderen, der im Subjekt gerade nicht Versammlung ist, sondern eine unablässige Entfremdung des (als Innerlichkeit isolierten) Ich durch den ihm anvertrauten Gast – die Gastlichkeit – der-Eine-für-den-Anderen als Ich, das ausgeliefert ist, passiver als alle Passivität von Gliedern in einer Kausalkette – das Sich- selbst-Entrissen-werden-zugunsten-eines-Anderen-in-einem-den- eigenen-Bissen-Brot-dem-Anderen-Geben. Die Beseeltheit des Leibes durch eine Seele bringt nur das der-Eine-für-den-Anderen der Subjektivität zum Ausdruck.[11]

p. 100 Die Bedeutsamkeit – das *Für-den-Anderen* der Annäherung – ist gewiß keine „Aktivität", die der *Natur* eines Subjektes eingeschrieben wäre, das als *Seiendes* erscheint, und sie ist auch nicht das, wovon dieses Seiende lebt, nicht sein – als Beziehung interpretierbares – *sein*. Als Sensibili-

[11] Bewunderung verdient am Cartesianismus die gedankliche Kühnheit, die darin besteht, daß der Leib als Quelle des Sinnlichen nichts mehr gemein hat mit der Kenntnis der Ideen. Selbst wenn man Descartes nicht folgt in dem, was er über die Verbindung zwischen Sensibilität und Handlung behauptet und in bezug auf die Bedeutung, die er dem Sinnlichen zuerkennt, so ist doch fortan die Einheit von Leib und Seele nicht mehr einzig und allein ein Hindernis, das sich dem Denken in den Weg stellt.

tät aus Fleisch und Blut bin ich diesseits der Doppeldeutigkeit von Sein und Seiendem, der Nicht-Thematisierbare, der nicht durch die Synthese zu Einende. Thematisiert und synchronisiert ist der *Eine* in der-Eine-für-den-Anderen bereits verraten, auch wenn er, indem er sich mit den Stigmata des Verrates zeigt, dann zur Reduktion Anlaß gibt. Was sich im gesagten Thema zeigt, ist die Unverständlichkeit der Inkarnation, das von der Ausdehnung getrennte „ich denke", das vom Leib getrennte cogito. Doch diese Unmöglichkeit zusammenzusein ist die Spur der Diachronie im der-Eine-für-den-Anderen: der *Getrenntheit* als Innerlichkeit und des *Für-den-Anderen* als Verantwortlichkeit. Die Identität entsteht dabei nicht durch Selbstbestätigung, vielmehr, bedeutend als der-Eine-für-den-Anderen, durch Selbstabsetzung, Absetzung, die die Inkarnation des Subjektes ist oder ebendie Möglichkeit zu geben, *Bedeutsamkeit zu übertragen.*[k]
Hegel versucht in der *Phänomenologie des Geistes* die Substanz als Subjekt zu denken und das Modell des Seienden oder des dem wahrgenommenen Gegenstand entlehnten *An-sich* auf eine Bewegung zurückzuführen: die vermittelte Wiedererlangung des Unmittelbaren im Anschluß an die Negation dieses Unmittelbaren. Aber auf diese Weise beseelt immer noch ein *Sich-selbst-wieder-in-Besitz-Nehmen*, eine *Rückeroberung*, ein *Für-Sich* die auf dem Grunde der Substanz wahrgenommene Subjektivität: das *sein* kommt aus seinem *conatus* nicht heraus. Die Subjektivität der Sensibilität ist, als Inkarnation, ein Verlassen ohne Rückkehr, Mutterschaft, für den Anderen leidender Leib, Leib als Passivität und Entsagung, reines Ertragen. Zwar bleibt dabei eine unaufhebbare Ambiguität: Das inkarnierte Ich, das Ich aus Fleisch und Blut, kann seine

---

[k] *Vgl. das oben zu diesem Ausdruck Angemerkte* (Kap. II, Anm. n).

Bedeutung verlieren, sich animalisch in seinem conatus und in seiner Lust behaupten. Ein Hund ist es, der den gerade sein Gut wieder in Besitz nehmenden Odysseus als seinen Odysseus wiedererkennt. Aber diese Ambiguität ist die Bedingung der Verwundbarkeit selbst, das heißt der Sensibilität als Bedeutung: Nur insofern die Sensibilität sich in sich selbst gefällt, „sich um sich selbst dreht", „Ich ist", bleibt sie in ihrem Wohl-Wollen für den Anderen *Für-den-Anderen*, *wider Willen*, Nicht-Akt, Bedeutung *für den Anderen* und nicht *für sich*.

Die Bedeutung des der-Eine-für-den-Anderen in der Diachronie – die Bedeutung der Nähe (von der weiter unten die Rede sein wird) – ist der Bedeutung des Systems nicht
p. 101 lediglich benachbart. Erst in der Bedeutung des der-Eine-für-den-Anderen werden das System, das Bewußtsein, die Thematisierung und die Aussage des Wahren und des Seins verständlich. Derart, daß der-Eine-für-den-Anderen zur Sprache kommen kann, als sei er ein Moment des Seins. Der-Eine-für-den-Anderen, das Sagen, drohen, sich in intentionales Bewußtsein, in die Formulierung von Wahrheiten, in ausgesandte und empfangene Botschaft zu verwandeln. Die doxische Setzung schlummert in jedem Verhältnis, in das die Subjektivität verwickelt ist. Was nicht ausreicht, um die Öffnung auf das Sein zum Sinn der Subjektivität zu transformieren und das Wissen zum Prototyp des Sinnhaften. In allem Sehen kündigt sich die Berührung an: die Sicht und das Gehör liebkosen das Sichtbare und das Hörbare. Die Berührung ist nicht Öffnung auf das Sein hin, sondern Ausgesetztheit gegenüber dem Sein.[12] In dem erwähnten Liebkosen bedeutet die Nähe als Nähe und nicht als Erfahrung von Nähe.[13]

[12] Vgl. vorhergehende Anmerkung.
[13] Vgl. unten Kap. III, 6.

Das Bewegende an der Existenzphilosophie, die sich gegen den Intellektualismus der reflexiven Philosophie wandte, beruhte auf der Entdeckung einer inneren Existenz, die nicht auf das Wissen reduzierbar ist. War dieser Gegensatz stark und ausdauernd genug, um der Rückkehr intellektualistischer Modelle zu widerstehen?

Die nicht-doxischen Intentionalitäten bergen bei Husserl eine *Urdoxa* in sich. Das Heideggersche In-der-Welt-Sein ist Verstehen: selbst die technische Aktivität ist Eröffnung, Ent-deckung des Seins, und sei es auf die Weise der Seinsvergessenheit. Das Ontische – das zumindest eine Lichtundurchlässigkeit enthält – weicht allenthalben dem Ontologischen, einer verborgenen Leuchtkraft, die freizulegen ist; das Existent*ielle* offenbart seinen Sinn im Existent*ial*, das eine Artikulation der Onto-logie darstellt. Das Seiende zählt allein vom Wissen her – vom Erscheinen, von der Phänomenalität her.

Doch hinter dem, was die Thematisierung erschließt, hinter der Korrelation von *Sagen* und *Gesagtem*, in der der Logos die zeitliche Phasenverschiebung des Sinnlichen wieder in eine Synchronie überführt (die Phasenverschiebung, durch die das Sich-selbst- Erscheinen oder das *sein* und die Doppeldeutigkeit von Sein und Seiendem vor sich gehen), hinter der Identität der Seienden, der Pole für die Identifizierung, und hinter der Verbalität des Seins, das in der Apophansis moduliert wird, hinter dem Bewußtsein, das Bewußtsein des Bewußtseins ist – hinter all dem löst sich die Sensibilität nicht in jene Licht- und Spiegelspiele auf und fließt sie nicht wie die wieder erinnerbare Zeit des Bewußtseins. Sie ist Verwundbarkeit, Empfänglichkeit, Entblößung, durch den Anderen „umringt“ und be- p. 102
troffen, irreduzibel auf das Erscheinen des Anderen. Das Selbstbewußtsein ist ein Weg, der wieder zum Ausgang zurückführt. Doch die Odyssee war zugleich eine Folge

unerwarteter Begebenheiten, eine Geschichte unzähliger Begegnungen. In seine Heimat kehrt Odysseus verkleidet zurück, verborgen unter täuschendem Äußeren. Die passenden Reden, die er zu halten versteht, verbergen eine Identität, die sich davon abhebt, deren Bedeutsamkeit jedoch von der Witterung des Tieres nicht zu erfassen ist.

6. Die Nähe

a. Nähe und Raum

Ist die Nähe vielleicht ein bestimmtes Maß eines Intervalls, das sich zwischen zwei Punkten oder zwei Abschnitten eines Raumes verkürzt und dessen Grenze durch das Aneinanderstoßen oder sogar die Koinzidenz der beiden Punkte oder Abschnitte markiert wäre? Doch dann hätte der Begriff der Nähe einen relativen Sinn und damit, im unbewohnten Raum der euklidischen Geometrie, einen entlehnten Sinn. Sein absoluter und eigentlicher Sinn setzt die „Menschlichkeit" voraus. Man kann sich sogar fragen, ob die Kontiguität ohne Nähe – ohne Annäherung, Nachbarschaft, Kontakt – überhaupt verständlich wäre und ob die Homogenität dieses Raumes denkbar wäre ohne die menschliche Bedeutung der Gerechtigkeit gegenüber aller Verschiedenheit und folglich ohne all die Motivationen für die Nähe, deren Ziel die Gerechtigkeit ist.
Man kann nicht die Setzung von Raum und Natur in einer anfänglichen geometrischen und physikalischen Unbewegtheit annehmen, in der sie dann durch die Präsenz des Menschen – durch seine Sehnsüchte und Leidenschaften – einen kulturellen Anstrich erhielten, wodurch sie [allererst] bedeutsam und sprechend würden. Wenn am Anfang

solche Geometrie und Physik wären, hätten die bedeutsamen Eigenschaften immer nur eine subjektive Existenz in den Köpfen der Menschen, in den Sitten und Büchern der Völker. Es wäre ein Narzismus, der im Granit der Dinge lediglich eine Oberfläche fände, die den Menschen das Echo und die Spiegelungen ihrer Menschlichkeit zurückschickte. Niemals wäre die „psychologische" Bedeutung imstande, den unendlichen Räumen ihr Schweigen zu entreißen. Selbst die Präsenz des Menschen in diesen Räumen, als angebliche Quelle der bedeutsamen Eigenschaften, wäre außerhalb ihrer strikt geometrischen oder physikalisch-chemischen Bedeutung [nur] das innere Faktum eines sinnlosen Schmorens im eigenen Saft. Denn die Unbewegtheit des Raumes nimmt Bezug auf die vollständige Koexistenz – auf die Verbundenheit aller Punkte, auf das neutrale und gleichgewichtige In-allen-Punkten-zusammen der Wörter einer Sprache vor dem sich auftuenden p. 103
Mund – auf eine dieser Versammlung entlehnte universale Homogenität – auf das nicht-subjektive *sein* des Seins; indes, Wörter einer Sprache vor einem sich auftuenden Mund – eine solche Synchronie verweist auf den sprechenden Menschen und von daher auf die Gerechtigkeit, die sich ihrerseits von der ersten Bedeutung herleitet. Sie leitet sich, genauer gesagt, von einer anarchischen Bedeutung der Nähe her – denn als Prinzip wäre sie bereits Vorstellung und Sein. In der Nähe ist das Subjekt auf eine Weise impliziert, die sich nicht auf deren räumlichen Sinn beschränkt; den nimmt die Nähe an, sobald der Dritte sie dadurch stört, daß er in der „Einheit des transzendentalen Bewußtseins" Gerechtigkeit verlangt, sobald ein Zusammentreffen sich im Thema abzeichnet und dann, als zur Sprache gebrachtes, den Sinn einer Kontiguität aufweist.[14]

[14] Vgl. unten Kap. V, S. 342 ff.

Der räumlichen Kontiguität den Charakter der Ursprünglichkeit absprechen ist daher nicht gleichbedeutend mit der Behauptung, sie sei immer mit einer seelischen Verfassung verbunden und untrennbar von einer Bewußtseinslage, in der ebendiese Kontiguität reflektiert würde, oder sie sei zumindest untrennbar von einer Bewußtseinslage, durch die ein bestimmter Begriff um die Präsenz eines angrenzenden Begriffs weiß. Nicht jede geistige Konstitution entspricht der der – theoretischen, willentlichen oder affektiven – Vorstellung in einem intentionalen Subjekt; einer Konstitution also, die nicht etwa einen Ausgangspunkt bezeichnet, vielmehr auf die Einheit der transzendentalen Apperzeption verweist, die ihrerseits aus einer langen metaphysischen Tradition hervorgegangen ist. Ebensowenig aber ist jede geistige Konstitution Verstehen und Wahrheit des Seins und Eröffnung einer *Welt*. Wo ich mich als Subjekt annähere, bin ich bei der Annäherung nicht zur Rolle des Wahrnehmenden berufen, der, durch Intentionalität beseelt, die Helle des Offenen und den Zauber und das Geheimnis der *Welt* spiegelt oder empfängt. Die Nähe ist nicht ein Zustand, nicht eine Ruhe, sondern gerade Unruhe, Nicht-Ort, außerhalb des Ruheortes und damit Störung für die Stille der Nicht-Allgegenwart des Seienden, die zur Ruhe an einem Ort wird; immer also ungenügende Nähe, wie eine Umarmung. „Nie nah genug", erstarrt die Nähe nicht zur Struktur, es sei denn in dem Moment, da sie, in der Forderung nach Gerechtigkeit vergegenwärtigt, umkehrbar wird und damit zur bloßen Relation absinkt. Die Nähe als das „immer näher" wird Subjekt. Sie erreicht ihren *Superlativ* in *meiner* unablässigen Beunruhigung; darin wird sie einzig und so Einer, vergißt sie die Wechselseitigkeit wie in einer Liebe, die nicht erwartet, geteilt zu werden. Die Nähe ist das sich nähernde Subjekt und konstituiert so eine Bezie-

hung, an der ich als Beziehungsglied teilnehme, in der ich jedoch mehr – oder weniger – als ein Beziehungsglied bin. p. 104
Dieser Mehrwert oder dieser Mangel schließt mich aus der Objektivität der Beziehung aus. Wird die Beziehung zu Religion? Damit erfolgt nicht lediglich der Übergang zu einem subjektiven „Standpunkt". Es läßt sich nicht mehr sagen, was das Ich oder die Ichform ist. Man muß fortan in der ersten Person sprechen. Ich bin Term, der nicht auf die Beziehung rückführbar ist und gleichwohl in einer Rekurrenz begriffen, die jegliche Konsistenz aus mir entschwinden läßt.

Ein solcher Ausschluß aus der Objektivität kann nicht in einer Bewußtmachung dieser Situation bestehen, die gerade die Nicht- Indifferenz oder die Brüderlichkeit der Nähe ausschalten würde.

Ist nicht das bewußte Subjekt genau derjenige, der mit dem, was ihm bewußt ist, in keiner Weise verbündet ist? Empfindet er nicht jede Verwandtschaft [seiner selbst] mit dem, was ihm bewußt ist, als kompromittierend für seine Wahrheit?

Die Annäherung ist jedoch gerade eine Einbeziehung des Sich-Annähernden in die Brüderlichkeit. Indem sie bewußt und das heißt thematisiert wird, zerstört die [nunmehr] indifferente Annäherung diese Verwandtschaft, so wie eine Liebkosung, die sich überraschend als Betasten entdeckt oder die wieder zu sich kommt. Die Subjektivität des sich nähernden Subjektes ist also vor-zeitig, anarchisch, früher als das Bewußtsein, eine Einbeziehung – eine Vereinnahmung in die Brüderlichkeit. Diese Vereinnahmung in die Brüderlichkeit, die die Nähe ist, nennen wir *Bedeutsamkeit*. Sie ist unmöglich ohne das Ich (oder genauer: ohne das Sich), das sich nicht etwa unter der Bedeutsamkeit die Bedeutung vorstellt, sondern das bedeutet, indem es sich bedeutet. Die Vorstellung der Bedeutung entsteht ihrerseits aus der Bedeutsamkeit der Nähe, insofern ein Dritter mit dem Nächsten in Verbindung tritt.

b. Nähe und Subjektivität

Die Menschlichkeit, auf die sich die Nähe im eigentlichen Sinne bezieht, darf also nicht von vornherein als Bewußtsein verstanden werden – oder als Identität eines mit Wissen oder (was auf dasselbe hinausläuft) mit Macht begabten Ich. Die Nähe löst sich nicht in das Bewußtsein auf, das ein Seiendes von einem anderen Seienden gewinnen mag, das es für nah *erachtet*, insofern dieses andere sich vor seinen Augen oder in seiner Reichweite befindet und insofern es ihm möglich ist, dieses anderen Seienden habhaft zu werden, es zu halten oder sich mit ihm zu unterhalten, in der Gegenseitigkeit des Händedrucks, der Liebkosung, des Kampfes, der Zusammenarbeit, des Handels, des Gesprächs. Das Bewußtsein – Bewußtsein eines Möglichen, Vermögen, Freiheit – hat so bereits die Nähe im eigentlichen Sinne verloren als nunmehr überflogene und thematisierte, so wie es dann bereits an sich selbst eine
p. 105 Subjektivität verdrängt hat, die älter ist als das Wissen oder die Macht. Die Nähe liegt nicht mehr im Wissen, in dem jene Beziehungen mit dem Nächsten sich zwar zeigen, aber in dem sie sich schon in der Erzählung, im *Gesagten* zeigen, als *Epos* und Teleologie. Die „drei Einheiten" sind nicht ausschließlich Sache des Geschehens auf der Bühne: sie beherrschen jede Darstellung, versammeln die zweigespaltene oder zweipolige Beziehung mit dem Nächsten zu Geschichte, Erzählung, Fabel. Die Schriftzeichen, die sich an die Stelle der [gesprochenen] Wörter setzen, sind der „Versammlung" gegenüber noch gefügiger und machen, der Einheit eines Textes folgend, die Differenz zwischen

dem Selben und dem Anderen zunichte. Im Selben vereinigt, zu Erfahrung versammelt, als sei sie das Ergebnis einer beliebigen anderen Synthese der Vielheit, hat die Nähe ihre außer-ordentliche Zweideutigkeit schon verfälscht, die Zweideutigkeit eines *durch die Differenz zwischen den Mitgliedern gebrochenen Zusammenhalts*, in dem gleichwohl die Differenz Nicht-Indifferenz ist und der Bruch – Besessenheit.

Die Besessenheit ist hier nicht ein Begriff, der eingeführt würde, um – nach wohlbekanntem Ritual – die Nähe als die dialektische Einheit von Einheit und Verschiedenheit auszudrücken. Die Besessenheit, in der die Differenz als Nicht-Indifferenz erzittert, tritt nicht lediglich als eine Beziehung neben all den anderen auf, die als reziproke oder zumindest umkehrbare Beziehungen das System der Verstehbarkeit des Seins bilden und bei denen das Ich bis hinein in seine Einzigkeit ein universales ist, das eine Vielheit einziger Ichs in sich zusammenfaßt. Das Bewußtsein ist vielleicht gerade der Ort, an dem die Faktizität der Individuation sich umkehrt zum Begriff des Individuums, und ist so Bewußtsein seines Todes, in dem seine Einzigartigkeit sich in seiner Universalität verliert. Keine zusätzliche spezifische Differenz, keine Negation der Universalität kann im Bewußtsein das Subjekt der Universalität entreißen. Die Behauptung eines solchen Entreißens wäre derart, „daß sie das Gegenteil von dem sagt, was sie sagen will“.[15] Indes, die Obsession durch den Nächsten ist stärker als die Negativität. Durch die Last ihres Schweigens gerade lähmt sie die Kraft, diese Last zu ertragen. Die bewußte Rede vermag selbst diese Ohnmacht noch zu sagen, ohne jedoch die Erkrankung, von der das Bewußt-

[15] Vgl. G. W. F. Hegel, Phänomenologie des Geistes, hrsg. von Joh. Hoffmeister, Hamburg: Meiner [6]1952, S. 87.

sein zerrissen wird, zu heilen, ohne durch das Geständnis den „Keim des Wahnsinns" auszureißen – Splitter im Fleisch der Vernunft –, der das Erzittern der Subjektivität ist; auch bei dem Philosophen, der davon spricht und der, jenseits der Universalität, in der die *gesagte* Subjektivität erscheint, Subjektivität bleibt, die vom Nächsten besessen ist. Das Sagen, in dem das sprechende Subjekt sich dem Anderen aussetzt, beschränkt sich nicht auf die Objekti-
p. 106 vierung des zur Sprache gebrachten Themas: Was ist nur dem Subjekt zugestoßen, daß es seine Gedanken äußert oder daß es sich in seinem Sagen aussetzt?! Es unterliegt[1] einem Befallensein durch den Anderen, das aufgrund eben seiner Unumkehrbarkeit sich nicht in universales Denken verwandelt: das durch den Anderen befallene Subjekt kann nicht denken, daß dieses Befallensein reziprok sei, denn auch von der Besessenheit, die es auf denjenigen ausüben könnte, der es besessen macht, ist es selbst noch besessen. Nicht in umkehrbaren Beziehungen aufgehen – die Unumkehrbarkeit – darin liegt die „Subjektität" des *universalen* Subjekts; daß das Subjekt davon nichts weiß, bezeugt weder die Naivität einer zum Denken noch unfähigen Menschlichkeit, die noch in einer ursprünglichen Identität, vor jeder Vermittlung, eingeschlossen ist, noch auch die Alltäglichkeit des Menschen, der in einer ursprünglichen Identität, vor jeder Vermittlung, den Begriff und den Tod flieht, vielmehr bezeugt es das vor-ursprüngliche *Diesseits* der Selbstlosigkeit. In dieser Nicht-Reziprozität, in diesem „nicht daran denken" kündigt sich

[1] Es unterliegt – *und ist genau darin Sub-jekt: sujet qui est sujet à ... Lévinas erläutert und interpretiert hier seine Auffassung von Subjekt in dem Ausdruck* être sujet à: *unterworfen sein, unterliegen; so wie er im vorhergehenden Satz das Verb* exposer: *äußern, ausführen, darlegen, ausstellen transparent macht und zuspitzt auf das darin erfolgende Sich-Aussetzen [s'exposer].*

– diesseits des „Naturzustandes" (woraus die Natur ihrerseits hervorgeht) – das *der-Eine-für-den-Anderen* an, als Beziehung in nur einer Richtung[m], die in keiner Form an ihren Ausgangspunkt zurückkehrt, die *Unmittelbarkeit* des Anderen, unmittelbarer als die unmittelbare Identität in ihrer natürlichen Ruhe, die Unmittelbarkeit der Nähe.

Die Besessenheit als die Nicht-Reziprozität schlechthin, die durch keinerlei Möglichkeit, gemeinsam zu leiden, abgemildert ist – Befallensein in nur einer Richtung, unumkehrbar wie die Diachronie der Zeit, die zwischen den Fingern der Mnemosyne verrinnt – knüpft sich in mir, in meinem Sagen in der ersten Person, in dem sie dem Begriff des Ich entgeht, zu Selbstheit, nicht zu Selbstheit im allgemeinen, sondern zu *ich*. Ein Knoten, dessen Subjektivität darin besteht, auf den Anderen zuzugehen, ohne sich um dessen Bewegung zu mir hin Gedanken zu machen oder genauer: sich derart anzunähern, daß über die reziproken Beziehungen hinaus, die sich zwischen mir und dem Nächsten unweigerlich ergeben, ich immer einen Schritt mehr auf ihn hin ausgeführt habe (was nur dann möglich ist, wenn dieser Schritt Verantwortung heißt): derart daß in der Verantwortung, die wir füreinander haben, ich immer noch eine Antwort mehr zu geben habe, verantwortlich bin auch noch für die Verantwortlichkeit des Anderen.

In seiner Verweigerung gegenüber der Koinzidenz und der Vermittlung, die eine Synchronie erzeugen (und die im Geschriebenen münden), ist daher das Aufspringen der Nähe, die älter ist als das Thema, in dem sie sich zeigt, nicht die sogenannte abstrakte und natürliche Unmit-

[m] In nur einer Richtung – *oder auch:* in einzigartigem Sinne *[à sens unique].*

telbarkeit. Die Nähe ist *determinierter* als die Beziehungen, die sich zu Totalität fügen: Bedeutsamkeit, der-Eine-für-den-Anderen, eigene Ausgesetztheit gegenüber
p. 107 einem Anderen, Unmittelbarkeit in der Liebkosung und in der Berührung des Sagens – einer Haut und eines Gesichtes, einer Haut, die immer Modifikation eines Gesichtes ist, eines Gesichtes unter der zunehmenden Last einer Haut.

Die Nähe ist weder Konstellation im Sein noch Reflex einer solchen Konstellation in der Einheit der transzendentalen Apperzeption – sie ist, von *mir* zum *Anderen*, in zwei Zeiten; und darin Transzendenz. Sie zeitigt sich, aber in diachronischer Zeitlichkeit, außerhalb – jenseits oder oberhalb – der durch die Erinnerung wiedereinholbaren Zeit, in der sich das Bewußtsein hält und unterhält und in der sich Sein und Seiende in der Erfahrung zeigen. Die Subjektivität ist nämlich nicht vorrangig in die Rolle und an den Platz des unbeugsamen transzendentalen Bewußtseins berufen, das heißt dorthin, wo sie „geradeaus" Synthesen bildet, sich selbst aber von diesen Synthesen ausschließt, sich allein über den Umweg der Inkarnation in sie einbezieht, die für soviel unbeugsame Geradheit nur schwer verständlich ist. Die Subjektivität ist ein unersetzbares Sich- selbst. Nicht eigentlich ein Ich, das in seiner Identität in den Nominativ gesetzt ist, vielmehr von vornherein gezwungen zu …: gleichsam im Akkusativ, von vornherein verantwortlich und ohne Möglichkeit, sich dem zu entziehen.[16] Wenn letztendlich Themen und Gegenstände sich dieser Subjektivität anbieten und

[16] Diese Unmöglichkeit, sich selbst im Tod davonzustehlen, ist der Punkt, an dem das Subjekt, über die immer noch verschleierbare Schlaflosigkeit hinaus, Sagen ist, das sich dem Anderen gegenüber bloßlegt – Psychismus.

sich für sie ergeben,[17] so besteht doch ihre Ausnahme von der *Ordnung* nicht darin, das Gegebene zu übernehmen, es vorzustellen, es zur *Kenntnis* zu *nehmen* und es sich so *bewußtzumachen* (sei es in der Gegenstands- oder der Selbsterkenntnis, sei es in der Macht, die sie auf die Welt oder auf sich selbst ausübt). Die eigentliche Bedeutung der Subjektivität ist die Nähe, die Nähe aber ist gerade die Bedeutsamkeit der Bedeutung, ist gerade die Einsetzung des der-Eine-für-den-Anderen, die Einsetzung des Sinns, den alle thematisierte Bedeutung im Sein spiegelt.

Es genügt also nicht, die Nähe als Verhältnis zwischen zwei Verhältnisgrößen zu formulieren und, insofern sie Verhältnis ist, als der Gleichzeitigkeit ihrer Verhältnisgrößen gewiß. Es ist an der Gebrochenheit solcher Synchronie, solcher Zusammengehörigkeit festzuhalten – Gebrochenheit durch die Differenz zwischen dem *Selben* und dem *Anderen* in der Nicht-Indifferenz der Besessenheit, die der *Andere* auf den *Selben* ausübt. Die Ausnahme der Nähe von einer rationalen Ordnung, die im Prinzip auf ein System bloßer Relationen zuläuft, ist die Hypostase der Relation zu besessener Subjektivität, besessen vom Nächsten in einer nicht umkehrbaren, nicht wechselseitigen Besessenheit, die sich nicht auf irgendeine Verflechtung der genannten Relationen zurückführen läßt, die kraft ihres „universalen Seins" zählte. Die Subjektivität zählt kraft der Hypostase gerade, die sich im Gesagten zwar nicht unter einem Namen, nicht als Nomen, aber dennoch nach Art der Seienden, als Pro-nomen zeigt. Sie ist zugleich das Verhältnis und eine Größe dieses Verhält-

p. 108

[17] Und man kann aus der Bedeutsamkeit des Subjekts – aus seinem „der-Eine-für-den-Anderen" – diese Möglichkeiten und sogar Notwendigkeiten des Theoretischen ableiten.

nisses – doch wird die Verhältnisgröße, wenn man es so ausdrücken kann, Subjekt, indem sie einem unumkehrbaren Verhältnis unterworfen ist.[18] Verhältnis, das nicht Rückkehr zu sich ist, das als unablässige Forderung, als unablässige Kontraktion, als In-sich-Zurückgehen des Gewissensbisses anstelle einer Verhältnisgröße den *Einen* hervortreten läßt, den gerade nichts wiedereinholen oder wiederabdecken kann. Die Subjektivität besteht nicht im vorhinein zur Nähe, in der sie sich später dann engagieren würde. Im Gegenteil, jedes Engagement entsteht [se noue] in und aus der Nähe, die Verhältnis und Verhältnisgröße ist. Und wahrscheinlich ist auch von der Nähe her das schwierige Problem einer inkarnierten Subjektivität anzugehen – eines Subjekts, das um jeden Preis frei sein soll und das, auch wenn es intentionales Subjekt ist, sich in Vorstellungen ein Nicht-Ich gibt und sich paradoxerweise in seinen eigenen Vorstellungen gefangen findet. Ein Paradox, das sich nicht durch den widersprüchlichen Begriff der endlichen Freiheit klärt, auf den die Philosophen gerne zurückgreifen, da sie sich dem ausgeschlossenen Drit-

[18] Die Implikation der Subjektivität in der Nähe, durch die die Nähe *unweigerlich* Annäherung ist – und wobei die Implikation die Diachronie der Bedeutung zum Ausdruck bringt – wird nichtsdestoweniger zu Synchronie im *Gesagten,* und zwar schon auf den hier vorliegenden Seiten. Ist diese Gleichzeitigkeit im Gesagten wahrer oder weniger wahr als die Diachronie, die durch dieses Gesagte behauptet wird? Die Frage setzt eine Unabhängigkeit des Wahren voraus, eine Unabhängigkeit der Manifestation und der Offenheit in bezug auf die *Bedeutung.* Unter einer solchen Voraussetzung steht die Antwort außer Zweifel. Das Gesagte, in dem alles sich zeigt, ist der *Ursprung* und das *Letztgültige* der Philosophie. Aber auf diese Weise vergißt man das Vor-Ursprüngliche, in dem sich die *Bedeutung* artikuliert. Vergessen wird so die außer-ordentliche Möglichkeit einer skeptischen Aussage, die nach allen ihren Widerlegungen, durch die sie aus dem väterlichen Haus verjagt wird, als rechtmäßiges Kind des Geistes zurückkehrt, indem sie in einer Wahrheit beanspruchenden Aussage die Wahrheit bestreitet – die als *eine* gedacht wird, aber eben nicht in *einer* Zeit.

ten eines „diesseits von Freiheit und Unfreiheit" verschließen.

c. Nähe und Besessenheit

Die Nähe läßt sich dadurch beschreiben, daß sie das Sub-
jekt in eben seine Subjektivität bringt, als Verhältnis und
als Größe dieses Verhältnisses. In der so angelegten Unter-
suchung tritt keinerlei Sinnverschiebung auf – von der
Bedeutung der Nähe zu irgendeiner Reflexion über die
seelische Verfassung des dem Nächsten sich nähernden
Ich. Als Bedeutung, als der-Eine-für- den-Anderen ist die
Nähe keine Konstellation, die in der Seele entsteht. Sie ist
Unmittelbarkeit, älter als die Abstraktion der Natur; auch
keine Vereinigung. Sie ist Berührung des Anderen. In Be- p. 109
rührung sein: weder den Anderen einsetzen und damit
seine Anderheit zunichte machen noch mich selbst im
Anderen aufheben. In der Berührung genau sind Berüh-
rendes und Berührtes getrennt, als entfernte sich das Be-
rührte, das immer schon Andere, als hätte es mit mir
nichts *gemeinsam*. Als entspräche seine auf diese Weise
nicht antizipierbare und folglich nicht vorstellbare
Einzigartigkeit allein der Bezeichnung.

Ist es ein τόδε τι? Doch auch das in seiner Gattung einzigartige τόδε τι ist, selbst wenn es ohne Ausdehnung ist, in seiner Gattung eingefaßt. Es erscheint immer noch nach Art dessen, was Husserl „den leeren Horizont von unbekannt und bekannt"[19] nennt, ein apriorischer Horizont, der das τόδε τι bereits wieder einem Zusammenhang, einer Konstellation oder einer Korrelation überstellt (zumindest der Korrelation, die es mit dem Finger bildet, der es bezeichnet). Der Nächste als *Anderer* läßt

[19] Edmund Husserl, Erfahrung und Urteil, a. a. O. S. 35.

keinen Vorboten vor sich hergehen, der seinen Schatten umreißen oder ankündigen würde. Er erscheint nicht. Welche Personenbeschreibung sollte er an mich vorausschicken, die ihn nicht bereits seiner exklusiven Anderheit beraubte? Indem er sich losmacht von allem *sein*, von jeglicher Gattung, jeglicher Ähnlichkeit, betrifft mich der Nächste, *als Erstbester*,[n] zum ersten Mal (auch wenn er ein alter Bekannter ist, ein alter Freund, eine alte Liebe, und schon lange in das Geflecht meiner sozialen Beziehungen verwoben ist), in einer Kontingenz, die das a priori[20] ausschließt. Er kommt nicht, um eine im voraus – außerhalb des Ganzen, a priori – abgegebene Personenbeschreibung zu bestätigen, der Nächste betrifft mich durch seine exklusive Einzigartigkeit, ohne zu *erscheinen*; nicht einmal als ein τόδε τι. Seine extreme Einzigartigkeit besteht gerade darin, daß er mich vor Gericht lädt: Er gibt mir das Zeichen zur Vorladung, schon bevor ich ihn als τόδε τι be-zeichne.

Der Nächste betrifft mich vor jeder Übernahme, vor jeder bejahten oder abgelehnten Verpflichtung. Ich bin an ihn gebunden – an ihn, der gleichwohl der Erstbeste ist, ohne Personenbeschreibung, nicht zum Ganzen passend – vor jeder vertraglich eingegangenen Bindung. Er gebietet mir, bevor er erkannt ist. Außer-biologisches Verwandtschaftsverhältnis, „gegen alle Logik". Nicht deshalb betrifft mich

[20] Der Nächste betrifft mich außerhalb jedes a priori – aber vielleicht auch *vor jedem a priori*, früher als das a priori – eine Vorstellung, der unsere Untersuchungen insgesamt Geltung verschaffen wollen, um den Begriff einer absoluten Passivität zu erreichen. Die Rezeptivität gegenüber dem Gegebenen erfüllt – als Modalität der Erkenntnis – nicht deren Maß, denn das a priori, das man davon nicht ausschließen kann, läßt gerade die ganze Last des Gegebenen *annehmen* – was *immer noch ein Akt* wäre.

[n] Als Erstbester – *oder auch, im buchstäblichen Sinne, als der zuerst, d. h. vor seinem Erscheinen, vor mir, Gekommene [premier venu].*

der Nächste, weil er als einer erkannt wäre, der zur selben Gattung gehörte wie ich. Er ist gerade *Anderer.* Die Gemeinschaft mit ihm beginnt in meiner Verpflichtung ihm gegenüber. Der Nächste ist Bruder. Als unkündbare Brüderlichkeit, als unabweisbare Vorladung ist die Nähe p. 110
eine Unmöglichkeit, sich – ohne „Entfremdung" oder schuldlos[21] – davonzumachen, ohne durch Komplexe verdreht zu werden – Schlaflosigkeit oder Psychismus.

Der Nächste macht mir, bevor ich ihn be-zeichne, das Zeichen zur Vorladung, was die Modalität nicht eines Wissens, sondern einer Besessenheit ist und, in bezug auf das Erkennen, ein davon völlig verschiedenes Schaudern[22] der menschlichen Natur. Das Erkennen läßt sich immer verwandeln in Erschaffung und in Vernichtung, wobei der Gegenstand sich dem Begriff anbietet, als Ergebnis. Durch die Aufhebung des Einzigartigen, durch die Verallgemeinerung ist das Erkennen Idealismus. Bei der Annäherung bin ich von vornherein Diener des Nächsten, von vornherein schon zu spät und schuld an der Verspätung. Ich stehe gleichsam unter Anweisung von außen – auf traumatische Weise unter Befehl – ohne durch die Vorstellung und den Begriff die Autorität verinnerlichen zu können, die mir gebietet. Ohne mich zu fragen: Was hat sie denn mit mir zu tun? Woher nimmt sie ihr Recht zu

[21] Vielleicht wird der ungewöhnliche Stellenwert der Illusion, des Rausches, der künstlichen Paradiese durch ihre Bezogenheit auf diese Unverzeihlichkeit verständlich. Die Entspannung des Rausches erweckt den Anschein, sich davonmachen zu können und nicht verantwortlich zu sein; Aufhebung der Brüderlichkeit oder Brudermord. Die Möglichkeit, sich davonzustehlen, bemißt die Entfernung zwischen dem Traum und der Wachheit. Der Traum und die Illusion sind das Spiel eines Bewußtseins, das die Besessenheit hinter sich gelassen hat, das den Anderen trifft, ohne durch ihn vorgeladen zu sein. Bewußtseinsspiel – Schein.

[22] Der Ausdruck übersetzt die φρίκη aus Platons Phaidros (251 a).

gebieten? Was habe ich gemacht, daß ich von vornherein Schuldner bin?[23] Das Bewußtsein, das seine Korrelate in zahllose Bilder hinein zu vervielfältigen weiß und damit die Welt „bereichert“, in die Wohnungen vordringt, läßt diese Korrelate unangetastet, ist ihnen nicht nähergekommen. Es werden daraus Begriffe. Das Bewußtsein stellt sich nicht zwischen mich und den Nächsten; oder zumindest taucht es erst auf vor dem Hintergrund jener schon vorgängigen Beziehung der Besessenheit, die durch kein Bewußtsein aufzuheben ist – und von dem das Bewußtsein seinerseits eine Modifikation darstellt.

Die Besessenheit ist weder Bewußtsein noch eine Art von Bewußtsein noch Modifikation des Bewußtseins, obgleich sie das Bewußtsein, das danach strebt, sie zu übernehmen, grundlegend verändert: sie ist unübernehmbar wie die Verfolgung.[24]

p. 111 Aber muß man sich diese Vorladung nicht bewußt machen? Kann denn die Nähe auf Vorstellung, Ontologie, Logos verzichten? Ist nicht, wie es Husserl sieht, eine Bewußtwerdung, als Rezeption des Gegebenen, der Vorläufer jeder Beziehung? – Die äußerste Dringlichkeit der

---

[23] Vgl. in Hamlet, II. Akt, 2. Szene: „What's Hecuba to him or he to Hecuba, that he should weep for her?“

[24] Die Besessenheit ist wie die Beziehung zwischen Monaden, *bevor* diese durch Türen oder Fenster füreinander geöffnet sind, gegenläufig zur Intentionalität, die eine Modalität der Besessenheit ist und keineswegs die Entfaltung dieser Beziehung. Daß durch jede Monade alle anderen ausgedrückt werden, verweist auf die *Stellvertretung*, in der die Identität der Subjektivität sich auflöst. Das durch alle *Anderen* besessene, alle Anderen ertragende Ich ist die Umkehrung der intentionalen Ekstase. Passivität, in der das *Ich Sich* ist – unter der verfolgenden Anklage des Nächsten. Das rabbinische Denken formuliert das Ausmaß der Verantwortung: „... bis dahin, der Steinigung und der Beschimpfung preisgegeben zu sein“, und zwar von seiten derer gerade, für die der Verantwortliche verantwortlich ist (vgl. Rachis Kommentar zu Numeri 12,12; Rachi folgt hier der alten Überlieferung Siphris).

Vorladung läßt die Ausgewogenheit oder die Gelassenheit des Bewußtseins gerade platzen, die Ausgewogenheit des Bewußtseins, das sich seinem sichtbaren oder vorstellbaren Gegenstand völlig angleicht. Der Nächste paßt nicht in eine Form, wie der Gegenstand in die Plastizität einer Ansicht, eines Profils oder einer offenen Folge von Ansichten paßt, die jede einzelne von ihnen übersteigt, ohne die Angemessenheit der Bewußtwerdung [im Verhältnis zu ihrem Gegenstand] zu zerstören, da jede Erscheinung rechtzeitig, zu ihrer Zeit auftritt und die Folge durch eine *Idee* im kantischen Sinne dieses Wortes umfaßt wird. Die äußerste Dringlichkeit der Vorladung erschüttert die „Geistesgegenwart", die notwendig ist zur Rezeption einer Gegebenheit und zur Identifizierung des Verschiedenen, in welchem das Phänomen als Noema einer Noesis erscheint. Äußerste Dringlichkeit – Modalität der Besessenheit (die erfahren wird, aber kein Wissen ist): ich habe nicht die Zeit, ihr zu begegnen. Außerhalb der Konventionen (sie sind so zahlreich wie Posen der Darstellung auf dem Theater) kommt keine Aufnahme dem Maß gleich, das der Nächste mir vorgibt. Die Angemessenheit ist hier unmöglich. Die Verpflichtungen stehen in keinem entsprechenden Verhältnis zu jedwedem eingegangenen noch einzugehenden oder gegenwärtig zu erfüllenden Engagement. In einem bestimmten Sinne ist nichts störender als der Nächste. Dieser Begehrte, ist er nicht der Nichtbegehrenswerte schlechthin? Der Nächste, der mich nicht gleichgültig lassen kann – der begehrte Nichtbegehrenswerte – hat seine Zugangswege dem Begehren nicht anvertraut, so wie die Muttermilch imstande war, den Instinkten des Neugeborenen die Saugbewegungen einzuschreiben. Wieder zu sich kommen für eine Gegenwart des Aufnehmens heißt bereits, sich distanzieren und den Nächsten verfehlen. In einem Bewußtsein, das durch einen Gegenstand affiziert wird, kehrt sich die Affektion um in Aufnahme. Hier dagegen wirkt der Schlag der Affektion in traumatischer Weise ein auf eine Vergangenheit, die tiefer ist als alles, was ich durch die Erinnerung, durch die Historiographie zu *versammeln* imstande bin, was ich durch das *a priori* beherrschen kann: auf eine Zeit vor dem Anfang.[25]

Es handelt sich nicht um eine Wirkung, die ihre Ursache erleidet. Das Subjektive ist nicht lediglich ein Erleiden in diesem Sinne, es leidet. Das fortwährende Leiden [dolence] ist eine Entfernung „negativer Größe", vom Erleiden aus rückwärts. Ein Überschuß an Passivität, der nicht
p. 112 mehr das Bewußtsein von ... ist und „dieses als jenes" identifiziert oder „einen Sinn stiftet". Vom Nächsten bin ich befallen, bevor er mir auffällt°, als hätte ich ihn vernommen, bevor er spricht. Was als Anachronismus eine andere Zeitlichkeit bezeugt als die, die dem Bewußtsein den Takt schlägt. Sie demontiert die *wiedereinholbare Zeit* der Geschichte und der Erinnerung, in der die Vorstellung kontinuierlich weitergeht. Denn wenn auch in jeder Erfahrung das Gemachtsein des Faktums der Gegenwart der Erfahrung vorausgeht, so holt doch die Erinnerung oder die Geschichte oder die Außerzeitlichkeit des a priori den Abstand wieder ein und schafft eine Korrelation zwischen solcher Vergangenheit und solcher Gegenwart. In der Nähe wird ein Gebot vernehmbar, das gleichsam aus einer unvordenklichen Vergangenheit kommt: die niemals Ge-

---

[25] Die Passivität der Affektion ist passiver als die radikale Rezeptivität, von der Heidegger in bezug auf Kant spricht, für den die transzendentale Einbildungskraft dem Subjekt, damit es dem Gegebenen zuvorkommen und es übernehmen könne, eine „Wabe des Nichts" biete.

° *„Le prochain me frappe avant de me frapper" – Lévinas nutzt hier die Mehrdeutigkeit des französischen Verbs* frapper *(schlagen, treffen, betreffen, heimsuchen, auffallen ...), für die es im Deutschen keine genaue Entsprechung gibt.*

genwart war, die in keiner Freiheit begonnen hat. Diese *Weise* des Nächsten heißt Gesicht.

Das Gesicht des Nächsten bedeutet mir eine unabweisbare Verantwortung, die jeder freien Zustimmung, jedem Pakt, jedem Vertrag vorausgeht. Es entgeht der Vorstellung. Das Gesicht ist gerade das Ausbleiben der Phänomenalität. Nicht weil es für das Erscheinen zu roh oder zu heftig wäre, sondern weil es in einem bestimmten Sinne zu schwach ist, Nicht-Phänomen, weil „weniger“ als das Phänomen. Die Enthüllung des Gesichts ist Nacktheit – Un-Form – Selbstaufgabe, Altern, Sterben; nackter als die Nacktheit: Armut, runzlige Haut; runzlige Haut: Spur ihrer selbst. Meine Reaktion verfehlt eine Anwesenheit, die bereits die Vergangenheit ihrer selbst ist. Vergangenheit keineswegs *in* der Gegenwart, sondern so etwas wie eine einbehaltene Phase; Vergangenheit *dieser* Gegenwart, schon verlorengegangener Zeit-lauf des Alterns, das jeder Retention entgeht und meine Gleichzeitigkeit mit dem Anderen untergräbt. Er hat mich verlangt, bevor ich gekommen bin. Unaufholbare Verspätung. „Ich öffnete ... er war entschwunden.“[26] Meine Anwesenheit entspricht nicht der äußersten Dringlichkeit der Vorladung. Ich bin angeklagt, weil ich zu spät gekommen bin. Die gewöhnliche, durch die Uhren angezeigte Zeit ist die Zeit, in der der Nächste sich in seinem Bild enthüllt und ausliefert; aber gerade in seinem Bild ist er nicht mehr nah; schon erlaubt er mir so eine Zurückhaltung, Distanzierungen, bleibt er kommensurabel, im Maßstab meines Vermögens und meiner Gegenwart, in der ich „imstande bin zu ...“: fähig aufgrund meiner Identität, von allem zu berichten. Der Kontakt ist unterbrochen. Sobald mir der Andere als Seiender in seiner Plastizität als Bild erscheint, bin ich in

[26] Hoheslied 5, 6.

Beziehung mit dem, der sich vervielfältigen läßt und der trotz der unendlich vielen Reproduktionen, die ich von ihm verfertige, *intakt*[p] bleibt; ich kann ihn mit Worten
p. 113 abspeisen, die diesen Bildern angemessen sind, ohne mich in einem Sagen auszuliefern. Die Nähe geht nicht in diese gewöhnliche Zeit der Uhren ein, die die Verabredungen ermöglicht. Die Nähe stört.

Die Nähe als Aufhebung der Entfernung hebt die Entfernung des Bewußtsein von ... auf. Der Nächste schließt sich von dem Gedanken, der ihn sucht, aus und dieser Ausschluß hat eine positive Seite: meine Ausgesetztheit ihm gegenüber, die früher ist als sein Erscheinen, mein Zuspätkommen für ihn, mein Erleiden – sie „entkernen" das, was in mir Identität ist. Die Nähe – Aufhebung der Entfernung, die das Bewußtsein von ... beinhaltet – eröffnet die Entfernung der Dia-chronie ohne *gemeinsame Gegenwart*, in der die Differenz nicht wiedereinholbare Vergangenheit ist, eine nicht ausdenkbare Zukunft, das Un-vorstellbare des Nächsten, dem gegenüber ich [immer] zu spät bin, besessen vom Nächsten, aber in der diese Differenz meine Nicht-Indifferenz gegenüber dem Anderen ist. Die Nähe ist Störung der wiedererinnerbaren Zeit.

Man kann dies apokalyptisch Zersplittern der Zeit nennen. Doch handelt es sich um die verwischte und gleichwohl nicht zu bändigende Dia-chronie einer nichthistorischen, ungesagten Zeit, die sich nicht durch die Erinnerung und die Historiographie in eine Gegenwart hinein synchronisieren läßt und in der die Gegenwart nur die Spur einer unvordenklichen Vergangenheit ist. Die durch die Nähe des Nächsten hervorgerufene Verpflichtung ist nicht nach dem Maß der Bilder, die der Nächste abgibt, sie

---

[p] *Im vollen Sinne dieses Wortes: unangetastet, aber auch unberührt, ohne daß ich ihn erreicht hätte.*

betrifft mich früher und auf andere Weise. Darin liegt die Bedeutung der Nicht-Phänomenalität des Gesichts.

d. Phänomen und Gesicht

In der Besessenheit durch diese Nacktheit und diese Armut, durch dieses Sich-Zurückziehen oder dieses Sterben, in denen die Synthese und die Gleichzeitigkeit sich versagen, unterbricht die Nähe, so als sei sie Abgrund, das unzerreißbare *sein* des Seins. Das Gesicht, dem man sich nähert, die Berührung einer Haut: das Gesicht unter der zunehmenden Last der Haut und die Haut, in der, bis hin zur Obszönität, das veränderte Gesicht[27] atmet – sie haben sich bereits von sich selbst entfernt, sind durch uneinholbaren Zeit-lauf in die Vergangenheit gesunken. Die Haut unter der Liebkosung ist nicht der Schutz eines Organismus, bloße Oberfläche des Seienden. Sie ist der quasi transparente Abstand zwischen dem Sichtbaren und dem Unsichtbaren, schmaler als derjenige, der noch einen Ausdruck des Unsichtbaren durch das Sichtbare begründen würde. Diese Schmalheit ist nicht ein Infinitesimalwert der Quantität, der Dicke. Schmalheit, die bereits reduziert ist auf ein Alternieren von Sinn; Zweideutigkeit des Phänomens und seines Ausbleibens;[28] Armut, die ausgesetzt ist ins Unförmige und von dieser abso- p. 114

[27] Der Sinn dieser Veränderung ist allerdings seinerseits erst noch zu präzisieren. Es sollte hier jedoch besonders hingewiesen werden auf die Möglichkeit der *Libido* in der elementaren und „reicheren" *Bedeutung* der Nähe; diese Möglichkeit ist impliziert in der Einheit von Gesicht und Haut, selbst wenn sie allein in den extremen plötzlichen Veränderungen des Gesichts zustande käme; unter der erotischen Anderheit die Anderheit des der-Eine-für-den-Anderen: die Verantwortung früher als der Eros.

[28] Und sogar eines Alternierens in doppeltem Sinne. Vgl. die folgende Anmerkung.

luten Ausgesetztheit [schon wieder] zurückgezogen ist, weil sie sich ihrer Armut schämt. Die Maßlosigkeit der Nähe ist zu unterscheiden von der Verbindung, die Subjekt und Objekt in der Erkenntnis und der Intentionalität eingehen. Jenseits der Enthüllung und Zurschaustellung alternieren, überrascht und überraschend, eine außergewöhnliche Gegenwart[q] und das Sich-Zurückziehen dieser Gegenwart. Der Rückzug ist weder eine Negation der Gegenwart noch ihre bloße Latenz, die beide wiedereinzuholen wären in der Erinnerung oder der Aktualisierung. Er ist Anderheit, ohne gemeinsames Maß mit einer Gegenwart oder einer Vergangenheit, die sich zur Synthese in der Synchronie des Korrelativen versammeln lassen. Beziehung der Nähe und gerade deshalb disparat:[29] in der Liebkosung wird das, was da ist, gesucht, als sei es nicht da, als sei die Haut die Spur ihres eigenen Rückzugs; eine Sehnsucht, die, als sei es eine Abwesenheit, das weiter sucht, was doch, so sehr es nur kann, da ist. Die Liebkosung ist das Nicht-Koinzidieren [in] der Berührung, ein Entblößen, das niemals entblößt genug ist. Der Nächste erfüllt nicht die Annäherung. Die Zartheit der Haut ist

[29] Disparatheit, in der nichts als Korrelation gedacht werden kann, das heißt als Synchronisation einer zeitlichen Folge, deren Verluste wiedereinholbar wären. Diese Zweideutigkeit der Disparatheit verdoppelt sich noch um eine Ambiguität, in der die Berührung der Nähe einen doxischen Sinn annimmt: die Berührung wird Betasten, Abtasten, Erkunden, Erforschen, Erkennen – einer Nacktheit, wie sie der Arzt untersucht oder wie sie der Athlet in seiner Gesundheit zur Schau stellt. Diese Umkehr der Berührung in Bewußtsein und in aussagende und logische Rede, in der das mitgeteilte Thema wichtiger ist als die Berührung, die im Mitteilen selbst liegt, verdankt sich weder dem Zufall noch der Ungeschicktheit eines Verhaltens. Sie rührt her von der Beziehung des Nächsten mit dem Dritten, gegenüber dem er schuldig werden kann; sie rührt her von der Gerechtigkeit, die genau aus Aufopferung zugunsten des Nächsten erwächst.

[q] *Gegenwart und zugleich Anwesenheit: présence.*

genau der Abstand zwischen Annäherung und dem, dem die Annäherung gilt, Disparatheit, Nicht-Intentionalität, nicht Teleologie: von daher Un-Ordnung der Liebkosung,[30] Diachronie, Vergnügen ohne Gegenwart; Mitleid; andauerndes Leiden. Die Nähe, die Unmittelbarkeit, das meint Genießen und Leiden durch den Anderen. Aber ich kann durch den Anderen genießen und leiden nur deshalb, weil ich-für-den-Anderen-bin, weil ich Bedeutung bin – weil die *Berührung der Haut immer noch die Nähe des Gesichts ist, Verantwortung, Besessenheit durch den Anderen, der-Eine-für-den-Anderen-sein*: die eigentliche Entstehung der *Bedeutung* jenseits des *Seins*. Unumkehrbare Diachronie, Auflösung der intentionalen Korrelation der Enthüllung, in der der Andere in plastischer Weise als ein Bild, als ein Porträt erschien. Auflösung der Phänomenalität zu Gesicht, auch wenn im Laufe dieser immer zweideutigen Auflösung die Besessenheit selbst sich im Gesagten zeigt.[31] Das Erscheinen wird durchbrochen durch die junge Epiphanie, durch die – noch *essentielle* – Schönheit des Gesichts, aber auch durch jene Jugend, die als solche, die in dieser Jugend schon vergangen ist: *runzlige Haut,* p. 115

[30] Auch wenn die Liebkosung in die teleologische Ordnung des Gesagten zurückkehren und Symbol oder Wort werden kann.

[31] Doch ist die Besessenheit nicht erneut eine Intentionalität, so als ginge es in ihr um das Absehen auf ein korrelatives Ziel, so komplex dieses auch wäre. Die Besessenheit durch den *Anderen* im Gesicht ist bereits die Verstrickung in das *Unendliche* [und die vom *Unendlichen* ausgehende Verstrickung], die sich nicht zu einem Korrelativ materialisieren läßt – die die Reichweite der Intentionalität überschreitet. Überschreiten [excession] des Hier als Ort und des Jetzt als Zeit, Überschreiten der Gleichzeitigkeit und des Bewußtseins – das eine Spur hinterläßt. Im Raum als in einer Leere, die nicht Nichts ist, sondern die wie die Nacht ist, zeigt sich auf rätselhafte Weise, wie ein Blinklicht, diese Spur des Unendlichen, ohne daß dadurch die neuerliche Verstrickung in negativer Theologie verbleibt – ihre Positivität wird uns zum Begriff der Stellvertretung führen.

Spur ihrer selbst: zweideutige Form einer höchsten Präsenz, die ihrem Erscheinen beisteht, die durch jugendliche Frische ihre Plastizität aufbricht, aber schon Versagen jeglicher Präsenz ist, weniger als ein Phänomen, schon Armut, die ihre Not verbirgt und die mich ruft und mir gebietet. Einzigartige Bedeutung einer Existenz, die sich selber im Stich läßt, Zu-Ende-Gehen der endlichen Endlichkeit – und doch Leben, das noch nicht in der absoluten Reglosigkeit der Totenmaske aufgehört hat, Zu-Ende-Gehen der Endlichkeit, die nicht der Schein ist, den Hegel bezeichnen konnte als „Seiendes, das *unmittelbar* sein eigenes Nichts ist". Diese von allen und von ihr selber verlassene Existenz, *Spur ihrer selbst*, *mir* auferlegt, lädt mich noch aus meinem letzten Zufluchtswinkel vor Gericht, mit einer unvergleichlichen Kraft der Vorladung; sie ist nicht in Formen hinein überführbar, die mir sogleich eine Fassung, eine Gelassenheit gäben; die mir einen Aufschub an Vorstellung gewähren und die bereits verfehlte Dringlichkeit der Vorladung vertagen würden, indem sie mich durch Bilder zerstreuten, durch die der Nächste seine Nähe zerstört, durch die er mit dem Klingeln seiner Münze bezahlt und sich seinerseits durch Worte abspeisen läßt, und indem diese Formen so eine weltbeherrschende „Aktivität des Subjekts" errichteten, selbst wenn diese Welt Widerstand leistet.
Als Spur seiner selbst, meiner Verantwortung anbefohlen und von mir verfehlt, schuldhaft, so als sei ich verantwortlich für seine Sterblichkeit und schuldig dadurch, daß ich überlebe – in solcher Weise ist das Gesicht eine anachronistische Unmittelbarkeit, direkter als die des Bildes, das sich der Direktheit der Anschauungsintention darbietet. In der Nähe habe ich den absolut Anderen, den *Fremden*, „den ich weder in meinem Schoß getragen noch zur Welt gebracht habe", schon auf dem Hals, trage ich ihn

schon, wie es in der Bibel heißt, „an meinem Busen, wie die Amme den Säugling trägt".[32] Er hat keinen anderen Ort, der Nicht-Eingeborene, Entwurzelte, Heimatlose, Nichtseßhafte, der Kälte und der Hitze der Jahreszeiten Ausgesetzte. Gezwungen sein, auf mich zurückzukommen, genau das ist die Heimatlosigkeit oder die Fremdheit des Nächsten. Ich habe für sie aufzukommen. p. 116

Sie drängt den Nächsten ganz an mich. Die Unmittelbarkeit ist die Auflösung der Vorstellung zu Gesicht, zur „konkreten Abstraktion", die der Welt, den Horizonten, den Bedingungen entrissen ist,[33] eingebettet in die kontextfreie Bedeutung des der-Eine-für-den-Anderen, die der Leere des Raumes entstammt, des Raumes, der die Leere bedeutet, des verlassenen und verödeten Raumes, der unbewohnbar ist wie die geometrische Homogenität. Verlassen, aber durch wen oder durch was? Leere einer Verlassenheit oder – ja, Zweideutigkeit, die zu klären bleibt – bloß Ausdehnung, Milieu, das für das Kommen und Gehen der Menschen indifferent ist, in das sich eindringen läßt wie in das Nichts und das denkbar ist vor jeder Nähe. Oder, der Klärung zum Trotz, erneute Leere, die besessen macht wie bei der Platzangst, Spur eines Vorübergangs oder Spur dessen, was nicht hat eintreten können, Spur der Ex-zession, des Exzessiven, dessen, was nicht zum Inhalt hat werden können, des Nicht-Inhalts, der in keinem Ver-

[32] Numeri 11, 12.

[33] Die Beschreibung der Nähe als Hagiographie des der-Eine-für-den-Anderen umfaßt auch die *Gesellschaft,* die mit dem Auftauchen des dritten Menschen beginnt und in der meine jeder Problemstellung vorgängige *Antwort,* nämlich meine Verantwortung, wenn sie sich nicht der Gewalt überlassen will, Probleme aufwirft. Denn sie appelliert dann an den Vergleich, an das Maß, an das Wissen, an die Gesetze, die Institutionen – an die Gerechtigkeit. Damit aber die Gerechtigkeit auch berechtigt ist, muß sie die Bedeutung mit einschließen, von der sie einst diktiert wurde.

hältnis steht zu irgendeinem Maß oder zu irgendeiner Fassungskraft, Spur des Unendlichen, das *haargenau* nach diesen Ambiguitäten auf diachrone Weise bedeutet. Raum, der leer ist von dem, was sich in ihm nicht hat versammeln können, Spur eines Vorübergangs, der niemals zu Gegenwart geworden ist, möglicherweise nichts, doch dessen Überschuß über das reine Nichts – als winzige Differenz – in meiner Nicht-Indifferenz gegenüber dem Nächsten liegt, bei der ich gleichsam einem an mich gerichteten Befehl gehorche, einem Befehl, der einen „Keim des Wahnsinns" in die Universalität des Ich streut, an mich, der ich demjenigen Antwort gebe, für den ich verantwortlich bin, ohne daß [dazu] das Vor-Ursprüngliche in einer Gegenwart des Erscheinens hätte entspringen müssen.

Die Passivität der Besessenheit, in der das Bewußtsein die untragbare Vorladung, die ihm vom Nächsten zukommt, nicht mehr verschleiert, ist nicht ein anderer Name für das naive Bewußtsein, für die Unmittelbarkeit, die der Philosophie vorausliegt. Ganz im Gegenteil, die Passivität der Besessenheit gerade stellt die naive Spontaneität des Ego in Frage. Radikalste Infragestellung überhaupt. Der vollendete Kritizismus liegt weder in der Thematisierung, die von der Reflexion *über* sich selbst bewirkt wird, noch im
p. 117 bloßen Blick des Anderen, der mich beurteilt. In der erwähnten Thematisierung bekleidet und schützt die Plastizität des Gegenstandes – die Form – das Ich, das sich offensichtlich – oder nur scheinbar – der Kritik aussetzt und das, indem es sich als universales wahrnimmt, schon den Verantwortungen sich entzogen hat, zu denen ich – immer in deutlicher Abhebung von dem Ich – gezwungen bin und für die ich keine Vertretung anfordern kann. Das Ich, das im Bewußtsein über sich selbst reflektiert und das deklinierbar ist als Objekt und zugleich geschützt ist durch seine unzerreißbare Form als universales Subjekt,

entgeht seinem eigenen kritischen Auge durch seine Spontaneität, die es ihm erlaubt, sich in ebendieses kritische Auge zu flüchten, von dem es beurteilt wird. Die Negativität, in der das Ich sich von sich selbst löst, um sich zu betrachten, ist in jeder Beziehung ein Sich-selbst-Wieder-einholen. Und unter dem Auge des Anderen bleibe ich aus Gründen der Achtung unangreifbares Subjekt. Erst die Besessenheit durch den Anderen, meinen Nächsten, der mich einer Schuld anklagt, die ich nicht aus freien Stücken begangen habe, führt das Ich auf *sich* zurück, diesseits meiner Identität, *früher* als alles Selbstbewußtsein, und entblößt mich vollständig. Soll man dieses „diesseits", dessen Spur im Sein verlorengeht, Kreatürlichkeit nennen, „diesseits", das älter ist als die Verstrickung des Egoismus, die im *conatus* des Seins entsteht? Auf sich zurückkommen heißt nicht, sich bei sich selbst einrichten, selbst wenn man aller Errungenschaften beraubt wäre; es heißt, wie ein Fremder sogar bei sich selbst verjagt werden, in seiner Identität angefochten werden und sogar in seiner Armut, die noch wie eine Haut das Sich umschließen und es so in eine Innerlichkeit einsetzen könnte, in der es schon um sich selbst versammelt, schon Substanz wäre: es heißt, immer wieder aufs neue sich leer machen von sich selbst, sich von sich selbst lösen wie bei der fortwährenden Blutung eines Bluters, diesseits der eigenen Einheit als – noch identifizierbarer und geschützter – Kern, bis hin zur quasi-formalen Identität eines *jemand*, aber immer noch *coram*, in sich gestört so sehr, daß keine eigene Intention mehr bleibt, sich immer weiter aussetzend, über den Akt des Sich- Aussetzens hinaus, der dem eigenen Ausgesetztsein entspräche – sich ausdrückend – sprechend – und darin undeklinierbarer *Einer*, der spricht, das heißt der eben sein Ausgesetztsein aussetzt. Der Akt des Sprechens ist potenzierte Passivität [passivité de la passivité]. Die

Passivität, auf die das Ich in der Nähe zurückgeführt wird, ist die Aufrichtigkeit oder die Wahrhaftigkeit, die der Austausch von Informationen – die Interpretation und Entschlüsselung von Zeichen – bereits voraussetzt.

Als eine dem Imperialismus des auf die Welt hin geöffneten Bewußtseins entgegengesetzte Weise kann diese Passivität, diese einer nicht ablehnbaren Verantwortung zuzuschreibende Undeklinierbarkeit[r], dieses *Für-den-Anderen* nicht in Begriffen der Endlichkeit im pejorativen oder tragischen Sinne des Wortes behandelt werden, wie eine
p. 118 angeborene und bedauernswerte Unfähigkeit, von sich selbst Abstand zu nehmen und sich völlig selbst zu reflektieren. Die Nähe oder die Brüderlichkeit ist weder die gestörte Ruhe in einem Subjekt, das absolut und allein sein will, noch der schlechte Ersatz für eine unmögliche Vereinigung. Ist sie nicht in ihrer Beunruhigung und ihrer Verausgabung und ihrer Diachronie *besser* als jede Ruhe, als alle Fülle des angehaltenen Augenblicks? Alles läuft ab in zeitlicher Folge (selbst die Wahrheit), doch ist die Diachronie nicht lediglich der triste Lauf der Dinge. Das Wort *besser* – und das Gute, das in ihm zur Sprache kommt – treten hier etwas abrupt auf und machen vielleicht unsere ganze Rede „ideologieverdächtig". Doch auch die heutzutage nüchternsten und hellsichtigsten Menschen haben zu Zeiten, das sie am freiesten sind von jener Sorge, in der es dem „Seienden in seinem Sein *um* dieses Sein selbst geht", in ihrer Helle allein den Schatten, in ihrer Ruhe allein die Unruhe und die Schlaflosigkeit, die ihnen vom Elend der Anderen her zukommen; wobei die Schlaflosigkeit nichts anderes ist als die absolute Unmöglichkeit, sich zu entziehen und sich zu zerstreuen.

---

[r] *Das französische Wort [indéclinabilité] besagt sowohl* Undeklinierbarkeit *im grammatikalischen wie* Nichtablehnbarkeit *im juristischen Sinne.*

e. Nähe und Unendliches

Als Spur, die verloren ist in einer Spur, weniger ist als nichts in der Spur eines Exzessiven, aber immer zweideutig bleibt (Spur ihrer selbst – möglicherweise Maske; in einer Leere – möglicherweise Nichts oder „reine Form der Sensibilität") – nimmt das Gesicht des Nächsten mich in Beschlag aufgrund dieser Not. Es sieht mich an und das heißt, es geht mich an,[s] alles an ihm sieht und geht mich an, nichts ist mir gleichgültig. Nichts ist gebietender als diese Verlassenheit in der Leere des Raumes, Spur des Unendlichen, das *vorübergeht*, ohne eintreten zu können – wobei das Gesicht hohl wird als Spur einer Abwesenheit, als runzlige Haut: in der Duplizität der Schönheit die befremdliche Trope einer Präsenz, die der Schatten ihrer selbst ist, eines Seienden, das sich auf anachronistische Weise in seine Spur einrollt.

Rührt solch gebietende Kraft, die nicht Notwendigkeit ist, von dem Rätsel selbst her, von dieser Zweideutigkeit der Spur? Rätsel, in dem das Unendliche sich anspannt und entspannt – un-ursprünglich und an-archisch ebenso wie unendlich – das Unendliche, das durch keine Gegenwart, keine Historiographie zu versammeln ist und dessen Vergangenheit aller erinnerbaren Vergangenheit vorausgeht. Als Aufklaffen eines Abgrundes in der Nähe unterscheidet sich das blinkende Unendliche, das sich den gewagten Spekulationen versagt, vom bloßen Nichts dadurch, daß es den Nächsten meiner Verantwortung aufträgt. Doch unterscheidet es sich auch vom *Sollen*[t], denn die Nähe ist nicht eine bloß asymptotische Annäherung an ihr „Ziel".

[s] *Im Französischen in einer Wendung sagbar, auf deren doppelte Bedeutung Lévinas im Original durch die Hervorhebung in Anführungszeichen anspielt: „Il me regarde".*

[t] *Im Original deutsch.*

p. 119 Ihr Ziel ist kein Ziel, an dem etwas endet. Je mehr ich antworte, desto verantwortlicher bin ich; je mehr ich mich dem Nächsten nähere, für den ich zu sorgen habe, desto weiter finde ich mich entfernt. Wachsende Schuldenlast: das Unendliche als Verunendlichung des Unendlichen, als Herrlichkeit.[34]

Die Annäherung ist nicht-synchronisierbare Dia-chronie, die die Vorstellung und die Thematisierung verschleiern, indem sie die Spur in ein hinterlassenes *Zeichen* verwandeln und indem sie folglich die Zweideutigkeit des Gesichts entweder auf ein Mienenspiel oder auf die Anzeige eines Bedeuteten reduzieren. Doch ist damit ein gefährlicher Weg eröffnet, auf dem ein frommes oder um Ordnung besorgtes Denken voreilig die Existenz Gottes ableitet.

Das Gesicht ist nicht die sichtbare Seite oder das Zeichen für irgendeine – wie es selber persönliche – Wirklichkeit, die jedoch verdeckt wäre und ausgedrückt würde durch die Physiognomie und die sich darböte wie ein unsichtbares Thema. Die Nähe – darauf kommt es bei der hier dargelegten These an – ist gerade nicht eine wie auch immer geartete Verbindung von Themen, eine Struktur, die diese Themen überlagern würde. Das Gesicht fungiert hier nicht als Zeichen für einen verborgenen Gott, der mir

[34] Hegel bringt das schlechte Unendliche so zur Sprache: „Etwas wird ein Anderes, aber das Andere ist selbst ein Etwas, also wird es gleichfalls ein Anderes – und so fort ins *Unendliche. Diese Unendlichkeit ist die schlechte* oder *negative* Unendlichkeit, indem sie nichts ist als die Negation des Endlichen, welches aber ebenso wieder entsteht, somit ebensosehr nicht aufgehoben ist …" G. W. F. Hegel, Encyclopädie der philosophischen Wissenschaften im Grundrisse. Auf der Grundlage der Lassonschen Ausgabe, hrsg. von Johannes Hoffmeister, Leipzig 1949, S. 113 (93, 94). – In der oben beschriebenen Situation wird dagegen das Andere nicht *gleichfalls* ein Anderes; das Endliche entsteht nicht wieder, sondern entfernt sich bei jeder weiteren Phase der Annäherung um die ganze Anderheit des Anderen.

den Nächsten aufnötigen würde. Als Spur seiner selbst, als Spur in der Spur eines Verlassens, ohne daß jemals die Zweideutigkeit sich auflöst, nimmt es das Subjekt in Beschlag, ohne in eine Korrelation mit ihm einzugehen, ohne mir in einem Bewußtsein gleichzuwerden – indem es mir, bevor es erscheint, gebietet, nach dem von der Herrlichkeit bestimmten Anwachsen der Verpflichtung. Es sind dies die Modalitäten der auf alle Formen von Gegenwart und Anwesenheit irreduziblen Bedeutung, von der Gegenwart verschiedenen Bedeutung – Modalitäten, die *gerade die Maßlosigkeit des Unendlichen* artikulieren. Diese Zeichen erwarten nicht etwa eine ontologische Interpretation oder irgendein Wissen, das zu ihrem „sein" noch hinzukäme. Die Annäherung (die sich letztendlich als Stellvertretung erweisen wird) ist nicht spekulativ überholbar: Sie ist die Verunendlichung oder die Herrlichkeit des *Unendlichen*. Das Gesicht als Spur – als Spur seiner selbst, Spur, die aus der Spur vertrieben ist – bedeutet nicht ein unbestimmtes Phänomen; seine Zweideutigkeit ist nicht die Unbestimmtheit eines Noemas, sondern die Einladung zum großen Wagnis der Annäherung als Annäherung – zum Ausgesetztsein des Einen gegenüber dem Anderen, zum Aussetzen dieses Ausgesetztseins, zum Ausdruck des Ausgesetztseins, zum Sagen. In der Annähe- p. 120
rung an das Gesicht wird das Fleisch Wort, die Liebkosung – Sagen. Die Thematisierung des Gesichts löst das Gesicht auf und löst die Annäherung auf. Die Art und Weise, in der das Gesicht seine eigene Abwesenheit unter meiner Verantwortung anzeigt, erfordert eine Beschreibung, die allein in der ethischen Sprache treffend zum Ausdruck kommt.[35]

[35] Die ethische Sprache, auf die die Phänomenologie zurückgreift, um ihre eigene Unterbrechung anzuzeigen, kommt nicht aus einer Interven-

f. Bedeutung und Existenz

Ist die Frage nach Existenz oder Nicht-Existenz die letztgültige Frage? Hinter der Bedeutsamkeit der Bedeutung und der Nähe des Nächsten das Problem der Existenz Gottes aufwerfen, entspräche dem, wie man sagt, Verlangen, letzte Gewißheit zu haben und sich nicht täuschen zu lassen durch das „Nichts" und durch Worte. Doch würde dies nur den Nimbus der Totalität und der Wirksamkeit bezeugen, auf die eine Philosophie des Seins unausweichlich zurückkommt und von denen die volkstümlichen Gewißheiten ausgehen. Das Problem der *Existenz* Gottes aufwerfen, trotz der *Bedeutung*, trotz des der-Eine-für-den-Anderen, die gegen die Zweckbestimmtheit des menschlichen „Interessiertseins" verstoßen – des Menschen, der die Welt bewohnt – heißt, sich allein an die Einheit des Seins halten oder an die Eindeutigkeit seines *esse*, das trotz der Vielfalt seiner Modalitäten, sich [letztendlich] an der Wirksamkeit bewähren muß – an der Handlung und am Widerstand gegen die Handlung –, das eingehen muß in das, was „unter dem Strich steht", das in der Rechnung vorkommen muß, die zu allem Planen gehört.

---

tion des Ethischen, mit der die Beschreibungen überzogen würden. Die ethische Sprache ist der eigentliche Sinn der Annäherung, die sich vom Wissen abhebt. Keine andere als die ethische Sprache ist imstande, das Paradox aufzuwiegen, in das die phänomenologische Beschreibung gerät, wo sie ausgehend von der Enthüllung des Nächsten, seinem Erscheinen, ihn wahrnimmt in seiner Spur, die ihn als Gesicht zum Gebot macht, gemäß einer in der Vorstellung nicht-synchronisierbaren Diachronie. Eine Beschreibung, die am Anfang nur *Sein* und *Jenseits-des-Seins* kennt, schlägt um in ethische Sprache. Das Rätsel, in dem die Transzendenz zutage tritt, unterscheidet sich von der Willkür der Illusion. Die Exteriorität der *Illeität,* die der Enthüllung und der Manifestation widersteht, ist ein Seinmüssen im Angesicht des Anderen, in dem sich jedoch nicht ein *Sollen* – in seinem immer asymptotischen Verlauf – ankündigt, sondern die Herrlichkeit.

Und dabei gehen als Illusion oder als feudale Spitzfindigkeiten übersättigter Gemüter alle Unterschiede an Würde, an Niveau und Distanz verloren; und aufgefüllt werden alle Abgründe der Transzendenz, alle Intervalle, die Furchen eintragen in die „Einheit der Analogie“. Dieser Philosophie des Erfolgs ist ihrerseits der Erfolg sicher.
Gewiß kann man versuchen, die menschliche Selbstlosigkeit zu sichern, indem man von der obersten Wirksamkeit Gottes ausgeht, und man kann so versuchen, das Religiöse auf eine Philosophie der Einheit und der Totalität des Seins, das man dann *Geist* nennt, aufzusetzen, dabei dieser Einheit, die der Garant für die Wirksamkeit Gottes in der Welt ist, die Transzendenz opfern, den Umkehrungen der p. 121
Totalität in Totalitarismus zum Trotz.
All das kann man tun! Die diachrone Zweideutigkeit der Transzendenz bietet sich selbst dieser Wahl an, dieser Option für die Letztgültigkeit des Seins. Aber ist eine solche Wahl die einzig philosophische? Es läßt sich auch bestreiten, daß das Sein noch hinter dem der-Eine-für-den-Anderen bedeutet, und [stattdessen] auf die Geltung des platonischen Wortes vom *Guten* jenseits des Seins dringen, in dem das Sein vom *Guten* ausgeschlossen bleibt, denn wie wäre der *conatus des Seins* aus der Güte des *Guten* zu verstehen? Denn wie soll bei Plotin das *Eine* über die Fülle hinausgehen und Quelle der Emanation sein, wenn das *Eine* im Sein beharren würde, wenn es nicht von diesseits oder von jenseits des Seins her bedeutete, ausgehend von der Nähe, das heißt dem selbstlosen Sich-vom-Sein-Lösen, von der Bedeutung – ausgehend vom der-Eine-für-den-Anderen. Das Band der Totalität kann, obschon es weder aus zu kurzem noch aus verschlissenem Faden ist, die Extra-vaganz der Transzendenz nicht verhindern. Man kann als Philosoph zwischen dem Jenseits-des-Seins und dem Sein nach einer Beziehung forschen, die anders

ist als die – wunderhafte – der Epiphanie oder der Intervention und die in ihrem Rätsel nicht ein Geheimnis ist, und man kann dabei die Hoffnung und die Glaubensüberzeugungen wie auch die Lösung des Rätsels und die symbolischen Formeln, die an diese Lösung denken lassen, ruhig dem Glauben im eigentlichen Sinne überlassen. Dem Köhlerglauben allerdings. Doch hat der Köhler künftig andere Gewißheiten und schließlich seine eigenen Sorgen. Es braucht gegen die Dementis des Mißerfolgs eine äußerst komplexe Einfachheit und schon in jungen Jahren eine einzigartige Reife. Auch das bedeutet der Tod Gottes. Oder sein Leben.

Die als der-Eine-für-den-Anderen strukturierte „Bedeutung" wird hier unabhängig sowohl von der ontologischen Finalität wie auch vom mathematischen Funktionalismus entwickelt, die in der großen Tradition der abendländischen Philosophie die Normen für die Verstehbarkeit oder den Sinn liefern.

Einen Sinn haben heißt, Mittel eines Zwecks sein und so letztendlich untrennbar sein von einem Willen, durch den der Zweck Zweck ist – ob nun der Wille dem Zweck die Zweckbestimmtheit verleiht oder der Wille durch den Zweck hervorgerufen wird. Der Selbstzweck – die Gottheit – wäre gerade fähig, sich selbst zu wollen. Aber hat der Selbstzweck der Theologie überhaupt noch Mittel nötig?

Man muß folglich über die Korrelation von Zweck und Wille hinaus auf ein Beziehungssystem zurückgehen, in dem die teleologischen Beziehungen ihrerseits nur einen
p. 122 Bereich bilden, auf ein System umkehrbarer – wenn nicht reziproker – Beziehungen, die die Hierarchie der Zweckbestimmtheit in der axiologischen Indifferenz außer Geltung setzen. Jenseits der Teleologie beruht die Bedeutung auf der Konstellation, die durch die Seienden gebildet

wird; in den Beziehungen, in denen diese aneinander gebunden sind, erschöpfen sie das ganze Gewicht ihres Beharrens im Sein, vergleichbar den Wörtern in einem linguistischen System. Man kann sich durchaus nach diesem linguistischen Modell die Totalität des Wirklichen vorstellen und sich dem in der Forschung annähern, wobei dann die Substantialtiät der Seienden sich in der Überschneidung der Beziehungen auflöst und die Seienden keine zusätzliche Identität behalten außer der, die sich der Referenz eines jeden Beziehungsgliedes zu allen anderen Gliedern verdankt. Das Sein würde sich in einem „dieses als jenes" manifestieren, nicht weil seine Manifestation unzureichend wäre und so auf die Symbolik angewiesen, sondern weil die Sprache und ihr System die Manifestation selbst wären. Der Primat der theoretischen Vernunft oder das theoretische Wesen der Vernunft und der Bedeutung wird in dieser formalistischen oder mathematischen Sicht der Verstehbarkeit bestätigt, wenn man davon absieht, daß die Finalität der theoretischen Praxis – die sich im übrigen sogleich als Norm der Redlichkeit etabliert – uns ihrerseits zu einer Teleologie der Erkenntnis zurückführt.
Längst vor der Entstehung der strukturalistischen Wissenschaft (deren philosophische Vorwegnahme seit Descartes und Leibniz das Ideal der *mathesis universalis* darstellt) bezeugt die Philosophie Husserls auf strikteste Weise die Invarianz einer solchen Teleologie hinter der reinen Wissenschaft. Obwohl er die Ideologie eines Subjekts, das als Mensch die Welt bewohnt, so weit wie möglich auf die Evidenzen eines transzendentalen Ich reduziert und obwohl er so, in Übereinstimmung mit dem abendländischen Rationalismus, jede Art Transzendenz von Strukturen, die das Subjekt entdeckt und deren Reichweite und deren Horizont es festlegt, ausschließt – macht Husserl die Bedeutsamkeit der Bedeutungen an

den „signitiven Intentionen“ fest, die durch die Gegenstände mit ihrer „Realpräsenz“ erfüllt werden. Trotz der Ausweitung, die die Phänomenologie dem Wort *Intention* zukommen läßt, trägt die Intentionalität die Spur des absichtlich Gewollten und des Teleologischen an sich. Die Bedeutung ist bedeutsam von einem Mangel, von einer gewissen Negativität, von einem Verlangen her, das leer – wie ein Hunger, aber auf eine bestimmte Weise – die Präsenz anzielt, die es füllen soll. Ob sie nun Erwartung einer Vorstellung ist oder Hören einer Botschaft, die anschauliche Erfüllung ist die Vollendung einer teleologischen Intention. Das Sinnhafte verweist auf eine erkennende
p. 123 Subjektivität, und die mathematische Konstellation der logischen Strukturen – als die Eidetik der Inhalte – verweist auf die „Geistbegabtheit“ der Intention, die dem einen Sinn verleiht, was sich in der Offenheit manifestiert und dabei diesen Sinn aufnimmt. In Übereinstimmung mit der gesamten philosophischen Tradition des Abendlandes bleibt das Wissen – in seinem Durst wie im Löschen dieses Durstes – Norm des Geistigen und wird die Transzendenz sowohl von der Verstehbarkeit wie auch von der Philosophie ausgeschlossen.

Die Stellung des Subjekts in der von Husserl ausgehenden Philosophie: Existenz, axiologische Empfindung, praktische Intentionalität, Seinsdenken und selbst der Mensch als Zeichen oder der Mensch als Hüter des Seins – bewahrt durch alle Wandlungen der Interpretation hindurch den theoretischen Sinn der Bedeutung, insofern die Offenheit, die Manifestation, die Phänomenalität, das Erscheinen das eigentliche Geschehen – das „Ereignis“[u] oder die „Aneignung“ des *esse* bleiben.

Die voranstehenden Seiten haben den Versuch unternom-

[u] *Im Original deutsch.*

men, eine Bedeutung zu umreißen, bei der das *Für* des Für-den-Anderen außerhalb jeglicher Korrelation und jeglicher Finalität ein *Für* vollkommener Unentgeltlichkeit ist und mit dem Interessiertsein bricht: ein *Für* der menschlichen Brüderlichkeit außerhalb jedes im vorhinein begründeten Systems. Geistbegabtheit, das heißt Sinn, und zwar Sinn, der nicht bloßer Mangel an Sein ist. Geistbegabtheit, die sich nicht mehr vom Erkennen her verstehen läßt; im indifferenten Glanz des glänzenden Seins Umsturz dieses Seins in Sinn, in Nähe, die sich nicht in Wissen auflöst; sie bedeutet als Differenz, die, außerhalb allen Wissens, Nicht-Indifferenz ist. Die Nähe ist Bedeutung, nicht weil sie Anzielen irgendeines Themas wäre, Bedürfnis nach einem anderen Seienden – das erfüllt ist oder unmittelbar davorsteht, befriedigt zu werden. Das der-Eine-für-den-Anderen der Nähe bildet keine ontologische Verbindung der Befriedigung. Die Fassungskraft des Seienden – und des Bewußtseins, seines Korrelates – reicht nicht aus, um die Verstrickung, die im Gesicht des Anderen angelegt ist, in sich aufzunehmen, jene Spur einer unvordenklichen Vergangenheit, die eine Verantwortung hervorruft derart, daß sie nicht mehr unter die Einklammerung einer Epoché fällt, sondern ihr zuvorkommt oder über sie hinausgeht. „Über sie hinausgeht" – diese Formulierung macht bereits Konzessionen an die ontologische und theoretische Sprache, als wäre das *über … hinaus* oder das *jenseits* noch ein Begriff oder ein Seiendes oder eine Seinsweise oder der negative Gegenpol zu all dem. Die Annäherung ist nicht die Vorstellung eines Seienden jenseits des Seins – so ent-theoretisiert die Intentionalität dieser Vorstellung auch sei. Die Diachronie der Annäherung ist nicht eine unzureichende Anschauung. Die im Gesicht vorübergegangene oder vergangene Spur ist nicht p. 124
die Abwesenheit eines Noch-nicht-Offenbarten, sondern

die An-archie dessen, was niemals gegenwärtig gewesen ist, eines Unendlichen, das im Gesicht des Anderen gebietet und das sich – wie ein ausgeschlossenes Drittes – nicht anzielen läßt.[36]

[36] Kann man die Frage nach der *Göttlichkeit* des Ein-Gottes so stellen, wie man die Frage nach der *Menschlichkeit* des Menschen stellt? Hat dieses Ein / dieser Eine eine Gattung? Läßt sich die Göttlichkeit Gottes für sich denken, gesondert von Gott, so wie sich das Sein gesondert vom Seienden denken läßt? Das ganze Problem besteht gerade darin, sich zu fragen, ob Gott wie das Sein zu denken ist oder als jenseits. Selbst wenn durch die List der Sprache die Göttlichkeit Gottes formulierbar ist, so muß doch dem Sein, das von der Göttlichkeit bezeichnet wird, sogleich die adverbiale Bestimmung *in höchster Weise* hinzugefügt werden. Die Oberhoheit des Höchsten wird im Sein aber erst von Gott her gedacht. Dem – noch nicht ausreichend bedachten – Wort Malebranches gemäß: „das Unendliche ist sich selbst Idee".

Kapitel IV
Die Stellvertretung[1]

Ich bin du, wenn ich ich bin.
Paul Celan

p. 125

1. Ursprung und Anarchie

In der Beziehung zu den Seienden, die man Bewußtsein nennt, identifizieren wir diese Seienden durch die Dispersion in Abschattungen hindurch, in denen sie erscheinen. Im Selbstbewußtsein identifizieren wir uns im Durchgang durch die Vielfalt der zeitlichen Phasen: so als bestünde das subjektive Leben in Gestalt des Bewußtseins für das Seiende selbst darin, sich zu verlieren und sich wiederzufinden, um *sich zu besitzen*, indem es sich zeigt, sich als Thema vorstellt, sich in der Wahrheit darstellt und zur

[1] Aus diesem Kapitel ist das vorliegende Buch hervorgegangen. Der Text wurde in seinen wichtigsten Teilen anläßlich einer öffentlichen Vorlesung an der Faculté Universitaire St. Louis in Brüssel am 30. November 1967 vorgetragen. Er folgte auf eine Vorlesung, die am Vortag in demselben Rahmen unter dem Titel „La Proximité" gehalten worden war und im wesentlichen dem Aufsatz „Langage et Proximité" entsprach, der seither in der zweiten Auflage unseres Buches En découvrant l'existence avec Husserl et Heidegger [deutsch: „Sprache und Nähe", in SpA 261-294] erschienen ist. Die beiden Vorlesungen „La Proximité" und „La Substitution" waren unter dem Gesamttitel „Au-delà de l'Essence" angekündigt worden. Der Text der zweiten Vorlesung stellte, so wie er in der „Revue Philosophique de Louvain" (August 1968) veröffentlicht wurde, eine revidierte Fassung des ursprünglich gehaltenen Vortrags dar. Für den Leser, der mehr ‚verkraften' kann als der Zuhörer, sind bestimm-

Schau stellt. Diese Identifizierung ist nicht das *Gegenstück* zu einem Bild. Sie ist ein geistiger Anspruch, ist Proklamation, Sagen, Kerygma. Aber durchaus nicht willkürlich und von daher beruhend auf dem geheimnisvollen Wirken eines Schematismus in der Sprache, der es ermöglicht, daß der Dispersion in Aspekte und Bilder eine Idealität entspricht, die Idealität von Abschattungen und Phasen. Sich eines Seienden bewußt werden heißt also für dieses Seiende immer, erfaßt werden durch eine Idealität und ausgehend von einem Gesagten. Selbst ein empirisches individuelles Seiendes wird zugänglich erst durch die Idealität des Logos. Die Subjektivität läßt sich so, insofern sie Bewußtsein ist, als Artikulation eines ontologischen Ereignisses verstehen, als einer der „geheimnisvollen Wege",
p. 126 auf denen das Sein seinen „Seinsvollzug" entwickelt. Thema sein, verstehbar sein oder offen, sich besitzen – der Moment des *Habens* im *Sein* – all das artikuliert sich im Gang des *sein*. Sich verlieren und sich wiederfinden, ausgehend von einem idealen Ursprung und Prinzip, von einer ἀρχή in ihrer thematischen Darstellung – in dieser Weise geht das Sein seinen Gang als Sein. Der Umweg über die Idealität führt zur Übereinstimmung mit sich selbst, das heißt zur Gewißheit, die der Wegweiser und

---

te Gedankengänge strenger formuliert worden. Anmerkungen sind hinzugekommen. Für die jetzt vorliegende Form ist der damals publizierte Text erneut verändert worden. – *[Die Übersetzung des nachfolgenden Kapitels kann sich daher auf die bereits publizierte, von W. N. Krewani besorgte Übersetzung des Aufsatzes „La Substitution" stützen (SpA 295-330). Abweichungen von dieser Übersetzungsvorlage gehen zum einen auf die oben erwähnten Veränderungen zurück, die das vorliegende Kapitel in AQ gegenüber der Aufsatzfassung von 1968 erfahren hat. Sie ergeben sich zum anderen aus der Sache des Übersetzens, die von sich her Mehrstimmigkeit fordert – und so eine der in diesem Buch formulierten (und praktizierten) Einsichten bestätigt: daß das einmal Gesagte schon schlecht gesagt ist, wo es den Eindruck erweckt, ein für alle Male gesagt zu sein. T. W.]*

Garant für das gesamte geistige Abenteuer des *Seins* bleibt. Gerade deshalb aber ist dieses Abenteuer kein Abenteuer. Niemals ist es riskant. Es ist Selbstbesitz, Prinzipat, ἀρχή. Was ihm an Unbekanntem auch zustoßen mag, ist schon im voraus enthüllt, erschlossen, offenbar; es paßt sich ein in die Form des Bekannten und vermag nicht wirklich zu überraschen.

Und für die philosophische Tradition des Abendlandes paßt jede Art geistigen Lebens ins Bewußtsein, in die Darstellung des Seins, ins Wissen.

Ausgehend von der Sensibilität, die nicht als Wissen, sondern als Nähe gedeutet wurde, und indem wir in der Sprache hinter dem Informationskreislauf, zu dem sie wird, die Berührung und die Sensibilität untersuchten, haben wir uns bemüht, die Subjektivität als etwas zu beschreiben, das nicht auf das Bewußtsein und die Thematisierung zurückzuführen ist. Die Nähe erscheint als Beziehung zum Anderen, die sich weder in „Bilder" auflösen noch als Thema darstellen läßt; als Beziehung zu dem, was im Verhältnis zur ἀρχή der Thematisierung nicht übermäßig ist, vielmehr ohne gemeinsames Maß mit ihr, zu dem, was seine Identität nicht vom kerygmatischen Logos erhält und was jeden Schematismus zum Scheitern bringt.

Sich nicht in ein Thema einpassen können, nicht erscheinen können – diese Unsichtbarkeit, die zu „Berührung" und Besessenheit wird, liegt nicht an der Bedeutungslosigkeit dessen, dem man sich nähert, sondern an einer Art des Bedeutens, die ganz anders ist als die, die das Sich-Darbieten mit dem Sehen verbindet: jenseits der Sichtbarkeit läßt sich hier keinerlei Bedeutung mehr darstellen, die noch in ihrem Zeichen thematisiert wäre; ebendas *Transzendieren* dieses „jenseits" ist hier Bedeutung. Bedeutung, das heißt die widersprüchliche Trope des *der-Eine-für-den-*

Anderen. Der-Eine-für-den-Anderen meint nicht eine Unzulänglichkeit der Anschauung, sondern den Überschuß der Verantwortung. Meine Verantwortung für den Anderen ist das *für* der Beziehung, ist die eigentliche Bedeutsamkeit der Bedeutung, die, bevor sie sich im *Gesagten* zeigt, im *Sagen* bedeutet. *Der-Eine-für-den-Anderen* – gerade darin liegt die Bedeutsamkeit der Bedeutung! Nicht daß das „jenseits" „weiter entfernt" wäre als alles,
p. 127 was „in der Abwesenheit präsent" oder „durch ein Symbol dargestellt" erscheint. All das hieße noch, sich dem Ursprung und dem Prinzip unterwerfen, dem Bewußtsein verfallen. Hier aber kommt es gerade auf die Weigerung an, sich durch ein Thema zähmen oder bändigen zu lassen. Die Bewegung, die „darüber hinaus" geht, die „Jenseits-Bewegung", verliert die ihr eigene Bedeutsamkeit und wird Immanenz, sobald der Logos das „jenseits" überprüft, es einsetzt, es präsent macht und darstellt, während doch seine Nachbarschaft in der Nähe absolute Exteriorität bleibt, ohne gemeinsames Maß mit der Gegenwart, nicht in ihr zu versammeln, immer „schon in der Vergangenheit" – der gegenüber die Gegenwart zu spät kommt –, über das „jetzt" hinaus, das durch diese Exteriorität beunruhigt oder zu Besessenheit wird. Diese Weise, zu vergehen und dabei die Gegenwart zu beunruhigen, ohne sich durch die ἀρχή des Bewußtseins einsetzen zu lassen, diese Weise, auf der Helle des Sichtbaren Streifen zu hinterlassen, haben wir Spur[2] genannt. So ist die Nähe *auf anarchische Weise* Beziehung zu einer Einzigartigkeit ohne die Vermittlung irgendeines Prinzips, irgendeiner Idealität.

[2] Wenn das Anarchische sich nicht im Bewußtsein meldete, so würde es auf seine Weise *herrschen.* Das Anarchische ist nur möglich, wo es durch die Rede angefochten wird, die zwar durch einen Sprachmißbrauch seine Anarchie verrät, sie aber zugleich, ohne sie zurückzunehmen, übersetzend zum Ausdruck bringt.

Dieser Beschreibung entspricht im Konkreten meine Beziehung zum Nächsten, als Bedeutsamkeit, die sich unterscheidet von der berühmten „Sinngebung“, weil ihre Bedeutung in ebender Beziehung zum Nächsten liegt, im der-Eine-für-den-Anderen. Diese Unvergleichbarkeit im Verhältnis zum Bewußtsein, die zu Spur von *ich weiß nicht woher* wird, ist weder die harmlose Beziehung des Wissens, in dem alles einander gleich wird, noch die Indifferenz der räumlichen Kontiguität. Sie ist eine Vorladung, die durch den Anderen an mich ergeht, eine Verantwortung für Menschen, die wir nicht einmal kennen. Die Beziehung der Nähe, die sich auf keinerlei Modus geometrischer Distanz oder Kontiguität zurückführen läßt noch auf die bloße „Vorstellung“ vom Nächsten, ist *je schon* Vorladung von äußerster Dringlichkeit – Verpflichtung, die *auf anachronistische Weise* jedem Engagement vorausgeht. Vorgängigkeit, die „älter“ ist als das Apriori. Diese Formulierung bringt eine Art des Affiziertseins zum Ausdruck, die sich keineswegs der Spontaneität verdankt: Das Subjekt wird affiziert, ohne daß die Quelle der Affektion zum Gegenstand der Vor-stellung würde. Diese auf das Bewußtsein irreduzible Beziehung haben wir als Besessenheit bezeichnet: Beziehung zu einer Exteriorität, die „früher“ ist als der Akt, der sie eröffnen könnte, Beziehung, die gerade nicht Akt, nicht Thematisierung ist, nicht Setzung im Fichteschen Sinne. Nicht alles, was im Bewußtsein ist, ist demnach durch das Bewußtsein *gesetzt*, was jenem Satz widerspricht, den Fichte für grundlegend hielt.

Die Besessenheit läßt sich nicht zurückführen auf das Be- p. 128
wußtsein, auch wenn sie es umstürzt – und sich so, verraten zwar, aber thematisiert, in einem Gesagten zeigt; sie durchquert gegenläufig das Bewußtsein und schreibt sich ihm als fremd ein: als Ungleichgewicht, als Wahn, als et-

was, das die Thematisierung auflöst, das sich dem *Prinzip*, dem Ursprung, dem Willen, der archè entzieht, die in jedem Bewußtseinsschimmer entstehen. Im ursprünglichen Sinne des Begriffs an-archische Bewegung. In keiner Hinsicht kann daher die Besessenheit als Erweiterung des Bewußtseins gelten.

Doch besteht die An-archie nicht in einer der Ordnung entgegengesetzten Unordnung, so wie das Ausbleiben des Themas nicht die vermeintliche Rückkehr zu einem diffusen „Bewußtseinsfeld" ist, das der Aufmerksamkeit zuvorkäme. Die Unordnung ist ja nur eine andere Ordnung und das Diffuse wird möglicherweise noch thematisiert.[3] Die Anarchie stört das Sein über diese Alternativen hinaus. Sie hält das ontologische Spiel an, das gerade als Spiel Bewußtsein ist, in dem sich das Sein verliert und wiederfindet und sich so erhellt. In Gestalt eines Ich, eines Ich aber, das auf anachronistische Weise *im Verzug* bleibt ge-

[3] Vgl. bei Bergson in L'évolution créative [Paris: Presses universitaires de France 1969, S. 221-237] die Seiten über den Begriff der Unordnung, die sehr genau bedacht sein wollen. Umsturz und Revolution befinden sich innerhalb der Ordnung. Was dem Bewußtsein in der Erfahrung eines „neuen Gegenstandes" als das „Zu-Nichts-Werden des ersten" erscheint, zeigt sich dem Philosophen, der den Vorgang „hinter dem Rücken des Bewußtseins" zu sehen vermag, als Resultat einer Genese, als entstehend inmitten derselben dialektischen Ordnung (vgl. G. W. F. Hegel, Phänomenologie des Geistes, ed. Hoffmeister, a. a. O. S. 73, 74). Genetische Bewegung, die über den Staat im absoluten Wissen mündet, in dem sich das Bewußtsein erfüllt. Der Begriff der Anarchie, wie wir ihn hier einführen, geht dem politischen (oder anti-politischen) Sinn voraus, der ihm im allgemeinen Sprachgebrauch zukommt. Er kann nicht, ohne sich selbst zu widerlegen, als Prinzip gesetzt werden (in dem Sinne, wie ihn die Anarchisten verstehen). Die Anarchie kann nicht souverän sein wie die *archè*. Sie kann den Staat nur stören – allerdings auf radikale Weise und so, daß dadurch Momente der Negation *ohne irgendeine* Bejahung möglich werden. Der Staat kann sich so nicht zum Ganzen erheben. Umgekehrt aber läßt sich die Anarchie zur Sprache bringen. Die Unordnung hat dennoch einen irreduziblen Sinn – als Verweigerung der Synthese. Vgl. Kap. III, Anm. 6.

genüber seiner Gegenwart, unfähig, diesen Verzug aufzuholen, das heißt in Gestalt eines Ich, das unfähig ist, das zu denken, wovon es „berührt"[4] wird, erfolgt die Einwirkung des Anderen auf das Selbe derart, daß sie das Selbe unterbricht, es sprachlos läßt: die An-archie ist Verfolgung. Die Besessenheit ist Verfolgung: die Verfolgung bildet hier nicht den Inhalt eines zu Wahnsinn gewordenen Bewußtseins; sie bezeichnet die Form, nach der das Ich affiziert wird und die ein Ausbleiben des Bewußtseins ist. Diese Umkehrung des Bewußtseins ist gewiß Passivität. Aber Passivität diesseits aller Passivität; sie definiert sich in einer ganz anderen Begrifflichkeit als der intentionalen, für die das *Erleiden* immer auch ein *Übernehmen* ist, das p. 129
heißt eine Erfahrung, in die man im vorhinein immer schon eingewilligt hat, die bereits Ursprung und ἀρχή ist. Gewiß bezeichnet die Intentionalität des Bewußtseins nicht einzig und allein die willentliche Intention. Doch behält sie deren Anfang setzende oder inchoative Struktur. Das Gegebene wird durch ein Denken aufgenommen, das im Gegebenen seinen Entwurf erkennt oder es in seinen Entwurf einsetzt und so seine Herrschaft über das Gegebene ausübt. Das, wodurch das Bewußtsein affiziert wird, präsentiert sich zunächst auf Distanz, manifestiert sich, schon beim ersten Mal, a priori, wird in der Vorstellung ver-gegenwärtigt; es betrifft das Bewußtsein nicht, ohne sich anzukündigen, es läßt durch das räumliche und zeitliche Intervall die zum Aufnehmen erforderliche freie Zeit. Was sich durch das intentionale Bewußtsein und in ihm erfüllt, bietet sich der Protention an und nimmt Abstand von sich selbst in der Retention, um durch diesen Abstand

[4] Unfähigkeit, die jedoch *benannt werden* kann. Die An-archie *herrscht* nicht, und sie hält sich so in der Zweideutigkeit, im Rätsel, sie hinterläßt eine Spur, die die Rede im Schmerz des Ausdrucks zu sagen versucht. Aber nur die Spur.

hindurch identifiziert und in Besitz genommen zu werden. Dieses Spiel im Sein ist das Bewußtsein selbst: Gegenwärtigkeit für sich selbst aufgrund der Differenz, die zugleich ein Sich-Verlieren und ein Sich-Wiederfinden in der Wahrheit ist. Das *Für-sich* des Bewußtseins ist so gerade die Macht, die das Sein über sich selber hat, sein Wille, seine Herrschaft [principauté]. In ihm wird es sich selbst gleich und besitzt sich. Die Herrschaft liegt im Bewußtsein als solchem, und Hegel hielt das *Ich* für nichts anderes als für das Bewußtsein, das sich in der Gleichheit mit sich selbst beherrscht, in dem, was er die „Freiheit dieser unendlichen Gleichheit" nennt.

Von dieser Gestalt des Seins, das sich in der Gleichheit selbst besitzt – vom *Sein* im Sinne der *ἀρχή* – hebt sich die Besessenheit ab, die wir in der Nähe erkannt haben. Wie kann im Bewußtsein, das doch ganz Freiheit oder das im letzten Freiheit ist – denn in ihm wird alles intentional übernommen – wie kann im Bewußtsein, das ganz Gleichheit ist – Gleichheit seiner mit sich selbst, aber auch Gleichheit insofern, als bewußtseinsmäßig die Verantwortung jeweils strikt durch die Freiheit bemessen wird (und insofern also die Verantwortung immer begrenzt ist) – wie kann dann im Bewußtsein die Passivität der Besessenheit stattfinden? Wie ist im Bewußtsein ein Leiden oder eine *Passion* möglich, deren tätige Quelle nicht – und zwar in gar keiner Hinsicht – unter das Bewußtsein fällt? An dieser Exteriorität ist festzuhalten. Sie ist weder gegenständlich noch räumlich, nicht wiedereinholbar in die Immanenz, in der sie sich der Ordnung des Bewußtseins unterstellen und in diese Ordnung sich einfügen würde, sie ist vielmehr obsessionell, nicht-thematisierbar und im soeben definierten Sinne an-archisch.

Die meta-ontologische und die meta-logische Struktur dieser *Anarchie*, die den Logos, durch den das Bewußtsein

sich immer wieder faßt und beherrscht, und, mit dem Logos verbunden, die Apologie auflöst – die Struktur dieser Anarchie zeichnet sich ab in einer *Verantwortung, die sich durch kein vorgängiges Engagement begründet* – in der Verantwortung für die Anderen – in einer ethischen Situation. Passion, absolut insofern, als sie ergreifend ist p. 130
ohne jedes Apriori. Infolgedessen Bewußtsein, das erfaßt und erschüttert ist, bevor es sich ein Bild macht von dem, was auf es zukommt, erfaßt *wider Willen*. Wir erkennen an diesen Zügen die Verfolgung wieder, Infragestellung, die der Befragung vorausgeht, und Verantwortung über den Logos der Antwort hinaus. Als wäre die Verfolgung durch den Anderen im Grunde Solidarität mit dem Anderen. Wie kann eine solche *Passion*[5] statt-finden, Raum und Zeit haben im Bewußtsein?

2. *Die Rekurrenz*[a]

Das Bewußtsein aber – das Wissen des Selbst um sich selbst – erschöpft nicht den Begriff der Subjektivität. Das Bewußtsein geht bereits auf eine „subjektive Bedingtheit"

[5] Beziehung ohne Apriori, das aus einer Spontaneität hervorgeht, und sei es auch nur derjenigen, die die Ontologie für das endliche Denken verlangt: einer Spontaneität, die reine Rezeptivität ist und die, um Seiendes aufzunehmen, als transzendentale Einbildungskraft wirken muß und Imaginärem Gestalt gibt.

[a] Rekurrenz – *ist die Entsprechung zum französischen „récurrence", das in dem speziellen Sinn, in dem das Wort in der vorliegenden Untersuchung verwendet wird, kein Äquivalent in der Umgangssprache hat. Der Terminus hat hier die Funktion eines Leitwortes für die von Lévinas versuchte Beschreibung einer* Transzendenz der Leiblichkeit. *Im Gegensatz zur Reflexivität des Bewußtseins bzw. dieser Reflexivität zuvor bezeichnet die „récurrence" das Vor-den-eigenen-Anfang-Zurückgehen des Subjekts, seine Herkunft aus dem, was ihm in absoluter Weise entgeht, aus uneinholbarer Vergangenheit und aus einer Passivität, der*

zurück, auf eine Identität, die man „Ich"[b] nennt. Fragt man allerdings nach der Bedeutung dieser Identität, so trifft zu, daß man gewöhnlich entweder eine verdinglichte Substanz damit anzeigt oder das *Für-sich* des Bewußtseins darin wiederfindet. Nach der traditionellen Lehre des Idealismus sind Subjekt und Bewußtsein äquivalente Begriffe, ohne daß der *Wer* oder der *Eine* auch nur erahnt werden; der *Wer* oder der *Eine*: Nicht-Beziehung, sondern in absoluter Weise Term – es sei denn, es handelte sich um den Term einer unumkehrbaren Vorladung, der möglicherweise unter dem veralteten Begriff der Seele versteckt wäre. Term, der nicht rückführbar ist auf die Beziehung und der gleichwohl rekurrent ist – Ich in sich selbst wie ein Klang, der in seinem eigenen Echo widerklingt; Knoten einer Wellenbewegung, die nicht erneut Bewußtsein ist.[6] *Der rekurrente Term* ist hier über das Bewußtsein

---

keine Rezeptivität mehr entspricht. Diese Herkunft setzt die Leiblichkeit des Subjekts voraus, ist Herkunft aus der schon erläuterten Ausgesetztheit an Genuß und Schmerz, an Trauma und Verfolgung, aus einer Leiblichkeit, die Lévinas im folgenden auch als Geschöpflichkeit *deutet: als Gerufensein vor dem Sein. Beim Rückgang in diese Herkunft trifft Lévinas auf das, was er „Sich" nennt: Ich-im-Akkusativ, jemand, der, noch bevor er er selbst ist, bevor er sich selbst hat, schon sich „vorgeladen" findet, zitiert zu dem, was ihm unübernehmbar bleibt.*

[6] Es geht hier nicht darum, zum Unbewußten hin abzusteigen, dessen Definition noch in rein negativer Weise auf das Bewußte bezogen bleibt und das damit die Struktur des Wissens um sich selbst behält (bei allen unabsehbaren Verzweigungen, die so diese Struktur noch einmal komplizierter machen); das die Struktur einer Suche nach sich selbst behält, auch wenn sie auf blockierten Wegen in die Irre geht; Unbewußtes, das Spiel des Bewußtseins bleibt, dessen Ergebnis die *Analyse* – gegen die Beeinträchtigungen durch verdrängte Begierden – sicherzustellen sucht, und zwar im Namen genau der Regeln dieses Spiels. Bewußtseinsspiel, das zwar Regeln umfaßt, in dem jedoch die Verantwortungslosigkeit des Spiels als Krankheit zum Ausbruch kommt; Bewußtseinsspiel, das Spiel par excellence ist, „transzendentale Einbildungskraft", aber so auch der Grund für Einbildungen, für Phantasmata.

[b] *Im französischen Text: „‚Moi' ou ‚Je'".*

und sein Spiel hinaus – oder ihm zuvor – Gegenstand der Untersuchung, jenseits oder diesseits des vom Bewußtsein thematisierten *Seins*, außerhalb des Seins und infolgedessen in sich gleichsam im Exil; unter der Wirkung einer Vertreibung, deren positive Bedeutung zu explizieren p. 131
bleibt; unter der Wirkung einer solchen Vertreibung aus dem Sein, in sich; Vertreibung insofern, als sie mich vorlädt, schon bevor ich mich zeige, bevor ich mich einrichte: ich bin vorgeladen ohne Möglichkeit des Einspruchs, heimatlos, schon an mich selbst zurückverwiesen, aber ohne dort Halt finden zu können – genötigt, bevor ich beginne. Nichts, was dem Selbstbewußtsein gleicht, etwas, das nur Sinn hat als überraschendes Auftauchen einer Verantwortung in mir, dem Engagement zuvor, das heißt einer Verantwortung für den Anderen. Darin bin ich Einer und unersetzbar – Einer als unersetzbar in der Verantwortung. Unterseite eines Wandteppichs, der an der Oberseite des Bewußtseins verläuft und *im Sein* stattfindet.[c]

Nichts, was dem Selbstbewußtsein gleicht: Die Reduktion der Subjektivität auf das Bewußtsein beherrscht das philosophische Denken, das sich seit Hegel müht, den Dualismus von Sein und Denken zu überwinden, indem es in verschiedenen Gestalten Substanz und Subjekt identifiziert. Was zugleich darauf hinausläuft, die Substantivität der Substanz zu einer Beziehung des Selbstbewußtseins aufzulösen. In der Philosophie gerade soll sich die sukzessive und progressive Entdeckung des Seins für es selbst ereignen. Das Wissen – die Ent-deckung – kommt demnach nicht zum Sein des Seienden, zum *sein*[7], hinzu. Das *sein* des Seins geht seinen Gang als eine Wachsamkeit, die

[7] Wir gebrauchen weiterhin und in hervorgehobener Weise den Terminus *sein [essence]* als ein abstraktes Handlungswort für das vom Seienden verschiedene Sein in der Doppeldeutigkeit von Sein und Seiendem.
[c] Stattfindet – *im doppelten Sinne: seinen Ort hat und seine Zeit.*

unablässig über ebendiese Wachsamkeit wacht, als Selbstbesitz. Die Philosophie, die das *sein* als Onto-logie zur Sprache bringt, vollendet dieses *sein* – diese Klarheit über die Klarheit – durch den Logos. Das Bewußtsein vollendet das Sein des Seienden. Für Sartre wie für Hegel wird das Selbst vom *Für-sich* her gesetzt. Die Identität des *ich* geht so auf die Rückwendung des *sein* zu sich selbst zurück. Das *ich* oder das Selbst, dem Anschein nach das Subjekt oder die Bedingung dieser Rückwendung, wobei das Selbst die Gestalt eines Seienden unter Seienden annimmt, geht demnach in Wahrheit auf eine Abstraktion zurück, die dem konkreten Prozeß des *Selbstbewußtseins* entnommen ist oder der „Darbietung" des Seins in der Geschichte oder in der Erstreckung der Zeit, in der sich durch Brüche und Wiederanknüpfungen hindurch das Sein für sich selbst zeigt. Die Zeit, das *sein*, das *sein* als Zeit ist so genau das Absolute der *Rückkehr zu sich*. Die Vielfalt einzigartiger Subjekte, „Seiender", denen man unmittelbar, empirisch begegnet, ginge aus jenem universalen Selbstbewußtsein des *Geistes* hervor: Staubfädchen, die er auf seinem Rundweg sammelt, oder Schweißtropfen, die ihm auf der
p. 132 Stirn stehen, hervorgerufen durch die Arbeit des Verneinens, die er dann vollbracht hat; vergessenswerte Momente, bei denen nur die Identität zählt, die sie ihrer Position im System verdanken – und die sich im *Ganzen des Systems* auflöst.

Die Selbstreflexion des Bewußtseins, das Ich, das das Sich wahrnimmt, ähnelt nicht der vor-gängigen Rekurrenz des Sich, dem Einen ohne alle Dualität, jener Rekurrenz, die von selbst von vornherein auf sich zurückgedrängt ist, in die Enge getrieben oder in der eigenen Haut in sich verkrümmt, nicht wohl in der eigenen Haut, in sich schon außerhalb seiner. Und ebensowenig bringt die Beunruhigung des Sich eine Art Aufgeteiltsein in Phasen zum Ausdruck, die, einander äußerlich bleibend, in einem Strom der inneren Zeit im Husserlschen Sinne die Vergangenheit einbehalten und auf die Zukunft ausgreifen. Das Sich ist nicht der Idealpol einer Identifizierung durch die Mannigfaltigkeit „psychischer Abschattungen" hindurch, die auf kerygmatische Weise das Selbe verkünden kraft eines geheimnisvollen Schematismus' der Rede.[8] Das Sich trägt seine Identität nicht, wie die Seienden sie tragen, die identisch sind, insofern sie gesagt sind, ohne widerrufen zu werden, und die so zum Thema werden und für das Bewußtsein erscheinen. Die unauflösbare Rekurrenz des Sich im Subjekt geht jeder Unterscheidung zwischen Momenten voraus, die sich der synthetisierenden Aktivität des Identifizierens und des Versammelns – als Erinnerung oder Erwartung – anbieten könnten. Die Rekurrenz des Sich löst sich nicht, um dann wieder angezogen zu werden und sich dabei selbst zu erhellen wie das Bewußtsein, das sich selbst erleuchtet, indem es sich unterbricht und sich wiederfindet im zeitlichen Spiel von Retentionen und Protentionen. Das Sich geht dieses Spiel des Sich-Ausstellens und Sich-Verbergens, das Phänomen heißt (oder Phänomenologie, denn das Erscheinen des Phänomens ist bereits Rede), nicht ein. Die Verben, die Possessivpronomen und die syntaktischen Figuren, die man verwenden möchte, um die einzigartige Verstauchung oder Kontraktion des *Sich* auszurenken – im Blick auf seine Wiederherstellung als Identität, als im Gesagten identifizierte Identität – sie tragen bereits das Zeichen des Sich, dieses in seiner eigenen, bis zum Zerbersten oder zur Spaltung reichenden Fülle geflüchteten oder exilierten Sich, das Zeichen dieser Verstauchung, dieser Kontraktion, dieser Spaltung. Vielleicht liegt darin auch der Sinn der geheimnisvollen For-

---

[8] Vgl. DEHH 217-224; deutsch: SpA 261-272.

mulierung bei Leibniz „das Ich ist eingeboren in sich selbst". Das *sich* in „*sich* halten" oder „*sich* verlieren" oder „*sich* wiederfinden" ist nicht ein Ergebnis, sondern gerade die *Matrix* der Beziehungen oder der Geschehnisse, die in diesen reflexiven Verben zum Ausdruck kommen. Und die Andeutung der Mutterschaft in dieser Metapher der Matrix läßt uns den eigentlichen Sinn des Sich erahnen. Das Sich kann *sich* nicht bilden, es ist bereits gebildet aus
p. 133 absoluter Passivität, und es ist in diesem Sinne Opfer einer Verfolgung, welche jegliche Annahme und Übernahme lähmt, die noch im Opfer erwachen könnte, um ihm so eine Position *für sich* zu verschaffen; Passivität der Verbundenheit, die bereits als unumkehrbar vergangene geknüpft ist, diesseits jedes Gedächtnisses, vor aller Erinnerung. Geknüpft in einer uneinholbaren Zeit, der die in der Erinnerung vergegenwärtigte Gegenwart nicht gewachsen ist, in einer Zeit der Geburt oder der Schöpfung, die der Natur oder dem Geschöpf eine Spur einzeichnet, die sich nicht in Erinnerung überführen läßt. Die Rekurrenz ist vergangener als alle erinnerbare Vergangenheit, als alle in Gegenwart überführbare Vergangenheit. Geschöpf, aber von Geburt an verwaist oder atheistisch und gewiß seinen *Schöpfer* nicht kennend, denn würde es ihn kennen, könnte es insofern noch seinen Anfang annehmen.[d] Die Rekurrenz des Sich verweist zurück an ein Diesseits der Gegenwart, in der alle im Gesagten identifizierte Identität konstituiert wird: sie ist bereits konstituiert, während der Akt der Konstitution allererst dazu kommt zu entstehen. Damit jedoch in der Erstreckung des *sein*, das abläuft wie ein farbloser Faden vom Spinnrocken der Parzen, eine

[d] *Das französische Wort [assumer] meint* annehmen *nicht im Sinne von vermuten, sondern von* aufnehmen, übernehmen *und* tragen – *eine Passivität also, die als Rezeptivität zu einem gewissen Grad schon (oder noch) Aktivität ist.*

Unterbrechung des *Selben* sich ereignen kann, das Heimweh und die Jagd nach dem *Selben* und die Wiederanknüpfungen und jene Klarheit, in der das Bewußtsein sich abspielt, damit dieser Abstand von sich und diese Wiederaufnahme sich ereignen kann – die Retention und die Protention, durch die jede Gegenwart Ver-gegenwärtigung ist – braucht es hinter allen Ausprägungen dieser Bewegung die Rekurrenz des *Sich*. Die Entdeckung des Seins für es selbst ist darin eingerollt; wäre es anders, würde das *sein*, seiner eigenen Last entledigt und konstituiert in der inneren Zeit, nichts als ununterscheidbare Punkte aufweisen,[9] die zwar zusammengehörten, aber ein Schicksal weder durchkreuzen noch erfüllen würden. Nichts würde *sich* bilden. Die Unterbrechung der „ewigen Ruhe" durch die Zeit, in der das Sein sich zu Bewußtsein und Selbstbewußtsein ausbildet, indem es sich nach der Unterbrechung wieder einholt, setzt das Sich voraus. Den Knoten der Selbstheit am geraden Faden des *sein* nach dem intentionalen Modell des *Für-sich* oder als die Erschlossenheit der Selbstreflexion entwickeln, hieße hinter der Selbstheit, die man reduzieren möchte, eine neue Selbstheit annehmen.

Das Sich entspringt nicht seiner eigenen Initiative, wie es dies beansprucht in den Spielen und Gestaltungen des Bewußtseins auf dem Wege zur Einheit der *Idee*, in der es,

[9] Die Einzigartigkeit des Subjekts ist nicht die Einmaligkeit eines Hapaxlegomenon. Denn sie beruht nicht auf einer wie auch immer beschaffenen qualitas distinctiva, die, wie die Fingerabdrücke, eine Einheit zu einem unvergleichlichen Unicum machen würde und die als Prinzip der Individuation dieser Einheit einen Eigennamen einbrächte und damit einen Platz in der Rede. Die Identität des Sich ist nicht die Trägheit einer Quidditas, die individuiert wäre dank einer letzten spezifischen Differenz innerhalb des Leibes oder des Charakters oder dank der Einmaligkeit einer natürlichen oder historischen Konstellation. Sie besteht in der Einzigkeit des Vorgeladenen.

p. 134 mit sich selbst übereinstimmend, frei als Totalität, die nichts außerhalb läßt, und so vollkommen vernünftig, sich selbst als Term setzt, der allzeit überführbar ist in Beziehung: als Selbstbewußtsein. Das *Sich* kommt auf andere Weise zur Hypostase: Es entsteht als unauflösbare Verknüpfung in einer Verantwortung für die Anderen. An-archische Verstrickung, an-archisch weil sie weder die Kehrseite irgendeiner Freiheit, irgendeines freien, in einer Gegenwart oder in einer erinnerbaren Vergangenheit eingegangenen Engagements ist noch auch eine knechtische Entfremdung, trotz der *Schwangerschaft des Anderen im Selben*, die diese Verantwortung für die Anderen bedeutet. In der Ausgesetztheit an die Verletzungen und Beleidigungen, im Empfinden der Verantwortung ist das Sich als unersetzbar herausgerufen, als einer, der den Anderen geweiht ist, ohne sich entziehen zu können, und der so inkarniert ist zum „Sich-Anbieten" – um zu leiden und zu geben – und der so Einer und Einziger *von vornherein in der Passivität* ist, über nichts verfügend, das ihm erlaubte, dem Ruf der Pro-vokation *nicht nachzugeben*; *Einer*, auf sich zurückgedrängt und gleichsam zusammengezogen, wie in sich aus dem Sein vertrieben. Exil oder bedingungslose und hilflose Zuflucht in sich, weit entfernt von aller Deckung und allen Ausreden, die das im Gesagten zur Schau gestellte *sein* reichlich bietet. In der Verantwortung als Vorgeladener oder Erwählter – von außen vorgeladen als Unersetzbarer – findet sich das Subjekt in seiner Haut schon unter Anklage – nicht wohl in seiner Haut – hebt es sich ab von aller Beziehung, in der es Individuum ist nach Art eines Seienden, bezeichenbar als τόδε τι. Es sei denn, das Gesagte hätte die ideale Einheit, die nötig ist zur Identifizierung des Verschiedenen und durch die in der Doppeldeutigkeit von Sein und Seiendem das *Seiende* bedeutet, von der Einzigkeit des zur Verantwortung vorgeladenen Sich. Die Hypostase setzt sich nach Art eines Akkusativs, als Sich, aus, bevor sie im Gesagten des Wissens, als Träger eines Namens, erscheint. Ebendieser Weise, seine Passivität auszusetzen wie eine Kehrseite ohne Vorderseite, suchte die Metapher eines Klangs nahezukommen, der allein in seinem Echo hörbar würde.

Diesseits, vor der Rückkehr des Bewußtseins zu sich selbst zeigt sich diese Hypostase – wenn sie sich zeigt – unter der Leihmaske des Seins. Das Ereignis, in dem die genannte Einheit oder Einzigkeit der Hypostase hervortritt, ist nicht das Ergriffenwerden des Sich im Bewußtsein; es ist eine Vorladung zu unausweichlicher Verantwortung, in der das Sich als Sich vorgeladen ist. Dem Spiel des Seins zuvor, diesseits der Gegenwart, früher als die der Erinnerung zugängliche Zeit des Bewußtseins, setzt sich das Sich in seinem „tiefen, niemals ausreichend tiefen Einst“[e] als Hypostase aus, dem das Sein, das es als Seiendes ist, lediglich eine Maske ist. Das Sich trägt seinen p. 135
Namen als Leihnamen, als Pseudonym, als Pro-nomen. An sich ist das Sich der Eine oder der Einzige, getrennt vom Sein.

Das Sich des Bewußtseins ist also nicht erneut ein Bewußtsein, sondern ein hypostasierter Term. Aufgrund dieser Hypostase taucht in substantivischer Weise die Person als eine nicht durch sich selbst zu rechtfertigende und in diesem Sinne empirische oder kontingente Identität auf, die jedoch in ihrem Bestand der Erosion durch die Zeit und die Geschichte Widerstand bietet, das heißt, die betroffen ist durch den immer gewaltsamen und immer zu frühen Tod. Als Identität vor dem „Für-sich“ ist sie nicht das „reduzierte“ oder keimhafte Modell der Beziehung

---

[e] *Nach einer Formulierung Paul Valérys, „profond jadis, jadis jamais assez“, in dem Gedicht „Cantique des Colonnes“, vgl. Paul Valéry, Œuvres I (Bibliothèque de la Pléiade), Paris: Gallimard 1968, S. 118.*

des Sich zu sich selbst, die das Erkennen darstellt. Das Sich ist weder ein Sich-selbst-Betrachten des Sich noch Manifestation des Sich für es selbst, und es fällt so auch nicht mit der Identifikation der Wahrheit zusammen, es kommt nicht in Begriffen des Bewußtseins, des Diskurses und der Intentionalität zur Sprache. Die nicht zu rechtfertigende Identität der Selbstheit drückt sich aus in Begriffen wie Ich, ich, Sich und – wie diese Untersuchung insgesamt zu zeigen versucht – ausgehend von der Seele, der Sensibilität, der Verwundbarkeit, der Mutterschaft und der Materialität, die alle die Verantwortung für die Anderen beschreiben. Der „Ansatzpunkt", an dem sich diese Rückkehr des Seins zu sich selbst vollzieht, die man Wissen oder *Geist* nennt, bezeichnet also die Einzigartigkeit par excellence, die zwar dazu angelegt ist, in einer indirekten Sprache, unter einem Eigennamen, als ein *Seiendes* zu erscheinen, sich so an der Allgemeinheit anzusiedeln, die charakteristisch ist für alles Gesagte, und sich damit auf das *sein* zu beziehen; doch der Ansatzpunkt des *Geistes*, zuvor Nicht-Washeit – Person –, bekleidet mit einem bloß geliehenen Sein, das seine namenlose Einzigartigkeit maskiert, indem es ihr eine Rolle zuweist, ist Personalpronomen. Wenn die der Erkenntnis eigene Rückkehr zu sich selbst – die ursprüngliche Wahrheit des Seins – das Bewußtsein – sich vollziehen kann, dann deshalb, weil eine Rekurrenz der Selbstheit bereits erfolgt ist. Umkehrung im Prozeß des *sein*: ein Rückzug *aus dem* Spiel, das das Sein im Bewußtsein spielt – das heißt genau ein Rückzug *in sich*, der ein Exil in sich ist – ohne Begründung in irgendetwas anderem – eine Un-bedingung. Rückzug, der alle Spontaneität ausschließt und folglich immer schon erfolgt, schon vergangen ist. Die Selbstheit ist nicht ein abstrakter Punkt, nicht Zentrum einer Kreisbewegung, das identifizierbar ist aufgrund der Kreisbahn, die diese

Bewegung des Bewußtseins beschreibt, vielmehr ist sie ein immer schon von außen identifizierter Punkt, der sich nicht in und an der Gegenwart identifizieren noch auch seine Identität „ablehnen“ muß, ist er doch bereits älter als die Zeit des Bewußtseins.

Die „schon vollzogene“ Identität, das „erfolgt“ oder das p. 136
„schon erfolgt“, das das Sich dem Bewußtsein und dem Wissen beibringt, verweist nicht in mythischer Weise auf eine Dauer vor der Dauer – auf ein Geflecht, das sich seinerseits noch entspannt hätte, um ein Sich-über-sich-selbst-Beugen des Für-sich zu gestatten. Das Sich ist eine nicht rückgängig zu machende Verrenkung im Schlagen des Selbstbewußtseins, der Entspannung und der Wiederanknüpfungen des Selben. Das Sich kommt von einer Vergangenheit her, die sich nicht erinnern läßt, und zwar nicht, weil sie sehr weit zurückläge, sondern weil das Sich, ohne gemeinsames Maß mit dem sich selbst immer gleichen Bewußtsein, nicht für die Gegenwart „gemacht“ ist. Das Sich ist, unausgeglichen im Verhältnis zu sich selbst, an Sein ermangelnd, als Passivität oder Geduld und folglich, in seiner Passivität, sich nicht der Erinnerung anbietend, nicht die rückwärts gewandte Betrachtung „affizierend“, das Sich ist in diesem Sinne unabweisbar, von einer Unabweisbarkeit, die nicht die einer reinen Aktualität ist. Identität des Einzigartigen, die nur in der Erosion des Alterns Modifikationen erfährt, in einem permanenten Sich-selbst-Verlieren. Unsagbar und dadurch gerade nicht zu rechtfertigen. Diese Negativqualifizierungen der Subjektivität des *Sich* huldigen nicht einem unaussprechlichen Geheimnis welcher Art immer, sie bestätigen die prä-synthetische, prä-logische und in gewissem Sinne atomare – das heißt in-dividuelle – Einheit des Sich, die verhindert, daß das Sich sich aufspaltet, sich von sich selbst trennt, um sich zu betrachten oder um sich auszudrücken und folg-

lich um sich zu zeigen, und zwar anders sich zu zeigen als unter einer Theatermaske, um anders genannt werden zu können als durch ein Pro-nomen. Diese Verhinderung macht die Positivität des Einen aus. *In gewissem Sinne* atomar, weil in sich ruhelos, weil „immer mehr Einer“ bis hin zum Zerspringen, zur Spaltung, zur Öffnung. Daß diese Einheit Verrenkung ist und Beunruhigung und nicht reduzierbar auf die Funktion, die das Sich in der durch das Bewußtsein vollzogenen Ontologie ausübt – durch das Bewußtsein, das dank des Sich zu sich selbst zurückkehrt – eben darin liegt das Problem. Als würde sich die atomare Einheit des Subjekts nach außen hin aussetzen, dadurch daß sie atmet, daß sie noch ihre letzte Substanz entblößt, bis hin zu den Schleimhäuten der Lunge, als spaltete sie sich unablässig weiter.

Das Sich ruht nicht in Frieden unter seiner Identität und doch ist seine Beunruhigung weder dialektische Spaltung noch Prozeß, der die Differenz ausgleicht. Seine Einheit kommt nicht lediglich zu einem beliebigen Inhalt der Selbstheit hinzu wie der unbestimmte Artikel, der bis hin zum Verb alles zu Substanz macht, indem er es thematisiert und „nominalisiert“. Die Einheit ist in diesem Fall vorgängig zu jedem Artikel und zu jedem Prozeß: Sie ist
p. 137 gewissermaßen selbst der Inhalt, und die Rekurrenz ist dabei nichts anderes als eine „Übersteigerung“ der Einheit. Als Einheit in seiner Form und in seinem Inhalt ist das Sich Einzigartigkeit, diesseits [oder: vor] der Unterscheidung von Besonderem und Universalem. Beziehung, wenn man so will, aber ohne Auseinandertreten der miteinander in Beziehung Stehenden, Beziehung, die sich nicht auf die intentionale Öffnung auf sich selbst hin zurückführen läßt, die nicht schlicht und einfach eine Wiederholung des Bewußtseins darstellt, in dem das Sein sich sammelt, so wie das Meer die Wellen sammelt, die

soeben noch das Ufer umspült haben. Das Ich ist in sich – nicht wie die Materie, die, vollkommen ihrer Form eingepaßt, ganz und gar das ist, was sie ist; das Ich ist in sich wie in seiner Haut, das heißt schon beengt, schon unwohl in seiner Haut, als würde die auf sich selbst beruhende, in sich selbst ruhende Identität der Materie noch eine Dimension verbergen, in der ein Rückzug noch vor die unmittelbare Koinzidenz möglich ist – eine Materialität, die materieller ist als jede Materie – das heißt derart, daß die Reizbarkeit oder die Empfänglichkeit oder die Ausgesetztheit für Verletzung und Beleidigung ihre Passivität anzeigt, eine Passivität, die passiver ist als jede bewirkte Passivität. Verwundbarkeit, die in der Mutterschaft in ihrem vollständigen „Für-den-Anderen" ihren letztgültigen Sinn hat und in der genau die Bedeutsamkeit der Bedeutung liegt. Dieses *Diesseits* der Identität läuft nicht auf das *Für-sich* hinaus, an dem das Sein, jenseits seiner unmittelbaren Identität, in seiner Differenz zu erkennen ist. Es ist wichtig, das erwähnte *In-sich* des Sich in seiner Unerläßlichkeit und, im etymologischen Sinne des Wortes, in seiner Angst zu beschreiben. In einer Angst, die nicht das existenziale „Sein zum Tode" ist, sondern die Zusammenschnürung eines „Eintretens ins Innere" oder „diesseits" jeglicher Ausdehnung. Nicht eine Flucht ins Leere, sondern ein Ins-Volle-Gehen, die Beengung und Beängstigung der Kontraktion und des Zerspringens.[10] Die so

[10] Heideggers Analyse beschreibt die Angst vor der Begrenzung des Seins. Insofern diese Analyse mehr als eine bloß psychologische oder anthropologische Lektüre erfordert, gibt sie uns zu bedenken, daß die Form (die unserer philosophischen Tradition zufolge das Sein definiert) immer zu klein ist für das Sein. Die Definition, die als Form, „Formheit", Schönheit ist, Glanz und Erscheinen, ist zugleich Erdrosselung, und gerade darin Angst. In der anthropologischen Gestalt des endlichen Seins – verstanden als Sein zum Tode – tritt demnach das Mißverhältnis zwischen dem Sein und seiner Phänomenalität zutage, der Umstand, daß

beschriebene Beziehung, in der das Subjekt geopfert wird, ohne sich zu entfliehen, ohne ekstatisch aus sich herauszugehen, ohne von sich selbst Abstand zu nehmen, in der es
p. 138 vielmehr noch in sich verfolgt wird, diesseits der Ruhe in sich, diesseits seiner Übereinstimmung mit sich – diese Rekurrenz, die man sicherlich als Negativität bezeichnen kann (Negativität jedoch, die dann der Rede, jener unbestreitbaren Heimat der dialektischen Negativität, vorausgeht), diese Rekurrenz der Kontraktion heißt: Sich.

Die Negativität des *In-sich* – im Sinne von *an sich*[f] und *in sich*[g] – ohne die Öffnung auf das Nichts, ins Volle eindringend, des *In-Sich* hinter der Unterscheidung von Ruhe und Bewegung, von *Zuhause* [*Bei-sich*] und Irrnis, Gleichheit und Differenz – erinnert an das, was Parmenides über den Moment ausführt, in dem das Eine „in der Bewegung stillsteht und aus der Ruhe zur Bewegung übergeht" und in dem „es selbst in überhaupt keiner Zeit sein kann" (Platon, *Parmenides*, 156 c). „Dieses unfaßbare Wesen", das „zwischen der Ruhe und der Bewegung liegt"[11] (156 d), ist weder ein zeitliches Aussetzen in einem

das Sein in seiner Manifestation schon beengt ist. Das der Bestimmung zugrunde liegende Maß wäre so zugleich das schlechte Maß eines Nessusgewandes. Doch ist die Angst als Sein zum Tode auch die Hoffnung, die Weite des Nichtseins zu gewinnen. Die Möglichkeit der Befreiung (und die Versuchung zum Selbstmord) erhebt sich in der Beengung und Beängstigung des Todes: als Nichts ist der Tod eine Öffnung, in der mit dem Sein die Angst vor seiner Definition [und also Begrenzung] versinkt. Dagegen ist die Beängstigung als Enge des „Ins-Volle-Gehens" die Rekurrenz des Sich, und zwar ohne Möglichkeit der Ausflucht, des Entkommens; das heißt eine Verantwortung, die stärker ist als der Tod und die Platon auf seine Weise im Phaidon bestätigt, wenn er den Selbstmord verurteilt (62 b).

[f] *Im Original deutsch.*

[g] *Im Original deutsch.*

[11] Mit einiger Wahrscheinlichkeit läßt sich sogar der Begriff des *Diesseits* durch den erwähnten Text aus dem Parmenides rechtfertigen. Es geht um einen Rückzug, einen anachoretischen Rückzug – der nicht aus der Welt

Punkt, der dynamisch – der Möglichkeit nach – den Widerspruch zwischen der Gegenwart und der Zukunft oder der Vergangenheit beibehält, noch auch die außerzeitliche Idealität, die über die zeitliche Zerstreuung herrscht – wobei Punkt und Idealität auf ihre Weise das ontologische Geschehen implizieren würden; vielmehr ist es ein *Diesseits* ohne irgendeine thematische Bezugnahme, ja ohne daß in ihm auch nur Bezugnahmen auf Bezugnahmen – wie ein „Juckreiz" – entstehen, ein *Diesseits* ohne irgendein dialektisches „Keimen", vollkommen steril und rein, völlig abgeschnitten vom ontologischen Geschehen und von der Erinnerung. Nicht-Ort, Zwischenzeit oder Unzeit (oder Unglück),[h] diesseits des Seins und diesseits des – als Sein thematisierbaren – Nichts.

Der Ausdruck „in der eigenen Haut" ist keine Metapher für das *In-sich*: Es handelt sich um eine Rekurrenz, ein Zurückgehen in die tote Zeit oder die *Zwischenzeit*, die das Einatmen vom Ausatmen trennt, die Diastole von der Systole des Herzens, das dumpf an die Wand seiner eigenen Haut schlägt. Der Leib ist nicht lediglich das Bild oder

---

hinausführt, auf daß sich der Mensch, unter großem Kraftaufwand befreit von der Welt und begabt mit geistigen und geistlichen Kräften, die zu Triumph wie Niederlage fähig sind, nach seinen Chimären in ihr einrichte – all dies wäre noch Gegenwart in der Welt und in der Geschichte eines Staates oder einer Kirche. Es liefe auf eine Übersteigerung ontologischer, logischer und gründender Verhältnisse hinaus, auf die Ausweitung der Ordnung, auch wenn sie zur Übersteigerung den Superlativ des Jenseits-des-Seins zu Hilfe nimmt. Triumph und Scheitern, das setzt noch persönliche Freiheit voraus und insofern ein souveränes, politisch herrschendes Ich. *Diesseits* aber ist das Ich Sich, ist es weder Sein noch Geschichte, ist es weder Wirkung im Ruhestand noch Ursache in Bewegung. Der anachoretische Rückzug „in die eigene Haut" ist, darauf will die vorliegende Untersuchung hinaus, eine Bewegung vom Ich ins Sich, die Ordnung verlassend. Der Ausgang dieser unterirdischen Suche, nach dem Vollen im Vollen, führt zu einem Bereich, in dem die ganze Last des Seins im Anderen getragen und ertragen wird.

[h] Unglück – *etymologisch gelesen: „schlechte Stunde" [malheur].*

p. 139 die Figur, er ist genau das *In-sich* der Kontraktion der Selbstheit und ihres Zerspringens.[12] Kontraktion, die nicht die Unmöglichkeit ist, sich zu vergessen, in der Sorge um sich selbst sich von sich selbst zu lösen. Es ist eine Rekurrenz, ein Auf-sich-Zurückgehen von einer unabweisbaren Forderung des Anderen her, Sollen, das mein Sein übersteigt, Sollen, das zu Schuld und äußerster Passivität wird, diesseits der noch ganz relativen Ruhe in der Unbewegtheit und der Materialität der ruhenden Dinge, Beunruhigung und Geduld, deren Ertragen früher beginnt als alles Handeln und Erleiden; Soll, das das Haben übersteigt, aber das *Geben* ermöglicht. Rekurrenz, die „Inkarnation" ist und in der der Leib, durch den das Geben möglich wird, *anders* werden läßt, ohne zu entfremden, denn dieses Andere ist das Herz – und die Güte – des Selben, die Inspiration oder ebender Psychismus der Seele.

Die Rekurrenz der Selbstheit – die Inkarnation – verfestigt nicht die Seele und läßt sie nicht anschwellen, sondern drückt sie nieder, zieht sie zusammen und setzt sie nackt dem Anderen aus, bis dahin, daß sie das Subjekt veranlaßt, noch sein Ausgesetztsein auszusetzen, das vielleicht schon in Gefahr ist, das Subjekt zu bekleiden; bis dahin, daß sie zur Entdeckung des Sich im Sagen wird. Das inkarnierte

[12] Der Leib ist weder Hindernis, das der Seele entgegensteht, noch Grab, das sie gefangenhält, vielmehr das, wodurch das Sich die Empfänglichkeit selbst ist. Äußerste Passivität der „Inkarnation" – ausgesetzt sein der Krankheit, dem Leiden, dem Tod, das heißt ausgesetzt sein dem Mitleiden und, als Sich, der Gabe, die ihren Preis hat. Diesseits des Nullpunkts der Reglosigkeit und des Nichts, defizitär gegenüber dem Sein, in sich und nicht im Sein, eben ohne Ort, um sich hinzulegen, im Nicht-Ort und insofern ohne Stellung, ohne Stand, ohne Rang – erweist sich das Sich als Träger der Welt, trägt es die Welt, erleidet es die Welt, im Scheitern von Ruhe und Heimat, eingebunden in die Verfolgung – Stellvertretung für den Anderen.

Subjekt ist kein biologischer Begriff. Das durch die Leiblichkeit vorgezeichnete Schema unterwirft auch das Biologische einer höheren Struktur: Ent-eignung, doch keineswegs Nichts, weil als Negativität verstrickt in die Unmöglichkeit, sich zu entziehen, ohne irgendeinen Raum für eigene Initiativen: unwahrscheinlicher Rückzug ins Volle des Punkthaften, in die Nichtausdehnung des *Einen*. Als Verantwortung vor jeder Bindung aus freien Stücken wäre das Sich, außerhalb aller bildlichen Ausdrücke für das *sein*, die Verantwortung für die Freiheit der Anderen. Die unverzeihliche Schuld gegenüber dem Nächsten ist wie das Nessusgewand meiner Haut.

3. Das Sich

Wenn wir nun auf unsere eingangs entwickelten Gedanken zurückkommen, stellt sich die Frage, ob die Zurückgezogenheit auf sich selbst, die nicht einmal den Vorzug hat, der Akt des Sich-Zurückziehens zu sein, durch die jedoch der zu sich selbst zurückkehrende Bewußtseinsakt möglich wird – ob nicht diese passive Zurückgezogenheit p. 140
zusammenfällt mit der an-archischen Passivität der Besessenheit. Ist nicht die Besessenheit eine Beziehung mit dem Draußen, die früher ist als der Akt, der dieses Draußen erschließen würde? Vollkommene Passivität der Besessenheit – passiver als die der Dinge. Denn die Dinge tragen als „materia prima“ den kerygmatischen Logos, der in dieser Materie ihre Züge hervortreten läßt. Indem sie unter dieses ordnende, anordnende Sagen fällt, nimmt die Materie Bedeutung an und zeigt sie sich als dieses oder jenes – als Ding. Dieser Sturz – oder dieser Fall – reines Sich-dem-Logos-Überlassen, ohne Rücksicht auf den Satz, der dann aus dem Ding die Erzählung macht, zu der der Logos

gehört – ist das Wesen des die Anklage betreffenden Falls, des Akkusativs. Der Logos, der die materia prima gestaltet, indem er sie zur Ordnung ruft – ist Anklage oder Kategorie. Die Besessenheit jedoch ist anarchisch. Sie klagt mich diesseits der materia prima an. Denn die Kategorie bemächtigt sich der Materie, indem sie sich noch nach dem bildet, was in dieser Materie, in diesem „Sein der Möglichkeit nach", an Widerstand, an Undurchdringlichkeit – oder an Möglichkeit – bleibt. Die materia prima, vorgestellt als Sein der Möglichkeit nach, ist immer noch Möglichkeit, die von der Form berücksichtigt wird. Nicht zufällig lehrt uns Platon die Unzerstörbarkeit der Materie, und nicht zufällig ist für Aristoteles die Materie Ursache. Diese Wahrheit gilt in der Ordnung der *Dinge*. In der Ordnung der Dinge, der die abendländische Philosophie treu bleibt – ist sie doch womöglich nichts anderes als die Verdinglichung schlechthin – und die von der absoluten Passivität, der Passivität diesseits der Korrelation von Aktivität und Passivität, die in der Idee der Schöpfung liegt,[13] nichts weiß. Die Philosophen haben die Schöpfung immer in ontologischen Begriffen denken wollen, das heißt abhängig von einer präexistenten und unzerstörbaren Materie.

In der Besessenheit wandelt sich die Anklage der Kategorie in einen absoluten „Anklagefall" oder Akkusativ, in den das Ich des freien Bewußtseins gerät: Anklage ohne Grund, gewiß, die jeder Willensregung vorausgeht, bedrängende, verfolgende, obsessionelle Anklage. Sie reißt das Ich aus seinem Hochmut und seinem herrscherlichen Imperialismus, den es als Ich ausübt. Das Subjekt ist im

[13] Freiheit, die schon in eine Verantwortung verwickelt ist, die sie letztendlich nicht zu übernehmen vermag – derart ist das Geschöpf, ist die grenzenlose Passivität des Sich, die Un-Bedingung, die Positionslosigkeit des Sich.

Akkusativ, ohne daß es Zuflucht fände im Sein, es ist ausgestoßen aus dem Sein, außerhalb des Seins wie das *Eine* in der ersten Hypothese des *Parmenides*, ohne Grund: eben „ganz an sich selbst verwiesen" und so ohne Position, ohne Stand. In der eigenen Haut. Nicht ruhend in einer Form, sondern unwohl in der eigenen Haut, blockiert und gleichsam verstopft durch sich selbst, unter sich selbst erstickend, ungenügend geöffnet, gezwungen, p. 141 sich von sich selbst zu lösen, tiefer zu atmen, bis zum Ende, sich zu enteignen bis dahin, sich selbst zu verlieren. Hat dieses Sich-Verlieren die Leere zum Ziel, einen Nullpunkt und eine Friedhofsruhe, als bedeutete die Subjektivität des Subjekts nichts? Oder beschreiben die Blockierung durch sich selbst und das Leiden daran, in der eigenen Haut beengt zu sein, die genaue Figur einer Veränderung des *sein*, das in eine Rekurrenz hinein sich umkehrt – oder verkehrt –, in der die Vertreibung des Sich aus sich selbst seine Stellvertretung für den Anderen ist – was erst im eigentlichen Sinne bedeuten würde: das Sich, das leer wird von sich selbst? Rekurrenz, die das tiefste Geheimnis der Inkarnation des Subjekts wäre – früher als alle Reflexion, als alle „Apperzeption", diesseits aller Position, eine „Verschuldung" *vor jeder Kreditaufnahme*, eine nicht übernommene, nicht abgetragene, anarchische Verschuldung, Subjektivität einer Passivität ohne Grund, einer „durch und durch" aus Vorladung bestehenden Passivität, wie das Echo eines Tons, das dem Erklingen dieses Tons vorausginge. Passivität, deren aktive Quelle nicht thematisierbar ist. Traumatische Passivität, aber eines Traumas, das seine eigene Vorstellung verhindert, eines betäubenden Traumas, das den Bewußtseinsfaden, der es in seine Gegenwart hätte aufnehmen sollen, abschneidet; Passivität der Verfolgung. Passivität jedoch, die das Epitheton vollständig oder absolut nur dann verdient, wenn

der Verfolgte fähig ist, für den Verfolger einzustehen. Das Gesicht des Nächsten kann in seinem verfolgenden Haß, und zwar gerade aufgrund dieser Bosheit, besessen machen als erbärmliches und mitleiderregendes – Zweideutigkeit oder Rätsel, die, ohne sich zu entziehen, allein jener Verfolgte auszuhalten vermag, der keinerlei Bezugnahme hat (insofern er jeder Zuflucht und jeglicher Hilfe entbehren muß – und eben darin besteht seine Einzigkeit oder seine Identität als Einziger!). *Durch* den Anderen erdulden ist absolute Geduld nur, wenn dieses „durch den Anderen" schon „für den Anderen" ist. Diese Übertragung ist – anders als seinsverhaftet [intéressé], „anders als Sein geschieht" – die Subjektivität selbst. „Die Wange bieten dem, der schlägt, und Schmach erdulden bis zur Sättigung",[14] im erduldeten Leiden dieses Leiden fordern (ohne den *Akt* eintreten zu lassen, der im Darbieten der anderen Wange bestünde), heißt nicht, dem Leiden eine wie auch immer geartete magische Kraft des Loskaufs abgewinnen, es heißt vielmehr, im Trauma der Verfolgung übergehen von der erduldeten Schmach zur Verantwortung für den Verfolger und, in diesem Sinne, vom Leiden zur Sühne für den Anderen. Die Verfolgung kommt dann nicht obendrein zur Subjektivität des Subjekts und zu seiner Verwundbarkeit hinzu; sie ist nichts anderes als die Bewegung der Rekurrenz. Die Subjektivität als *der-Andere-im-Selben* – als Inspiration – ist die Infragestellung
p. 142
jeglicher Behauptung „für sich", jedes Egoismus, der selbst in dieser Rekurrenz wieder ersteht. (Die Infragestellung, die nicht ein Zu-Fall-Bringen ist!) Die Subjektivität des Subjekts ist die Verantwortlichkeit oder das In-Frage-Sein[15] als völliges der-Beleidigung-Ausgesetztsein – in der

[14] Klagelieder 3, 30.

[15] In Puschkins Boris Godunow ahnt im dreifach geträumten Traum Grigorij Otrepjews der falsche Demetrius seine zukünftige *Herrschaft*

Wange, die hingehalten wird dem, der schlägt. Verantwortlichkeit, die früher ist als der Dialog, als der Austausch von Fragen und Antworten, als die Thematisierung des Gesagten, das sich über meine Infragestellung durch den in der Nähe befindlichen Anderen legt und das im Sagen der Verantwortung als Abschweifung auftritt.

Die Rekurrenz der Verfolgung im *Sich* ist daher nicht reduzierbar auf die Intentionalität, in der sich, bis hinein in die Neutralität, die er als kontemplative Bewegung hat, der Wille behauptet; in der der Stoff des Selben – das Sich-selbst-Besitzen in einer Gegenwart – niemals zerreißt; in der das Ich, wenn es betroffen ist, letztlich nur durch sich selbst und freiwillig betroffen ist. Die Subjektivität als Intentionalität gründet sich in der Selbstbetroffenheit, insofern sie Selbstoffenbarung ist, Quelle eines unpersönlichen Diskurses. Die Rekurrenz des Sich in der Verantwortung-für-die-Anderen geht als Besessenheit der Verfolgung in die der Intentionalität entgegengesetzte Richtung, so daß die Verantwortung für die Anderen unter keinen Umständen bedeuten kann: Wille zum Altruismus, Antrieb aus „natürlichem Wohlwollen“ oder Liebe. Erst in der Passivität der Besessenheit – oder als inkarnierte – individualisiert sich eine Identität zur Einzigkeit, ohne auf ein *System* von Verweisungen zu rekurrieren, ohne

voraus – in dem mehrdeutigen Gelächter des Volkes: „Es träumte mir, daß ich auf steiler Leiter/ Erstiegen einen Turm, von dessen Höhe / Moskau wie ein Ameisenhaufen dalag – / Da unten wogte auf dem Platz das Volk, / Und mit Gelächter wies es auf mich hin; / Ich schämte mich und war zugleich erschreckt, / Und jählings stürzt' ich wieder und erwachte;“ [hier nach der Übersetzung von Ferdinand Löwe, Ausgabe Martin Schulze, Frankfurt a. M. / Berlin: Ullstein 1963, S. 11]. Der Gestus, der auf mich weist: zutiefst Gelächter; Scham und Erschrecken des Ich; Anklagefall [„Akkusativ“], in dem alles auf mich weist und mich anweist vor Gericht; Traum, in dem ich „jählings niederstürze“ („kopfüber“) – Un-Bedingung des Subjekts, hinter seiner souveränen Herrschaft.

sich, will sie nicht versagen, der Vorladung durch den Anderen entziehen zu können. Die Selbstver-gegenwärtigung erfaßt diese Einzigkeit erst da, wo sie bereits Spur ist. Als Loslösung [absolution] des *Einen* ist sie weder ein Entkommen[16] noch eine Abstraktion; vielmehr Konkretheit, die konkreter ist als das in einer Totalität bloß Kohärente, denn *unter* der Anklage aller stehend, reicht die Verantwortung für alle bis hin zur Stellvertretung. Das Subjekt ist Geisel.[i]

Insofern sie von Verantwortungen besessen ist, die nicht auf Entscheidungen eines „frei nachsinnenden" Subjektes zurückgehen, als folglich schuldlos angeklagte, ist die Subjektivität im Sich ein Auf-sich-Zurückgeworfenwerden,
p. 143 was konkret meint: angeklagt dessen, was die Anderen tun oder erleiden, oder verantwortlich für das, was die Anderen tun oder erleiden. Die Einzigkeit des Sich besteht genau darin: die Schuld der Anderen zu tragen. In der Verantwortung für die Anderen ist die Subjektivität nichts anderes als diese grenzenlose Passivität eines Anklagefalls [accusatif], der nicht die Folge einer vom Nominativ her abgeleiteten Deklinationsform ist. Anklage, die sich auf die Passivität des Sich nur zurückführen läßt als Verfolgung, Verfolgung aber, die ihrerseits umschlägt in Sühne. Ohne die Verfolgung erhebt das Ich erneut sein Haupt und verdeckt das Sich. Alles steht von vornherein im Akkusativ – Ausnahmebedingung oder Un-bedingung des Sich, Bedeutung des Pronomens *sich*, zu dem selbst unsere lateinischen Grammatiken keinen Nominativ „kennen".

---

[16] Jeder Gedanke des Entkommens wie jeder Gedanke des Fluchs, der auf einem Schicksal lastet, setzt bereits das von sich selbst her konstituierte und schon freie Ich voraus.

[i] *Der Bürge also, der für die Forderungen eines anderen einstehen muß mit seinem Leib und Leben – worin eine äußerste Dimension nicht nur der* Verantwortung, *sondern der* Leiblichkeit *aufscheint.*

Je mehr ich zu mir komme, desto mehr lege ich – unter dem Trauma der Verfolgung – meine Freiheit als konstituiertes, wollendes, herrschendes Subjekt ab, desto mehr entdecke ich mich als verantwortlich; je gerechter ich bin, desto schuldiger bin ich. Durch die Anderen bin ich „im Sich". Psychismus heißt: der Andere im Selben, ohne den Selben zu verfremden.[17] Auf sich selbst zurückgedrängt, in sich, weil ohne alle Zuflucht, in sich so wie in der eigenen Haut – und in der eigenen Haut zugleich nach außen hin ausgesetzt – was für die Dinge nicht der Fall ist – und in dieser nackten Ausgesetztheit durch die Anderen besessen – schlägt nicht so das Sich Wurzeln in sich, eben dadurch, daß es sich seiner Identität nicht entziehen kann, auf die hin es sich als verfolgtes zurückzieht? Entsteht nicht in dieser Passivität ein Anfang? Die Unabweisbarkeit des Ich ist die Unverzeihlichkeit der Anklage, von der sich zu distanzieren nicht mehr möglich ist – der sich zu entziehen nicht erlaubt ist. Die Unmöglichkeit, sich zu distanzieren und sich dem *Guten* zu entziehen ist eine entschlossenere und weiter reichende Entschlossenheit als die des Wollens, die demgegenüber noch Ausflucht ist.

Als Unabweisbarkeit, die den Anachronismus einer Schuld anzeigt, welche der Anleihe vorausgeht, einer Verausgabung, die die Ressourcen übersteigt wie bei einer Anstrengung, wäre die besagte Entschlossenheit Forde-

[17] Die Passivität des Sich im In-sich paßt nicht in das Schema der Unterscheidung zwischen Haltung und Kategorie – wobei die Kategorie Eric Weil zufolge erreichbar wäre durch die Reflexion über die Haltung und die Reflexion eine Befreiung in bezug auf die Haltung und ihre Besonderheit darstellte. Verglichen mit der Passivität oder der Geduld des Sich ist die Haltung bereits Freiheit und Position. Die Passivität des Sich geht dem Willensakt voraus, der sich auf seinen Entwurf einläßt und geht selbst der Gewißheit voraus, die in der Wahrheit Übereinstimmung mich sich selbst ist. Das Sich befindet sich diesseits der Übereinstimmung mit sich selbst.

rung sich selbst gegenüber, ohne daß die Reflexion über
sich ein Maß für deren Möglichkeiten abgäbe – wie es
beim Für-sich der Fall ist; Forderung sich selbst gegen-
p. 144 über, ohne daß das Sich, wo es der Forderung entspricht,
als Akkusativobjekt auftritt – was eine Gleichheit zwi-
schen Sich und Sich voraussetzen würde; Forderung sich
selbst gegenüber und nicht begrenzt durch das, was mög-
lich ist, das heißt, über das hinaus, was billig ist; eine
solche Forderung tritt auf in Gestalt einer Anklage, die der
Schuld vorausgeht, die gegen *sich* erhoben wird trotz eige-
ner Unschuld und die, wo die Ordnung der ruhigen Be-
trachtung gilt, schlichtweg unsinnig ist. Extreme Anklage,
die für das Sich die Möglichkeit der Ablehnung aus-
schließt – die darin bestanden hätte, die Möglichkeiten an
sich zum Maß zu nehmen und so sich dieser oder jener Tat
zu bezichtigen, sich des Begangenen zu bezichtigen, und
wäre es selbst „begangen“ infolge der Erbsünde; Anklage,
die auf dem Sich lastet, insofern es Sich ist: Forderung, die
auf das Sich keine Rücksicht nimmt, ja die es nicht achtet.
Unendliche Passion der Verantwortung, die in ihrem Auf-
sich-Zurückkommen an der eigenen Identität[18] nicht halt-
macht, die weiter reicht – vor das Sein und das Mögliche
zurück oder über sie hinaus –, die das In-sich- und An-
sich-Sein ins Defizit treibt, in die Lage versetzt, als negati-
ve Größe behandelt zu werden.

Doch wie wird die Passivität des Sich zu einem „Auf-sich-Nehmen“? Setzt das nicht – wenn es nicht bloßes Wortspiel sein soll – hinter der absolut an-archischen Passivität der Besessenheit eine Aktivität voraus, eine heimliche und verborgene Freiheit? Wozu aber dann die ganze bisherige

[18] Identität nicht einer Seele im allgemeinen, sondern meiner Seele, denn in mir allein kann die Unschuld angeklagt werden, ohne daß damit Absurdes gesagt ist. Die Unschuld des Anderen anklagen, vom Anderen mehr verlangen, als er schuldet, ist ein Verbrechen.

Darstellung? Wir haben auf diese Frage schon im voraus eine Antwort gegeben durch den Begriff der *Stellvertretung.*

4. Die Stellvertretung

Haben wir uns bei den Ausführungen zum In-sich der verfolgten Subjektivität wirklich streng genug an die Anarchie der Passivität gehalten? Haben wir uns, als wir von der Rekurrenz des Ich zum Sich sprachen, in ausreichendem Maße aus den Postulaten des ontologischen Denkens emanzipiert, in dem das ewige Sich-selbst-Gegenwärtigsein als Suche selbst das, was ihm fehlt, noch unterfängt; in dem das ewige Sein, dessen Möglichkeiten zugleich seine Fähigkeiten sind, seine vielfältige Macht, immer auch übernimmt, was es erleidet; und in dem es stets – ganz gleich, welcher Einwirkung es unterliegt – wiederauftaucht als das *Prinzip* dessen, was ihm widerfährt? Denn vielleicht unterscheidet sich gerade darin, in dieser Rückbezogenheit auf einen Grund an-archischer Passivität, ein das Geschöpf zur Sprache bringendes Denken vom ontologischen Denken. Es geht hier nicht darum, den theologischen Kontext des zuerst genannten Denkens zu legitimieren, weist doch das Wort Geschöpf auf eine Bedeutung, die älter ist als der Kontext, der um diesen Na- p. 145
men entstanden ist. In diesem Kontext – in diesem Gesagten – verblaßt bereits die absolute Diachronie der Schöpfung, die der Versammlung zu Gegenwart und Vorstellung widersteht, während bei der Schöpfung als solcher der zu sein Berufene einem Ruf antwortet, der ihn gar nicht hat erreichen können; denn hervorgegangen aus dem Nichts, hat er bereits gehorcht, bevor er den Befehl vernimmt. Auf diese Weise wird in der Schöpfung *ex nihilo* – sofern sie

nicht barer Unsinn ist – eine Passivität gedacht, die nicht in eine Übernahme umschlägt, und es wird so das Sich als Geschöpf gedacht, in einer Passivität, die „passiver" ist als die Passivität der Materie, das heißt, sie wird gedacht diesseits der virtuellen Übereinstimmung eines Begriffs mit sich selbst. Das *Sich* muß außerhalb aller substantiellen Übereinstimmung des Sich mit sich gedacht werden und ohne daß die Übereinstimmung, wie es das abendländische Denken vorsieht, indem es Subjektivität und Substantialität vereint, die Norm ist, die bereits auch alle Nicht-Übereinstimmung beherrscht, und zwar in Gestalt der Suche beherrscht, die durch die Nicht-Übereinstimmung hervorgerufen wird. Folglich kann das Auf-sich-Zurückgehen nicht bei sich haltmachen, sondern es muß weiter zurückgehen, hinter sich zurück [en deça de soi], *im* Auf-sich-Zurückgehen hinter sich zurückgehen. A kommt nicht, wie bei der Identität, auf A hinaus, sondern zieht sich noch weiter zurück als bis zu seinem Ausgangspunkt. Läßt sich in diesem Bild nicht die Bedeutung der – durch keinerlei Freiheit übernehmbaren – Verantwortung für den Anderen zur Sprache bringen? Die Verantwortung für den Anderen läßt sich nicht im entferntesten in der Freiheit des Bewußtseins ausmachen, das man verlieren und wiedererlangen kann, das als Freiheit die Ordnung des Seins lockert, um sie dann in die freie Verantwortung wiedereinzugliedern; die Verantwortung für den Anderen, die Verantwortung der Besessenheit läßt an die absolute Passivität eines *Sich* denken, das sich niemals von sich selbst hat entfernen können, um danach in seine Grenzen zurückzukehren und um identifizierbar zu werden, indem es sich an seiner Vergangenheit erkennen läßt; eines *Sich*, dessen Rekurrenz meine Kontraktion ist, eine Bewegung, die noch hinter die Identität zurückgeht, ja die an dieser Identität nagt – Identität, an der genagt wird – in

einem Gewissensbiß. Die Verantwortung für die Anderen, die kein Unfall ist, der einem *Subjekt* zustößt, sondern die in ihm dem *Sein* vorausgeht, hat nicht auf die Freiheit gewartet, in der ein Engagement für die Anderen hätte eingegangen werden können. Ich habe nichts getan und bin doch immer schon betroffen gewesen: verfolgt. Die Selbstheit in ihrer Passivität, ohne die *arché* der Identität, heißt: Geisel. Das Wort *ich* bedeutet: *hier, sieh mich,*[j] verantwortlich für alles und für alle. Die Verantwortung für die Anderen ist nicht eine Rückkehr zu sich, sondern eine unheilbare Schrumpfung, die durch die Grenzen der Identität nicht aufgehalten werden kann. Die Rekurrenz wird Identität, indem sie die Grenzen der Identität, das *Prinzip* des Seins in mir, das unerträgliche In-sich-Ruhen der De- p. 146
finition, sprengt. Sich – diesseits der Ruhe: die Unfähigkeit, alles hinter sich zu lassen, um sich nur noch „um sich selbst zu kümmern", vielmehr an sich festhalten in der Weise, daß man an sich nagt. Die Verantwortung in der *Besessenheit* ist eine Verantwortung des Ich für das, was das Ich nicht gewollt hat, das heißt für die Anderen. Diese Anarchie der Rekurrenz auf sich, über das gewöhnliche Spiel von aktiv und passiv hinaus, in dem die Identität des Seins spielt – in dem sie *ist* –, hinter die Grenzen der Identität zurück; diese in der Nähe, durch eine Anderheit-in-mir erlittene Passivität, diese Passivität der Rekurrenz auf sich, die gleichwohl nicht die Entfremdung einer betrogenen Identität ist – was kann sie anderes [bedeuten] als meine Stellvertretung für die Anderen? Und doch nicht

---

[j] Hier, sieh mich [me voici] – *die Übersetzung nimmt die etymologische Bedeutung des Ausdrucks auf (voici < vois – ici), vor allem aber sucht sie der Nennung des Personalpronomens* im Akkusativ *zu entsprechen, im „Kasus des Angeklagten", auf den es hier wesentlich ankommt. – Der Ausdruck gibt ein eindringliches Beispiel für die Lévinassche „relecture" biblisch-prophetischer Kontexte, vgl. unten S. 320 und ebd. Anm. 11.*

Entfremdung – weil der Andere im Selben meine Stellvertretung, mein Einstehen für den Anderen ist im Sinne einer *Verantwortung*, zu der ich – *als einer, der sich seinerseits nicht vertreten lassen kann* – vorgeladen bin. *Durch* den Anderen und *für* den Anderen, aber ohne Entfremdung: inspiriert. Inspiration, die Psychismus, die das Leben der Seele ist. Doch Psychismus, der diese Anderheit im Selben bedeuten kann, ohne zu entfremden, als Inkarnation, als In-seiner-Haut-sein, als den-Anderen-in-seiner-Haut-haben.

In dieser Stellvertretung, in der die Identität umgewendet wird, in dieser Passivität, die passiver ist als die mit dem Akt verbundene Passivität und über die reglose Passivität des Bezeichneten hinausgeht, löst sich das Sich von sich selbst ab. Freiheit? Eine andere Freiheit als die der Initiative. Durch die Stellvertretung, durch das Einstehen für die Anderen entgeht das Sich der *Beziehung*. Am Ende der Passivität entgeht das Sich der Passivität oder der unvermeidlichen Begrenzung, der die Relate in einer Beziehung unterworfen sind: In der unvergleichlichen Beziehung der Verantwortung begrenzt der Andere nicht mehr den Selben; was er begrenzt, das trägt ihn. Hier zeigt sich eine Überdeterminierung ontologischer Kategorien, die diese zu ethischen Begriffen umformt. In dieser passivsten Passivität wird das Sich auf ethische Weise von jedem Anderen und von sich selbst befreit. Seine Verantwortung für den Anderen – die Nähe des Nächsten bedeutet nicht Unterwerfung unter das Nicht-Ich, sie bedeutet die Offenheit, in der das *sein* des Seienden in der Inspiration überboten wird – ist eine Offenheit, von der die Atmung eine Modalität bildet oder einen Vorgeschmack gibt oder, genauer, von der ihr ein Nachgeschmack bleibt. In dieser Atmung – der Möglichkeit jeder Art Opfer für die Anderen – gehen, fern aller Mystik, Aktivität und Passivität ineinander über.

Konträr zu der ehrwürdigen Tradition, auf die sich Hegel bezieht, für den das Ich Gleichheit mit sich selbst und folglich Rückkehr des Seins zu sich selbst als konkreter Universalität ist, des Seins, das sich von sich selbst getrennt hat in der Universalität des Begriffs und des Todes – konträr zu dieser Tradition zeichnet sich, von der Besessenheit der von sich her anarchischen Passivität aus gesehen, hinter der Gleichheit des Bewußtseins deutlich eine Ungleichheit ab. Ungleichheit, die nicht bedeutet, daß das Sein, so wie es erscheint, dem Sein im eigentlichen, im tiefen oder sublimen Sinne irgendwie nicht entspricht, und die auch nicht Rückkehr zu einer ursprünglichen Unschuld bedeutet (wie die Ungleichheit des Ich mit sich selbst bei Nabert, der vielleicht einer Tradition folgt, in der die Nichtübereinstimmung nur als Verlust vorkommt), vielmehr eine Ungleichheit im Sich durch Stellvertretung, Ausbruch aus dem Begriff – Ausbruch nur von kurzer Dauer, doch bald darauf erneut versucht –, Einzigkeit, vorgeladen zur Verantwortung, aufgrund dieser Vorladung keine Ruhe in sich findend; Sich ohne Begriff, ungleich in der Identität, sich bedeuten in der ersten Person, das heißt genau den Grundriß des Sagens zeichnen, sich im Sagen hervor-bringen als *ich* [*moi* ou *je*], also absolut verschieden von jedem anderen Ich, das heißt trotz des Todes einen Sinn haben, gegen die Ontologie des Todes eine Ordnung eröffnen, in der die Möglichkeit besteht, den Tod nicht anzuerkennen. *Diastatische* Identität, bei der die Übereinstimmung schließlich an sich selber scheitert, Sich in der identifizierenden Rekurrenz, in der ich mich weiter zurückgeworfen finde als bis zu meinem Ausgangspunkt! Sich, das zu sich selbst im Rückstand ist, das sich vergißt – eben dadurch, daß es an sich nagt, Vergessen, das auf das Sich bezogen ist durch das *An-sich-Nagen* des Gewissensbisses. Es sind dies nicht Begeben- p. 147

heiten, die sich für ein empirisches – das heißt für ein bereits bestehendes und vollständig identifiziertes – Ich zutragen, als Prüfung, die dieses Ich zu „mehr Selbstbewußtsein" führen und es besser befähigen würde, „sich an die Stelle des Anderen zu setzen". Was wir hier „Sich" nennen – in dem der „Andere-im-Selben", in dem die Inspiration die Respiration, ja das Pneuma des seelischen Lebens entstehen läßt – geht solcher Empirie voraus, die als Teil des Seins, des Universums, des Staates bereits Bedingungen hat in einem System. Es geht hier um den Versuch, die Unbedingung des Subjekts zu sagen, die nicht den Status eines Prinzips hat. Eine Bedingung nämlich, die dem Sein selbst einen Sinn verleiht und von der her es sein Gewicht und seine Ernsthaftigkeit hat: erst insofern es auf einem Sich beruht, das alles Sein *trägt* und *aushält*, versammelt sich das Sein zur Einheit des Universums und das *sein* zum Ereignis. Das Sich ist Sub-jectum: es findet sich unter der Last des Universums – für alles verantwortlich. Die Einheit des Universums ist nicht das, was mein Blick in seiner Einheit der Apperzeption umfaßt; vielmehr ist das meine Sache, was von überallher mir auferlegt ist, was mich anblickt und so mich angeht, was mich anklagt. Insofern ist der Gedanke, daß man im Welt-
p. 148 raum mich sucht, keine Fiktion aus der Welt der Sciencefiction, sondern bringt er meine Passivität als Sich zum Ausdruck.

Das Sich ist das, was den geradlinigen, unerschütterlichen und Ausnahmen nicht zulassenden Prozeß, in dem sich das *sein* des Seins entfaltet, umkehrt. In-sich-sein, auf sich zurückgedrängt, bis zum Einstehen für alles, was einen in diesen Nicht-Ort stößt, genau das heißt In-sich-sein, In-sich-ruhen „jenseits des *sein*". Der anachoretische Rückzug des Ich ins Sich – weiter zurück als bis zur eigenen Identität – bis hinein in den Anderen, die Sühne, die die

Last des Nicht-Ich trägt, ist weder Triumph noch Scheitern. Scheitern setzt bereits eine Freiheit voraus und den Imperialismus eines politischen oder kirchenamtlichen Ich, das heißt eine Geschichte konstituierter und freier „Ichs". Das Sich als Sühne ist diesseits von Aktivität und Passivität.

Im Gegensatz zu dem, was Denkern wie Eugen Fink oder Jeanne Delhomme vorschwebt, die unter den Bedingungen der Welt eine Freiheit ohne Verantwortung, eine spielerische Freiheit, fordern, erkennen wir in der Besessenheit eine Verantwortung, die auf keinerlei freiem Engagement beruht. Eine Verantwortung, deren Eintritt ins Sein nur ohne Wahl zustande kommen kann. Daß sie nicht zur Wahl steht, kann nur einer abwegigen oder flüchtigen und unvorsichtigen Reflexion als Gewalt gelten, geht sie doch dem Paar Freiheit – Unfreiheit voraus; dadurch aber führt sie eine Berufung ein, die über das begrenzte – und egoistische – Schicksal desjenigen hinausgeht, der nur *für sich* ist und der sich heraushalten will aus der Schuld und dem Unheil, die nicht in seiner Freiheit oder in seiner Gegenwart beginnen. Einführung eines Seienden, das nicht *für sich* ist, das *für alle* ist – Sein und zugleich Sich-vom-Sein-Lösen; das *Für-sich* in der Bedeutung: Selbstbewußtsein, das *Für-alle*: Verantwortung für die Anderen, Tragen des Universums. Diese Weise, zu antworten und Verantwortung zu tragen ohne vorheriges Engagement – Verantwortung für die Anderen – ist nichts anderes als die menschliche Brüderlichkeit, die der Freiheit vorausgeht. Das Gesicht des Anderen in der Nähe – die mehr ist als Vergegenwärtigung, als Vorstellung – ist nicht zu vergegenwärtigende Spur, Modus des Unendlichen. Das Sein nimmt nicht deshalb eine Bedeutung an und wird Universum, weil unter den Seienden ein Ich existiert – als Seiendes, das Ziele verfolgt. Vielmehr weil in der Annäherung die Spur

p. 149

des Unendlichen sich einschreibt oder in ihr geschrieben wird – als Spur eines Aufbruchs, doch als Spur dessen, das, selbst ohne Maß, nicht in die Gegenwart eintritt und die *arché* in Anarchie umkehrt – deshalb gibt es Verlassenheit des Anderen, Besessenheit durch ihn, Verantwortung und Sich.[19] Das Nichtaustauschbare schlechthin, das Ich,[k] der Einzige steht ein für die Anderen. Nichts ist hier Spiel. So wird das Sein transzendiert.

Das Ich ist nicht lediglich ein Seiendes, das mit bestimmten, sogenannten moralischen Qualitäten ausgestattet wäre, die es trüge wie eine Substanz ihre Attribute oder die es in seinem Werden annähme wie Akzidentien. Es ist seine außergewöhnliche Einzigkeit in der Passivität oder der *Passion* des Sich, die jenes unablässige Geschehen der Unterwerfung unter alles, der Stellvertretung, ausmacht, der

[19] Alle Beschreibungen des Gesichtes in den drei letzten Aufsätzen der zweiten Auflage unseres Buches En découvrant l'existence avec Husserl et Heidegger [deutsch: SpA 209-294], die die Zweideutigkeit oder sogar das Rätsel der Anarchie beschreiben – die Illeität des Unendlichen im Gesicht als Spur des Rückzugs, den das Unendliche als Unendliches vor seiner Ankunft vollzieht und der die Anderen meiner Verantwortung aufträgt – bleiben Beschreibungen des Nicht-Thematisierbaren, des Anarchischen und führen folglich zu keinerlei theo-logischer These. Die Sprache kann dennoch davon sprechen, und sei es um den Preis des Mißbrauchs; sie bestätigt so, daß es dem Anarchischen unmöglich ist, sich in herrscherlicher Gewalt zu konstituieren, was ebendie Un-Bedingung und Un-Bedingtheit des Anarchischen impliziert. Doch ist der Zugriff der Sprache auf das Anarchische nicht eine Herrschaft – sonst wäre die Anarchie immer noch der *Arché* des Bewußtseins untergeordnet. Dieser Zugriff ist ein Ringen um den Ausdruck und der Schmerz, den er kostet. – Woher die Rede und die Notwendigkeit einer *Arché* der Herrschaft und des Staates rühren, werden wir weiter unten (vgl. Kap. V, S. 342 ff.) ausführen. Klar ist auch, daß nach unserer Lesart von Bedeutsamkeit die Praxis (und das von der Praxis nicht zu trennende Religiöse) durch das An-archische definiert wird. Die Theologie ist insofern nur möglich als die Bestreitung des rein Religiösen und würde dieses nur bestätigen, wo sie versagt oder wo sie es bekämpft.

[k] *Das Ich in der ersten Person [le Je], nicht das Ich als Begriff [le Moi].*

Umstand, daß das Seiende sich losmacht, sein Sein ausleert, sich umstülpt, sich zur „Kehrseite“ macht, und, wenn man so sagen darf, der Umstand des „anders als sein“, Unterwerfung, die weder nichts ist noch das Produkt transzendentaler Einbildungskraft. Es geht in dieser ganzen Untersuchung nicht darum, ein *Seiendes*, welches das Ich wäre, auf den Akt des Einstehens-für zurückzuführen, der dann das Sein dieses Seienden ausmachen würde. Das Einstehen-für, die Stellvertretung, ist nicht ein Akt, es ist eine in den Akt nicht überführbare Passivität, das Diesseits der Alternative Akt-Passivität, die Ausnahme, die nicht in die grammatischen Kategorien wie Nomen oder Verb paßt, es sei denn im Gesagten, das sie thematisiert. Die Rekurrenz, die nur als In-sich oder als die Kehrseite des Seins oder als anders-als-sein zur Sprache gebracht werden kann.[20] „Sich“ sein, anders als sein,

[20] Man könnte versucht sein, das Einstehen-für oder die Stellvertretung als das Sein des Seienden, das das Ich ist, anzusehen. Und zweifellos ist das Diesseits des Ich für das, was wir sagen, nur insofern geeignet, als es sich auf das Sein bezieht, von dem es sich zurückzieht oder das es ablegt und durcheinanderbringt. Das Gesagte der Sprache sagt immer das Sein. Doch für den Moment eines Rätsels zerbricht die Sprache auch ihre eigenen Bedingungen wie in der Rede der Skeptiker und sagt sie eine Bedeutung, bevor sie sich ereignet, ein Vor-dem-Sein. Ereignisse passieren Subjekten, die sie erleiden oder provozieren. Die Verben, in denen die Ereignisse und die Nomina, in denen die Subjekte zur Sprache kommen, werden systematisiert bis hin zum Verb *sein* und zum Nomen *Sein*. Die Homonymie ist hier eine radikale Doppeldeutigkeit, bei der die Differenz nicht eine gemeinsame Gattung zur Grundlage hat, sondern einzig und allein die Gemeinsamkeit des Wortes – worin die Sprache sich als etwas völlig anderes erweist denn als eine Doppelung von Gedanken. Das Sich und die Stellvertretung sprengen diesen Rahmen. Die Niederlegung oder bereits Niederlage der Identität des Ich – das, was äußerstenfalls noch Ereignis des Sich genannt werden könnte – geht jedem durch ein Subjekt erlittenen oder von ihm bestimmten Ereignis voraus. Diesseits, das genau in dem Terminus Anarchie zum Ausdruck kommt. Identität, die bis auf den Grund abgebaut wird, ohne im Anderen erneut zu entstehen, diesseits der Transsubstantiation in eine andere

p. 150 sich vom Sein lösen heißt, die Not und das Scheitern des Anderen tragen und sogar noch die Verantwortung, die der Andere vielleicht für mich hat; „Sich" sein – die Conditio der Geiselschaft – heißt, immer einen Grad an Verantwortung zusätzlich haben, die Verantwortung für die Verantwortung des Anderen.[21]

Warum betrifft mich der Andere? Was geht mich Hekuba an? Bin ich der Hüter meines Bruders? – diese Fragen haben nur Sinn, wenn man bereits zur Voraussetzung gemacht hat, daß das Ich sich nur um sich sorgt, nur Sorge ist um sich selbst. Unter dieser Annahme bleibt es in der Tat unverständlich, daß das absolute Außerhalb-meiner – der Andere – mich betrifft. Doch hat in der „Vor-

---

Gestalt und des „Sich-an-den-Platz-eines-Anderen-Setzens", denn sie *ruht* nicht im Anderen, sondern bleibt in sich selbst, ohne Ruhe; Dienstverpflichtung ohne Möglichkeit, sich ihr zu entziehen, die so, als das Unersetzbare schlechthin, Einzigkeit ist.

[21] Der Wirbel: Leiden des Anderen, mein Mitleid mit seinem Leiden, sein Schmerz über mein Mitleid, mein Schmerz über diesen Schmerz usw. endet bei mir. Ich – das ist dasjenige, dem in dieser ganzen Iteration eine Bewegung mehr zukommt. Mein Leiden ist der Zielpunkt aller Leiden – und aller Vergehen. Selbst der Vergehen meiner Verfolger, was dem Erdulden der größten Verfolgung gleichkommt, dem absoluten Erdulden. – Es handelt sich hier nicht um das Fegefeuer des Leidens und seine magische Wirkung. Jenes zum Leiden gehörende Element des zwecklosen, des vergeblichen, des „reinen Brennens" ist die Passivität des Leidens, die sein Umschlagen in ein „übernommenes Leiden" verhindert, in dem das „Für-den-Anderen" der Sensibilität, das heißt genau der *Sinn* dieses Leidens, zerstört würde. Dieses Moment des „umsonst" im Leiden ist der Überschuß an Sinnlosigkeit über den Sinn hinaus, durch den der Sinn des Leidens erst möglich ist. Die Inkarnation des Sich und seine Möglichkeiten vergeblichen Schmerzes sind in Abhängigkeit von dem absoluten *Akkusativ* des Sich zu verstehen, als Passivität diesseits aller Passivität, die der zu Leib werdenden Materie zugrunde liegt. Doch gilt es im anarchischen Charakter des Leidens – und vor jeder Reflexion – ein Leiden am Leiden zu erkennen, ein Leiden „an" dem, was mein Leiden an Mitleiderregendem hat; es ist dies ein Leiden „für Gott", der an meinem Leiden leidet. „Anarchische" Spur Gottes in der Passivität.

geschichte" des für sich gesetzten Ich eine Verantwortung das Wort. Das Sich ist von Grund auf Geisel, früher als es Ego ist, schon vor den ersten Ursachen. Es geht für das Sich, in seinem Sein, nicht darum zu sein. Jenseits von Egoismus und Altruismus geht es um die Religiosität des Sich.

Die Conditio der Geiselschaft ist der Grund dafür, daß in der Welt Mitleid, Anteilnahme, Verzeihen und Nähe möglich sind. Selbst das Wenige, das sich davon wirklich findet, selbst das bloße „Nach Ihnen, bitte". Die Unbedingung der Geisel ist nicht der Grenzfall der Solidarität, sondern die Bedingung jeglicher Solidarität. Alle Anklage und Verfolgung wie alle zwischenmenschliche Lobrede, Belohnung und Bestrafung setzt die Subjektivität des Ich voraus, die Stellvertretung – die Möglichkeit, sich an die Stelle des Anderen zu setzen, die auf den Übergang vom „Durch-den-Anderen" zum „Für-den-Anderen" verweist und, in der Verfolgung, von der durch den Anderen zugefügten Beleidigung zur Sühne seines Vergehens durch mich. Die absolute, der Freiheit zuvorkommende Anklage aber konstituiert die Freiheit, die, dem *Guten* verbündet, jenseits und außerhalb von allem *sein* liegt.

Alle Gefühlsübertragungen, durch die die Theoretiker, die p. 151
vom ursprünglichen Krieg und vom ursprünglichen Egoismus ausgehen, die Entstehung der Großzügigkeit erklären – (wobei im übrigen nicht sicher ist, ob der Krieg „im Anfang war" und vor den Altären) – könnten letztlich nicht im Ich festgemacht werden, wenn das Ich nicht mit seinem ganzen Sein oder vielmehr mit seiner ganzen Abgelöstheit vom Sein *unterworfen* wäre, und zwar nicht der Kategorie unterworfen wie die Materie, sondern dem grenzenlosen Akkusativ der Verfolgung – Sich, Geisel, schon zum Stellvertreter gemacht für die Anderen. „Ich ist ein Anderes" – doch ohne die Rimbaudsche Entfrem-

dung,[1] außerhalb jeden Ortes, in sich – diesseits der Autonomie der Selbstaffektion und der auf sich selbst beruhenden Identität. Die Subjektivität gehört dadurch, daß sie in passiver Weise die Last des Anderen erduldet – wodurch sie gerade zur Einzigkeit berufen wird –, nicht mehr zu der Ordnung, in der die Alternative von Aktivität und Passivität ihren Sinn behält. Man muß hier von Sühne sprechen – als von dem, was Identität und Alterität wieder miteinander verbindet. Das Ich ist nicht ein Seiendes, das „fähig" wäre, für die Anderen zu sühnen: es ist die ursprüngliche – unfreiwillige – weil der Initiative des Wollens zuvorkommende (dem Ursprung zuvorkommende) Sühne, so als seien die Einheit und Einzigkeit des Ich bereits das Auf-sich-Nehmen der Last des Anderen. Insofern ist das Sich Güte oder unter der Forderung, alles Haben, alles „Auf-sich-hin" und alles „Für-sich" preiszugeben, bis hin zur Stellvertretung. Die Güte ist, wie schon gesagt, das einzige Attribut, das in den *Einen*, den das Subjekt bildet, keine Vielfalt einführt, weil sie vom Einen verschieden ist. Sobald sie sich dem Einen zeigt, wäre sie nicht mehr Güte in ihm. Die Güte bedeckt mich in meinem Gehorsam gegenüber dem verborgenen *Guten*.

Die Individuation oder die Überindividuation des Ich, die

[1] *Die Formulierung „Je est un autre" findet sich in zwei Briefen Arthur Rimbauds vom Mai 1871, in denen der noch nicht siebzehnjährige Dichter einige später einflußreich gewordene poetologische Behauptungen formuliert: „Ich will Dichter werden, und ich arbeite daran, mich* sehend *zu machen: [...] Es geht darum, durch die Entregelung* aller Sinne *beim Unbekannten anzukommen. Die Leiden sind ungeheuerlich, [...] Es ist falsch zu sagen: Ich denke. Man müßte sagen: Es denkt mich. Entschuldigen Sie das Wortspiel.* ICH *ist ein Anderes. Um so schlimmer für das Holz, das sich als Geige vorfindet, und Hohn über die Ahnungslosen, die an dem herumkritteln, was sie überhaupt nicht kennen!" Arthur Rimbaud, Briefe und Dokumente, übersetzt von Curd Ochwadt, Heidelberg: Lambert Schneider 1961, S. 240.*

darin besteht, in sich zu sein, in der eigenen Haut, ohne den *conatus essendi* all der Seienden zu teilen, die Seiende an sich sind, die Individuation und die Überindividuation, die für mich darin besteht, nur deshalb *in Hinsicht auf* alles zu sein, was ist, weil ich *mit Rücksicht auf* alles bin, was ist – liegt in der Sühne für das Sein. Das Sich ist nichts anderes als der Umstand, sich auszusetzen in dem nicht übernehmbaren Anklagefall, in dem das Ich die Anderen trägt und aushält, im Gegensatz zur Gewißheit des Ich, das in der Freiheit zu sich selbst findet.

5. *Die Kommunikation*

Geht man von der Subjektivität im Sinne des Sich aus, geht man aus von dem *Herausfallen* und der Enteignung, von der Kontraktion, in der das Ich nicht sich erscheint, sondern sich opfert, dann kann die Beziehung mit dem Anderen Kommunikation und Transzendenz sein und nicht immer nur eine andere Art der Suche nach Gewißheit oder p. 152
nach Übereinstimmung mit sich selbst. Übereinstimmung mit sich selbst, aus der man, paradoxerweise, die Kommunikation ableiten will.[22] Ohne dabei die radikale – von der

[22] Die Stellvertretung, die im Innern des Sich ansetzt, seine Innerlichkeit zerreißt, seine Identität auseinanderschiebt und sein Auf-sich-Zurückgehen zum Scheitern bringt (doch dies, ohne daß es mir möglich wäre, mich der Stellvertretung zu entziehen, die der beständig scheiternden Identität des Sich ihre Einzigkeit verleiht), die Stellvertretung ist eine Kommunikation des Einen mit dem Anderen und des Anderen mit dem Einen, ohne daß diese beiden Beziehungen denselben Sinn haben und in dieselbe Richtung gehen; im Gegensatz zur Umkehrbarkeit eines in beide Richtungen gangbaren Weges, der für den Informationsumlauf geöffnet ist und bei dem die Richtung – und der Sinn – keine Rolle spielen. Wir haben im Vorhergehenden, bei der Untersuchung der Nähe, auf diese Dissymmetrie der Kommunikation hingewiesen. Erst die Nähe des Dritten (vgl. unten Kap. V) führt mit den Notwendigkeiten der

Erkenntnis zur Solidarität laufende – Umkehrung ernstzunehmen, die die Kommunikation im Vergleich zum inneren Dialog darstellt – zur Selbsterkenntnis – der als bildlicher Ausdruck für das geistige Leben gilt. Indem man die Kommunikation gegen jede Gefährdung zu sichern sucht und sich gar nicht erst fragt, ob der innere Dialog sich nicht bereits der Solidarität verdankt, von der die Kommunikation getragen wird. In der Sühne, der Verantwortung für die Anderen, geht das Verhältnis zum Nicht-Ich jedem Verhältnis des Ich zu sich selbst voraus. Das Verhältnis zum Anderen geht der Selbstaffektion der Gewißheit voraus, auf die man die Kommunikation immer zurückzuführen sucht.

Die Kommunikation wäre aber gerade unmöglich, wenn sie im Ich beginnen müßte, dem freien Subjekt, dem jeder Andere nur Begrenzung wäre, die zum Krieg einlädt, zur Beherrschung, zur Vorsicht und zur Information. Miteinander kommunizieren heißt gewiß sich öffnen; doch ist die Offenheit nicht vollständig, wenn sie nach Anerkennung Ausschau hält. Sie ist vollständig nicht, wenn sie sich dem „Anblick“ oder der Anerkennung des Anderen öff-

---

Gerechtigkeit das Maß, die Thematisierung, das Erscheinen und die Gerechtigkeit ein. Erst vom Sich und von der Stellvertretung her hat das Sein einen Sinn. Das Sein ist nicht deshalb nicht-indifferent, weil es lebendig oder anthropomorph wäre, sondern weil – so fordert es die Gerechtigkeit, die Gleichzeitigkeit oder Kopräsenz ist – der Raum zum Sinn meiner Verantwortung für den Anderen gehört. Das Überall des Raumes ist das Von-überallher der Gesichter, die mich betreffen und mich in Frage stellen trotz der Gleich-Gültigkeit, die sich für die Gerechtigkeit darzubieten scheint. Das Sein hat einen Sinn als Universum und die *Einheit* des Universums liegt in mir, insofern ich „seinsunterworfen“ bin. Was besagt, daß der Raum des Universums sich als Wohnraum der Anderen erweist. Zum prä-geometrischen Wesen des Raumes gehört, daß er durch die Anderen bewohnt wird, die mich angehen. Ich bin der Träger des Universums. Das Sich bildet nicht nur die Einheit der menschlichen Gesellschaft, die eins ist in meiner Verantwortung. Die Einheit des Seins nimmt Bezug auf das Sich.

net, sondern wenn sie zur Verantwortung für ihn wird.
Die Emphase der Offenheit ist die Verantwortung für den
Anderen bis hin zur Stellvertretung – wobei das *Für-den-*
Anderen der Unverborgenheit, des Sich-dem-Anderen-
Zeigens umschlägt in das *Für-den-Anderen* der Verant-
wortung – so lautet in Kurzform die These des vorliegen-
den Buches. Die Offenheit der Kommunikation ist nicht
eine bloße Ortsveränderung in der Absicht, eine Wahrheit p. 153
nach außen zu verlegen, statt sie in sich zu behalten; das
Erstaunliche ist der Gedanke oder der Wahnsinn, sie nach
außen zu verlegen. Würde sich die Kommunikation dann
obendrein noch einstellen? Oder ist nicht das Ich – Stell-
vertretung *in* seiner Festigkeit als identisches Ich – Solida-
rität, die damit beginnt, dem Anderen Zeugnis von ihr
selbst zu geben, und ist es nicht so vor allem Kommunika-
tion über die Kommunikation, Zeichen für das Zeichenge-
ben statt Übertragung von irgendetwas in eine Offenheit
hinein? Man verschiebt auf sonderbare Weise das Pro-
blem, wenn man sich fragt, ob das, was sich in dieser
Offenheit zeigt, genau so ist, wie es sich zeigt, ob sein
Erscheinen nicht Schein ist. Das Problem der Kommu-
nikation läuft, wenn man es auf das Problem der Wahrheit
dieser Kommunikation für den, der ihr Empfänger ist,
zurückführt, auf das Problem der Gewißheit hinaus, der
Übereinstimmung des Sich mit sich selbst, als ob die
Übereinstimmung das eigentliche Geheimnis der Kom-
munikation wäre und als ob die Wahrheit nichts anderes
wäre als Unverborgenheit. Der Gedanke, daß Wahrheit
Zeugnis geben vom *Unendlichen* bedeuten kann,[23] wird
so nicht einmal erahnt. Bei diesem Vorrang der Gewißheit
wird die Identität der Substanz für das Ich gehalten, Mo-
nade genannt und ist folglich – wenn nicht ein Wunder

[23] Vgl. unten Kap. V, 2.

geschieht – unfähig zur Kommunikation. Man ist so, von Cassirer bis Binswanger, geneigt, eine Theorie zu suchen, nach der ein vorgängiger Dialog das Ich, das ihn hält, eher enthält, als daß das Ich eine Unterredung hält.

Im Unterschied zu all denen, die die Entstehung mehrerer „Ichs“ auf einen Dialog und ein ursprüngliches *Wir* gründen wollen und die sich dabei auf eine hinter der faktischen Kommunikation liegende ursprüngliche Kommunikation beziehen (ohne freilich dieser ursprünglichen Kommunikation eine andere Bedeutung zu geben als die empirische eines Dialogs oder einer *Manifestation* vom Einen zum Anderen – womit jedoch das *Wir*, das es zu begründen gilt, schon vorausgesetzt wird) und die so das Problem der Kommunikation auf das der Gewißheit zurückführen – unterstellen wir der Transzendenz der Sprache eine Beziehung, die nicht empirisches Wort ist, sondern Verantwortung, und das heißt auch Sich-Abfinden (in der Passivität, vor jedem Entschluß) mit dem Risiko des Mißverständnisses (wie in der Liebe – wo man sich, es sei denn, man liebte nicht aus Liebe, damit abfinden muß, nicht geliebt zu werden), mit dem Risiko der Verfehlung und der Kommunikationsverweigerung – Verantwortung und Stellvertretung, in denen auch das thematisierende Ich seinen Grund hat. Von dieser Kommunikation und von dieser Transzendenz wird man zwar nur ihre Ungewißheit aussagen können. Doch hat die Kommunikation als
p. 154 Abenteuer der Subjektivität – im Unterschied zu jenem, das von der Sorge beherrscht wird, wieder zu sich zu finden und anders auch als das der Bewußtseinskoinzidenz – die Ungewißheit zum Inhalt. Wesentlich: sie ist nur möglich in dem Opfer, das in der Annäherung an den besteht, für den man verantwortlich ist. Die Kommunikation mit dem Anderen kann nur als gefährliches Leben transzendent sein, als ein schönes Wagnis, auf das man

sich einlassen muß. Diese Worte gewinnen ihren starken Sinn, wenn sie die Unentgeltlichkeit des Opfers ausdrükken, statt lediglich den Mangel an Gewißheit zu bezeichnen. Bei dem Ausdruck „ein schönes Wagnis, auf das man sich einlassen muß" ist bisher nie ausreichend nachgedacht worden über das Wort „schön". In ihrer antithetischen Stellung zur Gewißheit und schließlich zum Bewußtsein gewinnen diese Termini ihre positive Bedeutung und sind nicht länger Ausdruck eines Notbehelfs.

Erst dadurch ist der absolut außerhalb stehende Andere nah bis zur Besessenheit. Nähe und nicht Wahrheit über die Nähe; nicht Gewißheit *über* die Gegenwart des Anderen, sondern Verantwortung für ihn ohne den Beschluß und den Zwang zu Wahrheiten, aus denen Verpflichtungen erwachsen, ohne Gewißheit. Verantwortung, die mich verpflichtet und die mich verpflichtet vor aller Wahrheit und vor aller Gewißheit; sie macht die Frage nach Vertrauen und Norm zu einer *müßigen* Frage, denn in seiner Aufrichtigkeit ist das Bewußtsein nicht nur Naivität und Meinung.[24]

Die ethische Sprache, der wir uns bedient haben, ent-

---

[24] An dieser Stelle ist eine kritische Äußerung angebracht zu dem Argwohn, den der Objektivismus jeder Philosophie der Subjektivität aufbürdet und der darin besteht, das Ich durch das zu kontrollieren und an dem zu messen, was objektiv feststellbar ist. Eine mögliche, aber willkürliche Einstellung. Selbst wenn das Ich nur täuschende Spiegelung wäre und sich mit falschem Schein begnügte, hätte es eine eigene Bedeutung gerade als die besagte Möglichkeit, die objektive und universale Ordnung zu verlassen und sich an sich selbst zu halten. Das Verlassen der objektiven Ordnung kann ebenso zur Verantwortung jenseits der Freiheit wie zur verantwortungslosen Freiheit des Spiels hin erfolgen. Das Ich ist am Kreuzungspunkt beider Bewegungen. Doch die objektive Ordnung verlassen, in sich gehen zum Privatissime des Opfers und des Todes, den subjektiven Boden betreten – das geschieht nicht aus einer Laune heraus, es wird möglich allein unter der Last aller Verantwortungen.

stammt nicht einer besonderen moralischen Erfahrung, die von der bisher verfolgten Beschreibung unabhängig wäre. Die ethische Situation der Verantwortung läßt sich nicht von der Ethik her verstehen. Sie rührt sicher von dem her, was Alphonse de Waelhens nicht-philosophische Erfahrungen genannt hat, die von der Ethik unabhängig sind. Der Zwang, der den Willen nicht voraussetzt – und nicht einmal den Seinskern, aus dem der Wille hervorgeht (oder den er sprengt) und den wir beschrieben haben im Ausgang von der Verfolgung – findet seinen Ort zwischen der Notwendigkeit dessen, „was anders nicht sein kann" (Aristoteles; Metaphys. E) – dessen, was man heute eidetische Notwendigkeit nennt – und dem Zwang, der auf einen Willen ausgeübt wird durch die Situation, in der er
p. 155 sich befindet, sei es durch andere Willen und Begierden, sei es durch die Willen und Begierden Anderer. Es stellt sich heraus, daß die Wendungen der ethischen Sprache zu bestimmten Strukturen der Beschreibung gut passen: zur Bedeutung der Annäherung, die sich deutlich unterscheidet vom Wissen, zu der des Gesichtes, das sich deutlich unterscheidet vom Phänomen.

Die Phänomenologie kann in der Beschreibung der Annäherung den Umschlag von der Thematisierung in die Anarchie verfolgen: Der ethischen Sprache gelingt es, das Paradox auszudrücken, in das sich die Phänomenologie unversehens verstrickt findet, denn das Ethische ist jenseits des Politischen diesem Umschlag gewachsen. Ausgehend von der Annäherung findet die Beschreibung im Nächsten den, der die Spur eines Rückzugs trägt, durch den ihm aufgetragen ist, Gesicht zu sein.[m] Bedeutsamkeit

---

[m] *Buchstäblich: „der ihn zum Gesicht weiht" – wobei der Ausdruck „weihen" [ordonner] hier keinen mystischen oder sakramentalen Zusammenhang evoziert – weil er diesbezüglich mißverständlich ist, wird er in der Übersetzung vermieden –, sondern eine Art der Verbindlichkeit zum*

der Spur für das Verhalten; Bedeutsamkeit, deren an-archisches Insinuieren zu Unrecht vergessen würde, wenn man es mit einer Anzeige verwechselte, mit dem Aufweis des Bezeichneten/Bedeuteten im Bezeichnenden/Bedeutenden, mit dem Weg, über den das theologische und erbauliche Denken allzu schnell die Glaubenswahrheiten deduziert und auf dem die Besessenheit einem thematisch aussagbaren Prinzip untergeordnet wird, was gerade die Anarchie ihrer Bewegung zunichte macht.[25] Die Spur, in der der Auftrag ergeht, Gesicht zu sein, beschränkt sich nicht auf das Zeichen: das Zeichen und seine Beziehung zum Bezeichneten sind im Thema synchron. Die Annäherung ist nicht die Thematisierung irgendeiner Beziehung, sondern diese Beziehung selbst, die als an-archische der Thematisierung widersteht. Diese Beziehung thematisieren heißt schon, sie verlieren, aus der absoluten Passivität des Sich heraustreten. Die Passivität, die diesseits der Alternative Passivität – Aktivität und passiver als alle Trägheit ist, findet ihre Beschreibung in den ethischen Termini der Anklage, der Verfolgung, der Verantwortung für die Anderen. Der Verfolgte ist von seinem Standort verstoßen und hat allein *sich* zueigen, hat nichts in der Welt, wohin er sein Haupt legen könnte. Er ist allem Spiel und allem Krieg entrissen. Über die Selbstaffektion hinaus – die noch Aktivität ist, auch wenn diese Aktivität strikt zeitgleich wäre mit ihrer Passivität – entblößt sich das Sich in

Ausdruck bringt, die stärker ist als die Wahlfreiheit des Betroffenen und nicht die Möglichkeit läßt, sich ihr ggf. zu entziehen.

[25] Auf diese Weise zerstört die theologische Sprache die religiöse Situation der Transzendenz. Das Unendliche macht sich in an-archischer Weise „gegenwärtig“; die Thematisierung bringt sich um diese Anarchie, die allein ihr Glaubwürdigkeit verschaffen könnte. Die Sprache über Gott klingt falsch oder wird zum Mythos, das heißt, sie kann niemals buchstäblich genommen werden.

der Verfolgung, von der die Anklage nicht zu trennen ist, in der absoluten Passivität des Geschöpfs, der Stellvertretung. Indem sie dem Ich seine imperialistischen Neigungen entzieht, begründet die Affektion durch den Anderen eine neue Art der Unabweisbarkeit: das Sich, das dem absoluten Anklagefall unterworfen ist, als käme diese Anklage, die es noch nicht einmal zu übernehmen hat, von ihm selbst her. Das *Sich* des *Sich-Aufzehrens* in der Ver-
p. 156 antwortung – die auch Inkarnation ist – ist nicht eine Objektivierung des Sich durch mich. Das Sich, der Verfolgte, ist angeklagt über seine Schuld hinaus, bevor er frei ist, und damit angeklagt einer Unschuld, zu der man sich nicht bekennen kann. Man darf ihn sich nicht vorstellen im Stande der Ursünde – im Gegenteil, er ist die Urgüte der Schöpfung. Der Verfolgte kann sich nicht mit den Mitteln der Sprache verteidigen, denn die Verfolgung ist der Ausschluß der Apologie. Die Verfolgung ist genau der Moment, in dem das Subjekt ohne die Vermittlung des Logos getroffen oder berührt wird.[26]

6. Die „endliche Freiheit"

Man kann also den soeben dargelegten Ansichten nicht vorwerfen, sie behaupteten unvorsichtigerweise, daß das erste Wort des „Geistes" – jenes, das alle anderen, sogar noch die Worte „Negativität" und „Bewußtsein", möglich

[26] Die Nähe, die Besessenheit und die Subjektivität, von denen wir gesprochen haben, laufen nicht auf Phänomene des Bewußtseins hinaus. Doch statt einen vorbewußten Zustand zu bezeugen oder eine Verdrängung, in der sie unterdrückt würden, fällt ihr Nicht-Bewußtsein zusammen mit ihrer Ausnahme von der Totalität, das heißt mit ihrer Weigerung, sich zu manifestieren. Insofern das *sein* nicht zu trennen ist von der Darbietung und dadurch von der Idealität des Logos und von der Herrschaft des Kerygmas – ist diese Ausnahme das Nichtsein oder die Anar-

macht – ein unbedingt naives „Ja“ zur Unterwerfung sei, wodurch die Wahrheit, von allen Werten der höchste, verneint werde. Die Unbedingtheit dieses *Ja* ist nicht die einer kindlichen Spontaneität. Dieses Ja ist selbst die Ausgesetztheit gegenüber der Kritik, Ausgesetztheit, die der Zustimmung vorausgeht und die älter ist als jede naive Spontaneität. Es wird im Namen der Freiheit des Ich so argumentiert, als sei ich bei der Schöpfung der Welt dabei gewesen und als könne ich nur für eine Welt verantwortlich sein, die aus meinem freien Willen hervorgegangen ist. Philosophische Überheblichkeit; idealistische Vermutungen. Oder unverantwortliche Ausflüchte. Genau das wirft die Schrift Hiob vor. Hätte sich sein Unglück aus seiner Schuld ergeben, so hätte er es sich erklären können. Aber er hatte ja niemals das Böse gewollt! Seine falschen Freunde denken wie er: In einer vernünftigen Welt geht es nicht p. 157
an, daß man sich zu verantworten hat, während man gar nichts begangen hat. Also muß Hiob wohl seine Schuld vergessen haben! Indessen besteht die Subjektivität eines Subjekts, das spät in eine Welt gekommen ist, die nicht auf seine Pläne zurückgeht, weder darin, diese Welt zu planen

chie diesseits der noch ontologischen Alternative von Sein und Nichts, diesseits des *sein*. Zwar ist das Nicht-Bewußtsein den mechanischen Phänomenen oder der Verdrängung der psychischen Strukturen eigen. Von daher der Anspruch des Mechanismus oder des Psychologismus auf Universalität. Aber von seinen Spuren her läßt sich das Nicht-Bewußte auch anders lesen und kann es die Kategorien des Mechanismus auflösen. Das Nicht-Bewußte wird [hier] verstanden als das Unfreiwillige der Verfolgung, die als Verfolgung alle Rechtfertigung, alle Apologie, allen Logos unterbricht. So zum Schweigen gebracht zu werden, ist eine Passivität diesseits aller materiellen Passivität. Diesseits der Neutralität der Dinge wird diese absolute Passivität Inkarnation, Leiblichkeit – wird sie empfänglich für Schmerz, Schmach und Elend. In dieser Empfänglichkeit trägt die Passivität die Spur jenes Diesseits der Dinge als Verantwortung für das, wofür es im Verfolgten – das heißt in der Selbstheit – keinen Willen gegeben hat, das heißt als Verantwortung für die Verfolgung selbst, die er erleidet.

noch sie wie einen eigenen Plan zu behandeln. Die „Verspätung“ ist nicht ohne Bedeutung. Die Grenzen, die sie der Freiheit der Subjektivität auferlegt, beschränken sich nicht auf die reine Entbehrung. Über die eigene Freiheit hinaus verantwortlich zu sein heißt gewiß nicht, ein bloßes Resultat der Welt zu bleiben. *Das Universum tragen – erdrückender Auftrag, aber göttliche Mühsal.* Besser als die Verdienste und Verfehlungen und Bestrafungen, bemessen jeweils nach dem Grad der Wahlfreiheit. Wenn in unserer Rede ethische Termini vor solchen der Freiheit und Unfreiheit auftauchen, so deshalb, weil vor der Bipolarität des zur Wahl gestellten Guten und Bösen das Subjekt sich schon mit dem *Guten* beauftragt findet, gerade in der Passivität des *Tragens*, das heißt des *Ertragens*. Die Unterscheidung zwischen frei und unfrei wäre so weder die letztgültige Unterscheidung zwischen *Menschlichkeit* und *Unmenschlichkeit* noch die letztgültige Markierung von Sinn und Sinnlosigkeit; die Verständlichkeit verstehen heißt nicht, zurückgehen auf den Anfang. Es gab Zeit, die irreduzibel ist auf Gegenwart, absolute, nicht vorstellbare, nicht zu vergegenwärtigende Vergangenheit. Hat nicht das *Gute* das Subjekt in einer Erwählung erwählt, die erkennbar ist an der Verantwortung als Geisel, zu der das Subjekt bestimmt ist, der es sich nicht entziehen kann, ohne sich zu verleugnen, und durch die es einzig ist? Erwählung, der man als Philosoph nur die Bedeutung beimessen kann, die wir durch die Verantwortung für die Anderen umschrieben haben. Diese Vorzeitigkeit der Verantwortung im Verhältnis zur Freiheit bedeutete die *Güte* des *Guten*: die Notwendigkeit für das *Gute* mich zuerst zu erwählen, bevor ich imstande bin, das Gute zu wählen, das heißt seine Wahl anzunehmen. Darin liegt mein vorursprüngliches *Empfangen*. Passivität vor aller Rezeptivität. Transzendent. *Vorzeitigkeit vor aller vorstellbaren*

Vorzeitigkeit: unvordenkliche Vorzeitigkeit. Das *Gute* vor dem Sein. *Diachronie*: unüberbrückbare Differenz zwischen ungleichzeitigen, nicht zusammenpassenden Termini, zwischen dem *Guten* und mir. Doch auch Nicht-Indifferenz in dieser Differenz. Das Gute, durch das das Subjekt – nach Art eines unannehmbaren Empfangens – angewiesen wird, sich dem Anderen zu nähern, sich dem Nächsten zu nähern. Anweisung zu einer nicht erotischen Nähe,[27] zu einem Begehren des Nicht-Begehrenswerten, zu einem Begehren des Fremden im Nächsten; Begehren p. 158
außerhalb der Konkupiszenz, die ihrerseits unablässig verführt durch den Anschein des *Guten*, die auf teuflische Weise diesen Schein annimmt und so das *Gute* für sich in Anspruch nimmt, sich als ihm ebenbürtig ausgibt, doch durch ebendiesen Anspruch, der schon ein Geständnis ist,

[27] Wenn die Besessenheit Leiden und „Unannehmlichkeit" ist, so deshalb, weil der Altruismus der Geisel-Subjektivität nicht eine Neigung ist, nicht ein *natürliches* Wohlwollen, wie es in den Moralphilosophien des Gefühls vorkommt. Er ist widernatürlich, unfreiwillig, untrennbar von möglicher Verfolgung, zu der keine Zustimmung denkbar ist – anarchisch. Die Verfolgung bringt das Ich zurück zum Sich, zum absoluten Anklagefall [accusatif], in dem dem Ich eine Schuld zur Last gelegt wird, die es weder begangen noch gewollt hat und die es aus dem Sattel seiner Freiheit wirft. Der Egoismus und der Altruismus sind später als die Verantwortung, die beide erst ermöglicht. Der Egoismus ist dabei nicht der eine Term der Alternative, deren anderer Term der Altruismus wäre und wobei die Freiheit indifferent wählen würde. Die beiden Terme sind nicht gleicher Ordnung, sondern einzig und allein die ethische Qualifizierung unterscheidet hier die Äquivalente. Die Werte aber haben ihr Wertsein vor der Freiheit: die Verantwortung geht ihr voraus. Die Verfolgung ist eine traumatische Verletzung – Gewalt schlechthin, ohne Warnung oder *Apriori*, ohne mögliche Apologie, ohne Logos. Die Verfolgung führt zurück auf ein Sich-Abfinden ohne vorherige Zustimmung, und sie durchquert folglich eine Nacht des *Unbewußten*. Genau darin liegt die Bedeutung des Unbewußten – Nacht, in der unter dem Trauma der Verfolgung der Umschlag vom Ich zum Sich erfolgt – Passivität, passiver als alle Passivität diesseits der Identität, Verantwortung, Stellvertretung.

untergeordnet bleibt. Jenes Begehren des Nicht-Begehrenswerten aber, jene Verantwortung für den Nächsten – jene Stellvertretung als Geisel – ist die Subjektivität und die Einzigkeit des Subjekts.

Durch das *Gute* an mich – Anweisung, Vorladung: Beziehung, die den „Tod Gottes" „überlebt". Vielleicht bedeutet der Tod Gottes nichts weiter als die Möglichkeit, jeden Wert, der einen Trieb entstehen läßt, zurückzuführen auf einen Trieb, der den Wert entstehen läßt. Daß dagegen das *Gute* in seiner Güte das durch es hervorgerufene Begehren von sich ablenkt, indem es das Begehren hinlenkt auf die Verantwortung für den Nächsten – wahrt die *Differenz* in der Nicht-Indifferenz des *Guten*, das mich erwählt, bevor ich es aufnehme; es wahrt seine *Illeität* so weit, daß sie von der Untersuchung ausgeschlossen bleibt, mit Ausnahme der Spur, die sie in den Worten oder dem „Bedeutungsgehalt"[n] in den Vorstellungen hinterläßt, wie in unwiderlegbarer Weise Descartes' *Dritte Meditation* bezeugt. In der Verantwortung für den Anderen ist das Ich – schon Sich, schon besessen vom Nächsten – einzig und unersetzbar, genau darin bestätigt sich seine Erwählung. Denn die Bedingung – oder die Unbedingung – des Sich beginnt nicht in der Selbstaffektion eines souveränen Ich, das nachträglich für den Anderen „Mitleid empfindet". Ganz im Gegenteil: Die Einzigkeit des verantwortlichen Ich ist nur möglich *in* der Besessenheit vom Anderen, *im* Trauma, das

[n] „Bedeutungsgehalt" *ist die Übersetzung des französischen* „réalité objective" *(im lateinischen Text der 3. Meditation „realitas obiectiva"), die Artur Buchenau und Lüder Gäbe in ihrer zweisprachigen Ausgabe der Cartesianischen Meditationen vorschlagen. Vgl. René Descartes, Meditationes de prima philosophia. Meditationen über die Grundlagen der Philosophie. Lateinisch-Deutsch. Auf Grund d. Ausg. von Artur Buchenau neu hrsg. von Lüder Gäbe. Durchges. von Hans Günter Zekl, 2. Aufl. Hamburg: Meiner 1977, S. 71.*

ich diesseits jeder Selbstidentifikation erleide, *in* einem nicht zu vergegenwärtigenden *Zuvor*. Der vom Anderen befallene Eine – an-archisches Trauma oder Inspiration des Einen durch den Anderen und nicht Kausalität, die *in* mechanischer Weise eine ihrer Energie unterworfene Materie trifft.[28] Trauma, in dem das *Gute* die Gewalt der „Nicht-Freiheit" resorbiert – oder wieder aufwiegt; Verantwortung, die allererst erlaubt, den Wert wahrzu- p. 159
nehmen und zu denken.

Der Begriff endlicher Freiheit also? Wahrscheinlich erlaubt der Gedanke einer zur Freiheit vorzeitigen Verantwortung – des möglichen Zusammengehens von Freiheit und *Anderem*, so wie es sich in der Verantwortung für die Anderen zeigt –, diesem Begriff eine irreduzible Bedeutung beizumessen, ohne die *Würde* der so in der Endlichkeit gedachten Freiheit zu beeinträchtigen. Was kann die endliche Freiheit anderes bedeuten? Wie kann ein Wille nur teilweise frei sein? Wie sollte das freie Ich Fichtes das Leiden ertragen, das ihm von seiten des Nicht-Ich zukäme? Sollte die Endlichkeit der Freiheit für einen Willen die Notwendigkeit bedeuten, in einer gegebenen Situation zu

[28] Vielleicht gibt der Begriff der Anarchie Auskunft über den des Wertseins [valoir], dessen Dimension so schwer vom Sein des Seienden zu unterscheiden ist. Gewiß heißt wert sein auf dem Subjekt „lasten", aber anders als eine Ursache auf der Wirkung, anders als ein Seiendes auf dem Denken, dem es sich darstellt, ein Ziel auf dem Streben oder dem Willen lastet, die es hervorruft. Was besagt dieses *anders*? Wir meinen, daß im Hinblick auf das Wertsein eine Empfänglichkeit entsteht, die nicht zu thematisieren vermag, das heißt, die nicht übernehmen kann, was sie empfängt – und dennoch, ihrer selbst zum Trotz, dafür verantwortlich wird. Der Wert in seiner ursprünglichen Ausstrahlung macht „rein" oder „unrein" vor jeder intentionalen Bewegung, ohne daß bezüglich des Wertes eine freie Haltung hätte eingenommen werden müssen. Der Tod des Anderen macht mich unrein durch seine Nähe und erklärt das „Noli me tangere". Es handelt sich hier nicht um ein Phänomen mystischer Geisteshaltung, vielmehr um ein unauslöschliches Moment, auf das der Begriff des Wertseins zurückführt.

wollen, die die Willkür des Wollens begrenzt? Dies würde der Unendlichkeit der Freiheit jenseits dessen, was die Situation determiniert, keinen Abbruch tun. In der endlichen Freiheit hebt sich also ein Moment reiner Freiheit heraus, das durch die Begrenzung nicht in seinem Wollen betroffen wird. Auf diese Weise wirft der Begriff endlicher Freiheit das Problem der Begrenzung der Willensfreiheit eher auf, als daß er es löst.

Die Verantwortung für die Anderen – grenzenlose Verantwortung, die durch die strikte Aufrechnung von frei und unfrei nicht mehr zu bemessen ist – fordert die Subjektivität als unersetzbare Geisel, die sie unter dem Ich in einer Passivität der Verfolgung, der Verdrängung und der Vertreibung aus dem *sein* bloßlegt, im Sich. In diesem Sich, außerhalb des *sein* – eine todbringende Passivität! Doch in der Verantwortung für die Anderen auf Leben und Tod gewinnen Adjektive – unbedingt, unabweisbar, absolut – ihren Sinn, die dazu dienen, die Freiheit zu qualifizieren, aber von dem Substrat zehren, in dem der „freie Akt" im *sein* auftaucht. Im Akkusativ – der nicht Abwandlung irgendeines Nominativs ist – im Anklagefall, in dem ich auf den Nächsten treffe, für den ich, ohne es gewollt zu haben, verantwortlich bin, wird der Unersetzbare angeklagt.[o] Endliche Freiheit, die nicht ursprünglich, die nicht anfänglich ist; sondern in einer unendlichen Verant-

[o] *Zugleich: tritt der Unersetzbare hervor, wird er als solcher deutlich [s'accuse]. So wie Lévinas in dem Wort* Akkusativ *über den grammatischen Terminus hinaus – oder ihm zuvor – auf den buchstäblichen Sinn des „Anklagefalls" rekurriert, so beansprucht er für die Verbform „s'accuse" erneut den buchstäblichen Sinn der Anklage unter dem geläufigen, „übertragenen" des Hervortretens. – Eines von zahlreichen Beispielen, die illustrieren, in welcher Weise Lévinas, weit entfernt von allem Wortspiel, aber gewiß nicht unbeeinflußt vom rabbinischen Schriftverständnis, die Sprache/Schrift beim Wort nimmt und das Wort beim Buchstaben!*

wortung, in der der Andere nicht Anderer ist, weil er mit meiner Freiheit zusammenstößt und sie begrenzt, in der er vielmehr mich anklagen kann bis zur Verfolgung, weil der Andere als absolut Anderer die Anderen [autrui] meint. Deshalb ist die endliche Freiheit nicht lediglich eine unendliche Freiheit, die in einem begrenzten Feld agiert. Das von ihr beseelte Wollen will in einer Passivität, die es nicht p. 160
übernimmt. Und die Nähe des Nächsten stößt, selbst wo sie verletzend ist, nicht nur mit mir zusammen, sondern begeistert mich, hebt mich heraus und, im buchstäblichen Sinne des Wortes, inspiriert mich. Inspiration, Heteronomie, geradezu das Pneuma des seelischen Lebens. Als Freiheit, die durch die Verantwortung getragen ist, für die nicht ihrerseits die Freiheit einstehen könnte, als Erhebung und Inspiration, die nichts Gefälliges haben – läßt sich das Für-den-Anderen des Subjekts weder als Schuldkomplex (der eine *anfängliche* Freiheit voraussetzen würde) noch als natürliches Wohlwollen oder göttlicher „Instinkt" interpretieren noch auch als irgendeine Art von Liebe oder von Aufopferungstendenz – ganz im Gegensatz zur Konzeption Fichtes, bei der jedes Leiden aufgrund einer Einwirkung des Nicht-Ich auf das Ich zunächst die Setzung dieser Einwirkung des Nicht-Ich durch das Ich ist.

Doch im unersetzbaren, einzigen, als Verantwortung und Stellvertretung erwählten Subjekt sprengt ein Freiheitsmodus, der ontologisch unmöglich ist, das unzerreißbare *sein*. Die Stellvertretung befreit das Subjekt von Langeweile und Überdruß, das heißt von der Ankettung an sich selbst, in der das Ich, aufgrund der tautolgischen Art der Identität, in sich erstickt und unablässig die Zerstreuung durch Spiel und Schlaf sucht, in einem Gewebe, das nicht verschleißt. Befreiung, die weder ein Akt noch ein Anfang ist noch irgendein Umschwung im *sein* und der Ontolo-

gie, an dem sich in Gestalt des Selbstbewußtseins die Gleichheit mit sich selbst herausbilden würde. Als an-archische Befreiung tritt sie hervor, schon unter Anklage – ohne sich zu tragen, ohne in einen Anfang umzuschlagen – in der Nicht-Übereinstimmung mit sich selbst; sie tritt hervor, ohne sich zu tragen, das heißt im *Ertragen der Sensibilität über ihre Fähigkeit zu ertragen hinaus* – womit das Leiden und die Verwundbarkeit des Sinnlichen beschrieben ist als *der-Andere-in-mir*. Der-Andere-in-mir und in dem genau, worin ich meine Identität habe – als Selbstheit, die in ihrer Rückkehr zu sich selbst nicht mehr zu sich selbst paßt: die Selbstanklage des Gewissensbisses wäre das, was am geschlossenen und harten Kern des Bewußtseins nagte – und zwar bis zur Öffnung, bis zur Spaltung – an jenem Kern des Bewußtseins, in dem sich stets die Gleichheit und Ausgewogenheit zwischen dem Trauma und dem Akt wieder einstellt (oder in dem zumindest diese Ausgewogenheit in der Reflexion und ihren *Figuren* gesucht wird, ohne daß die Möglichkeit der vollständigen Reflexion und der Einheit des Geistes jenseits der Vielheit der Seelen tatsächlich gewährleistet ist). Doch besteht nicht genau darin der *Modus*, in dem ein *Anderer* von sich her im *Selben* sein kann, ohne ihn sich selber zu entfremden und ohne daß die Befreiung des Selben von sich selbst in eine Knechtschaft gegenüber wem auch immer umschlägt? Ein Modus, der möglich ist, weil in der
p. 161 Subjektivität seit „unvordenklicher Zeit" – in an-archischer Weise – das „Durch-den-Anderen" zugleich ein „Für-den-Anderen" ist. Im Leiden *durch* die Schuld des Anderen ragt schon das Leiden *für* die Schuld der Anderen – das *Er-tragen* – empor: das *Für*-den-Anderen wahrt so völlig die durch den Anderen auferlegte Geduld des Erduldens. Stellvertretung für die Anderen, Sühne für die Anderen. Der Gewissensbiß ist der bildliche Ausdruck für

den „buchstäblichen Sinn“ der Sensibilität; in seiner Passivität verblaßt die Unterscheidung zwischen „angeklagt werden“ und „sich anklagen“.
Die Rekurrenz des Subjeks ist so weder die Freiheit, in der Reflexion sich selbst durch sich selbst zu besitzen, noch die Freiheit des Spiels, bei dem ich mich für dies oder jenes halte und unter den wechselnden Masken des Karnevals der Geschichte von Verwandlung zu Verwandlung eile. Es geht um eine Forderung, die vom Anderen kommt und über die *Aktiva* meines Vermögens hinausgeht, um ein grenzenloses „Defizit“ zu eröffnen, in dem sich – ohne aufzurechnen, aus freien Stücken – das Sich verschwendet. Alles Leiden und alle Unerbittlichkeit des *sein* lasten auf einem Punkt, der sie trägt und sie sühnt.
In seiner Ernsthaftigkeit als *Beharren im sein* füllt das *sein* jeden Zwischenraum des Nichts, der es unterbrechen wollte, wieder aus. Das *sein* ist eine minutiöse Buchführung, bei der, banal gesagt, nichts verlorengeht und nichts neu entsteht. Die Freiheit schadet ihrem Ruf bei dieser Ausgewogenheit der Rechnungen in einer Ordnung, in der die Verantwortungen genau den Freiheiten entsprechen, die man sich genommen hat, in der diese Freiheiten die Verantwortungen aufwiegen, in der die Zeit in ihrer Spannung nachläßt und die Spannung erneut anzieht, nachdem sie in dem zwischenzeitlich eröffneten Intervall eine Entscheidung erlaubt hat. Die Freiheit im wahrhaften Sinne kann nur ein Einspruch sein gegen solche Buchführung, Einspruch durch eine Unentgeltlichkeit. Diese Unentgeltlichkeit könnte die absolute *Zerstreuung* des Spiels sein, das folgenlos bleibt, ohne Spuren und Erinnerungen, die Zerstreuung eines bloßen „Verzeihung bitte“, das nichts kostet. Oder, im Gegenteil, Verantwortung für die Anderen und Sühne.
In der Sühne lastet auf einem Punkt des *sein* der Rest des

sein, derart daß es den Punkt aus dem *sein* heraustreibt. Verantwortung für die Kreatur, deren eigentliche Emphase das Sich ist; Unterwerfung oder Unterworfenheit oder Sub-jektivität des Sub-jekts. Die Verantwortung für *den Anderen*, für das, was nicht in mir begonnen hat, Verantwortung in der Unschuld als Geisel – *meine* Stellvertretung für die Anderen ist der bildliche Ausdruck für einen Sinn, der es nicht bei der Empirie eines psychologischen Geschehens, einer *Einfühlung*[p] oder eines Mitgefühls bewenden läßt, die durch diesen Sinn erst ihre Bedeutung haben.

Meine Stellvertretung. Die Stellvertretung für den Nächsten vollzieht sich immer als *meine* Stellvertretung. Der *Geist* bedeutet Vielfalt von Individuen. Doch die Eröffnung der Kommunikation liegt in *mir* – in mir und nicht in einem Anderen, in mir und nicht in der Individuation
p. 162 des Begriffs *Ich*. Nur ich bin vollständig und absolut dieses Ich, und das Absolute ist meine Sache.

Niemand kann für mich die Stellvertretung übernehmen, der ich die Stellvertretung für alle habe. Oder, wenn man bei der Hierarchie der formalen Logik, von Gattung, Art und Individuum, bleiben will, so vollzieht sich im Laufe der Individuation des Ich zu mir jene Erhebung, in der das Ich *für* den Nächsten ist, vorgeladen, für ihn Verantwortung zu tragen. Denkt man solche Beziehung zu Ende, bedeutet sie die nicht vernarbende Wunde des Sich im Ich, das durch den Anderen angeklagt wird bis hin zur Verfolgung und das auch für seinen Verfolger noch verantwortlich ist. Unterwerfung[q] und Erhebung, die sich in der Geduld *über* die Unfreiheit erhebt. Unterwerfung in der Verpflichtung auf das *Gute*.

---

[p] *Im Original deutsch.*

[q] Unterwerfung – *und als solche* Subjektwerdung; *im französischen Wort klingt beides ineinander:* sujétion.

Sich-vom-Sein-Lösen des Subjekts als Abstieg oder Erhebung des Ich zu mir. Diese Bewegung beschränkt sich nicht auf den Formalismus, der in der logischen Operation der Verallgemeinerung oder der Spezifizierung liegt. Die Philosophie, die sich ins *Gesagte* einschreibt, verwandelt das Sich-vom-Sein-Lösen und seine Bedeutung ins *sein* und bringt – gewiß, indem sie die Sprache mißbraucht – das zum Ausdruck, dem sie als Dienerin untersteht, über das sie sich jedoch zur Herrin aufschwingt, indem sie es zum Ausdruck bringt, um dann seine Ansprüche in einem neuen *Gesagten* zurückzunehmen. Das Subjekt, das gesetzt ist, insofern es abgesetzt ist – ich – ich mache mich zum universalen Ich. Und auch darin besteht meine Wahrheit – meine Wahrheit als Sterblicher, als der ich dem Werden und Vergehen zugehöre, die von der Negativität der Universalisierung vorausgesetzt werden. Doch vermag der Begriff des Ich mir nur insofern zu entsprechen, als er die Bedeutung der Verantwortung haben kann, die mich als Unersetzbaren vorlädt, das heißt insofern nur, als ich dem Begriff entgehe, was nicht gleichbedeutend ist mit der Naivität oder der Blindheit des Nicht-Denkens, ist es doch, positiv gewendet, die Verantwortlichkeit für meinen Nächsten. (Man sollte den Mißbrauch, der mit der Vertauschung von Dummheit und Moral getrieben wird, endlich beim Namen nennen.) Insofern ergibt sich eine Art Wettlauf zwischen der Begrifflichkeit des Ich und der Geduld, sich dem Begriff zu verweigern, zwischen der Universalität und der Individuation, zwischen Sterblichkeit und Verantwortlichkeit. In diesem Alternieren liegt gerade die Diachronie der Wahrheit. Eine Zweideutigkeit, die den Begriff insofern in Frage stellt, als sie schon den Gedanken einer Ergebnis-Wahrheit, einer Wahrheit, die in die Gegenwart hineinpaßt, eines gleichsam einsilbigen Sinns, erschüttert. Das Ich der Verantwortlichkeit, das bin ich und

kein Anderer, ich, dem man gerne eine gleichgestimmte Seele zuordnen möchte, von der man dann Stellvertretung und Opfer verlangen würde. Doch wollte man dem Anderen einreden, er solle sich für die Anderen opfern, hieße das in der Tat das Menschenopfer propagieren! Ich – das meint nicht einen unnachahmlichen Hauch von *Jemeinigkeit*, der zum Seienden der Gattung „Seele" oder „Mensch" oder „Individuum" hinzukäme und so mehre-
p. 163 ren Seelen, Menschen und Individuen gemeinsam wäre und damit *von vornherein* ein reziprokes Verhältnis zwischen ihnen ermöglichte.

Die Einzigkeit des Ich, das durch den in der Nähe befindlichen Anderen *bedrängt* ist, das heißt: der Andere-im-Selben oder eben: seelisches Leben, Psychismus. Doch bin ich es – ich und kein Anderer – der Geisel der Anderen ist; mein Ich-und-kein-Anderer-Sein löst sich auf in Stellvertretung; und aufgrund dieser Stellvertretung bin ich nicht „ein Anderer" oder „ein Anderes", sondern ich. Das *Sich* im Sein ist genau das „sich nicht entziehen können" angesichts einer Vorladung, die auf keinerlei Allgemeinheit abzielt. Es gibt keine mir und den anderen gemeinsame Selbstheit, ich, das meint, sobald der Vergleich sich einstellt, den Ausschluß dieser Möglichkeit zu vergleichen. Die Selbstheit ist folglich ein Privileg oder eine nicht zu rechtfertigende Erwählung, die mich – und nicht das Ich – erwählt. Ich, einzig und erwählt. Erwählung durch Unterwerfung. Die Begrifflichkeit dieser letzten Verweigerung der Begrifflichkeit und die Verweigerung selbst sind nicht gleichzeitig; die Verweigerung transzendiert ihre Begrifflichkeit. Diese Transzendenz, die sich von der Überlegung abhebt, die sie zum Begriff macht, ist – als Diachronie der Subjektivität – mein Eintreten in die Nähe des Nächsten.

Subjektivität als Geisel. Diese Kennzeichnung kehrt die

Position um, von der aus die Präsenz des Ich für sich selbst als der Anfang oder die Vollendung der Philosophie erscheint. Diese Koinzidenz im *Selben*, in dem ich Ursprung wäre – oder, dank der Erinnerung, Wiedererreichen des Ursprungs – diese Präsenz scheitert von vornherein am *Anderen*. Das auf sich selbst beruhende Subjekt wird durch eine Anklage ohne Worte außer Fassung gebracht. Durch eine Anklage ohne Worte – in der Rede nämlich hätte sie ihre traumatische Gewalt bereits verloren. In diesem Sinne Anklage als Verfolgung, auf die der Verfolgte nicht einmal antworten kann oder genauer – Anklage, der ich nicht antworten kann, für die ich aber die Verantwortung nicht abweisen kann. Schon die Setzung des Subjekts ist Absetzung, nicht *conatus essendi*, sondern von vornherein Stellvertretung als Geisel, die selbst die Gewalt der Verfolgung sühnt. So weit gilt es die Substanzaufgabe des Subjekts zu denken, seine Ent-dinglichung, sein Sich-vom-Sein-Lösen, seine Unterwerfung – seine Subjektivität. Reines Sich, im Akkusativ, das heißt unter Anklage, verantwortlich schon vor der eigenen Freiheit und unabhängig von den Wegen zum sozialen Überbau, in dem – im Rahmen der Gerechtigkeit – die Asymmetrie, die mich dem Anderen gegenüber ungleich hält, zum Gesetz, zur Autonomie, zur Gleichheit zurückfindet.

Die Behauptung, das Ich sei Stellvertretung, bringt folglich nicht die Universalität eines Prinzips, nicht das *Wesen* p. 164
eines Ich zum Ausdruck, sondern, im Gegenteil, sie gibt der Seele ihre Egoität zurück, die keinerlei Verallgemeinerung verträgt. Der Weg, auf dem der Logos sich aus dieser Situation zum Begriff des Ich aufschwingt, führt über den Dritten.[29] Das Subjekt als Ich ist nicht ein Seiendes, das

[29] Vgl. weiter unten Kap. V, 3. Ich kann mich vom *Sich* nicht freimachen, d. h. die Verantwortung nicht aufheben, die mir und keinem Anderen

mit Egoität wie mit einer Wesensstruktur versehen wäre, was erlauben müßte, aus ihm einen Begriff zu machen und was einem einzelnen Seienden erlauben würde, die Verwirklichung dieses Begriffs zu sein.

Wenn der moderne Antihumanismus den Primat leugnet, der der menschlichen Person, als freiem Ziel ihrer selbst, für die Bedeutung des Seins zukommt, so hat er recht über die Gründe hinaus, die er selber anführt. Er schafft damit Raum für eine Subjektivität, die sich in der Selbstlosigkeit, im Opfer, in der gegenüber dem Willen vorgängigen Stellvertretung bildet. Seine geniale Annahme liegt darin, daß er die Idee der Person, die sich selbst Ziel und Ursprung ist und in der das Ich noch Sache ist, weil es noch ein Seiendes ist, aufgegeben hat. Schlimmstenfalls ist der Andere „Zweck", ich aber bin Geisel, Verantwortung und Stellvertretung und trage die Welt in der Passivität der Vorladung, die bis hin zur anklagenden Verfolgung geht und unabweisbar ist. Der Humanismus verdient nur deshalb Kritik, weil er nicht human genug ist.

Kann man sagen, daß die Welt mit all ihrem Leid und all ihrer Schuld auf dem Ich lastet, weil dieses Ich freies, zu Sympathie und Mitleid fähiges Bewußtsein ist? Kann man sagen, daß allein ein freies Wesen für die Last der Welt, die auf ihm liegt, empfänglich ist? Gehen wir einen Moment von diesem freien Ich aus, das imstande ist, sich zur Solidarität mit dem Anderen zu entscheiden. Dann wird man zumindest anerkennen müssen, daß dieser Freiheit keinerlei Frist bleibt, um die besagte dringliche Last auf sich zu nehmen, so daß sie unter dem Leiden gleichsam zusam-

---

auferlegt ist, unabhängig von den Fragen und Antworten des freien Dialogs, den die Verfolgung lähmt, ohne doch die Verantwortung rückgängig zu machen; ich bin jedoch imstande, den Anderen in ihrer Anderheit, insofern sie unter den Begriff des Ich fallen, zu verzeihen. Darin liegt ein Vorrang des Sich vor jeder Freiheit (oder Unfreiheit).

mengedrückt wird oder auseinanderfällt. Insofern es keine Möglichkeit läßt, sich dem Appell des Nächsten zu entziehen, insofern es keine Möglichkeit läßt, sich zu entfernen – vielleicht kommt man dem Anderen zufällig nahe, doch ist man von da an nicht mehr frei, sich von ihm zu entfernen – geht das Auf- sich-Nehmen von Leid und Schuld des Anderen in keiner Hinsicht über die Passivität hinaus: es ist Passion. Diese Bedingung oder Unbedingung [und Unbedingtheit] der Geiselschaft ist so zumindest eine wesentliche Modalität der Freiheit, die erste, und nicht ein empirischer Unfall der an sich glanzvollen Freiheit des Ich.

Gewiß – aber das wäre ein anderes Thema – meine Verant- p. 165
wortung für alle kann und muß sich auch darin erweisen, daß sie sich beschränkt. Das Ich kann im Namen der schrankenlosen Verantwortung dazu aufgerufen sein, auch für sich selbst Sorge zu tragen. Dadurch daß der Andere, mein Nächster, auch Dritter ist in bezug auf einen weiteren Anderen, der seinerseits Nächster ist, entsteht das Denken, das Bewußtsein, die Gerechtigkeit und die Philosophie. Die anfänglich schrankenlose, unbegrenzte Verantwortung, die diese Sorge um Gerechtigkeit für sich selbst und um Philosophie [allererst] rechtfertigt, kann in Vergessenheit geraten. In dieser Vergessenheit ist das Bewußtsein bloßer Egoismus. Doch ist der Egoismus weder das Erste noch das Letzte. Die Unmöglichkeit, Gott zu entkommen – das Abenteuer des Jonas (und ich spreche hier das Wort Gott aus, ohne die Zwischenschritte wegzulassen, die mich zu diesem Wort führen, und, wenn ich so sagen darf, ohne die Anarchie seines Eintretens in die Rede zu übergehen – ganz so wie die Phänomenologie Begriffe zur Sprache bringt, ohne je die Gerüste zu entfernen, mit deren Hilfe man sich bis zu ihnen aufschwingen konnte) – die Unmöglichkeit, Gott zu entkommen (der,

zumindest in dieser Hinsicht, nicht ein Wert unter anderen ist) ruht in meinem Innern als Sich, als absolute Passivität. Passivität, die nicht lediglich die Möglichkeit zum Tode im Sein ist, die Möglichkeit zur Unmöglichkeit; vielmehr die dieser Möglichkeit vorausgehende Unmöglichkeit, Unmöglichkeit, sich zu entziehen, absolute Empfänglichkeit, Ernst ohne jede Leichtfertigkeit, Entstehung eines Sinns in der Stumpfheit des Seins, eines „Sterbenkönnens", das dem Opfer folgt.

Das Sich führt, insofern es den Egoismus des Beharrens im Sein, das heißt den Imperialismus des Ich, außer Kraft setzt, den Sinn ins Sein ein. Im Sein kann es keinen Sinn geben, der nicht am Sein zu bemessen wäre. Die Sterblichkeit macht jede Sorge, die das Ich für seine Existenz oder für sein Schicksal tragen wollte, sinnlos. Es wäre nichts als ein Ausbruch in einer ausweglosen Welt und wäre allemal lächerlich. Nichts ist wahrscheinlich komischer als die Sorgen, die sich ein Seiendes um eine Existenz macht, die es der Vernichtung doch nicht entreißen kann, wie in der Erzählung Tolstois, in der eine Bestellung von Stiefeln für die nächsten 25 Jahre von demjenigen aufgegeben wird, der noch am selben Abend stirbt. Sicher ist das genauso absurd, als wollte man im Blick auf sein Handeln die Sterne befragen, deren Urteilsspruch dann ohne die Möglichkeit einer Berufung wäre. Doch sieht man an diesem Bild, daß das Komische auch tragisch ist und daß es zu ein und demselben Menschen gehört, tragische und komische Person zu sein.

Die Annäherung verleiht, soweit sie Opfer ist, dem Tod
p. 166 einen Sinn. In ihr erstreckt sich die absolute Einzigartigkeit des Verantwortlichen auch auf die Allgemeinheit oder die Verallgemeinerung des Todes. In ihr bemißt sich das Leben nicht mehr durch das Sein, und der Tod vermag in sie nicht mehr die Absurdität einzuführen. Die Lust – in

der man für einen Moment die Tragikomödie vergißt und die sich vielleicht durch dieses Vergessen gerade definieren läßt – wird durch den Tod widerlegt, wohingegen der Tod, all dem zum Trotz, was er an Unglück bedeutet, doch mit dem *Für-den-Anderen* der Annäherung zusammenpaßt. Niemand wird so scheinheilig sein, zu behaupten, er habe dem Tod seinen Stachel genommen – nicht einmal die Prediger der Verheißung in den Religionen –, doch ist es möglich, daß wir Verantwortungen und menschliche Bindungen haben, durch die der Tod einen Sinn erhält – denn der Andere betrifft uns von Beginn an gegen unseren Willen.

Wäre es erlaubt, von einem philosophischen System nur eine hervorstechende Eigenschaft festzuhalten und darüber alle Details seiner Architektur zu vernachlässigen (obschon es in der Architektur keine Details gibt – folgt man der hintergründigen Bemerkung Valérys,[r] die für das philosophische Entwerfen, wo einzig und allein das Detail freischwebende Konstruktionen verhindert, von eminenter Bedeutung ist), so würden wir hier an die Philosophie Kants denken, die für das Menschliche einen Sinn findet, ohne ihn durch die Ontologie zu bemessen, einen Sinn außerhalb der Frage „Wie verhält es sich mit?“, die man gerne für vorgängig hält, außerhalb der Unsterblichkeit und des Todes, an denen die Ontologien sich aufhalten. Daß weder die Unsterblichkeit noch die Theologie den kategorischen Imperativ zu bestimmen vermögen, darin

[r] *Keine Details gebe es bei der Ausführung, zitiert Phaidros im Gespräch mit Sokrates den von ihm geschätzten Architekten Eupalinos. Details lassen sich vielleicht am Resultat unterscheiden, sie bleiben irrelevant, wenn man die Kunst als Prozeß auffaßt: „Je ne sépare plus l'idée d'un temple de celle de son édification“, heißt es im selben Zusammenhang: Paul Valéry, Eupalinos ou l'architecte, in: ders., Oeuvres II, Paris: Gallimard 1960, S. 83 f.*

liegt das Neue dieser kopernikanischen Wende: der Sinn bemißt sich nicht durch das Sein oder das Nichtsein, im Gegenteil, das Sein bestimmt sich vom Sinn her.

Kapitel V
Subjektivität und Unendlichkeit

1. Die Bedeutung und die objektive Beziehung p. 167

a. Das vom Sein vereinnahmte Subjekt

Wenn das Subjekt einbezogen ist in die Bedeutung, was sich ausgehend von der Nähe gezeigt hat, so heißt das nicht, daß die Bedeutung zum Objektiven hin umkippt, daß ihre Begriffe sich auf einer gemeinsamen Grundlage verteilen, indem sie im Sein erscheinen und indem das Sein selbst erscheint, und es heißt auch nicht, daß sich die Bedeutung auf das beschränkt, was man ein subjektives Erlebnis nennt. Doch empfiehlt es sich zunächst, daran zu erinnern, wie das Sein zum Objektiven hin seinen Gang nimmt, indem es das zum Objekt korrelative Subjekt vereinnahmt und indem es – in der Wahrheit seines „Vollzugs" – sich sowohl gegen den Primat des Subjektiven als auch gegen die Subjekt-Objekt-Korrelation durchsetzt.
Daß man das Sein zu denken vermag, besagt zwar, daß das *Erscheinen* des Seins zu seinem eigentlichen Seinsvollzug gehört; es besagt, daß seine Phänomenalität seinshaft ist und daß das Sein nicht ohne Bewußtsein auskommt, dem seine Manifestation gilt. Demnach aber erfolgen das *sein* des in der Wahrheit sich manifestierenden Seins und selbst die Wahrheit des Wahren – das Erscheinen des *sein* – keineswegs als irgendwelche Eigenschaften unverborgener Begriffe noch auch im Wesen dieser Begriffe und auch nicht in der Besonderheit des Systems, das diese Begriffe

versammelt. Die Wahrheit des Wahren oder seine Entblössung oder die Nacktheit des Entblößten erhält andererseits keinen falschen oder wahren „Schein", keinen imaginären „Charakter", der vom Bewußtsein herrührte, das die Präsentation des entblößten oder unverborgenen Seins aufnimmt. Und das gilt so weit, daß die Manifestation selbst, wie soeben ausgeführt, ein falscher Schein wäre, gehörte sie nicht zum Gang – oder zum Spiel – selbst dazu, den das Sein als Sein verfolgt. Mehr noch, die Objektivität oder das in der Wahrheit offenbarte *sein* des Seins schützt
p. 168 gewissermaßen den Ablauf des Seins vor der Projektion subjektiver Trugbilder, die den Vorgang oder das Hervorgehen des *sein* stören würden. Die Objektivität betrifft das Sein des Seienden, das diese Objektivität trägt – sie bedeutet die Indifferenz dessen, was erscheint, in bezug auf sein eigenes Erscheinen. Die Phänomenalität des *sein* und der Begriffe, die wahr sind, ist zugleich so etwas wie die Epiphänomenalität dieser Phänomenalität. Indifferenz – rein negative Bezugnahme – des Systems gegenüber dem, was außerhalb des Systems passiert. Und außerhalb des Systems gerade passiert das außer-ordentliche Ereignis des *Wissens*, das jedoch das von ihm thematisierte System nicht wirklich berühren kann. Die Subjektivität als Wissen bleibt also dem Sinn der Objektivität untergeordnet.

Die Phänomenalität – die Zurschaustellung, die das *sein* des Seins in der Wahrheit bietet – ist eine beständige Voraussetzung der abendländischen philosophischen Tradition: das *esse* des Seins, durch das das Seiende Seiendes ist, ist *Sache* des Denkens, gibt zu denken, steht von vornherein im Erschlossenen. Von daher gewiß eine Art Bedürftigkeit im Sein, das an ein Anderes als es selbst gebunden ist, an ein zum Aufnehmen der Manifestation berufenes Subjekt: Rekurs auf eine Rezeptivität, die, wenn man so formulieren kann, zum Lebenslauf des Seins nötig ist.

Endlichkeit des *sein*.[1] Auch ergibt sich von daher, daß abgesehen von dem Part, den die Subjektivität in der Entbergung des Seins spielt, jedes Spiel, das das Bewußtsein für sich selbst spielte, nur eine Verbergung oder Verdunkelung in bezug auf das *sein* des Seins wäre – Lüge oder Ideologie, deren Status eindeutig festzustellen schwierig ist. Lüge oder Ideologie, die sich sowohl als bloße Auswirkung der Endlichkeit des Seins interpretieren läßt wie auch als Folge einer List: die Figur des Odysseus in Platons kleinerem Hippias-Dialog entsteht, so gesehen, an der „Leerstelle", die das Subjekt hinterläßt, das vor dem Wahren verblaßt; Odysseus greift im Umgang mit dem Wahren zur List, ist schlauer als die Schlauheit des Subjekts, schlau bis hin zur Verschlagenheit, bis zur Arglist.

b. Das Subjekt im Dienst des Systems

Die Unverborgenheit der Wahrheit ist aber nicht ein bloß optisches Phänomen. Wenn im Wesen der Seienden, die sich zeigen, nicht ihre Sichtbarkeit und ihr Sein als charakteristische Merkmale eingeschrieben sind, so entspricht doch ihr Zusammenhang, ihre Kopräsenz, das heißt – und das ist neu – die Position des Einen *gegenüber* dem Anderen, die Relativität, in der sie sich einander Zeichen geben, p. 169
das wechselseitige Bedeuten des Einen im Verhältnis zum Anderen – so entspricht all dies dem Zutagetreten der bestimmten Wesensmerkmale selbst. Die Zusammenfassung all dieser Bedeutungen oder Strukturen zu einem System – die Verstehbarkeit – ist die Unverborgenheit

[1] Endlichkeit, die radikaler noch vom Wissen her zu denken ist, als – nur in Form von Thematisierung, von Objektivität mögliches – Erscheinen der Universalität, die ihrerseits – als Begriff – erst von der negierenden Abstraktion des Individuums her ermöglicht wird, und dieses wiederum nimmt an der Negation nur teil als vergängliches oder endliches.

selbst. Die Verstehbarkeit oder die systematische Struktur der Totalität läßt demnach die Totalität *erscheinen* und schützt sie vor jeder beeinträchtigenden Veränderung, die ihr durch den Blick zukommen könnte. Und diese Indifferenz gegenüber dem subjektiven Blick ist nicht in gleicher Weise für die Begriffe und die Strukturen wie für das System gewährleistet; denn ein Schatten verhüllt die Begriffe, nimmt man sie außerhalb der Beziehung, in die sie eingebunden sind, und verhüllt die Beziehungen und die Strukturen, nimmt man oder überrascht man sie außerhalb des Systems, das sie in dem Moment einschließt, wo sie, noch isoliert oder schon abstrakt, gezwungen sind, ihren Platz in der Konstellation zu suchen oder wiederzufinden, in der die Strukturen sich zum System erst noch zusammenfügen müssen. Eine manifeste Ordnung, in der die Begriffe der Strukturen oder die Elemente eines Systems als Abstraktionen stehen, ist noch unklar und bietet trotz ihrer Thematisierung der Erhellung Widerstand, das heißt sie ist nicht vollkommen objektiv. Die Struktur ist eben genau eine Verstehbarkeit oder eine Rationalität oder eine Bedeutung, deren Begriffe aus sich selbst keine Bedeutung haben (es sei denn durch die schon kerygmatische Idealität der Sprache). Die Begriffe erhalten *in* der Beziehung eine Schwerelosigkeit – eine Anmut – und eine Art Transparenz für den Blick, und sie werden schwer und verdunkelt, sobald sie sich aus der Beziehung lösen. Man kann also gewiß einen Abstand geltend machen zwischen dem, was einzeln und lediglich thematisiert, verstehbar ist – sofern überhaupt das Phänomen möglich ist ohne kerygmatischen Logos – ohne Phänomenologie – und dem Zustand der Verstehbarkeit des Systems; man kann von einem Übergang von der bloßen *Darlegung* eines Themas zu seiner Verstehbarkeit sprechen. In der Bewegung von dieser zu jener läßt sich ein Zögern ausmachen – eine

bestimmte Zeit – die Notwendigkeit einer Anstrengung, eine für die Strukturen gute oder schlechte Gelegenheit, zueinander zu finden. Durch dieses Geschehen oder durch dieses im Verstehbaren selbst erschlossene Werden kann man die Subjektivität begreifen, die damit noch ganz von der Verstehbarkeit des Seins her gedacht wäre. Diese Verstehbarkeit ist eine fortwährende Mittagszeit ohne Schatten, in die das Subjekt eintritt und nicht einmal das Schattenbild seines eigenen Umfangs wirft, in der es, sich auflösend in dieser Verstehbarkeit der Strukturen, sich selbst unablässig im Dienst dieser Verstehbarkeit wahrnimmt, die gleichbedeutend ist mit ebendem Erscheinen des Seins. Rationales theoretisches Bewußtsein in reiner p. 170
Form, in der das Licht und die Klarheit des Erscheinens in der Wahrheit der Verstehbarkeit entspricht – nach guter cartesianischer Tradition, in der die einleuchtenden und eindeutigen Ideen noch das Licht der intelligiblen Sonne Platons erhalten – aber Licht und Klarheit in Abhängigkeit von einer bestimmten Zusammenstellung, die die Seienden oder die Momente und das *esse ipsum* dieser Seienden versammelt und zu einem System ordnet. Das Erscheinen des Seins ist nicht zu trennen von einer bestimmten Verbindung von Elementen zu einer Struktur, von einer Zusammenfügung der Strukturen, in denen das Sein seinen Gang geht; von deren Simultanität, das heißt von ihrer Ko-präsenz: die Gegenwart, die bevorzugte Zeit der Wahrheit und des Seins – des Seins in Wahrheit – ist die Gleichzeitigkeit selbst und die Manifestation des Seins ist Ver-gegenwärtigung. Das Subjekt ist demnach Fähigkeit zur Ver-gegenwärtigung[a] im quasi-aktiven Sinne des Wortes: es würde die zeitliche Disparität wieder zusammen-

[a] *Oder allgemeiner: Vorstellung; der französische Ausdruck umfaßt beide Bedeutungen. Im vorliegenden Kontext ist jedoch der Akzent auf dem „Versammeln zu Gegenwart“ unübersehbar.*

führen zu Gegenwart – zu Simultanität. Im Dienst des Seins vereinigt es die zeitlichen Phasen über die Retention und die Protention erneut in eine Gegenwart, und es handelt so innerhalb der Zeit, die zerstreut; es handelt zudem als Subjekt, das mit Erinnerung begabt ist, und als Historiker, als Autor von Büchern, in denen die verlorenen Bestandteile der Vergangenheit oder die noch erhofften und befürchteten Momente ihre Simultanität in einem Band[b] erhalten. Ein vereinzeltes Moment oder eine vereinzelte Struktur kann sich nicht darbieten, ohne durch seine Bedeutungslosigkeit getrübt zu werden.

Weil die Versammlung unbedeutender Momente zur Struktur und die Anordnung von Strukturen zu Systemen oder zur Totalität Unwägbarkeiten oder Verzögerungen beinhaltet und so etwas wie Glück oder Pech, weil die *Endlichkeit* des Seins nicht allein an dem Schicksal hängt, das seinen Gang zur Manifestation hin bestimmt, sondern ebenso zum Auf und Ab und zu den Zufällen, die im Zusammenspiel seiner manifesten Aspekte liegen – deshalb schaltet sich, in der Retention, der Erinnerung und der Geschichte, die Subjektivität ein, um das Zusammenfügen zu beschleunigen, um der Anbindung aneinander bessere Chancen zu geben, um die Momente in eine Gegenwart hinein zu versammeln, um sie zu ver-gegenwärtigen. Kant beschreibt (B 102-103) diese Spontaneität des Subjekts, nach der die reine *Darbietung des Seins in der Anschauung* ruft, als *Hinzutun*[c] und *Sammeln*[d]. Durch sie kommt es zum *Begreifen*[e], dem die Anschauung verdankt, nicht länger blind zu sein.

---

[b] *Das deutsche Wort bringt deutlicher als das französische („volume“) das Resultat des Versammelns oder Zusammenbindens zum Ausdruck.*

[c] *Im Original deutsch.*

[d] *Im Original deutsch.*

[e] *Im Original deutsch.*

Das denkende Subjekt, das aufgerufen ist, diese intelligible Anordnung zu suchen, läßt sich also – trotz der Aktivität seines Suchens, trotz seiner Spontaneität – als ein Umweg interpretieren, den das *sein* des Seins nimmt, um seine Anordnung zu finden und so *wahrhaft* zu erscheinen, um in Wahrheit zu erscheinen. Die Verstehbarkeit oder die p. 171 Bedeutsamkeit ist Teil der Seinsausübung selbst, des *ipsum esse*. Alles steht so auf derselben Seite, auf der Seite des Seins. *Diese Möglichkeit, das Subjekt, dem das sein sich anvertraut, zu vereinnahmen, ist das Eigene und Eigentliche des sein*. Alles ist in ihm eingeschlossen. Die Subjektivität des Subjekts besteht demnach immer noch darin, vor dem Sein zu verblassen, es sein zu lassen, indem das Subjekt die Strukturen zu Bedeutung versammelt, zum globalen Aussagesatz in einem Gesagten, in einer großen Gegenwart der Synopse, in der das Sein in seinem vollen Glanz erstrahlt.

Gewiß, durch die Rolle, die dem Subjekt bei der Manifestation des Seins zukommt, nimmt das Subjekt teil an dem Gang, den das Sein geht. Als Teilnehmer am Seinsgeschehen manifestiert sich infolgedessen das Subjekt auch selbst. Die Funktion, das Sein zu offenbaren, offenbart sich ihrerseits. Sie ist das Selbstbewußtsein des Bewußtseins. Als Moment des Seins zeigt sich die Subjektivität für sie selbst und bietet sich dar als Gegenstand der Humanwissenschaften. Das Ich wird – als sterbliches – zum Begriff. Doch als anders im Verhältnis zum wahren Sein, als verschieden vom Sein, das sich zeigt, ist die Subjektivität nichts. Das Sein hat – trotz oder wegen seiner Endlichkeit – ein umfassendes, vereinnahmendes, einschließendes *sein*. Die Wahrhaftigkeit des Subjekts hat demnach keine andere Bedeutung als jenes Verblassen vor der Gegenwart, als die besagte Vergegenwärtigung.

c. Das Subjekt als sprechendes Subjekt, das im Gesagten aufgeht

Sie hätte auch dann keine andere Bedeutung, wenn man die dem Anderen gegenüber manifestierte Kommunikation des *sein* betont, wenn man das Sagen für die bloße Kommunikation eines Gesagten hält. Die dem Anderen geltende Manifestation und die zwischenmenschliche, intersubjektive Verständigung über das sich manifestierende Sein können ihrerseits teilhaben und ihre eigene Aufgabe wahrnehmen an dieser Manifestation und an diesem Sein. Die Wahrhaftigkeit des Subjekts läge dann in der Geltung eines Sagens, in dem die Aussendung von – ihrer eigenen Gestalt nach unbedeutenden – Zeichen sich dem Bedeuteten, dem Gesagten unterordnete und dieses seinerseits sich dem Sein, das sich zeigt, anpaßte. Unabhängig von der Wahrheit des *sein*, der das Subjekt dient, ginge aus dem Subjekt selbst keinerlei Bedeutung hervor. Die Lüge wäre nichts anderes als der Preis, den das Sein die eigene Endlichkeit kostet. Eine Wissenschaft wäre imstande, das Sein auf allen Ebenen seines Vollzugs, seines *esse*, zu totalisieren durch die Fixierung der ontologischen Strukturen, die das Sein artikulieren – die Subjektivität, das Ich und die Anderen – Signifikanten und Signifikate, in denen sich die subjektive Vergegenwärtigung des Seins vollzieht.

p. 172 Gewiß läßt sich das Gesagte als *vorgängig* zur Kommunikation und zur intersubjektiven Vergegenwärtigung des Seins verstehen. Das Sein hätte dann eine Bedeutung – das heißt es manifestierte sich – schon als in der schweigenden und nicht-menschlichen Sprache evoziertes Sein, evoziert durch die Stimme des Schweigens – im *Geläut der Stille*[f], in der Sprache, die früher als die Menschen spricht und die das *esse ipsum* beherbergt, einer Sprache, die durch das

[f] *Im Original deutsch.*

Gedicht in menschliche Worte gesetzt wird. Das Phänomen selbst wäre – auch in diesem neuen Sinne noch – Phänomenologie. Doch die Wahrheit sagen oder lügen, das ließe sich auch in diesem Fall nur am Gesagten ablesen, so als wäre das Wort, getreu der traditionellen Sprachphilosophie, Ausdruck einer inneren Erfahrung des Subjekts. Im Gedicht den Anklang des Seins, der das Gedicht ermöglicht, zum Erklingen bringen, hieße ein Gesagtes zum Erklingen bringen. Bedeutung, Verstehbarkeit und Geist lägen in der Manifestation und in der Gleichzeitigkeit, in der Synopse, in der Gegenwart, im *sein*, das Phänomen ist, das heißt Bedeutung, deren Prozeß eben Thematisierung und Sichtbarkeit und Gesagtes mit umfaßt. Jede radikale – nicht zu versammelnde – Dia-chronie bleibt vom Sinn ausgeschlossen.
Der Psychismus des Subjekts besteht von daher im Vergegenwärtigen, in seiner Begabung zur Synchronisation, zum Beginnen, das heißt zur Freiheit, zur Freiheit aber, die im Gesagten aufgeht und frei ist, insofern sie keinen Widerstand bietet. Der Psychismus ist demnach Bewußtsein, das jede Verletzung ausschließt – weil das Sein gerade das ist, was sich zeigt, bevor es zuschlägt, was seine Gewalt zu Wissen abschwächt.

d. Das verantwortliche Subjekt, das nicht im Sein aufgeht

Die Konstellation, in der ein Mensch verantwortlich ist für andere Menschen – die ethische Beziehung, die man für gewöhnlich als Teil einer abgeleiteten oder begründeten Ordnung ansieht – ist in der ganzen bisherigen Untersuchung als irreduzibel zur Sprache gekommen, strukturiert als der-Eine-für-den-Anderen, bedeutsam außerhalb jeder Finalität und jedes Systems, in dem im übrigen die

Finalität nur eines der möglichen Prinzipien zur Systematisierung darstellt – diese Verantwortung erscheint als dramatische Verstrickung ohne Anfang, als an-archisch. Die Seite, zu der diese Verantwortung die Rückseite wäre, ist nicht die Freiheit, welcher Art immer, ist keine in einer Gegenwart – in irgendeiner und also in einer wiedereinholbaren Gegenwart – eingegangene Verpflichtung; doch schließt die Entfremdung des Selben, der „für den Anderen“ ist, ebensowenig eine Versklavung ein. Der Selbe, das Ich – in der Verantwortung bin ich es, ich, zitiert, heraus-
p. 173 gerufen als unersetzbar und so hervorgetreten und unter Anklage als Einziger in der äußersten Passivität dessen, der sich nicht entziehen kann, ohne seine Pflicht zu versäumen.[2] Die Modelle des Seins und der Subjekt-Objekt-Korrelation – die man rechtfertigen kann, aber die abgeleitete Modelle sind – machen sich die Bedeutung nicht zu eigen; die Bedeutung: der- Eine-für-den-Anderen, das sich zwar im Gesagten zeigt, sich dort aber erst im nachhinein zeigt, als schon verraten und das, insofern es dem Gesagten des Seins fremd bleibt, sich in ihm als Widerspruch zeigt – was Platon zum Vatermord verleitet. Um zu verstehen, daß A auch B sein könnte, muß das Nichts eine Art Sein haben. Der-Eine-für-den-Anderen oder die Bedeutung – oder der Sinn oder die Verstehbarkeit – beruhen, als Matrix für jede thematisierbare Beziehung, nicht auf dem Sein. Ihre Beunruhigung darf nicht in Begriffen der Ruhe zum Ausdruck kommen. Die Beunruhigung führt den

[2] In Ausdrücken wie „unmöglich, ohne seine Pflicht zu versäumen“, „ohne Schuld“, „ohne Sünde“ kommt eine rein „ethische“ Unmöglichkeit zum Ausdruck. – Ginge es um eine reale Unmöglichkeit – wäre die Verantwortung nur eine ontologische Notwendigkeit. Die „rein ethische“ Unmöglichkeit meint indessen nicht bloßes Nachlassen einer ontologischen Unmöglichkeit. Das Versagen, die Schuld, die Sünde – oder wie man das heute auf vielleicht akzeptablere Weise formulieren mag: „die Komplexe“ – all das ist nicht eine Realität für „Muttersöhnchen“.

Diskurs über das Sein hinaus. Durch die Einbeziehung des Einen in das der-Eine-für-den-Anderen, durch die Stellvertretung des Einen für den Anderen, werden die Grundlagen des Seins erschüttert oder gewährleistet, doch gehört diese Erschütterung oder diese Gewährleistung in keinem Fall zum *Vollzug* des Seins; was im Gegensatz steht zu den Mythologien, bei denen der Ursprung der Dinge und der Seienden bereits Ergebnis einer Geschichte ist, die Dingen oder Seienden passiert, solchen, die Götter genannt werden oder von beeindruckender Größe sind. Die Bedeutsamkeit der Bedeutung wirkt weder als ein Modus der vergegenwärtigenden Vorstellung noch als symbolisches Anklingen einer Abwesenheit, das heißt als eine Notlösung für oder ein Mangel an Anwesenheit und Gegenwart. Noch auch als eine Überbietung von Gegenwart, als welche der Idealismus die Subjektivität denkt, in der die Gegenwart sich wiedereinholt und sich bestätigt, zu Koinzidenz wird. Gewiß gibt es in der Bedeutung so etwas wie Überbietung: die Einbezogenheit des *Einen* in das der-Eine-für- den-Anderen der Verantwortung überbietet die vorstellbare Einheit des Identischen, aber nicht durch einen Überschuß oder einen Mangel an Gegenwart, sondern durch die Einzigkeit des Ich – durch meine Einzigkeit als Bürge, als Geisel, für die kein Anderer einstehen kann, ohne die Verantwortung in eine Bühnenrolle zu verwandeln. Bedeutung, die durch das Spiel von Sein und Nichts nicht zur Sinnlosigkeit reduziert wird. Conditio der Geiselschaft – nicht-gewählte Conditio: gäbe es eine Wahl, so blieben dem Subjekt sein *Für-Sich* und die Auswege seines Innenlebens erhalten, wohingegen seine Subjektivität, ja sein Psychismus gerade das *Für-den-Anderen* ist, wohin- p. 174
gegen seine *Haltung der Unabhängigkeit gerade darin besteht, den Anderen zu halten – für ihn zu sühnen.*

Die Einbeziehung des *Einen* in das *der-Eine-für-den-An-*

deren läßt sich also in ihrer Weise nicht zurückführen auf die Einbezogenheit eines Bezugspunktes in eine Beziehung, eines Elementes in eine Struktur, einer Struktur in ein System, nach denen in all ihren verschiedenen Formen das abendländische Denken gesucht hat wie nach einem sicheren Hafen oder wie nach einem Zufluchtsort, in den die Seele Eingang finden sollte.

e. Der-Eine-für-den-Anderen ist nicht ein Engagement

Indessen, ist nicht der-Eine-für-den-Anderen – als Grundlage der Theorie, insofern es die Beziehung ermöglicht und den Punkt außerhalb des Seins, den Punkt des Sich-vom-Sein-Lösens, den eine Wahrheit braucht, die nicht bloße Ideologie sein will – das, was man unter „engagierter Subjektivität" versteht? Das Engagement setzt bereits ein theoretisches Bewußtsein in Form der – vorgängigen oder *nachträglichen* – Möglichkeit der Übernahme voraus – einer Übernahme, die über die Empfänglichkeit der Passivität hinausgeht. Läuft nicht ohne diese Übernahme das Engagement auf ein bloßes Erfaßtsein eines Momentes in einem mechanistischen oder logischen Determinismus hinaus, so wie der Finger erfaßt werden kann in einem Räderwerk? Als Ergebnis einer frei getroffenen oder durch freie Einwilligung erreichten Entscheidung, als Ergebnis eines Umschlags von der Empfänglichkeit zum Vorhaben verweist das Engagement – wenn es überhaupt noch dieser Ausführung bedarf – auf einen intentionalen Gedanken, auf eine Übernahme, ein auf eine Gegenwart hin offenes Subjekt, auf eine Vorstellung, einen Logos. Das engagierte Bewußtsein ist – wenn es nicht in der Interferenz der genormten Abläufe, in die es geworfen ist, verschwindet – *situiertes* Bewußtsein – was ihm auferlegt wird, ist bereits bemessen, hat die Form einer Conditio und eines Ortes, an dem sich das Hindernis, das die Inkarnation des Bewußtseins darstellt, durch das Wohnen in Freiheit und in Ursprung „verkehrt“ und seine Last – in Vergangenheit. Das situierte Bewußtsein bildet aus all dem, was seiner Wahl entzogen ist, eine Verbindung, deren Bestandteile synchron oder synchronisierbar sind, eingeholt durch die Erinnerung und die Vorausschau in einen Horizont der Vergangenheit und der Zukunft. Das *Jenseits* hat darin nur negativ Sinn, durch seine Sinnlosigkeit.

Ganz anders als in solchem Engagement ist der *Eine* einbezogen in das *der-Eine-für-den-Anderen*. Hier geht es nicht um ein Alleingelassensein in einer Welt – nicht um eine Situierung, die von vornherein ihre eigene Umkehrung ist, in der ich mich einrichten, in der ich bauen und mir einen Platz sichern kann – Situierung, die sich ereignet und die umschlägt in der ver-gegenwärtigenden Vorstellung eines Verschiedenen, das in eine Verbindung gebracht p. 175
wird. Hier geht es um eine Bedeutung, in der zwar das Einrichten und die Vorstellung ihren jeweiligen Sinn rechtfertigen; um eine Bedeutung aber, die *diesseits jeder Welt* die Nähe von Selbem und Anderem bedeutet und in der die Einbezogenheit des Einen im Anderen die Vorladung des Einen durch den Anderen bedeutet. Vorladung, die gerade die Bedeutsamkeit der Bedeutung ausmacht oder den Psychismus des Selben; Psychismus, durch den die Nähe meine Annäherung an den Anderen ist, das heißt, daß die Nähe von Selbem und Anderem nie nah genug ist. Der Vorgeladene – Ich – oder ich, ich stoße den Nächsten ab und halte ihn auf Distanz durch meine bloße Identität, dadurch, daß ich meinen Bereich des Seins besetze; ich muß also den Frieden immer erst wiederherstellen. Was in diesem Bedeuten, in diesem der-Eine-für-

den-Anderen zum Wissen, zur Frage, zum „Wie verhält es sich mit ...“, zur ausdrücklichen Formulierung einer Vertrautheit mit dem Sein führen kann und muß, so als sei sie vorgängig gewesen und implizit, was in diesem Bedeuten zur Ontologie führt und dadurch zur Gegenwart, zur Manifestation der Wahrheit in der Mittagssonne, in der sie keine Schatten wirft, zur Berechnung, zum Denken, zur Einrichtung, zur Institution – all dies wird zweifellos erst noch zu zeigen sein. Doch weder die besagte Vertrautheit noch die ontologischen Schritte begründen die Annäherung. Die vorgängige Vertrautheit mit dem Sein ist nicht vorgängig zur Annäherung. Der Sinn der Annäherung ist Güte – ohne Wissen, ohne Blindheit – Güte von jenseits des *sein*. Zwar wird sich die Güte in der Ontologie zeigen, zu *sein* verwandelt – und der Reduktion bedürftig – aber das *sein* kann sie nicht umfassen.

Die bis jetzt durchgeführten Untersuchungen rechtfertigten es alle, eine Einschätzung zurückzuweisen, die die Nähe als eine Episode der thematisierenden Intentionalität betrachtete, als eine Episode der Erschlossenheit, der Ontologie – des Geschehens, in dem sich zwar alles zeigt, auch wenn es durch die Manifestation gerade verraten würde, des einzigen Geschehens, das durch die große Tradition der abendländischen Philosophie als Artikulation von *Sinn*, das heißt als geistiges Abenteuer, anerkannt wird. Doch erlaubt die Nähe, wo sie unabhängig von diesem Spiritualismus des Bewußtseins gedacht und als Bedeutung oder als Güte erkannt wird, die Güte anders zu verstehen denn als eine altruistische Neigung, der *Genüge* zu leisten ist – eben weil die Bedeutung: der-Eine-für-den-Anderen, niemals ein *Genug* ist und weil die Bewegung der Bedeutung nicht zu ihrem Ausgang zurückkehrt; anders als eine Willensentscheidung: anders als ein Akt des Bewußtseins, der in der Gegenwart einer Wahl *beginnt*, einen Ursprung im Bewußtsein hat – oder in der Gegenwart einer Wahl, die durch das Wohnen (den Kontext jedes Ursprungs!) bedingt ist. Die Güte ist im Subjekt die An-archie selbst; als Verantwortung für die Freiheit des Anderen, die früher ist als alle Freiheit in mir, aber auch der Gewalt in mir zuvorkommt, die das Gegenteil der Freiheit wäre, denn wenn schon niemand gütig ist aus freien Stücken, so ist doch auch niemand Sklave des Guten. Die Verstrickung der Güte und des Guten – außerhalb des Bewußtseins, außerhalb des *sein* – ist die exzeptionelle Verstrickung der Stellvertretung, die durch das Gesagte mit seinen verschleierten Wahrheiten zwar verraten, aber auch für uns zum Ausdruck gebracht wird. Das von der Verantwortung her angesprochene *ich* [*je*] ist Für-den-Anderen, ist *Entblößung*, dem Leiden Ausgesetztsein, reines Empfangen. Es setzt sich nicht selbst, indem es sich erkennt und in Besitz nimmt, es zehrt sich und liefert sich aus, es ent-ortet sich, *verliert seine Stelle*, wird ins Exil getrieben, in sich verbannt, doch, als sei selbst die eigene Haut noch eine Weise, im Sein Zuflucht zu nehmen, ausgesetzt der Verletzung und der Schmähung, sich entleerend in einen Nicht-Ort bis hin zur Stellvertretung für den Anderen, in sich nur noch stehend wie in der Spur des eigenen Exils. Was Verben wie *sich* ausliefern, *sich* verzehren, *sich* ins Exil treiben lassen durch ihre pronominale Form zu verstehen geben, ist nicht ein Akt der Reflexion über sich, der Sorge um sich – ist überhaupt kein Akt – sondern Modalität einer Passivität, die, aufgrund der Stellvertretung, über jede Passivität hinausgeht. In sich wie in der Spur des eigenen Exils – das heißt wie pures Sich-selbst-Entrissenwerden.[3] In diesem Sinne Innerlich- p. 176

[3] Simone Weil notiert: Vater, reiß aus mir weg diesen Leib und diese Seele, um sie zu dem zu machen, was dein ist, und laß in Ewigkeit nichts bestehen von mir als nur dieses Weggerissensein selbst.

keit. Innerlichkeit, die keinerlei Ähnlichkeit hat mit einer bestimmten Art, über Privatangelegenheiten zu verfügen. Innerlichkeit ohne Geheimnis, reines Zeugnis der Maßlosigkeit, die mich immer schon beherrscht und die besagt: dem Anderen geben, indem man sich das Brot vom Munde reißt und seine Haut verschenkt.

Nicht das Engagement liefert die Beschreibung für die Bedeutung, die Bedeutung – das der-Eine-für-den-Anderen der Nähe – rechtfertigt alles Engagement.

In der Nicht-Indifferenz gegenüber dem Nächsten, bei der die Nähe niemals nah genug ist, verblaßt weder die Differenz zwischen mir und dem Anderen noch die Unabweisbarkeit des Subjekts, so wie sie dort verblassen, wo die Beziehung des Einen mit dem Anderen als reziproke Beziehung verstanden wird. Die Nicht-Indifferenz, in der ich zum Anderen stehe, insofern der Andere anderer Mensch ist und Nächster, geht über alles Engagement im Sinne der Freiwilligkeit hinaus, erstreckt sie sich doch in meiner Haltung als Seiender bis hin zur Stellvertretung;
p. 177 und zugleich bleibt sie diesseits des Engagements, legt sie doch [dégageant] in dieser äußersten Passivität ein unabweisbares und einziges Subjekt gerade frei; die Verantwortung, als Bedeutung der Nicht-Indifferenz, geht nur in eine Richtung, von mir zum Anderen. Im Sagen der Verantwortung – die Ausgesetztheit an eine Verpflichtung ist, in der niemand mich zu ersetzen vermag – bin ich einzig. Der Friede mit dem Anderen ist vor allem meine Sache. Die Nicht-Indifferenz – das Sagen – die Verantwortung – die Annäherung – ist die Freilegung des einzig Verantwortlichen – meiner selbst. Meine Art zu erscheinen ist ein Erscheinen vor Gericht. Ich stehe in der Passivität einer unabweisbaren Vorladung – im Anklagefall – Sich. Nicht als Sonderfall des Universalen: ich als Sonderfall des Begriffs Ich; sondern als in der ersten Person

gesagtes Ich [moi], als ich ... [je], einzig in meiner Gattung. Zwar wird dieses ich ..., selbst in den vorliegenden Ausführungen, schon zu etwas Universalem, aber so, daß ich den Bruch dieses Universalen denken kann und das Erscheinen des einzigartigen *ich* ... *immer* der Reflexion vorausgeht, die sodann erneut (einer Alternanz folgend, wie man sie bei der Widerlegung und Wiederauferstehung des Skeptizismus findet) mich im Begriff einschließt, dem ich aufs neue entgehe oder entrissen werde. Die Einzigkeit dieses Ich [moi], dieses *ich* ... [je], beruht nicht auf einem einzigartigen Zug seiner Natur oder seines Charakters – nichts ist einzig, das heißt dem Begriff gegenüber widerständig, außer dem *ich* ... der Verantwortung. In der Bedeutung werde ich freigelegt, herausgestellt als Einziger. Das Sagen der Verantwortung ist die einzige Art und Weise, in der der Eine, der sich nicht in sich verbirgt, sondern sich entblößt in der Rekurrenz und diesseits seiner Identität für den Anderen einsteht, sich nicht vervielfältigt in dieser Beziehung, vielmehr in ihr seine Einheit hervortreten läßt – und schon anklagt. Das „niemals genug" der Nähe – die Beunruhigung in diesem und durch diesen Frieden – ist, zugespitzt, die Einzigkeit der Subjektivität. Unabweisbarkeit des Subjekts, die plötzlich aufbricht in der Passivität seiner Unbedingung – in der Vertreibung aus sich selbst. Unabweisbarkeit, aber nicht die der transzendentalen Subjektivität – nicht Intentionalität oder Offenheit auf die Welt hin, selbst wenn es eine Welt wäre, die über mich hinausgeht und in der die angeblich ekstatische Subjektivität sich doch lediglich verheimlichen läßt.

Die Nähe – Differenz, die Nicht-Indifferenz ist – Verantwortung: Antwort ohne Frage – Unmittelbarkeit eines Friedens, der mir auferlegt ist – Bedeutung als Zeichen – Humanität des Menschen (anders verstanden als von der

transzendentalen Subjektivität her!) – Passivität der Ausgesetztheit – ihrerseits ausgesetzte Passivität – Sagen – hat nicht Platz im Bewußtsein noch auch im Engagement, sofern man es in Begriffen des Bewußtseins oder der Erinnerung versteht, sie stellt keine Verbindung und keine
p. 178 Synchronie her. Die Nähe ist Brüderlichkeit vor dem *sein* und vor dem Tod; sie hat einen Sinn gegen den Willen des Seins und des Nichts, gegen den des Begriffs.

Die Bedeutung als Nähe ist so die heimliche Geburt[g] des Subjekts. Heimliche Geburt, weil gerade diesseits des Ursprungs, diesseits der Initiative, einer zu bezeichnenden und übernehmbaren, sei es selbst durch die Erinnerung übernehmbaren, Gegenwart: anachronistische Geburt, ihrer eigenen Gegenwart zuvor, Nicht-Beginn, Anarchie; heimliche Geburt – niemals Gegenwart; die Gegenwart der Koinzidenz mit sich selbst ausschließend, weil *in Kontakt*, in der Sensibilität, in der Verwundbarkeit, in der Ausgesetztheit an die Schmähung des Anderen. Umso verantwortlicheres Subjekt, je mehr es seiner Verantwortung nachkommt, als nähme die Distanz zwischen ihm und dem Anderen in dem Maße zu, in dem die Nähe sich verdichtet. Heimliche Geburt des Subjekts in einer Verpflichtung ohne vorher eingegangene Bindung; Brüderlichkeit oder Komplizenschaft ohne Grund, unentgeltlich, aber umso fordernder, je enger sie wird, ohne Zweckbestimmtheit und ohne Zweck. Geburt des Subjekts im Nicht-Beginn der Anarchie und im Nicht-Ende der Verpflichtung, die glorreich wächst, so als vollziehe sich in ihr

[g] *Oder, abstrakter übersetzt, die* latente Entstehung. *Doch bietet die Geburt, im physischen Sinne, ein sehr treffendes Bild für den hier formulierten Gedanken eines anachronistischen Beginns, der implizierten Vorzeitigkeit zur eigenen Gegenwart. Oder richtiger: nicht ein Bild, sondern eine konkrete zwischenmenschliche Realität, die den vorgetragenen Gedanken rückbezieht auf seinen „Sitz im Leben".*

der Vorübergang des Unendlichen. In der unbedingten Vorladung des Subjekts wird auf rätselhafte Weise das Unendliche[h] vernehmbar: das Diesseits und das Jenseits. Die Reichweite und der Tonfall der Stimme, in der so das Unendliche sich vernehmen läßt, wird noch genauer zu beschreiben sein.

Wiederholt haben wir darauf hingewiesen, daß ein Weg von der Nähe des Anderen zum Erscheinen des Seins führt – und wir werden darauf zurückkommen. Doch die Subjektivität, die hier beschrieben worden ist als Stellvertretung für den Anderen, als Sich-vom-Sein-Lösen oder als Bruch des *sein* und die dazu führt, die These von der Letztgültigkeit – oder der Priorität – des ontologischen Problems[4] zu bestreiten – bannt sie das *sein*, das sie gleichwohl hervorruft? Verschließt nicht das *sein* – als unpersönliches Treiben, als unablässiges Plätschern, als dumpfes Rauschen, als *Es-gibt* – die Bedeutung, durch die es zutage getreten ist? Und ist nicht die Beharrlichkeit dieses unpersönlichen Geräuschs die heutzutage empfundene Bedrohung durch ein Ende der Welt? Auf jeden Fall ist die Frage zu stellen, ob in der Bedeutung des der-Eine-für-den-Anderen – die man vielleicht oder beharrlich für ein begrenztes oder sehr spezielles Problem hält – so wie den „ethischen Aspekt des Seins" – ob sich in dieser Bedeutung nicht eine Stimme aus mindestens ebenso gewaltigen Ho-

[4] Vgl. unsere Studie „L'ontologie est-elle fondamentale?" in der Zeitschrift Revue de Métaphysique et de Morale, LVI (1951) S. 88-98; deutsch in SpA 103-119.

[h] *Wenn hier und im folgenden das französische l'Infini in der Übersetzung* das Unendliche *erscheint, so ist darin immer auch die Version* der Unendliche *zu lesen. Man kann darüber streiten, ob der biblische Untergrund des Textes nicht Anlaß gibt, die zweite Lesart zu bevorzugen, doch ist der Streit müßig: Vom Unendlichen ist, wie es einige Seiten später heißt, keine Erfahrung möglich – um wieviel mehr entzieht es sich der Fixierung auf ein grammatisches Genus.*

rizonten vernehmen läßt wie denen, in denen die Ontologie ihren Platz hat.

p. 179 2. *Die Herrlichkeit des Unendlichen*

a. Die Inspiration

Die Versammlung des Seins in die Gegenwart – seine Synchronisierung durch die Retention, das Gedächtnis und die Geschichte, durch die Erinnerung – die Vergegenwärtigung – die Vorstellung – schließt nicht die Verantwortung für das getrennte Seiende ein; die Vergegenwärtigung schließt nicht die der menschlichen Brüderlichkeit eingezeichnete Verantwortung für den Anderen ein. Diese Verantwortung geht auf keinerlei Engagement zurück, auf kein Prinzip – das heißt auf keine wieder erinnerbare Gegenwart. Der Befehl, der mich dem Anderen weiht,[i] zeigt sich mir nicht, es sei denn durch die Spur seiner Zurückgezogenheit, als Gesicht des Nächsten. Durch die Spur einer Zurückgezogenheit, der nie eine Aktualität vorausgegangen war und die nur in meiner eigenen, schon gehorchenden Stimme gegenwärtig ist – harte Gegenwart des Opfers und der Gabe. Vor solcher An-archie – vor solchem Ohne-Anfang – versagt das Versammeln des Seins. Sein *sein* löst sich auf in Bedeutung, in Sagen von jenseits des Seins und seiner Zeit her, in Dia-chronie der Transzendenz. Eine nicht in Immanenz umkehrbare Transzendenz: das Jenseits der Erinnerung, durch die Nacht des Intervalls von jeder Gegenwart getrennt, ist eine Zeit,

[i] *Zugleich: der mich an den Anderen weist, ihn mir aufträgt. Im französischen Wort für weihen [ordonner] klingt das des Befehls, der Anordnung [ordre] nach. Weihen also im imperativischen, unabweisbaren wie im religiösen Sinne: Einbindung in eine „heilige Pflicht“.*

die nicht in die Einheit der transzendentalen Apperzeption eingeht.
Das vorliegende Buch entwickelt die Bedeutung der Subjektivität aus der außer-ordentlichen Alltäglichkeit meiner Verantwortung für die anderen Menschen – aus dem außer-ordentlichen Vergessen des Todes oder „ohne Rücksicht" auf den Tod – die Bedeutung meiner Verantwortung für das, was sich meiner Freiheit entzieht, die Niederlage oder die Niederlegung der Einheit der *transzendentalen Apperzeption*, der originären *Aktualität* jedes *Aktes* als Quelle der *Spontanität des Subjekts* oder des Subjekts als Spontanität. Das vorliegende Buch entwickelt *meine* Passivität, die Passivität als *der-Eine-für-den-Anderen* und infolgedessen als das, was über das *sein*, als Potenz und als Akt aufgefaßt, hinausgeht, und so gerade meine Passivität als Bedeutung. *Der-Eine-für-den-Anderen* bis hin zum *der-Eine-Geisel-des-Anderen*: in seiner Identität als Berufener, der unersetzbar ist, ohne Möglichkeit der Rückkehr zu sich; in der Haltung des Sich Sühne für die Anderen; im eigenen *„sein"* Aus-genommenheit vom *sein* oder Stellvertretung. Der Eine für den Anderen, nicht der Eine verwandelt in den Anderen, sondern *für-den-Anderen*, getreu der Diskontinuität oder der Diachronie der ins Thematische noch nicht eingesetzten Bedeutung, ins Thema, in dem sie sich als *Gesagtes* zwar manifestiert, doch dann auch, sogleich in der Falle des Themas, als Synchronie und *sein* erscheint. Bedeutung, die dem Thema unan- p. 180
gemessen bleibt, obschon sie sich, um sich zu zeigen, in ihm ausbreitet. Man darf sie deshalb doch nicht als „erlebte Bedeutung" auffassen. Es ist dem „Außer-ordentlichen" der Verantwortung nicht untersagt, über den Wassern der Ontologie zu schweben; man darf nicht um jeden Preis versuchen, für dieses Außer-ordentliche eine Position in der transzendentalen Einheit der Apperzeption, in

der aktuellen und folglich aktiven Einheit einer Synthese zu finden. Der *Eine* und der *Andere*, getrennt durch das Intervall der Differenz – oder durch das *Inzwischen*, das durch die Nicht-Indifferenz der Verantwortung keineswegs aufgehoben wird –, sind nicht gehalten, sich in der Synchronie einer Struktur wieder zu vereinigen oder sich gemeinsam in eine bestimmte „Gemütsverfassung" zu zwängen.

Die Verantwortung für die Anderen bedeutet – gegenläufig zur Intentionalität und zum Wollen, das zu verschleiern der Intentionalität nicht gelingt – nicht die Enthüllung einer Gegebenheit und seine Aufnahme oder seine Wahrnehmung, sondern meine Ausgesetztheit den Anderen gegenüber, die jeder Entscheidung vorausgeht. Beanspruchung des Selben durch den Anderen mitten in mir, extremer Druck des Gebotes, das durch den Anderen in mir auf mich einwirkt, traumatischer Einfluß des Anderen auf den Selben, der unter einem solchen Druck erfolgt, daß er dem Selben keine Zeit läßt, den Anderen zu erwarten. Durch diese Alteration beseelt die Seele das Subjekt. Sie ist das eigentliche Pneuma der Psyche. Der Psychismus bedeutet die Beanspruchung des Selben durch den Anderen oder die Inspiration, jenseits der Logik von *Selbem* und *Anderem* und ihrer unüberwindbaren Gegnerschaft. Auflösung des substantiellen Kerns, den das Ich im Selben bildet, Spaltung des „mysteriösen" Kerns der „Innerlichkeit" des Subjekts durch diese Vorladung zur Antwort, durch diese Vorladung, die keinen Zufluchtsort läßt, keine Gelegenheit, sich davonzustehlen, und die so gegen den Willen des Ich erfolgt oder genauer: *wider meinen Willen*; ganz das Gegenteil der Sinnlosigkeit, Alteration ohne Entfremdung oder: Erwählung. In der Verantwortung wird das Subjekt im Innersten seiner Identität sich fremd – in einer Entfremdung, die nicht aus dem Selben seine Identität

auslaufen läßt, sondern die ihn durch eine unabweisbare Vorladung zu seiner Identität zwingt – es wird zu seiner Identität gezwungen als Person, worin niemand es ersetzen kann. Einzigkeit, außerbegrifflich, Psychismus als Keim des Wahnsinns, Psychismus schon als Psychose, nicht ein Ich, sondern ich, der Vorgeladene. Vorladung zur Identität wegen der Antwort der Verantwortung, in der man sich nicht ersetzen lassen kann, ohne schuldig zu werden. Auf dieses unnachgiebig zwingende Gebot ist die einzige Antwort: „hier, sieh mich", bei der das Pronomen „ich" im Akkusativ steht, gebeugt schon vor jeder Beugung,[j] besessen durch den Anderen, krank,[5] identisch. p. 181
Hier, sieh mich – Sagen der Inspiration, die nicht die Gabe schöner Worte oder Gesänge ist. Zwang zum *Geben*, mit vollen Händen, und folglich zur Leiblichkeit.

Die Einheit von Seele und Leib setzte für Descartes einen wunderhaften Eingriff voraus, denn er hatte sie, gemäß der Rationalität der Vorstellung, als Versammlung und Gleichzeitigkeit unterschiedlicher Beziehungsglieder gesucht, wobei er die Seele verstand als thematisierendes Denken. Nähert man sich ihr dagegen von der Verantwortung für den anderen Menschen aus, so wäre der Psychismus des Subjekts – der-Eine-für-den-Anderen – die Bedeutung oder die Verstehbarkeit – oder die Bedeutsamkeit selbst. Subjektivität des Menschen aus Fleisch und Blut, die in ihrer Ausgeliefertheit an den Anderen passiver ist als die Passivität der Wirkung in einer Kausalkette – weil

[5] „Krank bin ich vor Liebe", Hoheslied V, 8.

[j] *Am Anfang oder vor jedem Anfang steht demnach nicht das Ich, sondern das immer schon unter Anklage, eben das heißt: im Akkusativ, stehende Ich, und zwar als immer schon angerufenes und so antwortendes Ich; und deshalb, genau genommen, weder* Ich *noch* ich, *sondern* mich *oder, noch genauer, eben antwortend:* hier, sieh mich *[me voici < vois – ici].*

jenseits selbst der Aktualität, die die Einheit der Apperzeption des *ich denke* ausmacht, Sich-selbst-entrissenwerden-zugunsten-eines-Anderen im den-eigenen-Bissen-Brot-dem-Anderen-Geben; nicht die Harmlosigkeit einer formalen Beziehung, sondern der ganze Ernst und die ganze Schwere des Leibes, der in der Möglichkeit des *Gebens* seinem conatus essendi entrissen ist. Die Identität des Subjekts tritt hier nicht durch ein In-sich-Ruhen hervor, sondern durch eine Beunruhigung, die mich aus dem Kern meiner Substantialität verjagt.

b. Inspiration und Zeugnis

Diese Ausgesetztheit aber – dieses Exil – dieses Verbot, in sich zu verweilen – schlagen sie nicht wieder um in *Position* und, selbst im Schmerz, in Selbstgefälligkeit, die sich aufbläht mit Substanz und Stolz? Umschlag, der einen nicht resorbierbaren Rest an Aktivität in der subjektiven Passivität bedeutet – eine letzte Substantialität des Ich, die selbst bis zur Verwundbarkeit der Sensibilität noch reicht, und zugleich oder nacheinander, in doppeldeutiger Weise, den unendlichen Weg der Annäherung. Dieser Weg bleibt nicht einfach asymptotisch zum Nächsten. Über das schlechte Unendliche des *Sollens*[k] hinaus wächst er unendlich – als lebendes Unendliches – als Verpflichtung, die umso zwingender wird, je stärker der Gehorsam, und als Distanz, die umso unüberwindbarer wird, je größer die Annäherung, derart daß das *Geben* sich hier als Geiz erweist, die Ausgesetztheit als Zurückhaltung und die Heiligkeit als schuldig. Leben ohne Tod, Leben des *Unendlichen* oder seine Herrlichkeit; aber Leben außerhalb von *sein* und Nichts.

---

[k] *Im Original deutsch.*

Damit die Subjektivität rückhaltlos bedeute, durfte also die Passivität ihrer Ausgesetztheit gegenüber dem Anderen nicht sogleich sich umkehren in Aktivität, sondern p. 182
mußte sie ihrerseits sich aussetzen. Es braucht eine Passivität der Passivität und, unter der Herrlichkeit des *Unendlichen*, eine Asche, aus der nicht erneut der Akt erstehen kann. Diese Passivität der Passivität, diese dem Anderen geltende Übereignung, diese Aufrichtigkeit ist das *Sagen*. Nicht Mitteilung eines Gesagten, das sogleich das Sagen zudecken und ausschalten oder aufsaugen würde, sondern Sagen, das seine Offenheit offenhält, ohne Entschuldigung, ohne Ausflucht oder Alibi, sich ausliefernd, ohne irgendetwas Gesagtes zu sagen. Sagen, das nichts anderes sagt als ebendas Sagen, ohne es zu thematisieren, vielmehr indem es das Sagen immer noch weiter aussetzt: Sagen heißt so Zeichengeben von nichts anderem als von ebenjener Zeichenhaftigkeit, jener Bedeutsamkeit der Ausgesetztheit; es heißt die Ausgesetztheit aussetzen, anstatt sich in ihr aufzuhalten wie in einem Akt des Aussetzens; es heißt sich darin erschöpfen, sich auszusetzen, es heißt Zeichen geben, indem man sich zum Zeichen macht, ohne *sich auszuruhen* in der eigenen Zeichengestalt. Passivität der Auslieferung unter dem Angstdruck der Belagerung, Auslieferungspassivität, in der diese Auslieferung selbst dem Anderen ausgeliefert wird, bevor *sie sich festsetzt*, *sich einrichtet*; präreflexive Iteration im Sagen ebendieses Sagens; Ausspruch des „hier, sieh mich“, das sich mit nichts identifizieren läßt außer ebender Stimme, die so spricht und sich ausliefert, der Stimme, die bedeutet. Doch auf diese Weise Zeichen geben, so daß man selbst zum Zeichen wird – ist nicht ein stammelndes Sprechen wie der Ausdruck eines Stummen oder eines in seiner Muttersprache gefangenen Fremden. Es ist eine äußerste Anspannung der Sprache, das Für-den-Anderen der Nähe; der Nähe,

die von überallher mich umringt und mich betrifft bis in meine Identität und deren Potential durch den Logos – des Monologs oder des Dialogs – schon entspannt wird, indem dieser sich in Möglichkeiten des Seins verteilt und zwischen den Wortpaaren bewußt – unbewußt, explizit – implizit zur Geltung kommt.[6] Als dem Anderen gegebenes Zeichen und schon Zeichen dieser Zeichengabe, als reines Bedeutungszeichen ist die Nähe keine Vermischung mit dem Anderen – was eine Weise des Sich-Ausruhens in einer Verwandlung wäre – ist sie vielmehr unablässige Bedeutung – Be-unruhigung um den Anderen: Antwortgeben *für den Anderen*, ohne irgendeine „Haltung einzunehmen", Verantwortung als „zellulare Reizbarkeit", als Unfähigkeit zu schweigen, als Skandal der Aufrichtigkeit.[7]

p. 183 Die Aufrichtigkeit ist kein Attribut des Sagens; vielmehr vollendet das Sagen die Aufrichtigkeit, die untrennbar vom Geben ist, erschließt sie doch die Vorräte,[8] aus denen

---

[6] Der thematisierende Logos, das Sagen, insofern es ein Gesagtes sagt, im Monolog, im Dialog und im Austausch von Informationen, mit der ganzen Last an Kulturellem und Historischem, die es dabei trägt – geht aus jenem vor-ursprünglichen, weil zu aller Kultur und zu allem Anfang in der gesprochenen Sprache der Bedeutung vorzeitigen Sagen hervor. Das Aufschließen der Aufrichtigkeit ermöglicht erst die Dimension, in der alle Kommunikation und alle Thematisierung ihren Ausdruck findet. Die Spur der Bedeutsamkeit des *Zeichengebens* und der Nähe verwischt sich jedoch auch darin nicht und prägt jeden Gebrauch des Wortes.

[7] Doch andererseits muß das „Zeichengeben" in einer Welt, in der faktisch eine Sprache gesprochen wird, in der man gleich auch mit dem Dritten da ist, die Mauer der *gesagten* Bedeutung durchbrechen, um zu jenem *Diesseits der Kultur* zurückzukehren. Von daher die Notwendigkeit, alles zu widerrufen, was die Nacktheit des Zeichens entstellt, all das zu entfernen, was im reinen Sagen der Nähe noch an Gesagtem ist. Zeichengeben in der Nacht kann man nur um den Preis der Uneindeutigkeit. Man muß auch sagen, „was los ist", etwas sagen – bevor man nur das Sagen sagt, bevor man Zeichen gibt, bevor man sich zum Zeichen macht.

[8] Das Sagen oder die Aufrichtigkeit ist nicht ein gesteigertes *Geben*;

die gebende Hand schöpft, ohne irgendetwas verheimlichen zu können: Aufrichtigkeit, die die Entfremdung aufhebt, welche das Sagen im Gesagten erleidet; im Gesagten, in dem unter der Decke der Worte, in verbaler Indifferenz, Informationen ausgetauscht, fromme Wünsche geäußert und Verantwortungen gescheut werden. Kein Gesagtes erreicht die Aufrichtigkeit des Sagens, ist der Wahrhaftigkeit vor dem Wahren, der Wahrhaftigkeit der Annäherung, der Nähe jenseits der Anwesenheit und der Gegenwart angemessen. Die Aufrichtigkeit wäre also Sagen ohne Gesagtes, offenbar ein „Sprechen, um nichts zu sagen", ein Zeichen, das ich dem Anderen von ebendiesem Zeichengeben gebe, „einfach wie ein Grüß' Gott", aber ipso facto reine Transparenz des Eingeständnisses, der Anerkennung einer Schuld. Geht etwa das Sagen als Eingeständnis einer Schuld allen anderen Weisen des Sagens voraus? Ist nicht vielleicht der Gruß, als Gabe eines Zeichens, das nichts anderes bezeichnet und bedeutet als diese Gabe, genau jene Anerkennung von Schuld? Die Aufrichtigkeit, in der die Bedeutung bedeutet – in der der Eine sich rückhaltlos dem Anderen aussetzt – in der der Eine sich dem Anderen nähert – erschöpft sich nicht in der Anrufung – im Gruß, der nichts kostet, aufgefaßt als reiner Vokativ. Der Vokativ zeigt eine Sinnrichtung an, aber er bleibt unzureichend für den Sinn, der in der Nähe und in der Aufrichtigkeit bedeutet. Als Spaltung noch der allerletzten Substantialität des Ich läßt sich die Aufrichtigkeit auf nichts Ontisches, auf nichts Ontologisches zurückführen und führt sie gleichsam über alles Positive, über jede Position hinaus oder vor sie zurück [au-delà ou

---

wären sie es, so würde man das Unendliche, für das sie Zeugnis geben, durch bloße Extrapolation erhalten, die im übrigen das Unendliche voraussetzt.

en deça]. Sie ist weder Akt noch Bewegung noch irgendeine Kulturleistung, die im übrigen den unbedingten Durchbruch des Sich bereits voraussetzt.[9]

c. Aufrichtigkeit und Herrlichkeit des Unendlichen

Verweist nicht der Sinn der Aufrichtigkeit auf die Herrlichkeit des Unendlichen, die an die Aufrichtigkeit als an ein Sagen appelliert? Diese Herrlichkeit kann nicht erscheinen, denn das Erscheinen und die Gegenwart würden sie Lügen strafen, indem sie sie als Thema umschrieben und ihr einen Anfang in der Gegenwart der Vorstellung anwie-
p. 184 sen, während sie als Verunendlichung des Unendlichen aus einer entfernteren Vergangenheit kommt als jener, die, in Reichweite der Erinnerung, sich der Gegenwart anschließt. Sie kommt aus einer Vergangenheit, die niemals vergegenwärtigt gewesen ist[1], die sich niemals präsentiert hatte und die folglich keinen Anfang hat keimen lassen. Die Herrlichkeit kann nicht Phänomen werden, ohne in Verbindung zu treten zu dem Subjekt gerade, dem sie erschiene, ohne eingeschlossen zu werden in die Endlichkeit und die Immanenz. Doch ohne Prinzip, ohne Anfang – anarchisch – bedeutet die Herrlichkeit, indem sie das Thema sprengt, positiv, diesseits des Logos, die Auslieferung des

---

[9] Man kann das Sagen nicht als Aufrichtigkeit interpretieren, wenn man von einem Zeichensystem ausgeht, auf das sich eine Sprache zurückführen läßt. Zur Sprache als Zeichensystem gelangt man nur von einer schon gesprochenen Sprache her, die ihrerseits nicht umhinkann, in einem Zeichensystem zu bestehen. Das System, in dem die Bedeutungen zum Thema werden, ist bereits abkünftig aus der Bedeutung, als der-Eine-für-den-Anderen, aus der Annäherung und aus der Aufrichtigkeit.

[1] *Nicht zufällig gebraucht der französische Text hier die seltene Zeitform des passé surcomposé, einer „gesteigerten Vergangenheit", um auch grammatikalisch zu unterstreichen, daß es um eine ganz andere, „ältere" Vergangenheit geht, die selbst über diese Steigerung noch hinausweist.*

in sich ruhenden Subjekts an das, was es niemals auf sich genommen hat, hat es doch darin, aus unvordenklicher Vergangenheit, eine Provokation gespürt, die sich niemals vorgestellt, sondern die zugeschlagen hat als Trauma. Die Herrlichkeit ist nur die andere Seite der Passivität des Subjekts, bei der im Einstehen für den Anderen, in einer dem Erstbesten aufgetragenen Verantwortung, in Verantwortung für den Nächsten, die durch den Anderen inspiriert ist, ich, der Selbe, meinem Anfang in mir, meiner Gleichheit mit mir selbst entrissen werde. Die Herrlichkeit des Unendlichen verherrlicht sich in dieser Verantwortung und läßt dem Subjekt keine Zuflucht in seinem eigenen Geheimnis, das es vor der Besessenheit durch den Anderen schützen und das sein Entfliehen decken würde. Die Herrlichkeit verherrlicht sich durch den Ausgang des Subjekts aus den dunklen Winkeln seiner Selbstbezogenheit, die – wie die Büsche des Paradieses, in denen Adam sich versteckte, als er die Stimme des Ewigen vernahm, der von Osten, von dorther, wo der Tag anhebt und das Licht, durch den Garten kam – eine Ausflucht bieten angesichts der Vorladung, durch die die Stellung des Ich am Anfang und selbst die Möglichkeit des Ursprungs ins Wanken geraten. Die Herrlichkeit des Unendlichen ist die an-archische Identität des Subjekts, des Aufgescheuchten, Vertriebenen, der sich seiner Vertreibung nicht entziehen kann, ich, zur Aufrichtigkeit gelangt, indem ich dem Anderen – für den ich und vor dem ich verantwortlich bin – Zeichen gebe von ebendiesem Zeichengeben, das heißt dieser Verantwortung: „hier, sieh mich". Sagen vor allem Gesagten, Zeugnis der Herrlichkeit. Zeugnis, das *wahr* ist, aber von einer Wahrheit, die nicht rückführbar ist auf die Wahrheit der Enthüllung und die nichts Sichtbares berichtet. Sagen ohne noematische Korrelation, im reinen Gehorsam gegenüber der Herrlichkeit, die gebietet; ohne Dialog, in

einer Passivität, die von vornherein dem „hier, sieh mich" untersteht. Die Entfernung, die zunimmt, je enger die Nähe wird – die Herrlichkeit des Unendlichen – ist die Unausgewogenheit zwischen dem Selben und dem Anderen, die Differenz, die zugleich eine Nicht-Indifferenz des Selben gegenüber dem Anderen ist und eine Stellvertretung, welche ihrerseits eine Nicht-Ausgewogenheit mit sich selbst darstellt, eine Nicht-Übereinstimmung mit sich, eine Selbstenteignung, ein Herausgehen des Sich aus der Verborgenheit seines Identischseins und schon Zeichen
p. 185 zum Anderen hin, Zeichen dieses Zeichengebens, das heißt dieser Nicht-Indifferenz, Zeichen dieser Unmöglichkeit, sich zu entziehen und sich ersetzen zu lassen, dieser Identität, dieser Einzigkeit: hier, sieh mich.[10] Die Identität, die so hinter dem Identischsein hervorgerufen wird, ist eine Identität bloßer Erwählung. Die Erwählung durchkreuzt den Begriff des Ich, um *mich* vorzuladen durch die Maßlosigkeit der Anderen und mich dem Begriff zu entwinden, in den ich mich unablässig flüchte, weil ich in ihm das Maß einer Verpflichtung finde, welche in der Erwählung gerade nicht definiert wird. Die Verpflichtung appelliert an eine einzigartige, im universalen Denken nicht verzeichnete Antwort, an die unvorhersehbare Antwort des Erwählten.

Vor-ursprüngliche, anarchische Identität, älter als jeder Anfang; nicht Selbstbewußtsein, das sich in der Gegenwart erreicht, vielmehr äußerste Ausgesetztheit, ausgesetzt der Vorladung durch die Anderen, die sich hinter dem Bewußtsein und der Freiheit schon vollzogen hat, Vorladung, die in mich eingedrungen ist wie ein Einbre-

[10] Als Zeichen, das von dieser Bedeutung als Zeichen gegeben wird, zeichnet die Nähe zugleich den *Tropos* der Lyrik: lieben darin, daß man die Liebe dem Geliebten sagt – Liebeslied, Möglichkeit der Dichtung, der Kunst.

cher – das heißt ohne daß es „danach aussieht" und so, daß sie im Sagen des Vorgeladenen spricht. Immer schon bin ich der Vorladung der Verantwortung ausgesetzt gewesen, so als stünde ich in der Mittagssonne, ohne schützenden Schatten, dort, wo jeder Rest an Geheimnis, an Hintergedanken, durch den ein Ausweichen noch möglich wäre, dahinschwindet. Rückhaltlose Ausgesetztheit an der Stelle genau, an der das Trauma sich ereignet. Wange, die dem Schlag hingehalten ist, der schon trifft, Aufrichtigkeit als Sagen, Zeugnis der Herrlichkeit des Unendlichen. Sie bricht das Geheimnis des Gyges,[m] des Subjekts, das sieht, ohne gesehen zu werden, ohne sich auszusetzen, das Geheimnis des nach innen gekehrten Subjekts.

d. Zeugnis und Sprache

Die Subjektivität ist von vornherein Stellvertretung, der Stelle eines Anderen dargeboten (und nicht Opfer, das sich an seiner Stelle selbst darbietet – was noch einen Privatbereich subjektiven Willens hinter der Subjektivität der Stellvertretung voraussetzen würde); von vornherein Stellvertretung, aber schon vor der Unterscheidung von Freiheit und Unfreiheit: Nicht-Ort, an dem die Inspiration durch den Anderen zugleich Sühne für den Anderen ist, Psychismus, durch welchen das Bewußtsein selbst plötzlich bedeutend wird. Psychismus, der nicht einer Substanz aufgepropft wird, sondern der die Substantialität dieser Substanz insofern verändert, als diese nun alle Dinge trägt; der sie verändert derart, daß in der Veränderung die Identität hervortritt, schon unter Anklage; Stellvertretung, die nicht das psychologische Geschehen des Mitleid p. 186
Empfindens oder der Einfühlung ganz allgemein ist, son-

[m] *Vgl. Platon, Politeia 359 d – 360 b.*

dern die die paradoxen psychologischen Möglichkeiten des Sich-an-die-Stelle-eines-Anderen-Setzens ermöglicht. Subjektivität des Subjekts im Sinne des Allem-Unterworfenseins, vor-ursprüngliche Empfänglichkeit vor aller Freiheit und außerhalb jeder Gegenwart, angeklagt in der unbequemen Lage oder der Unbedingung des Akkusativs, im „hier, sieh mich", das Gehorsam gegenüber der Herrlichkeit des Unendlichen ist, die mich an die Anderen weist.[11] „Ein jeder von uns ist vor allen an allem schuldig, ich aber bin es mehr als alle anderen", schreibt Dostojewski in *Die Brüder Karamasoff*.[12] Subjektivität des Subjekts als Verfolgung und Martyrium: Rekurrenz, die nicht „Selbstbewußtsein" ist, in dem das Subjekt sich selbst in der Nicht-Indifferenz noch von sich selbst entfernt hielte, noch irgendwie in sich bliebe und imstande, sich das Antlitz zu verhüllen. Rekurrenz, die nicht Übereinstimmung mit sich, nicht Ruhe, Schlaf oder Materialität ist; vielmehr Rekurrenz diesseits seiner selbst, diesseits der Indifferenz sich selbst gegenüber – eben Stellvertretung für die Anderen und inzwischen *Einer*, ohne Attribute, selbst ohne die „Einheit des Einen", die als seinshaftes Attribut ihn verdoppelt; *Einer*, losgelöst von aller Beziehung, allem Spiel, buchstäblich ohne Position, ohne Bleibe, von überall und aus sich selbst vertrieben, Einer, der dem Anderen „ich" sagt oder „hier, sieh mich".[13] Das durch das Trauma der Verfolgung seiner zänkischen und herrschsüchtigen Sub-

---

[11] „Hier, sieh mich, sende mich", Jesaja 6, 8. „Hier, sieh mich" bedeutet „sende mich".

[12] Im sechsten Buch, Kapitel II a; in der deutschen, von E. K. Rahsin besorgten Übersetzung, München: Piper 1955, S. 471.

[13] Insofern ist die Subjektivität diesseits der Verdinglichung. Die Dinge, über die wir verfügen, ruhen in sich als Substanzen, die sich selbst gegenüber indifferent sind. Die Subjektivität vor dieser Indifferenz ist die Passivität der Verfolgung.

jektivität beraubte Ich, ernüchtert zum „hier, sieh mich“, in der Transparenz, die keine Undurchdringlichkeit, keine blinden Flecken, die einer Flucht entgegenkämen, kennt. „Hier, sieh mich“ als Zeugnis des Unendlichen, doch als Zeugnis, welches das, was es bezeugt, nicht thematisiert und dessen Wahrheit nicht Wahrheit der Vorstellung, nicht Evidenz ist.[n] Zeugnis – diese einzigartige Struktur, Ausnahme von der Regel des Seins, irreduzibel auf die Vorstellung – Zeugnis gibt es nur vom Unendlichen. Das Unendliche erscheint demjenigen nicht, der es bezeugt. Im Gegenteil, das Zeugnis gehört zur Herrlichkeit des Unendlichen. Durch die Stimme des Zeugen wird die Herrlichkeit des Unendlichen verherrlicht.

Vom Unendlichen, das durch kein Thema, keine Gegenwart zu fassen ist, gibt also das Subjekt Zeugnis, das Subjekt, in dem der Andere im Selben ist, insofern der Selbe für den Anderen ist, in dem die Differenz der Nähe sich in dem Maße auflöst, in dem die Nähe näherkommt und in ebendiesem „Sich-Auflösen“ nach Art der Herrlichkeit p. 187
hervortritt und mich immer mehr anklagt; in dem der Selbe, in seiner Haltung als Selber, mehr und mehr gehalten ist in bezug auf den Anderen, gehalten bis hin zur Stellvertretung als Geisel, Sühne, die letztendlich zusammenfällt mit der außer-ordentlichen und dia-chronischen „Bekehrung“ des Selben zum Anderen in der Inspiration und im Psychismus.

---

[n] *An dieser Stelle sei der – auch an manch anderer sich aufdrängende – Hinweis auf Franz Rosenzweig gestattet, der in sehr vergleichbarer Weise der „Wahrheit der Philosophen“ das gegenübergestellt hat, was er die „Wahrheit für jemanden“ nennt oder die „Wahrheit der Bewährung“. „Wahrheit hört … auf, zu sein, was wahr ‚ist‘, und wird das, was als wahr – bewährt werden will.“ Franz Rosenzweig, Das neue Denken, in: ders., Der Mensch und sein Werk. Gesammelte Schriften III, hrsg. von Reinhold und Annemarie Mayer, Dordrecht/Boston/Lancaster: M. Nijhoff 1984, S. 158 f.*

Die Idee des Unendlichen, die bei Descartes ihren Ort in einem Denken hat, das sie nicht zum Inhalt machen, das sie nicht umfassen kann, bringt die Disproportion zwischen der Herrlichkeit und der Gegenwart zum Ausdruck, die nichts anderes ist als die Inspiration. Unter der meine Möglichkeiten übersteigenden Last bricht die Passivität, die passiver ist als alle zu Akten korrelative Passivität, bricht *meine* Passivität in Sagen aus. Die Exteriorität des Unendlichen wird in gewisser Weise zu Innerlichkeit in der Aufrichtigkeit des Zeugnisses. Die Herrlichkeit will nicht als Vorstellung oder als Gesprächspartner, vor die oder vor den ich mich hinstelle, auf mich einwirken, sie verherrlicht sich in meinem Sagen, indem sie mir durch meinen Mund gebietet. Die Innerlichkeit ist nicht ein geheimer Ort irgendwo in mir; sie ist jene Umkehr, in der das auf ausgezeichnete Weise Außerhalb-Bleibende – gerade aufgrund dieser ausgezeichneten Exteriorität, dieser Unmöglichkeit, „umfaßt" zu werden, „Inhalt" zu werden und folglich in ein Thema einzugehen – als Unendliches eine Ausnahme von *sein* bildet, mich betrifft und mich bedrängt und mir durch meine eigene Stimme befiehlt. Gebot, das durch den Mund dessen zur Sprache kommt, dem es gebietet. Das unendlich Außerhalb-Bleibende wird zur „inneren" Stimme, zur Stimme aber, die den Riß des inneren Geheimnisses bezeugt, indem sie dem Anderen Zeichen gibt – Zeichen gerade von diesem Zeichengeben. Verschlungener Weg. Claudel hat als Motto seines Buches *Der seidene Schuh* ein portugiesisches Sprichwort gewählt, das sich im Sinne des oben Gesagten verstehen läßt: „Gott schreibt auf krummen Linien gerade."

Das Zeugnis – diese Weise des Gebotes, im Munde dessen zu erklingen, der gehorcht, sich früher zu „offenbaren" als alles Erscheinen, als alles „Präsentwerden vor dem Subjekt" – ist kein „psychologisches Wunder", es ist die Mo-

dalität, in der das an-archisch Unendliche seinen Anfang übersteigt. Nicht ein geschickter Rückgriff auf das Dolmetschen des Menschen, um sich zu offenbaren, und auf seine Psalmen, um sich zu verherrlichen – sondern genau die Art und Weise, in der das Unendliche in seiner Herrlichkeit das Endliche übersteigt [passe] oder die Art und Weise, in der es *sich* vollzieht [*se* passe] und durch die Bedeutung des der-Eine-für-den-Anderen nicht ins Sein des Themas eintritt, vielmehr bedeutet und sich so vom Nichts ausschließt. Das Sagen des Zeugnisses, sein Sagen ohne Gesagtes, bedeutet im Sinne einer anderen Verknüpfung als der im Thema auftretenden; sie ist anders auch als p. 188
die, die eine Noesis mit einem Noema verbindet, eine Ursache mit der Wirkung, die erinnerbare Vergangenheit mit der Gegenwart. Verstrickung, die mit dem verbindet, was sich in absoluter Weise losmacht, mit dem Ab-soluten – Losgelöstheit des Unendlichen in bezug auf das Denken, das es zu thematisieren sucht, und die Sprache, die versucht, es im Gesagten zu halten – Losgelöstheit des Unendlichen, die wir *Illeität* genannt haben. Verstrickung, die man versucht ist, als religiöse zu bezeichnen, die sich jedoch nicht in Begriffen von Gewißheit und Ungewißheit zur Sprache bringen läßt und die auf keinerlei positiver Theologie beruht.

Daß das Unendliche sich im Sagen vollzieht, macht verständlich, warum das Sagen nicht rückführbar ist auf einen Akt oder eine psychologische Haltung oder eine seelische Befindlichkeit oder auf einen Gedanken unter anderen oder auf ein beliebiges Moment am Seinsvollzug, wodurch der Mensch, warum auch immer, sein *sein* ersetzen würde. Von sich her ist das Sagen Zeugnis, gleich welches Schicksal ihm später zuteil wird, wenn es durch das Gesagte in ein System von Worten eintritt; Sagen, von dem dieses System abgeleitet ist und das nicht das noch kindliche Brabbeln

dieses Systems und des Informationskreislaufs, in dem es sich abspielt, darstellt. Es läßt sich nämlich zeigen, wie dieses neue Schicksal im Zeugnis angelegt ist.[14] Doch als Sagen ohne Gesagtes, als Zeichen für den Anderen, kommt das Zeugnis, in dem das Subjekt aus seiner Verborgenheit als Subjekt heraustritt und dadurch das Unendliche sich vollzieht, nicht als Information oder als Ausdruck oder als Auswirkung oder als Symptom zu einer wie auch immer gearteten Erfahrung des Unendlichen oder seiner Herrlichkeit hinzu, als wäre vom Unendlichen Erfahrung möglich und überhaupt anderes als Verherrlichung, das heißt als Verantwortung für den Nächsten. Dieses Sagen ist nicht von vornherein an die Strukturen der Korrelation von Subjekt – Objekt, Signifikant – Signifikat, Sagen – Gesagtes gehalten. Als Zeichen für den Anderen ist es die Aufrichtigkeit oder die Wahrhaftigkeit, nach deren Maß sich die Herrlichkeit verherrlicht. Das Unendliche hat also Herrlichkeit allein durch die Subjektivität, durch das menschliche Abenteuer der Annäherung an den Anderen, durch die Stellvertretung, durch die Sühne für den Anderen. Vom Unendlichen inspiriertes Subjekt, vom Unendlichen, das als Illeität nicht erscheint, nicht gegenwärtig ist, das immer schon „passiert" ist, weder Thema noch Telos noch Gesprächspartner. Es verherrlicht sich in der Herrlichkeit, durch die ein Subjekt manifest wird, um sich bereits in der durch das Subjekt vollzogenen Verherrlichung seiner Herrlichkeit zu verherrlichen – und es vereitelt so alle Strukturen einer Korrelation. Verherrlichung, die Sagen ist, das heißt Zeichen an den Anderen – dem Anderen
p. 189 verkündeter Friede – welcher Verantwortung für den Anderen ist, bis hin zur Stellvertretung.[15]

[14] Vgl. unten in Kap. V, S. 342 ff.

[15] Jesaia 57, 19: „Der das Wort schafft, der Lippen Frucht": „Friede, ja Friede, spricht Er, dem Fernen wie dem Nächsten".

Die Art, in der das Unendliche das Endliche überschreitet, und darin sich vollzieht, hat eine ethische Bedeutung, doch heißt das nicht, daß sie dem Plan entspringt, eine „transzendentale Grundlegung" der „ethischen Erfahrung" zu erstellen. Das Ethische ist jenes Feld, das durch das Paradox eines mit dem Endlichen in Beziehung stehenden Unendlichen beschrieben wird, welches sich gleichwohl durch diese Beziehung nicht Lügen straft. Das Ethische ist das Zerbersten der Ureinheit der transzendentalen Apperzeption – das heißt das Jenseits der Erfahrung. Bezeugt – und nicht thematisiert – im Zeichen, das den Anderen gilt, bedeutet das Unendliche von der Verantwortung für die Anderen her, des Einen für den Anderen, von einem Sub-jekt her, das alles erträgt – allem unterworfen ist –, das heißt das für alle leidet, dem aber alles übertragen, alles aufgeladen wird; und zwar ohne daß es bezüglich dieser Übernahme der Last, die sich, nach Art der Herrlichkeit, in dem Maße ausweitet, wie sie auferlegt wird, eine Entscheidung hätte treffen können. Gehorsam, der allem Hören des Gebotes vorausgeht. Als Möglichkeit, auf anachronistische Weise den Befehl gerade im Gehorsam zu finden und den Befehl von sich selbst her zu erhalten – ist diese Umkehrung der Heteronomie in Autonomie genau die Weise, in der das Unendliche sich vollzieht, „passiert" – und die durch die Metapher der Einschreibung des Gesetzes ins Gewissen auf bemerkenswerte Art zum Ausdruck gebracht wird; bemerkenswert, weil sie Autonomie und Heteronomie (in einer Ambivalenz, deren Bedeutung gerade die Diachronie ist und die sich in der Gegenwart als Ambiguität darstellt) versöhnt. Einschreibung des Befehls in das *Für-den-Anderen* des Gehorsams: anarchisches Mich-Angehen, das sich in mich eingeschlichen hat „wie ein Dieb", durch das gespannte Netz des Bewußtseins hindurch, Trauma, das mich absolut überrascht hat, der Befehl *ist niemals vergegenwärtigt gewesen*, denn er hat sich niemals gegenwärtig gemacht, niemals vorgestellt – nicht einmal in der Vergangenheit, die in Erinnerung kommt – so daß schließlich ich es bin, der allein – und im nachhinein – diese unerhörte Verpflichtung sagt. Ambivalenz, die die Ausnahme und die Subjektivität des Subjekts ist, sein eigentliches Seelenleben, Möglichkeit der Inspiration: Urheber dessen sein, was mir, *ohne daß ich es wußte*, eingeflüstert worden ist – das empfangen haben, ohne zu wissen woher, dessen Urheber ich bin. In der Verantwortung für den Anderen befinden wir uns mitten in dieser Ambiguität der Inspiration. Das unerhörte Sagen liegt auf rätselhafte Weise in der an-archischen Antwort, in meiner Verantwortung für den Anderen. Die Spur des Unendlichen ist diese Ambiguität im Subjekt, abwechselnd Anfang und Vermittlung, diachrone Ambivalenz, die vom Ethischen ermöglicht wird.

p. 190

e. Zeugnis und Prophetie

Man kann sie Prophetie nennen, diese Umkehrung, in der die Wahrnehmung des *Befehls* zusammenfällt mit der Bedeutung dieses Befehls, die durch denjenigen zustande kommt, der ihm gehorcht. Und so wäre die Prophetie das eigentliche Leben der Seele: der Andere im Selben; und alle Spiritualität des Menschen – wäre prophetisch. Das Unendliche gibt sich im Zeugnis nicht als Thema kund. Ich bezeuge das Unendliche – im Zeichen, das dem Anderen gilt und in dem ich mich dem Geheimnis des Gyges entrissen finde, „an den Haaren gefaßt“[16] und aus dem Grund meiner Dunkelheit ins Sagen ohne Gesagtes geris-

[16] Ezechiel 8, 3.

sen, ins Sagen der Aufrichtigkeit, in mein „hier, sieh mich", in dem ich von vornherein im Akkusativ präsent bin. Das Unendliche steht nicht *vor* seinem Zeugen, sondern gleichsam außerhalb oder „auf der Rückseite" der Gegenwart, schon vergangen, außer Reichweite: Hintergedanke, der zu erhaben ist, um sich in den Vordergrund zu drängen. „Hier, sieh mich, im Namen Gottes", ohne mich direkt auf seine Präsenz zu beziehen. Ganz einfach: „Hier, sieh mich"! In dem Satz, in dem Gott sich erstmals unter die Worte mischt, fehlt noch das Wort Gott. Auf keinen Fall lautet dieser Satz: „Ich glaube an Gott". Gott bezeugen heißt gerade nicht dieses außer-ordentliche Wort aussprechen, als könnte die Herrlichkeit einziehen in ein Thema und sich als These darstellen oder Geschehen des Seins werden. Das „hier, sieh mich" als Zeichen, das dem Anderen von ebendieser Zeichenbedeutung gegeben wird, bedeutet mir im Namen Gottes den Dienst an den Menschen, die mich angehen,[17] ohne daß ich mich mit irgendetwas identifizieren könnte, es sei denn mit dem Klang meiner Stimme oder der Figur meiner Handbewegung – mit dem Sagen selbst. Diese Rekurrenz ist das genaue Gegenteil der Rückkehr zu sich selbst, des Selbstbewußtseins. Die Rekurrenz ist Aufrichtigkeit, Sich-Verströmen, Sich-„Ausliefern" an den Nächsten. Das Zeugnis ist Demut und Geständnis, es erfolgt vor aller Theologie; es ist Kerygma und Gebet, Verherrlichung und Anerkennung. Doch das Besondere der Beziehungen, die sich so entfalten – die Freunde der das Sein thematisierenden Wahrheit und des vor ihm verblassenden Subjekts werden enttäuscht sein – liegt darin, daß der Rückweg sich hier im Hinweg abzeichnet, der Anruf [erst] in der Antwort ver-

[17] Vgl. 1 Sam 17, 45: „Ich aber komme zu dir im Namen des Ewigen". Jes 6, 8: „Hier, sieh mich, sende mich".

stehbar wird, die von Gott ausgehende „Provokation“ in meiner „Invokation“ liegt und daß die Dankbarkeit schon Dankbarkeit für diesen Zustand der Dankbarkeit ist, die so zugleich oder abwechselnd Gabe und Dank ist. Die Transzendenz der Offenbarung rührt daher, daß die „Epiphanie“ im Sagen desjenigen auftritt, der sie empfängt.
p. 191 Der Befehl, der an mich ergeht, läßt mir keine Möglichkeit, die Rückseite ungestraft nach vorne zu kehren, auf die Exteriorität des Unendlichen zurückzugehen, so als wenn man in bezug auf ein Thema vom Signifikanten zum Signifikat zurückgeht oder als wenn man in einem Dialog im „Du“ ein Seiendes wiederfindet. In der Prophetie nämlich entgeht das Unendliche der Objektivierung des Thematisierens und des Dialogs und bedeutet als *Illeität*, in der dritten Person; nach einer „Tertialität“ aber, die sich unterscheidet von der des dritten Menschen, jenes Dritten, der das „face à face“ bei der Aufnahme des anderen Menschen unterbricht – die Nähe oder die Annäherung an den Nächsten unterbricht – des dritten Menschen, mit dem die Gerechtigkeit beginnt.[18]

Das Unendliche befiehlt mir den „Nächsten“ als Gesicht, ohne sich mir auszusetzen, und dies umso nachdrücklicher, je größer die Nähe wird. Dabei ist der Befehl niemals der *Grund* für meine Antwort gewesen und nicht einmal eine Frage, die ihr in einem Dialog vorausgegangen wäre. Den Befehl finde ich gerade in meiner Antwort, die mich als Zeichen an den Nächsten, als „hier, sieh mich“ aus der Unsichtbarkeit herausholt, aus dem Schatten, in dem meine Verantwortung sich hätte vermeiden lassen. Solches Sagen gehört aber genau zu der Herrlichkeit, für die es Zeugnis ablegt. Dieses „Irgendwoherkommen“ des Befehls, ohne daß man wüßte woher, dieses

[18] Vgl. weiter unten S. 342 ff.

Kommen, das nicht ein *In-Erinnerung-Kommen*, nicht die Rückkehr einer zu Vergangenheit modifizierten – oder veralteten – Gegenwart ist, diese Nicht-Phänomenalität des Befehls, der mich jenseits der Vorstellung trifft, unbemerkt, „sich in mich einschleicht wie ein Dieb“[19] – haben wir als *Illeität* bezeichnet:[20] Ankunft des Befehls, dem ich unterworfen bin, bevor ich ihn vernehme, oder den ich in meinem eigenen Sagen vernehme; Gebot, das *erhaben* ist, doch ohne Zwang und Beherrschung und das mich außerhalb jeder Korrelation zu seiner Quelle läßt; es bildet sich keine „Struktur“ zu irgendeinem Korrelativ aus, derart eben daß das Sagen, das mir zukommt, mir einfällt, mein eigenes Wort ist. Die Weisung gebende Macht ist nicht irgend da, wo ein Blick käme, sie abzuholen wie ein Idol, oder sie übernähme wie einen Logos.[21]
Nicht nur außerhalb jeder Anschauung, sondern außer- p. 192
halb jeder Thematisierung, selbst einer symbolischen. Bloße Spur einer „umherschweifenden Ursache“[o], in mich eingeschriebene Spur.
Als Gehorsam, der dem Hören des Befehls vorausgeht, ist

[19] Hiob 4, 12.
[20] Vgl. DEHH 201; dt.: SpA 234.
[21] Die unvordenkliche Vergangenheit ist dem Denken unerträglich. Von daher die Forderung des Anhaltens: *ananke stenai*. Die Bewegung über das Sein hinaus wird zu Ontologie und zu Theologie. Von daher auch die Idolatrie des Schönen. In seiner indiskreten Zurschaustellung und seinem Haltmachen als Statue, in seiner Plastizität setzt sich das Kunstwerk an die Stelle Gottes. (Vgl. unseren „La réalité et son ombre“ überschriebenen Aufsatz in: Les Temps Modernes, 38 [1948] S. 771-789. Wieder abgedruckt in: Revue des sciences humaines, 185 [1982] S. 103-117). In einer unrechtmäßigen Erschleichung, der nicht zu widerstehen ist, wird das Unvergleichliche, das Dia-chrone, das Un-gleichzeitige infolge einer täuschenden und bezaubernden Vereinfachung durch die Kunst, die Ikonographie ist, „imitiert“. Die Bewegung über das Sein hinaus erstarrt zu Schönheit. Die Theologie und die Kunst „behalten“ die unvordenkliche Vergangenheit [im Sinne des Zurückhaltens, des Festhaltens].
[o] *Timaios 48 a ff.*

der Anachronismus der Inspiration oder der Prophetie, an der wiedereinholbaren Zeit derErinnerung gemessen, paradoxer als die Vorhersage der Zukunft durch ein Orakel. „Bevor sie rufen, werde ich antworten“[22] – eine Formulierung, die buchstäblich zu nehmen ist. Bei der Annäherung an den Anderen bin ich zum Zeitpunkt des verabredeten Treffens immer zu spät. Doch dieser einzigartige Gehorsam gegenüber dem Befehl, *sich zu ergeben*, ohne noch den Befehl zu vernehmen, dieser Gehorsam, der früher ist als die Vorstellung, diese Treuepflicht vor jedem Treueid, diese Verantwortung, die dem Engagement vorausgeht, ist genau der-Andere-im-Selben, Inspiration und Prophetie, ist das *Sich-Vollziehen*, das *Passieren* des Unendlichen.

Die Herrlichkeit des Unendlichen verherrlicht sich allein durch die Bedeutung des der-Eine-für-den-Anderen, als Aufrichtigkeit; in meiner Aufrichtigkeit geht [passe] das Unendliche über das Endliche hinaus; in ihr vollzieht sich [s’y passe] das Unendliche – aufgrund solcher Umstände ist die Verstrickung des Ethischen primordial – und die Sprache irreduzibel auf einen Akt unter Akten. Bevor es sich in den Dienst des Lebens stellt als Austausch von Informationen durch ein linguistisches System, ist das Sagen Zeugnis, Sagen ohne Gesagtes, Zeichen an den Anderen. Zeichen wovon? Der Komplizenschaft? Einer Komplizenschaft ohne Absicht, einer Brüderlichkeit, einer Nähe, die nur möglich ist als ein Sich-Öffnen, als unvorsichtige Ausgesetztheit für den Anderen, rückhaltlose Passivität bis hin zur Stellvertretung und folglich als Aussetzung der Ausgesetztheit, eben als Sagen, Sagen, das nicht etwas sagt, das bedeutet, Sagen, das als Verantwortung die Bedeutung selbst ist, der-Eine-für-den-Anderen, Subjektivi-

[22] Jesaja 65, 24.

tät des Subjekts, das sich zum Zeichen macht, aber das man mißverstände, hielte man es für den stammelnden Ausdruck eines Wortes, denn es bezeugt die Herrlichkeit des Unendlichen.

Zeugnis, das sich nicht auf die Beziehung beschränkt, die vom Anzeichen zum Angezeigten führt. – Es wäre sonst zu Enthüllung und Thematisierung geworden. Es ist aber die grundlose Passivität der Verantwortung und von daher die Aufrichtigkeit – der Sinn der Sprache, bevor sich die Sprache in Worte zerstreut, in Themen, die sich den Worten angleichen und im Gesagten die Offenheit verdecken – die Offenheit, die ausgesetzt ist wie eine blutende Wunde des Sagens – ohne daß freilich, selbst im Gesagten nicht, die Spur des Zeugnisses, der Aufrichtigkeit und der Herrlichkeit sich verlöre.

Gewiß kann ich auch den *bezeugten Sinn* als Gesagtes zur Sprache bringen. Doch als außer-ordentliches Wort, das p. 193 einzige, das sein Sagen weder erstickt noch in sich aufsaugt, aber auch nicht bloßes Wort bleiben kann. Umstürzendes semantisches Ereignis des Wortes Gott, das die von der Illeität ausgehende Subversion bezwingt. Die Herrlichkeit des Unendlichen, die sich einschließt in ein Wort und sich darin zu Seiendem macht, aber schon ihre Wohnung auflöst und sich schon zurücknimmt, ohne sich in Nichts aufzulösen; die das Sein einsetzt in ebender Kopula, durch die es Attribute erhalten hat (und auch in diesem Moment, in dem das besagte semantische Ereignis hier thematisiert wird, erhält). Gesagtes, das einzig ist in seiner Art und sich – als Wort – nicht sehr eng an die grammatischen Kategorien hält (weder Eigen- noch Gattungsname), das sich – als Sinn – nicht richtig den Regeln der Logik fügt (als ausgeschlossenes Drittes zwischen Sein und Nichts). Gesagtes, das seinen Sinn vom Zeugnis erhält, welches in der Thematisierung zwar durch die Theologie verraten wird, indem diese es ins System der Sprache, in die Ordnung des Gesagten einführt. Dessen mißbräuchliche Verwendung sich jedoch sogleich verbietet. Die Grenzen der Gegenwart, in der das Unendliche sich hat verraten lassen – in seiner Maßlosigkeit für die Reichweite der Einheit der transzendentalen Apperzeption und seiner Absage an die Versammlung zu Gegenwart und an die Sammlung überhaupt – diese Grenzen werden gesprengt. Negation der Gegenwart und der Vorstellung, die sich in der „Positivität" der Nähe, der Verantwortung und der Stellvertretung von den Sätzen der theologia negativa unterscheidet. Ablehnung von Gegenwart und Anwesenheit, die sich umkehrt zu meiner Anwesenheit als Anwesender, das heißt als Geisel, der dem Anderen ausgeliefert ist als Gabe. In der Nähe, in der Bedeutung, in meinem Zeichengeben spricht bereits das Unendliche durch das Zeugnis, das ich von ihm ablege: in meiner Aufrichtigkeit, in meinem Sagen ohne Gesagtes, in meinem vorursprünglichen Sagen, das zur Sprache kommt im Munde dessen gerade, der das Zeugnis erhält. Seine Bedeutung hat sich im Logos nur verraten lassen, um sich für uns auszudrücken – Wort, das schon ausgesagt wird als Kerygma im Gebet oder der Gotteslästerung und das so in seiner Aussage die Spur des Exzessiven bewahrt, der Transzendenz, des Jenseits.

Unvermeidliche Thematisierung also, auf daß die Bedeutung selbst sich zeige, Sophismus aber, in dem die Philosophie beginnt, Verrat aber, den der Philosoph aufgerufen ist zu reduzieren. Reduktion, die immer versucht werden muß aufgrund der Spur an Aufrichtigkeit, die die Worte selbst an sich tragen und die sie vom Sagen, dem Zeugnis, her haben, selbst wenn das Gesagte das Sagen in der Korrelation, die sich zwischen dem Sagen und dem Gesagten ergibt, verstellt. Verstellung, die das Sagen immer zurückzunehmen versucht – worin gerade seine Wahrhaftigkeit besteht. In dem Spiel, das über die kulturelle Tastatur der Sprache erfolgt, bedeutet die Aufrichtigkeit oder das Zeugnis durch die wesentliche Ambiguität jedes Gesagten, in dem innerhalb der dem Anderen mitgeteilten Information zugleich das Zeichen bedeutet, das ihm von diesem *Zeichen*geben gegeben wird – als Resonanz aller Sprache „im Namen Gottes", als Inspiration oder Prophetie aller Sprache. p. 194

Die Prophetie ist aufgrund dieser Ambiguitäten nicht der Notbehelf für eine verunglückte Offenbarung. Sie gehören zur Herrlichkeit des Unendlichen. Daß die Prophetie das Aussehen von Informationen annehmen kann, die neben anderen im Umlauf sind, die vom Subjekt ausgehen oder von den Einflüssen, denen das Subjekt *unterworfen* ist – angefangen bei denen, die von seiner Physiologie, seinen Verletzungen oder seinen Erfolgen herrühren – darin liegt das Rätsel – die Ambiguität – aber auch die Art und Weise, in der die Transzendenz des Unendlichen regiert. Das Unendliche würde in dem Beweis, den das Endliche bezüglich seiner Transzendenz führen wollte, sich selbst Lügen strafen, es ginge eine feste Verbindung mit dem Subjekt ein, dem es seine Erscheinung verdankte. Das Unendliche verlöre damit seine Herrlichkeit. Die Transzendenz ist es sich schuldig, ihre eigene Bekundung zu unterbrechen. Ihre Stimme muß verstummen, sobald man ihre Botschaft hört. Ihr Anspruch muß sich dem Spott und der Ablehnung aussetzen lassen, bis dahin, daß das sie bezeugende „hier, sieh mich" in den Verdacht gerät, der Schrei oder Lapsus einer kranken Subjektivität zu sein. Aber einer Subjektivität, die verantwortlich ist für den Anderen! Einer rätselhaften Ambivalenz und in ihr einer Sinnalternanz. In ihrem Sagen, das zum Ausdruck gekommenes Gesagtes ist und Sein, aber zugleich Zeugnis, Inspiration des Selben durch den Anderen, jenseits des *sein*, Überschrittenwerden des Gesagten seinerseits durch eine Redekunst, die nicht lediglich ein linguistisches Trugbild ist, sondern ein Überschuß an Sinn, den das Bewußtsein allein nicht fassen könnte, Möglichkeit zu Ideologie und zu heiligem Wahnsinn zugleich: Ideologie, die durch die Linguistik, die Soziologie und die Psychologie zu überlisten ist; Wahnsinn, den die Philosophie zu reduzieren hat, zurückzuführen auf die Bedeutung, auf das der-Eine-für-den-Anderen, auf ein Gesandtwerden zu den Anderen in der Herrlichkeit des Unendlichen. Die Transzendenz, das Jenseits-des-*sein*, das auch ein In-der-Welt-*sein* ist, braucht die Ambiguität: als Blinkzeichen des Sinns, das nicht nur eine zufallsabhängige Gewißheit ausdrückt, sondern eine Grenze, die zugleich unauslöschlich ist und feiner als der Strich einer Ideallinie. Die Transzendenz braucht die Diachronie, welche die Einheit der transzendentalen Apperzeption zerbricht, der es nicht gelingt, die Zeit der modernen Menschheit zu versammeln – sie, die abwechselnd von der Prophetie zur Philologie übergeht und – da sie die Brüderlichkeit der Menschen nicht verleugnen kann – über die Philologie hinausgeht auf die prophetische Bedeutung zu.

p. 195 *3. Vom Sagen zum Gesagten oder die Weisheit des Begehrens*

Die in der Gegenwart nicht zu versammelnde, der Thematisierung und der Vorstellung Widerstand bietende Anderheit des Nächsten appelliert an die unersetzbare Einzigartigkeit, die in mir ruht, indem sie dieses Ich anklagt, es zurückführt – in den Akkusativ – auf das Sich. Doch das *Sich* ist nicht *imstande*, es ist nicht *in der Lage*, es ruht nicht in sich, ist in sich nicht gesichert wie durch eine Position. Unter der – anklagenden, verfolgenden – Besessenheit vom Anderen ist die Einzigkeit des Sich auch der Austritt aus der Identität, die sich im Selben identifiziert. In der Übereinstimmung mit sich würde sich die Identität noch schützen, sich nicht genügend aussetzen, wäre sie nicht „passiv genug". Der Austritt aus der Identität ist inmitten der Identität ein „Für-den-Anderen", er ist die Inversion des Seins zum Zeichen, die Subversion des *sein*, das sich anschickt zu bedeuten, bevor es ist: Sich-vom-Sein-Lösen des *sein*. Das Zeichen wird nicht um seiner selbst willen gesetzt, nicht einmal in der ihm eigenen Gestalt, in der es sich im Thema darbietet. In der – allem unterworfenen – Subjektivität liefert das Zeichen seine Plastizität und seine Zeichenfunktion dem Anderen aus und wiederholt es immer von neuem das Sich-Aussetzen in bezug auf das, was die Ausgesetztheit noch als *sein* zeichnen kann – Iteration der Ausgesetztheit – Ausdruck – Aufrichtigkeit – Sagen. Um sich nicht in Sinn aufzulösen, muß die Geduld der Passivität immer erschöpft sein, überschritten werden durch ein sinnloses, „vergebliches" Leiden, durch ein Leiden reinen Unglücks. Das Sagen verlängert diese äußerste Passivität trotz seiner scheinbaren Aktivität.

Ist sie scheinbar? Wie unterscheidet sich das Sagen von einem Akt, der in einem erobernden und willensstarken Ich sein *Bedeuten* beginnt, Akt, der sich in Sein verwandelt, dessen „Für-den-Anderen" sein Fundament in der Identität findet? Das *Für-den-Anderen* der Verantwortung für die Anderen entspringt keineswegs einem freien Engagement, einer Gegenwart, in der sein Ursprung angelegt wäre und in der eine sich identifizierende Identität Atem holen könnte. Gewiß. Aber damit ergibt sich ein neues Dilemma: Die Verantwortung ohne vorgängiges

Engagement – ohne Gegenwart – ohne Ursprung – an-archisch – *die von daher unendliche Verantwortung* des Einen für den Anderen, der mir preisgegeben ist, ohne daß jemand meine Stelle als Verantwortlicher bei ihm einnehmen könnte – verleiht mir diese Verantwortung nicht eine neue Identität, die des erwählten Einzigen? Oder bringt mich diese exklusive Erwählung, als Bedeutung des Unendlichen, auf die Stufe einer Gelenkstelle in seiner göttlichen Heilsökonomie? Werden wir wieder zur Menschlichkeit gebracht als zu einer äußersten Möglichkeit im Sein, in der die Substantialität des „Sich-Ertragens" ent-
p. 196 substantiviert wird zu einem *„den-Anderen-Ertragen"* , zu einem *„Für-ihn-Einstehen"*? Oder ist aufgrund dieser zum unersetzbaren Geisel reduzierten Selbstheit das Sich möglicherweise gleichbedeutend mit dem Eintritt des Subjekts ins Spiel oder die Pläne des Unendlichen?

Aber ist dieses Dilemma nicht vielmehr eine Ambivalenz und die Alternative ein Rätsel? Rätsel eines Gottes, der im Menschen spricht, und eines Menschen, der auf keinen Gott zählt? Dilemma oder Alternative, wenn man sich an die Phänomene hält, ans Gesagte, in dem man fortwährend und unaufhaltsam von der Affirmation des Unendlichen zu seiner Negation in mir übergeht. Indes ist das Fragezeichen in diesem – entgegen dem eindeutigen Logos der Theologen *alternierenden* – Gesagten eben der Angelpunkt der Offenbarung, ihres intermittierenden Lichts. Diese wird gerade darin erfahren, daß sie unablässig mit ihrer eigenen Bestreitung in Berührung kommt und sie durchläuft. Dilemma im Gesagten, doch Ambivalenz in der Bedeutung des Sagens, in der Subjektivität, im Seienden, das aus dem Sein ins Sich vertrieben ist, im Sagen, das auf rätselhafte und diachrone Weise die Transzendenz oder das Unendliche bedeutet, das Anders-als-sein und das Sich-vom-*Sein*-Lösen des *sein*.

Das Rätsel des Unendlichen, dessen Sagen in mir, als
Verantwortung, bei der niemand mir beisteht, zur Bestrei-
tung des Unendlichen wird, aber zur Bestreitung, durch
die alles nun mir obliegt, durch die daher mein Eintritt in
die Pläne des Unendlichen erfolgt – das Rätsel trennt das
Unendliche von aller Phänomenalität, vom Erscheinen,
von der Thematisierung, vom *sein*. In der Ver-gegenwärti-
gung müßte das Unendliche sich unzweideutig selbst ver-
leugnen, so als wäre es ein „unendliches“ Objekt, dem die
Subjektivität sich anzunähern sucht, obschon es sie ver-
fehlt. Die Verstrickung des Unendlichen ist nicht nach
dem Szenario des Seins und des Bewußtseins verstrickt.
Die außer-ordentliche Illeität ist in ihrer Diachronie, der
die Gegenwart nicht gewachsen ist, keine Extra-polation
aus dem Endlichen, sie ist nicht das durch Schätzung er-
mittelte Unsichtbare hinter dem Sichtbaren. Die Weige-
rung, die das Unendliche dem Versammeln der Erinne-
rung entgegensetzt, erfolgt nicht in einer Verhüllung, und
sie erschöpft ihre Bedeutung nicht in Begriffen des Be-
wußtseins: hell und dunkel, verschieden und vermischt,
bekannt und unbekannt. Das nicht Bekannte und das Un-
kennbare bezögen sich noch auf eine Gegenwart, bildeten
in ihr eine Struktur, gehörten zur Ordnung. Die Diachro-
nie ist keine Differenz, die sich in Verhältnissen von be-
kannt und unbekannt erschöpft, denn das Verborgene und
das Erkennbare teilen bereits das thematisierbare Feld des
sein unter sich auf. Die Transzendenz des Unendlichen ist
ein unumkehrbarer Abstand in bezug auf die Gegenwart,
dem einer Vergangenheit vergleichbar, die niemals Gegen- p. 197
wart war. Es handelt sich bei dieser Differenz des Unein-
holbaren nicht um ein „entfernter“ als das Gegebene, das
noch zur Ordnung des Gegebenen gehört. Das Gesicht ist
nicht eine Gegenwart, die ein „Ungesagtes“ ankündigt,
das von seiner Rückseite her gesagt werden wird. Die

Stellvertretung – als Verantwortung ohne erinnerbares Engagement, ohne Anfang – als unendliche Annäherung in der Nähe der Anderen – ist keine „Haltung“, die man gegenüber einem Seienden eingenommen hat, das in seinem Gesicht nah wäre.

Und doch wird das Gesicht, das Not und Armut ist, Spur oder Schatten seiner selbst und Anklage, auch zu einem *In-Erscheinung-Treten* und zu Epiphanie. Es zeigt sich für ein Erkennen, als ob die Ebene des Erkannten am Ende doch die letztgültige wäre und das Erkennen – allumfassend. Sollte das Gesicht so zugleich in der Vorstellung und in der Nähe liegen – die Gemeinschaft sein und die Differenz? Welchen Sinn kann die Gemeinschaft in der Differenz haben, wenn sie die Differenz nicht verringert? Als wir bei der Beschreibung der *Nähe* das Schwanken zwischen dem Wissen und der Verantwortung, zwischen *sein* und *einstehen für* ..., den Punkt, an dem die Positivität des *sein* in unfreiwillige Schuld umschlägt, in Scheitern über das Schuldigsein hinaus, Rätsel genannt haben – haben wir uns da nicht in Termini des Erscheinens und Erweisens ausgedrückt, als ob das Wissen alles wieder einholte, was sich von ihm entfernt? Haben wir aus der *Bedeutung* den Gedanken eines Mangels und Fehlens an Gegenwart eliminiert? Haben wir aus der Idee des Rätsels gar, in dem das Unendliche sich vollzieht, die Idee der Ungewißheit entfernt? Sind wir also über die Priorität der theoretischen Ebene, des *sein* und des Gesagten überhaupt hinausgekommen?

Es sei denn, das Gesagte, welches das Thema und das *sein*, das in der Wahrheit erscheint, trägt, ließe sich *hinter* dem *sein*, das es trägt, vernehmen und die Versammlung, die in ihm erfolgt, bliebe *sine fundamento in re*. Es sei denn, das Gesagte hätte das nicht zu Versammelnde versammelt; die Apophansis – das Gesagte – formaler als das Formale,

wäre keineswegs mehr Aussage des Seins, nicht einmal ontologische Aussage „formaler Ontologie“; wäre irreduzibel auf das *sein*, aber, ihm ähnlich aufgrund der Darbietung, aufgrund der Indiskretion gerade, die es ermöglicht, wäre schon Hypostase der „Weltzeit“ und so Beginn einer Erschleichung, die das Gedachte auf das *sein* und auf die Erinnerung (das heißt auf die synchrone Zeit und auf die Vorstellung) beschränkt, eher denn Beginn einer Illusion, die vom Sein (oder der Welt) zu Gott führte; Beginn einer durch die Totalität ausgeübten Tyrannei. Was sich thematisch in der Synchronie des Gesagten zeigt, läßt sich nämlich als Differenz des nicht zu Versammelnden widerrufen, das als der-Eine-für-den-Anderen bedeutet, von mir p. 198
zum Anderen, als ebendie Darbietung der Differenz, die – diachron – vom Gesagten zum Widerrufenen verläuft. Selbst die Ausführungen, die wir in diesem Augenblick über die Bedeutung, über die Dia-chronie und über die Transzendenz der Annäherung jenseits des Seins machen – Ausführungen, die den Anspruch erheben, Philosophie zu sein – sind Thematisierung, Synchronisierung von Begriffen, Rückgriff auf die systematische Sprache, beständiger Gebrauch des Verbs *sein*, das alle angeblich jenseits des Seins oder über das Sein hinaus gedachte Bedeutung in den Schoß des Seins zurückführt. Aber fallen wir auf diese Erschleichung herein? Einwände dagegen sind leicht zu finden; es sind die, die seit dem Entstehen der Philosophie dem Skeptizismus zur Last gelegt werden. Wie steht es um unsere Rede, die, so als wären sie zu Themen fixiert worden, von der Anarchie und der Nicht-Finalität des Subjekts erzählt, in denen das Unendliche sich vollziehen soll, und die so letztendlich dahin geführt werden, daß sie nicht aus der Verantwortung auf die Nähe des Nächsten, sondern als theoretische Sätze auf die Frage „Wie steht es um?“ antworten? Unsere Rede bleibt so ontologische Re-

de, so als ordnete und beherrschte das Seinsverstehen jeden Gedanken und das Denken überhaupt. Wird nicht im bloßen Formulieren von Aussagen die Universalität des Thematisierten, das heißt des Seins, bestätigt, und wird sie es nicht sogar durch das Projekt des hier geführten Diskurses, der diese Universalität in Zweifel zu ziehen wagt? Bleibt dieser Diskurs dann noch kohärente und philosophische Rede? Das sind altbekannte Einwände!

Besteht indessen die Kohärenz, die diesem Diskurs möglicherweise fehlt, in der Reglosigkeit des Augenblicks der Wahrheit, in deren Möglichkeit zur Synchronie? Dann würde der Einwand voraussetzen, was gerade in Frage steht: die Rückbezüglichkeit aller Bedeutung auf das *sein*. Nun geht es jedoch unseren ganzen Ausführungen darum, zu fragen, ob die Subjektivität, trotz ihrer Fremdheit gegenüber dem *Gesagten*, nicht gerade durch einen Mißbrauch der Sprache zum Ausdruck kommt, dem es zu verdanken ist, daß in der Indiskretion des *Gesagten* alles sich zeigt; durch den alles sich zeigt, indem es zwar seinen Sinn verrät, aber in einem Verrat, den die Philosophie aufgerufen ist zu reduzieren; durch einen Mißbrauch, den die Nähe selbst, in der das Unendliche sich vollzieht, rechtfertigt – doch bleibt dies zu zeigen.

Daß die ontologische Form des Gesagten die Bedeutung des Jenseits-des-Seins, die sich in diesem Gesagten zeigt, nicht bis zur Entstellung verändern kann – ergibt sich aus der Bestreitung solcher Bedeutung. Wie sollte die Bestreitung des Anspruchs auf ein Jenseits-des-Seins Sinn haben, wenn dieser Anspruch nicht zu verstehen wäre? Gibt es überhaupt eine Negation, die nicht den Sinn dessen, wovon die Negation Negation ist, bewahrt? Der Wider-
p. 199 spruch, den die Bedeutung des Jenseits-des-Seins – das selbstverständlich nicht ist – bloßlegen müßte, ist unwirksam ohne eine zweite Zeit, *ohne die Reflexion* über

die Bedingung der Aussage, die diese Bedeutung aussagt. In dieser Reflexion – das heißt erst nachträglich – erscheint der Widerspruch: Er bricht nicht auf zwischen zwei gleichzeitigen Aussagen, sondern zwischen der Aussage und ihren Bedingungen, als wären beide zur selben Zeit. Die Aussage des Jenseits-des-Seins – des Namens Gott – läßt sich nicht einschließen in die Bedingungen ihres Aussagevorgangs. Sie profitiert von einer Doppeldeutigkeit oder einem Rätsel, die nicht das Resultat einer Unachtsamkeit, eines Nachlassens im Denken sind, sondern einer äußersten Nähe des Nächsten, in der das Unendliche sich vollzieht, welches nicht als Sein in ein Thema eintritt, um sich darin zu verausgaben und so sein Jenseits zu entkräften. Seine Transzendenz – seine Exteriorität, die weiter außen, extremer anders ist als alle Exteriorität des Seins – *vollzieht sich* allein durch das Subjekt, das sie bekennt oder sie bestreitet. Umkehrung der Ordnung: die Offenbarung geschieht durch denjenigen, der sie empfängt, durch das inspirierte Subjekt; seine Inspiration – die Anderheit im Selben – ist die Subjektivität oder der Psychismus des Subjekts. Offenbarung des Jenseits-des-Seins, die zwar vielleicht nur ein Wort ist; aber dieses „vielleicht" gehört zu einer Doppeldeutigkeit, in der die Anarchie des Unendlichen der Eindeutigkeit eines Ursprünglichen oder eines Prinzips widersteht; zu einer Doppeldeutigkeit oder einer Ambivalenz und zu einer Umkehrung, die gerade in dem Wort Gott zum Ausdruck kommt – jenem Hapaxlegomenon der Sprache, Eingeständnis eines „stärker als ich" in mir und eines „weniger als nichts", eines „nichts als ein nichtssagendes Wort", ein Jenseits-des-Themas in einem Denken, das noch nicht denkt oder das mehr denkt, als es denkt.

Doch ist es an der Zeit, zu zeigen, welchen Platz die besagte rein apophantische Synthese, als Beginn der Erschleichung, die der Ontologie den Ort des letztgültigen Fragens zubilligt, welchen Platz diese Synthese, die formaler ist als das Formale, in dem über das Sein hinausdenkenden Denken einnimmt. Nicht zufällig, nicht aus Dummheit und nicht durch widerrechtliche Aneignung steht die Ordnung der Wahrheit und des *sein* – in der auch die vorliegende Untersuchung zu stehen behauptet – an erster Stelle der abendländischen Philosophie. Warum aber sollte die Nähe, als reine Bedeutung des Sagens, als anarchisches der-Eine-für-den-Anderen jenseits des Seins, zum Sein zurückkehren oder in Sein fallen [so wie man in Ohnmacht fällt], zu *sein* sich anschicken in Verbindung mit Seienden und sich im Gesagten zeigen? Wie sind wir dazu gekommen, das *sein* in seinem Empyreum zu suchen? Warum Wissen? Warum das Problem? Warum Philosophie?

Es gilt also, in der Bedeutung oder in der Nähe oder im
p. 200 *Sagen* die latente Entstehung der Erkenntnis und des *sein*, des Gesagten zu verfolgen; die latente Entstehung der *Frage* in der Verantwortung. Die Nähe, die zu Wissen wird, bedeutet womöglich als Rätsel, als Anbrechen eines Lichts, in dem die Nähe sich wandelt, ohne daß der Andere, der Nächste in dem Thema, in dem er sich zeigt, aufgeht. Es gilt, die latente Entstehung des Wissens aus der Nähe zu verfolgen. Die Nähe kann die Bedeutung sogar des Wissens, in dem sie sich zeigt, bleiben.

Wenn die Nähe mir allein den Anderen und niemanden sonst zur Aufgabe machte, „hätte es kein Problem gegeben" – nicht einmal im allgemeinsten Sinne des Wortes. Die Frage wäre nicht entstanden, auch das Bewußtsein nicht und ebensowenig das Selbstbewußtsein. Die Verantwortung für den Anderen ist eine Unmittelbarkeit, die der Frage vorausgeht: eben Nähe. Sie wird gestört und sie wird zum Problem mit dem Eintritt des Dritten.

Der Dritte ist anders als der Nächste, aber auch ein anderer Nächster und doch auch ein Nächster des Anderen und nicht bloß ihm ähnlich. Was also sind sie, der Andere und der Dritte, was sind sie, der-Eine-für-den-Anderen? Was haben sie einander getan? Welcher hat Vortritt vor dem Anderen? Der Andere steht in einer Beziehung mit dem Dritten, für den ich nicht gänzlich verantwortlich sein kann, selbst wenn ich – vor jeder Frage – für meinen Nächsten allein verantwortlich bin. Der Andere und der Dritte, meine Nächsten, Zeitgenossen füreinander, entfernen mich vom Anderen und vom Dritten. „Friede, ja Friede, dem Fernen wie dem Nächsten" (Jesaia 57, 19), die Schärfe dieser scheinbaren Rhetorik wird nun verständlich. Der Dritte führt einen Widerspruch in das Sagen ein, dessen Bedeutung angesichts des Anderen bis dahin nur in eine einzige Richtung ging. Von selbst findet nun die Verantwortung eine Grenze, entsteht die Frage: „Was habe ich gerechterweise zu tun?" Gewissensfrage. Es braucht die Gerechtigkeit, das heißt den Vergleich, die Koexistenz, die Gleichzeitigkeit, das Versammeln, die Ordnung, das Thematisieren, die *Sichtbarkeit* der Gesichter und von daher die Intentionalität und den Intellekt und in der Intentionalität und dem Intellekt die Verstehbarkeit des Systems und insofern auch eine gemeinsame Gegenwart auf gleicher Ebene, der der Gleichheit, wie vor einem Gericht. Das *sein* als Synchronie: *zusammen-an-einem-Ort*. Die Nähe erhält eine neue Bedeutung im Raum, die des Aneinandergrenzens. Doch das reine Aneinandergrenzen ist nicht „bloß natürlich". Es setzt bereits sowohl das thematisierende Denken als auch den Ort und die Einteilung der räumlichen Kontinuität in gesonderte Einheiten voraus – und das Ganze von der Gerechtigkeit her.

Auf diese Weise ließe sich in der Nähe, im noch problem-

p. 201 losen Sagen, in der Verantwortung die Vernunft der Einsichtigkeit des Systems verstehen. Der Eintritt des Dritten ist so gerade das Faktum des Bewußtseins, des Versammelns zu *sein* und zugleich, im Sein, die Stunde der Aussetzung des Seins zur Möglichkeit, die der Abstraktion des Begriffs zugängliche Endlichkeit des *sein*, zugänglich auch der Erinnerung, die die Abwesenheit in Anwesenheit hinein versammelt, die Reduktion des Seins zum Möglichen und die Abschätzung des Möglichen; der Vergleich der Unvergleichlichen, die Thematisierung des Selben von der Beziehung zum Anderen her, von der Nähe und der Unmittelbarkeit des Sagens her, das den Problemen vorausgeht, wohingegen die Identifikation des Erkennens per se alles *Andere* in sich aufsaugt.
Es ist nicht so, daß der Eintritt des Dritten eine empirische Tatsache wäre und daß meine Verantwortung für den Anderen sich durch den „Zwang der Verhältnisse" zu einem Kalkül genötigt findet. In der Nähe des Anderen bedrängen mich – bis zur Besessenheit – auch all die Anderen, die Andere sind für den Anderen, und schon schreit die Besessenheit nach Gerechtigkeit, verlangt sie Maß und Wissen, ist sie Bewußtsein. Das Gesicht nimmt in Beschlag und zeigt sich: zwischen der Transzendenz und der Sichtbarkeit/Unsichtbarkeit. Die Bedeutung bedeutet in der Gerechtigkeit, doch geht die Gerechtigkeit auch über die Gerechtigkeit hinaus – und ist insofern älter als sie selbst und die durch sie bedingte Gleichheit – in meiner Verantwortung für den Anderen, in meiner Ungleichheit gegenüber dem, dessen Geisel ich bin. Der Andere ist von vornherein der Bruder aller anderen Menschen.[23] Der Nächste, der mich in Beschlag nimmt, ist schon Gesicht, vergleichbar und doch auch unvergleichlich, einzigartiges Gesicht

[23] Vgl. TI 187 ff.; TU 307 ff.

und Gesicht unter Gesichtern, sichtbar gerade in der Sorge um Gerechtigkeit.

In der Nähe nimmt mich der Andere in Beschlag, nach der absoluten Asymmetrie der Bedeutung, des der-Eine-für-den-Anderen: ich stehe für ihn ein, während doch niemand mich ersetzen kann und die Stellvertretung des Einen für den Anderen nicht die Stellvertretung des Anderen für den Einen bedeutet. Die Beziehung mit dem Dritten ist eine unablässige Korrektur dieser Asymmetrie der Nähe, in der das Gesicht, indem es angestarrt wird, sein Gesicht verliert. Es entsteht Abwägen, Denken, Objektivieren und dadurch ein Stillstand, in dem meine an-archische Beziehung zur Illeität verraten wird,[24] in dem sie jedoch für uns zum Ausdruck kommt. Verrat meiner anarchischen Beziehung mit der *Illeität*, aber zugleich eine neue Beziehung mit ihr: Allein *dank* göttlicher *Gnade* werde ich als mit dem Anderen unvergleichbares Subjekt doch als Anderer wie die Anderen angesprochen, das heißt „für mich". „Dank göttlicher Gnade", „gottlob" bin ich Anderer für die Anderen. Gott ist dabei nicht „im Spiel" wie ein sogenannter Gesprächspartner: Die wechselseitige Korrelation verbindet mich dem anderen Men- p. 202
schen in der Spur der Transzendenz, in der *Illeität*. Das „Vorübergehen" Gottes, von dem ich nicht anders sprechen kann als mit Verweis auf diese Hilfe oder diese Gnade, ist genau der Umschlag des unvergleichlichen Subjekts zum Mitglied der Gesellschaft.

Im Vergleichen des Unvergleichlichen läge demnach die latente Entstehung der Vorstellung, des Logos, des Bewußtseins, der Arbeit, des neutralen Begriffs: Sein. Alles ist zusammen, man kann vom Einen zum Anderen gehen und vom Anderen zum Einen, man kann in Beziehung

[24] Vgl. oben S. 329 Anm. 21 zu „anankè stenai".

setzen, beurteilen, wissen und fragen, *was es auf sich hat* mit ..., die Materie verwandeln. Von der Vorstellung aus entsteht die Ordnung der Gerechtigkeit, die meine *Stellvertretung* für den Anderen mäßigt oder bemißt und die das Sich der Berechnung zurückgibt. Die Gerechtigkeit erfordert die Gleichzeitigkeit der Vorstellung, der Vergegenwärtigung. Auf diese Weise wird der Nächste sichtbar, verliert er als nunmehr Angestarrter sein Gesicht, läßt er sich vorstellen, und so gibt es Gerechtigkeit auch für mich. Das Sagen verfestigt sich zum Gesagten – ja, es läßt sich schreiben, wird Buch, Recht und Wissenschaft.

Alle Anderen, die mich im Anderen bedrängen und verfolgen, betreffen mich nicht als „Exemplare" derselben Gattung, die mit meinem Nächsten aufgrund von Ähnlichkeit oder natürlicher Gemeinschaft verbunden sind – nicht als Individuationen der Gattung Mensch oder als Bruchstücke aus einem selben Block wie die Steine, die, durch Deucalion zu Menschen verwandelt, sich mit ihren steinernen Herzen hinter seinem Rücken zur Gemeinschaft von Stadtstaaten zusammenfinden sollten. Die Anderen gehen *von vornherein* mich an. Die Brüderlichkeit geht hier der gattungsmäßigen Gemeinschaft voraus. Meine Beziehung mit dem Anderen, dem Nächsten, gibt meinen Beziehungen mit allen Anderen ihren Sinn. Alle menschlichen Beziehungen *entstehen*, darin liegt ihre Menschlichkeit, aus dem Sich-Lösen-vom-Sein. Das der-Eine- für-den-Anderen der Nähe ist nicht eine entstellende Abstraktion. In ihr zeigt sich von Anfang an die Gerechtigkeit – als eine, die abkünftig ist aus der Bedeutsamkeit der Bedeutung, aus dem der-Eine-für-den-Anderen der Bedeutung. Was konkret oder empirisch bedeutet, daß die Gerechtigkeit nicht eine über Massen von Menschen herrschende Legalität ist, der sich eine Technik des „sozia-

len Gleichgewichts“ entnehmen läßt, durch die antagonistische Kräfte harmonisiert werden; es wäre dies eine Rechtfertigung des Staates, der seinen eigenen Notwendigkeiten überlassen bleibt. Die Gerechtigkeit ist unmöglich, ohne daß derjenige, der sie gewährt, sich selbst in der Nähe befindet. Seine Funktion beschränkt sich nicht auf die „Funktion der Urteilskraft“, auf die Subsumtion von Einzelfällen unter die allgemeine Regel. Der Richter steht nicht außerhalb des Streitfalls, das Gesetz aber gilt innerhalb der Nähe. Die Gerechtigkeit, die Gesellschaft, der Staat und seine Institutionen – die verschiedenen Weisen des Sich-Austauschens und der Arbeit, von der Nähe her p. 203
verstanden – bedeuten jeweils, daß nichts sich der Kontrolle der Verantwortung des Einen für den Anderen entziehen kann. Es ist wichtig, all diese Gebilde von der Nähe her aufzufinden, wo doch das Sein, die Totalität, der Staat, die Politik, die Technik, die Arbeit immer wieder nahe daran sind, ihr Gravitationszentrum in sich selbst zu haben, [nur] für sich selbst zu wiegen – und zu zählen.

Keinesfalls ist die Gerechtigkeit eine Abschwächung der Besessenheit, eine Entartung des *Für-den-Anderen*, eine Verkleinerung, eine Begrenzung der anarchischen Verantwortung, eine „Neutralisierung“ der Herrlichkeit des Unendlichen, Entartung, die fortschritte, je mehr – aus empirischen Gründen – das anfängliche *Duo* zum *Trio* würde. Doch die Gleichzeitigkeit der Vielen baut sich auf um die Dia-chronie von Zweien: Die Gerechtigkeit bleibt Gerechtigkeit nur in einer Gesellschaft, in der zwischen Nahen und Fernen nicht unterschieden wird, in der es aber auch unmöglich bleibt, am Nächsten vorbeizugehen; in der die Gleichheit aller getragen ist von meiner Ungleichheit, durch den Mehrwert meiner Pflichten über meine Rechte. Die Selbstvergessenheit bewegt die Gerechtigkeit. Es ist infolgedessen nicht ganz unwichtig zu wissen, ob der egalitäre und gerechte Staat, in dem der Mensch seine Erfüllung findet (und den es einzurichten und vor allem durchzuhalten gilt), aus einem Krieg aller gegen alle hervorgeht oder aus der irreduziblen Verantwortung des Einen für alle und ob er auf Freundschaften und Gesichter verzichten kann. Es ist nicht ganz unwichtig, dies zu wissen, damit nicht der Krieg zur Einrichtung des Krieges mit gutem Gewissen wird. Es ist, was die Philosophie betrifft, auch nicht ganz unwichtig zu wissen, ob die rationale Notwendigkeit, die durch die kohärente Rede zu Wissenschaft verwandelt wird und deren Prinzip die Philosophie zu erfassen sucht, den Status eines Ursprungs, das heißt eines Ursprungs in sich oder der Gegenwart oder der Gleichzeitigkeit des Aufeinanderfolgenden (als Ergebnis logischer Deduktion) oder der Manifestation des Seins, hat; oder ob diese Notwendigkeit nicht ein *Diesseits*, ein Vor-Ursprüngliches, ein Unvorstellbares, ein Unsichtbares voraussetzt, und also ein Diesseits, das anders vorausgesetzt wird als ein Prinzip durch seine Folge vorausgesetzt wird, mit der es in einer Synchronie steht. An-archisches *Diesseits*, das – gewiß, auf rätselhafte Weise – in der Verantwortung für die Anderen bezeugt ist. Verantwortung für die Anderen oder Kommunikation, Ereignis, von dem aller Diskurs der Wissenschaft und der Philosophie getragen wird. Insofern wäre diese Verantwortung gerade die Rationalität der Vernunft oder ihre Universalität, die Rationalität des Friedens.

Das Bewußtsein entsteht als Präsenz des Dritten. Insofern
p. 204 es aus ihr hervorgeht, ist es noch ein Sich-Lösen-vom-Sein. Das Bewußtsein ist der Eintritt des Dritten – fortwährender Eintritt – in die Intimität des „face-à-face". Die Sorge um Gerechtigkeit, um die thematisierende, kerygmatischen Rede, die sich auf das Gesagte erstreckt – vom Grunde des Sagens ohne Gesagtes, des Sagens als Berüh-

rung her – ist der Geist in der Gesellschaft. Und weil der Dritte nicht im empirischen Sinne die Nähe stört, sondern weil das Gesicht zugleich der Nächste und ein Gesicht unter Gesichtern – Gesicht und sichtbar – ist, deshalb ist die Verbindung zwischen der Ordnung des Seins und der Nähe unaufkündbar. Die Ordnung, das deutliche In-Erscheinung-Treten, die Phänomenalität, das Sein – ereignen sich in der Bedeutung, in der Nähe, ausgehend vom Dritten. Das Auftauchen des Dritten ist der eigentliche Ursprung des In-Erscheinung-Tretens, das heißt der eigentliche Ursprung des Ursprungs.

Die Grundlage des Bewußtseins ist die Gerechtigkeit. Nicht daß die Gerechtigkeit ein präexistentes Nachsinnen zum Einsatz brächte. Ein Geschehen wie das Nachsinnen – Synchronisieren, Vergleichen, Thematisieren – entsteht durch die Gerechtigkeit, als Eintritt der Diachronie der Nähe, der Bedeutsamkeit des Sagens in die Synchronie des Gesagten, als „historicité fondamentale" im Sinne Merleau-Pontys, als notwendige Unterbrechung des Unendlichen, das in Struktur, Gemeinschaft und Totalität hinein fixiert wird.[25] Die Synchronisierung ist Bewußtseinsakt,

[25] Nach dem Mythos des Gorgias (523 c-d) *bleibt* im unbedingten Urteil über den Anderen (in der unmittelbaren Beziehung mit ihm, die das Urteil darstellt), bei dem er „aller Kleider entblößt" ist, d. h. aller durch ein Attribut in einem Satz, im Gesagten ausdrückbaren Eigenschaften, und damit entblößt ist von allem, was wie Kleidung eine „Gemeinschaft" begründet zwischen dem Richter und dem vor Gericht Stehenden, es *bleibt* in jenem Urteil, bei dem der Richter die Hülle entfernt, „die aus Augen, Ohren und dem ganzen Leib besteht" (d. h. aus genau den Wegen der Thematisierung), bei dem folglich auch alles entfernt wird, was zwischen dem Richter und dem vor Gericht Stehenden – zwischen mir und dem Anderen – eine die Nähe aufsaugende Gemeinschaft oder Korrelation schafft – jene Beziehung des Urteils, die Platon negativ als diejenige bezeichnet, bei der Tote über Tote urteilen, doch *Urteil*. In dieser Ausschaltung aller Bedingungen des Wissens – in diesem „Kontakt" ohne die Vermittlung einer Haut – bleibt eine Bedeutsamkeit. Was wir das Unendliche des Für-den-Anderen oder das *Sagen* nennen, ist

der aufgrund von Vorstellung und Gesagtem und „mit Gottes Hilfe“ den Ursprungsort der Gerechtigkeit gründet, als mir und den Anderen gemeinsamen Bereich, in dem ich zu ihnen gezählt werde, das heißt in dem die Subjektivität Bürger ist mit all den maßvollen und meßbaren Pflichten und Rechten, die das ausgeglichene oder durch das gleichzeitige Bestehen und Konkurrieren von Pflichten und Rechten sich Ausgeglichenheit verschaffende Ich umfaßt. Doch läßt sich die Gerechtigkeit nur dann einrichten, wenn ich [Moi – je], der ich dem Begriff des Ich immer schon entgangen, immer schon meiner Stellung
p. 205 enthoben und aus dem Sein entlassen bin, der ich immer schon in nicht-umkehrbarer Beziehung mit dem Anderen stehe, immer schon Für-den-Anderen – wenn ich Anderer werden kann wie die Anderen. Das Unendliche, das mir auf rätselhafte Weise vom Anderen her gebietet – gebietet und nicht gebietet – ist es nicht auch die Umkehr des ich ... in „wie die Anderen“, um die sich zu sorgen und für die zu sorgen wichtig ist? Mein Schicksal wird wichtig. Doch immer noch ist es im Ausgang von der Verantwortung, daß mein Heil eine Bedeutung hat, trotz der Gefahr, in die es die Verantwortung bringt, indem es sie zu vereinnahmen und zu verschlingen droht; genau wie der Staat, der, der Nähe des Nächsten entsprungen, immer im Begriff steht, mich wie meinen Nächsten erstarren zu lassen und so sich einzuverleiben. Der Bewußtseinsakt wäre

---

nicht „ärmer“ als das *Gesagte*. Doch wenn auch das Fehlen jeglicher „Gemeinschaft“ zwischen dem Richter und dem vor Gericht Stehenden durch den weder asiatischen noch europäischen Minos gewahrt bleibt, der den Vorsitz unter den Richtern und die letzte Entscheidung hat, so kommt doch, und das ist höchst bemerkenswert, die Notwendigkeit einer „gewissen Gemeinschaft“ in der Gerechtigkeit zwischen dem Richter und dem vor Gericht Stehenden in Aiakos zum Ausdruck, der als Europäer über die Europäer urteilt, und in Rhadamanthys, der als Asiat über die Asiaten urteilt.

so politische Gleichzeitigkeit, aber zugleich rückbezogen auf Gott – auf einen Gott, den man immer verleugnen kann und der in permanenter Gefahr steht, zu einem Schutzherrn für alle Egoismen verwandelt zu werden.

Das vor-ursprüngliche anarchische Sagen, das Nähe ist, Berührung, nicht endende Pflicht – das gegenüber dem Gesagten noch indifferente Sagen, das sich selbst zur Sprache bringt im *Geben*, der- Eine-für-den-Anderen – erfordert die Bedeutung des Thematisierbaren, formuliert das idealisierte Gesagte, wägt ab und urteilt in Gerechtigkeit. Das Urteil und der Aussgesatz erwachsen aus der Gerechtigkeit, die die Zusammenstellung, die Versammlung, das Sein des Seienden ist. Hier beginnt mit dem Problem die Sorge um die Wahrheit, um die Entbergung des Seins. Aber um der Gerechtigkeit willen zeigt sich all das, und über die Ausgefallenheit der Stellvertretung legt sich, und zwar weil es die Verantwortung selbst, die Stellvertretung ist, so erfordert, eine vernünftige Ordnung, die dienende oder verkündigende Ordnung der Gerechtigkeit und von daher ebendie Tatsache des *Sehens*, des Alles-Durchschauens und des Alles-Erzählens.

Von der Verantwortung zum Problem – so ist die Reihenfolge. Das Problem stellt sich durch die Nähe selbst, die ansonsten, als das schlechthin Unmittelbare, problemlos ist. Das außer-ordentliche Engagement des Anderen gegenüber dem Dritten appelliert an die Kontrolle, an die Suche nach der Gerechtigkeit, an die Gesellschaft und den Staat, an das Vergleichen und Haben, an das Denken und die Wissenschaft, an den Handel und die Philosophie und, außerhalb der Anarchie, an die Suche nach einem ersten Grund. Die Philosophie ist dieses Maß, das dem Unendlichen des Seins-für-den-Anderen der Nähe beigebracht wurde, und ist gleichsam die Weisheit der Liebe.

Doch wäre es falsch, die Gerechtigkeit, die als Modalität

der Nähe der Bedeutung entstammt, die Gesellschaft und p. 206 selbst die Wahrheit, nach der sie fordern, für ein anonymes Gesetz „menschlicher Kräfte“ zu halten, die über eine unpersönliche Totalität herrschen.

Aufgrund seiner Ambivalenz, die immer Rätsel bleibt, läßt sich das Unendliche oder Transzendente nicht zusammenbringen. Es hält sich fern von jeder erinnerbaren Gegenwart – als Vergangenheit, die niemals Gegenwart war – und hinterläßt eine Spur seiner unmöglichen Inkarnation und seiner Maßlosigkeit in meiner Nähe mit dem Nächsten, in der ich in der Autonomie der Gewissensstimme eine Verantwortung ausspreche, die nicht in mir hat beginnen können – für eine Freiheit, die nicht die meine ist. Flüchtige Spur, die sich verwischt und wieder auftaucht, die wie ein Fragezeichen vor dem Flimmern der Ambiguität ist: unendliche Verantwortung des Einen für den Anderen oder Bedeutung des Unendlichen in der Verantwortung. Ambiguität des Befehls, der mir den Nächsten aufträgt; den Nächsten, der mich verfolgt bis zur Besessenheit, für den ich und vor dem ich verantwortlich bin aufgrund *meines Ich*, in dem sich das Sein zu Stellvertretung umkehrt, in ebendie Möglichkeit der Gabe – und einer unendlichen Illeität, deren Herrlichkeit gerade darin liegt, daß sie den Menschen einbezieht, „verstrickt“, zu Nähe verstrickt; Umsturz des *sein* zu Stellvertretung, bei der ich niemals früh genug aufstehen kann, um rechtzeitig anzukommen, und bei der ich mich nicht nähern kann, ohne daß die zu durchlaufende – außer-ordentliche – Distanz bei aller Bemühung, sie zu einer Wegstrecke zusammenzufassen, weiter zunimmt. Illeität, die die Erkenntnis wie auch das Rätsel, durch welches das Unendliche in der Erkenntnis eine Spur hinterläßt, übersteigt. Sein Sich-Fernhalten vom Thema, sein anachoretischer Rückzug, seine Heiligkeit – ist nicht die ihm eigene Weise, „sein Sein

zu vollziehen“ (wohingegen seine Vergangenheit anachronistisch und anarchisch ist und eine Spur hinterläßt, die nicht die Spur irgendeiner Gegenwart ist), sondern seine, im Verhältnis zum Sein und zum Erkennen ganz andere, Herrlichkeit. Sie gibt Anlaß, das Wort Gott auszusprechen, und läßt doch nicht „Gottheit“ sagen – was absurd gewesen wäre, als ob Gott ein *sein* wäre (das heißt als ob er die Amphibologie zwischen *Sein* und *Seiendem* zuließe) oder als ob er ein Prozeß wäre oder als ob er eine Pluralität in der Einheit einer Gattung zuließe. Gott – Eigenname und Einziger, in keine grammatische Kategorie passend – paßt er umstandslos in den Vokativ? – und so nicht-thematisierbar und auch hier nur Thema, weil sich in einem Gesagten alles für uns ausdrücken läßt, selbst das Unsagbare, doch um den Preis eines Verrats, den zu reduzieren die Philosophie aufgerufen ist: die Philosophie, aufgerufen, die Ambivalenz zu denken, sie in mehreren Zeiten zu denken, selbst wenn sie, durch die Gerechtigkeit zum Denken aufgerufen, die Dia-chronie der Differenz zwischen dem Einen und dem Anderen im Gesagten immer noch synchronisiert und Dienerin des Sagens bleibt,
das die Differenz zwischen dem Einen *und* dem Anderen p. 207
als das der-Eine-*für*-den-Anderen bedeutet, als Nicht-Indifferenz *für* den Anderen – die Philosophie: Weisheit der Liebe im Dienste der Liebe.

4. Sinn und Es-gibt

Aus der *Bedeutung* gehen Gerechtigkeit und Bewußtsein hervor: die Termini des der-Eine-für-den-Anderen *erscheinen* im Thema, im Gesagten, lassen sich in der Neutralität des *sein* vergleichen und beurteilen. Das Sein als Sein hängt ab von der Gerechtigkeit. Die Stellvertretung zeigt sich in ihm als Koexistenz und Korrelation, die Nähe als geschichtliche Welt, das heißt als in einem Buch vergleichzeitigte Nähe, die Diachronie *zeigt* sich, im Durchgang durch die Diastase oder die Phasenverschiebung des Augenblicks und die Wiedereinholung des Abstands durch die Retention, als kontinuierliche und in der Erinnerung und in der Geschichte unbestimmte Zeit, das heißt als zu Gegenwart versammelbare Zeit. Die Subjektivität *zeigt* sich infolgedessen als Ich, das der Gegenwart, das des Anfangs fähig ist, als Akt der Einsicht und der Freiheit, die auf einen ersten Grund und auf einen Anfang zurückgehen, als Subjekt, dem Objekt entgegengesetzt, als Ich, das für einen Fichte Ursprung seiner selbst ist. Absolutes, das als solches denkbar ist im Vergessen des Sagens, im Erscheinen oder in der zusammenführbaren Ordnung des Themas und des Gesagten.

Alles aber zeigt sich um der Gerechtigkeit willen. Das *sein* des Seins und das Bewußtsein *bedeuten* – schon bevor sie sind und nachdem sie gewesen sind. Weder Realismus noch Idealismus, die beiden Zwillingsbrüder, haben hier Ältestenrecht. Die durch die Bedeutung, durch das „der-Eine-für-den-Anderen" bedeutete Gerechtigkeit ist es, welche die Phänomenalität erfordert, das heißt die Gleichwertigkeit oder die Gleichzeitigkeit zwischen dem auf das Sein zugehenden Bewußtsein und dem für das Bewußtsein offenen Sein.

Alles zeigt sich und wird sagbar im Sein um der Gerechtigkeit willen und erhält die Strukturen des Thematisierten und des Gesagten – selbst die Bedeutung und die Gerechtigkeit. Auf die unbestimmte Zeit des *sein*, auf die Neutralität ihres geschichtlichen Verlaufs bezieht sich sogar die Dia-chronie des der-Eine-für-den-Anderen; sie zeigt sich in dieser Zeit. Doch das unerschütterliche *sein*, das ausgewogen ist und gleichgültig gegenüber aller Ver-

antwortung, die es nunmehr umfaßt, schlägt wie in einer
Schlaflosigkeit aus dieser Neutralität und dieser Ausge-
wogenheit um in Monotonie, Anonymität, Bedeutungslo-
sigkeit, in ein unablässiges Rauschen, das durch nichts
mehr abgestellt werden kann und das alle Bedeutung in
sich aufsaugt, selbst jene noch, von der das besagte Ge-
räusch eine Modalität bildet. Das *sein*, das sich in unbe-
grenzter Weise ausdehnt, rückhaltlos und ohne daß es p. 208
unterbrochen werden könnte – denn die Ausgewogenheit
des *sein* rechtfertigt billigerweise keinen Augenblick des
Stillstands – unablässig, ohne Aussicht, aufgehoben zu
werden – genau das ist das grauenerregende *Es-gibt*, hinter
aller Finalität, die dem thematisierenden *Ich* eigen ist, das
nicht umhinkann, im *sein*, das es thematisiert, zu versin-
ken. Insofern die Bedeutung des der-Eine-für-den-Ande-
ren sich thematisieren und zusammenfügen läßt, aufgrund
der Gleichzeitigkeit des *sein*, tritt der Eine als ein Ich auf,
das heißt als gegenwärtig oder als Einer, der beginnt, oder
als Freier, als Subjekt eben im Gegenüber zu einem Ob-
jekt; aber auch insofern, als es zum *sein* gehört, das, einmal
versammelt, nichts außerhalb lassen kann, das kein Aus-
serhalb hat, nicht zugrunde gehen kann. Indessen ist für
das Subjekt diese Weise, sich im *sein* vorzufinden – wo
doch das *sein* selbst als versammeltes die Gegenwart und
die Freiheit hätte ermöglichen sollen – keine harmonische
und harmlose Teilnahme. Sie ist gerade jenes unablässige
Rauschen, das alle Stille erfüllt, in der das Subjekt sich
vom *sein* löst, um als Subjekt im Gegenüber zu seiner
Objektivität aufzutreten. Unerträgliches Rauschen für ein
Subjekt, das sich als Subjekt befreit, das das *sein* als Objekt
sich selbst gegenüber versammelt, dessen Ausreißversuch
jedoch nicht zu rechtfertigen ist in einem gleichmäßig
strukturierten Gewebe von absoluter Ausgewogenheit.
Rauschen des *Es-gibt* – Sinnlosigkeit, in welche das *sein*

umschlägt und in welche so die aus der *Bedeutung* hervorgegangene Gerechtigkeit umschlägt. Ambiguität von Sinn und Sinnlosigkeit im Sein, indem der Sinn in die Sinnlosigkeit umschlägt. Man muß diese Ambiguität ernstnehmen. Mit welchem Recht entreißt der Idealist dem Sein das *Ich*, um ihm einen transzendentalen Status zu verleihen, wo doch das Subjekt, gerade in der Stabilität seines Status', zum Sein zurückkehrt? Doch wäre es genausowenig philosophisch, die Ambiguität zu vergessen. Erst in seiner Aus-nahme und Aus-treibung als Verantwortlicher läßt sich ein Subjekt außerhalb des Seins denken. In der Bedeutung, im der-Eine-für-den-Anderen ist das Sich nicht ein vorläufig transzendentales Seiendes, das auf einen Platz in dem von ihm konstituierten Sein wartete; noch ist es das absolute Sein, dessen Erscheinung nur den zusammenhängenden Traum zum Ausdruck brächte. Der *Eine* in der-Eine-für-den-Anderen ist nicht ein Seiendes außerhalb des Seins, sondern Bedeutung, Räumung des *sein* aus dem Sein für den Anderen, *Sich*, Stellvertretung für den Anderen, Subjektivität als Unterwerfung unter alles, als ein *Alles-Ertragen* und ein *das-Ganze-Tragen*. Das unablässige Rauschen des *Es-gibt* verletzt mit seiner Absurdität das aktive – von sich her beginnende, gegenwärtige – transzendentale Ich.

Doch die Absurdität des *Es-gibt* – als Modalität des der-
p. 209 Eine- für-den-Anderen, als ertragene Absurdität – *bedeutet*. Die Bedeutungslosigkeit seiner objektiv fortwährenden Wiederkehr – denn sie beginnt hinter jeder Negation von neuem und drückt mich nieder wie das Schicksal einer Unterwerfung unter alles Andere, dem ich unterworfen bin – ist der Überschuß der Sinnlosigkeit über den Sinn, wodurch für das *Sich* die Sühne möglich wird – Sühne, die das Sich gerade bedeutet. Das *Es-gibt* – ist so die ganze Last, die die ertragene Anderheit wiegt, ertragen durch

eine Subjektivität, die nicht Gründerin dieser Anderheit ist. Man sage nicht, das *Es-gibt* resultiere aus einem „subjektiven Eindruck". In dieser Überlagerung des Sinns durch die Sinnlosigkeit tritt die Sensibilität – das Sich – allererst in ihrer bodenlosen Passivität hervor, als bloßer Punkt sinnlichen Empfindens, als Sich-vom-Sein-Lösen oder Umsturz des *sein*. Hinter dem anonymen Rauschen des Es-gibt erreicht die Subjektivität jene Passivität, die nicht zu übernehmen ist. Die Übernahme setzte diese Passivität des *Anders-als-sein*, diese Stellvertretung diesseits des Gegensatzes von aktiv und passiv, von subjektiv und objektiv, von Sein und Werden, schon in eine Korrelation zum Akt. In der Subjektivität des *Sich* ist die Stellvertretung die äußerste Schrumpfung der Passivität, im Gegensatz zur Übernahme, in der die *Rezeptivität* sich vollendet oder die durch die *Rezeptivität*, die die Endlichkeit eines transzendentalen *ich denke* beschreibt, vorausgesetzt wird. Die Identität des Erwählten, das heißt des Vorgeladenen, der bedeutet, bevor er ist, wurzelte und behauptete sich so noch im *sein*, das durch die Negativität selbst bestimmt wird. Um zu ertragen, ohne entschädigt zu werden, ist das exzessive und widerliche Geräusch und Gedränge des *Es-gibt* notwendig. Die Bedeutung – das Für-den-Anderen – ist dann nicht ein Akt freier Übernahme, ist dann nicht ein *Für-sich*, das die eigene Resignation verleugnet; und auch nicht die Beliebigkeit des Spiels, in dem der Ernst der Anderheit zu Heiterkeit und Extase (desjenigen, der ganz damit beschäftigt ist, sich zu verstecken) verdampft, einem „ganz und gar nichts" vergleichbar, in dem „ganz" und „nichts" sich die Waage halten. Die Bedeutung ist die ethische Befreiung des Sich durch die Stellvertretung für den Anderen. Sie verzehrt sich als Sühne für den Anderen. Sich, vor jeder Initiative, vor allem Anfang, auf anarchische Weise bedeutsam, vor jeder Gegenwart. In sich Befreiung eines Ich, das aus seinem imperialistischen Traum, aus seinem transzendentalen Imperialismus erwacht ist, zu sich erwacht ist, Geduld als Unterwerfung unter alles. Spiritualität, in der das Unendliche sich vollzieht, das älter ist als die Zeit des Erinnerns, Diachronie ohne Erinnerung und insofern unzeitgemäß. Sühne für den Anderen, die sich zwar nur im Thema und als Seinsmodus *zeigt*; doch dies, indem sie sich zugleich der philosophischen Reduktion anbietet. Ungleichzeitigkeit des Sich-Darbietens – Diachronie dessen, p. 210 was sich als Ambiguität der Subjektivität erweist, als Rätsel des Sinns und des Seins. Die Philosophie dient der Gerechtigkeit, indem sie die Differenz thematisiert und indem sie das Thematisierte auf die Differenz zurückführt. Sie bringt in die Entsagung des der-Eine-für-den-Anderen die Angemessenheit ein und in die Verantwortung die Gerechtigkeit. Die Philosophie ist – gerade in ihrer Diachronie – das Bewußtsein vom Zerbrechen des Bewußtseins. In einer alternierenden Bewegung, derjenigen vergleichbar, die vom Skeptizismus zu seiner Widerlegung, zu seiner Niederlegung in Schutt und Asche führt und ihn aus seiner Asche neu erstehen läßt, rechtfertigt und kritisiert die Philosophie die Gesetze des Seins und des Staates und findet zu deren Bedeutung zurück, die darin besteht, aus dem absoluten der-Eine-für-den-Anderen sowohl den Einen als auch den Anderen zu entbinden.

5. Skeptizismus und Vernunft

Die Vernunft wird in einer Beziehung zwischen Begriffen gesucht, zwischen dem *Einen* und dem *Anderen*, sofern sie sich in einem *Thema* zeigen. Die Vernunft besteht dann darin, die *Ko-existenz* dieser Begriffe, die *Kohärenz* zwischen dem Einen und dem Anderen, *trotz ihrer Verschiedenheit, in der Einheit des Themas* sicherzustellen; sie besteht darin, die Übereinstimmung der Verschiedenen zu sichern, ohne die Gegenwart zu sprengen, in der das Thema steht. Diese *Koexistenz* oder *Übereinstimmung* verschiedener Begriffe *in der Einheit des Themas* heißt System: in ihm tritt der Eine mit dem Anderen auf, so als bedeute der Eine den Anderen – der Eine als Zeichen für den Anderen – der Eine als derjenige, der auf seine „Gestalt" verzichtet, um *„für den Anderen dahinzugehen"*. Dieses *der-Eine-für-den-Anderen* konstituiert die Bedeutung oder die Verstehbarkeit. Doch ist die Gegenwart des Themas – in das der Eine und der Andere als Bedeutung eintreten oder in dem sie zu Bedeutungen werden – korrelativ zu einem Subjekt, das Bewußtsein ist und dessen Subjektivität genau darin besteht zu vergegenwärtigen: das heißt *nicht überrascht zu sein*, ohne zuvor durch die Manifestation dessen, was überrascht oder überraschend zustößt, informiert zu werden, nicht über das Sichtbare oder das Thematisierbare hinaus beunruhigt zu sein. Das Verstreichen der Zeit bricht diese Gegenwart oder dieses Gegenwärtigmachen nicht ab: dank der Retention, des Gedächtnisses oder der geschichtlichen Rekonstruktion – dank der Erinnerung – ist das Bewußtsein Ver-gegenwärtigung in einem fast aktiven Sinne, verstanden als Akt des erneuten Gegenwärtigmachens und Einsammelns der Verstreutheit in eine Gegenwart und insofern als Immer-am-Anfang-sein oder als Immer-frei-sein. Die Vernunft, in der die *verschiedenen* Begriffe gegenwärtig, das heißt gleichzeitig in einem System, sind, meint daher auch: daß sie dem Bewußtsein gegenwärtig sind, insofern das Bewußtsein Vergegenwärtigung, Anfang und Freiheit ist.

Das Problem liegt nur darin, daß man sich fragen muß, ob p. 211
der Anfang am Anfang ist; ob dem Anfang als Akt des

Bewußtseins nicht schon etwas vorausgeht, was sich nicht synchronisieren läßt, das heißt was nicht gegenwärtig sein kann – das Unvordenkliche; ob nicht eine Anarchie älter ist als der Anfang und die Freiheit.

Die Bedeutung der thematisierten Beziehung – das der-Eine-für-den-Anderen der Bedeutsamkeit – blieb gleichwohl für Platon unverständlich und sollte ihn dazu bringen, einen Vatermord an Parmenides zu begehen. Ist sie nicht durch die der menschlichen Brüderlichkeit eingeschriebene Struktur des der-Eine-für-den-Anderen geleitet – eingeschrieben dem *der-Eine-Hüter-seines-Bruders* – dem *der-Eine-verantwortlich-für-den-Anderen*, der dann der-Eine-für-den-Anderen par excellence wäre? Man kann das Utopie nennen – und doch ist es genau die Situation, in der die Menschen sich, heute zumindest, befinden – eine Situation, in der Intellektuelle sich als Geiseln der unglücklichen Massen fühlen, die sich ihres Unglücks nicht bewußt sind – Intellektuelle, die ausgesprochen mißtrauisch sind gegenüber einer Philosophie, die sie geringschätzig als humanistisch und sogar hagiographisch bezeichnen würden, gegenüber dem der-Eine-Hüter-seines-Bruders, dem der-Eine-für-den-Anderen, die als Bedeutungen zur Sprache gebracht werden, als *Bedeutungen* par excellence, durch die der ganze Kontext durcheinandergerät, in dem soeben die andere Verstehbarkeit beschrieben wurde – die, die als Beziehung zwischen zu Gegenwart und zu Anwesenheit versammelten Begriffen sich im Thema darbietet: als Verstehbarkeit der Korrelation zwischen dieser Beziehung und dem Subjekt, dem sie gegenwärtig ist.

Der Andere als Anderer, als Nächster, ist in seiner Anwesenheit niemals seiner Nähe gleich. Wird seine Anwesenheit für mich nicht bereits in der Nähe *ertragen* – und niemals geduldig genug ertragen? Zwischen dem Einen, der ich bin, und dem Anderen, für den ich verantwortlich bin, klafft eine Differenz ohne den Hintergrund einer Gemeinschaft. Die Einheit der Gattung Mensch nämlich gibt es erst *später als die Brüderlichkeit.* Die Nähe ist eine Differenz – eine Nichtübereinstimmung, eine Arhythmie in der Zeit, eine der Thematisierung gegenüber widerständige Diachronie – widerständig gegenüber der Erinnerung, die die Phasen einer Vergangenheit synchronisiert. Das Nicht-Darstellbare – verliert doch der Andere in der Darstellung sein Gesicht als Nächster. Unbeschreibbare Beziehung, im buchstäblichen Sinne des Wortes: unverwandelbar in Geschichte, irreduzibel auf die *Gleich*zeitigkeit *des Geschriebenen*, auf die *ewige Gegenwart* des Geschriebenen, das Ergebnisse verzeichnet oder präsentiert.

Diese Differenz in der Nähe zwischen dem Einen und dem Anderen – zwischen mir und dem Nächsten – schlägt um in *Nicht-Indifferenz*, in gerade *meine Verantwortung*. Nicht-Indifferenz, Menschlichkeit, der-Eine-für-den-Anderen – eben Bedeutsamkeit der Bedeutung, Verstehbar- p. 212
keit des Verstehbaren und so, auch hier noch, Vernunft. Nicht-Indifferenz der Verantwortung *bis hin zur Stellvertretung für den Nächsten* – Quelle allen Mitleids! – Verantwortung selbst für die Schmach noch, die der Andere – der als Anderer mich ausschließt – mir zufügt, für die Verfolgung, in der er mich vor aller Intention verfolgt. Die Nähe bedeutet also eine Vernunft vor der Thematisierung der Bedeutung durch ein denkendes Subjekt, vor der Sammlung der Begriffe in eine Gegenwart, eine *vor-ursprüngliche Vernunft*, die aus keinerlei Initiative eines Subjekts hervorgeht, eine *an-archische Vernunft.* Eine Vernunft vor dem Anfang, vor jeder Gegenwart, denn meine Verantwortung für den Anderen gebietet mir vor jeder Entscheidung, vor jedem Beschluß. Nähe, Kommunikation und Verständigung oder Verständnis oder Friede,

der mir in der Nähe auferlegt ist und von dem mich der Nächste nicht entlasten kann; Friede also *in meiner Verantwortung*, Friede, dessen Geisel ich bin, Friede, den zu vollbringen allein meine Aufgabe ist, mit der ich mich auf ein schönes – und gefährliches – Wagnis einlasse; Gefährdung, die dem Wissen als Ungewißheit erscheint, jedoch die Transzendenz selbst ist, früher als Gewißheit und Ungewißheit, die allererst im Wissen entstehen. Die Forderung, daß die Kommunikation die Gewißheit habe, verstanden zu werden, bedeutet, *Kommunikation* und *Wissen* zu verwechseln, die Differenz zu verwischen, *die Bedeutsamkeit des der-Eine-für-den-Anderen* in mir *zu verkennen* – im Ich, das dem Begriff des Ich entrissen ist und sich weder durch das Sein noch durch den Tod bemißt, das heißt der Totalität und der Struktur entgeht – im Ich, das reduziert ist auf sich in der Verantwortung, außerhalb der „historicité fondamentale“, von der bei Merleau-Ponty die Rede ist. Vernunft als der-Eine-für-den-Anderen! Man ist sogleich geneigt, eine solche Bedeutung Erlebnis zu nennen. Als wäre die Bipolarität des *Erlebten* und des *Thematisierten* – die uns von der Husserlschen Phänomenologie her vertraut ist – nicht schon Ausdruck einer bestimmten Weise, *allen Sinn in Abhängigkeit vom Sein und vom Bewußtsein* zu interpretieren. Als könnte die Verantwortung des der-Eine-für-den-Anderen nichts anderes ausdrücken als die Naivität eines unreflektierten Erlebten, dem aber die Thematisierung verheißen ist. Als wäre es dem der-Eine-für-den-Anderen der Verantwortung – als wäre es der Bedeutung der Brüderlichkeit – untersagt, in ihrer irreduziblen Diachronie „über den Wassern der Ontologie zu schweben“. Als könnte das Intervall oder die Differenz, die den Einen vom Anderen trennt und die durch die Nicht-Indifferenz nicht aufgehoben wird, nicht umhin, sich in einem Thema zu versam-

meln oder sich zu einer seelischen Befindlichkeit zu verdichten. Der Verstehbarkeit als unpersönlichem Logos p. 213
steht die Verstehbarkeit als Nähe gegenüber. Aber gelingt es nicht der Vernunft der Gerechtigkeit, der Staatsräson, der Vernunft der Thematisierung, der Synchronisierung, der Ver-gegenwärtigung des Logos und des Seins, *die Verstehbarkeit der Nähe, aus der sie erwächst, schließlich in ihre Kohärenz hinein zu vereinnahmen*? Muß man nicht diese Verstehbarkeit jener Vernunft unterordnen, da doch selbst der Diskurs, den wir in diesem Augenblick führen, aufgrund seines *Gesagten* zählt, da wir, indem wir thematisieren, Begriffe synchronisieren, ein System mit ihnen bilden, das Verb *sein* gebrauchen und jede Bedeutung, die den Anspruch erhebt, über das Sein hinaus zu bedeuten, im *Sein* festmachen? Oder gilt es, die Alternanz und die Diachronie als Zeit der Philosophie in Erinnerung zu rufen?

Wenn die vor-ursprüngliche Vernunft der Differenz – und der Nicht-Indifferenz, der Verantwortung – als schönes Wagnis – ihre Bedeutung behält, muß neben der Vernunft der Vorstellung, des Wissens, der Deduktion, die durch die Logik bedient wird und die das zeitlich aufeinander Folgende in eine Synchronie bringt, das Paar *Skeptizismus* und *Widerlegung des Skeptizismus* auftauchen.

Die periodische Wiederkehr des Skeptizismus und seiner Widerlegung bedeuten eine Zeitlichkeit, in der die Momente sich der wiedereinholenden und ver-gegenwärtigenden Erinnerung verweigern. Der Skeptizismus, der die Rationalität oder die Logik des Wissens durchzieht, ist eine Weigerung, die im Sagen implizit enthaltene Bejahung und die im Gesagten dieser Bejahung ausgedrückte *Verneinung* zu synchronisieren. Der Widerspruch ist für die Reflexion, die ihn widerlegt, sichtbar, der Skeptizismus läßt ihn jedoch außer acht, als erklängen die Bejahung und die Verneinung nicht zugleich. Der Skeptizismus bestreitet also die These, nach der die *Beziehung, die* in der Synchronie *Bedingung an Bedingtes knüpft*, sich *zwischen Sagen und Gesagtem* wiederholt. Als hätte der Skeptizismus ein Gespür für die *Differenz* zwischen *meiner* – rückhaltlosen – *Ausgesetztheit* gegenüber dem Anderen, die das Sagen ist, und der Exposition oder der Aussage des Gesagten, in ihrer Ausgewogenheit und ihrer Gerechtigkeit.

Die Philosophie läßt sich vom Skeptizismus nicht trennen, der ihr wie ein Schatten folgt, den sie durch die Widerlegung des Skeptizismus verjagt, um sogleich wieder zu entdecken, daß er ihr auf dem Fuße folgt. Gebührt nicht der Philosophie das letzte Wort? In gewissem Sinne ja, weil sich für die abendländische Philosophie das Sagen in der Summe des Gesagten erschöpft. Der Skeptizismus aber macht hier gerade einen Unterschied und setzt ein Intervall zwischen das Sagen und das Gesagte. Der Skeptizismus ist das *Widerlegbare*, aber auch das, was wiederkehrt.

Gewöhnlich wird die Wahrheit des Skeptizismus auf eine Ebene mit den Wahrheiten gestellt, deren Unterbrechung und Scheitern die skeptische Rede formuliert, als ließe sich
p. 214 die Verneinung der Möglichkeit des Wahren in die durch diese Verneinung in Frage gestellte Ordnung einfügen; als ginge jede Differenz mit Sicherheit in derselben Ordnung auf; während die Möglichkeit der Wahrheit bestreiten doch gerade heißt, diese Einzigartigkeit der Ordnung und der Ebene bestreiten.

Die Rede des Skeptizismus, die den Abbruch oder das Scheitern oder die Ohnmacht oder Unmöglichkeit der Rede formuliert, widerspräche sich, wenn das Sagen und das Gesagte lediglich korrelativ wären, wenn die Bedeutsamkeit der Nähe und die gewußte *und ausgesagte* Bedeutung in eine gemeinsame Ordnung eingehen könnten; wenn das Sagen eine volle Gleichzeitigkeit mit dem Gesagten erreichte; wenn das Sagen ins *sein* einginge, ohne die Diachronie der Nähe zu verraten, wenn das Sagen, wo es sich als Wissen erweist, Sagen bleiben könnte, das heißt wenn die Thematisierung als Erinnerung ins Thema einginge. Nun erinnert aber die von der Philosophie zerpflückte Rede des Skeptizismus gerade an den Bruch der synchronisierbaren, das heißt der erinnerbaren Zeit. Von daher ist mir die Spur des Sagens, das, was niemals gegenwärtig gewesen ist, eine Verpflichtung, bindet mich die niemals übernommene Verantwortung für die Anderen: ein niemals vernommenes Gebot wird befolgt. Spur, die *nicht* zur Versammlung des *sein gehört*. Die Philosophie unterschätzt das Ausmaß der Verneinung in diesem „nicht gehören zu", ein Ausmaß, das über die logische Reichweite der Verneinung und der Bejahung hinausgeht. Spur einer Beziehung zur *Illeität*, die durch keine Einheit der Apperzeption umfaßt wird, die mir die Verantwortung aufträgt. Beziehung – oder Religion – die die Psychologie des Glaubens und des Glaubensverlustes überschreitet – sie beauftragt mich auf eine an-archische Weise gerade, ohne sich gegenwärtig zu machen – oder je gemacht zu haben – und ohne zur Enthüllung eines Anfangs oder ersten Grundes zu werden.

Das philosophische Sprechen, das in seinem Gesagten die Nähe, die es für uns ausdrückt, verrät, bleibt als Sagen immer noch Nähe und Verantwortung; indem die Philosophie das Leben der Annäherung, dessen Verpflichtung gegenüber dem Dritten sie in Gerechtigkeit und Wissen – mit Weisheit – bemißt, klar erfaßt, verhindert sie nicht dieses Leben. Sie kommt für den Anderen zur Sprache, der außerhalb des Themas bleibt. Die darin liegende Rückkehr der Diachronie, die sich der Gegenwart verweigert, macht die unbezwingbare Stärke des Skeptizismus aus.

Die abendländische Philosophie und der Staat widerlegen ihn, obschon sie aus der Nähe hervorgegangen sind; sie widerlegen ihn in einem Diskurs, der im *Gesagten* aufgeht und im *Sein*, in der Ontologie: die Geschichte der abendländischen Philosophie ist eine einzige Widerlegung des Skeptizismus gewesen genauso wie auch eine Widerlegung der Transzendenz. Der *gesagte* Logos hat das letzte
p. 215 Wort, das allen Sinn beherrscht, das Schlußwort, ja selbst die Möglichkeit des Letztendlichen oder Letztgültigen und des Ergebnisses. Nichts kann ihn unterbrechen. Jede Bestreitung und Unterbrechung dieser Macht des Diskurses wird sogleich erzählt und durch den Diskurs umgekehrt. Er beginnt also von neuem, sobald man ihn unterbricht. Im gesagten – und geschriebenen – Logos überlebt er den Tod der ihn ausdrückenden Gesprächspartner, und er sichert so die kulturelle Kontinuität. Aber stirbt er nicht mit dem Ende der Kulturen, die ihre Sterblichkeit anerkennen? Die Frage kann man stellen. Indes: der philosophische Diskurs des Okzidents versteht es, unter den Trümmern und in den Hieroglyphen die unterbrochenen Diskurse jeder Kultur und noch der Vorgeschichte der Kulturen, die gesondert auftauchen, wiederzufinden. Dieser Diskurs behauptet sich als kohärent und einheitlich. Indem ich erzähle, daß der Diskurs unterbrochen ist oder ich ihm entrückt bin, knüpfe ich den Faden schon wieder an. Der Diskurs steht immer im Begriff, alle Brüche oder Brechungen in sich zum Ausdruck zu bringen, sie sich einzuverleiben als stillschweigenden Ursprung oder als Eschatologie. Wenn der philosophische Diskurs abgebrochen wird, sich vom Wort zurückzieht und nurmehr raunt, wenn *es* spricht – so spricht er doch immer noch und spricht er dann vom Diskurs da, wo er soeben noch

sprach und wohin er zurückkehrt, um seinen vorläufigen
Rückzug zu sagen. Und sind wir nicht, auch in diesem
Augenblick, dabei, uns den Ausweg zu versperren, dem
der Versuch unserer gesamten Überlegungen gilt, und un-
sere Position von allen Seiten her einzukreisen? Die aus-
sergewöhnlichen Worte, durch die die Spur des Vorüber-
gangs und die Extravaganz der Annäherung zum Aus-
druck kommen – Einer, Gott – werden zu Begriffen, keh-
ren zum allgemeinen Wortschatz zurück und stellen sich
den Philologen zur Verfügung, anstatt die philosophische
Sprache aus den Angeln zu heben. Noch ihre Explosionen
lassen sich erzählen.

Doch gewiß, auch was hier erzählt wird, ist endlos und
ohne Kontinuität, das heißt es geht von Einem zum Ande-
ren – ist Tradition. Dadurch aber erneuert es sich. Neue
Bedeutungen entstehen aus seinem Bedeuten, dessen Aus-
legung die Entfaltung oder *Geschichte* vor aller Historio-
graphie ist. Auf diese Weise bedeutet die unauflösbare
Mehrdeutigkeit, die die Sprache wirkt. Ist sie insofern
nicht Brechung oder Verzerrung des Seins, das in ihr the-
matisiert wird, der Identität beigebrachte Verstauchung?
Unmögliche Gleichzeitigkeit des Bedeutens, das nicht zu
versammelnde, aber auch nicht zu trennende der-Eine-
für-den-Anderen, ausgeschlossenes Drittes, das als Mehr-
deutigkeit oder Rätsel bedeutet – und doch Möglichkeit
auch für dieses Jenseits, Begriff zu werden, indem und
obwohl es sich auflöst? Die Sprache ginge so über die
Grenzen des Gedachten hinaus, indem sie andeutet, un-
terschwellig mit verstehen läßt, ohne je eindeutig ver-
ständlich zu machen – Implikation eines Bedeutens, und
zwar eines anderen Bedeutens als desjenigen, das Zeichen
wird in der Gleichzeitigkeit des Systems oder der logi-
schen Definition eines Begriffs. Eine Eigenschaft, die sich p. 216
im poetischen Ausdruck und der Interpretation, zu der er

unablässig aufruft, am deutlichsten zeigt. Eigenschaft, die sich im prophetischen Ausdruck darin zeigt, daß er in einer Art Erhebung seine Bedingungen oder Bedingtheit geringschätzt. Aufgrund der Annäherung, des der-Eine-für-den- Anderen des Sagens, die durch das Gesagte erzählt werden, bleibt dieses, das Gesagte, unüberwindbare Mehrdeutigkeit, Bedeuten, Sinn, der sich der Gleichzeitigkeit verweigert, nicht ins Sein eingeht, sich nicht zu einem Ganzen zusammenfügt. Die Annäherung oder das Sagen ist Beziehung zu dem, was nicht im *Ganzen* inbegriffen ist, mit dem Außer-ordentlichen; es überschreitet als Subversion des *sein* das von ihm zur Sprache gebrachte Thema, das „alles in allem", das „alles inbegriffen" des Gesagten. Die Sprache ist schon Skeptizismus. Verdankt nicht der kohärente Diskurs, der ganz und gar im Gesagten aufgeht, seine Kohärenz dem Staat, der den subversiven Diskurs gewaltsam ausschließt? Die Kohärenz verschleiert so eine Transzendenz, eine Bewegung vom Einen zum Anderen, eine latente Diachronie, eine Ungewißheit und – das schöne Wagnis.

Lassen sich die Risse im logischen Text durch bloße Logik wieder zusammennähen? Im Bündnis zwischen Philosophie und Staat, Philosophie und Medizin wird der Abbruch des Diskurses überwunden. Der Gesprächspartner, der sich der Logik nicht beugt, wird mit Gefängnis oder Anstaltsaufenthalt bedroht oder muß sich dem Renommé der Lehrautorität beugen und die Behandlung des Arztes über sich ergehen lassen: Gewalt oder Staatsräson oder Annäherung sichern der Rationalität der Logik eine Universalität und dem Gesetz die ihm unterstellten Bereiche. Der Diskurs gewinnt also durch die Repression oder die medizinische Behandlung seine Bedeutung zurück, durch die gerechten Gewaltmaßnahmen, an der Schwelle zum möglichen Unrecht, auf der das repressive Recht steht.

Durch den Staat erlangen die Vernunft und das Wissen Stärke und Wirksamkeit. Der Staat aber rechnet nicht mit dem unheilbaren Wahnsinn oder auch nur mit den zeitlich begrenzten Einbrüchen des Wahnsinns. Er löst die Knoten nicht auf, sondern haut sie durch. Das Gesagte thematisiert den unterbrochenen Dialog oder den durch Momente des Schweigens, des Scheiterns oder des Wahns verzögerten Dialog; doch die Zwischenphasen der Unterbrechung werden damit nicht wiedereingeholt. Wahrt der Diskurs, der die Diskursunterbrechungen beseitigt, indem er sie erzählt, nicht doch die Diskontinuität unter den Knotenpunkten, an denen der Faden wiederangeknüpft wird?

Die Unterbrechungen des Diskurses, die in der Immanenz des Gesagten wiederaufgenommen und erzählt werden, überleben so gleichsam in den Knoten eines wiederangeknüpften Fadens, Spur einer Diachronie, die nicht in die Gegenwart eingeht und sich der Gleichzeitigkeit verweigert.

Aber auch den letzten Diskurs, in dem alle anderen Diskurse zur Sprache kommen, unterbreche ich noch einmal dadurch, daß ich ihn demjenigen sage, der ihn hört und der außerhalb des durch den Diskurs formulierten Gesagten steht, außerhalb von allem, was der Diskurs umfaßt. Was im übrigen auch für den Diskurs gilt, den ich soeben, p. 217
in diesem Augenblick gerade, formuliere. Diese Referenz auf den Gesprächspartner durchbricht beständig den Text, den der Diskurs zu weben beansprucht, indem er alles thematisiert und in sich birgt. Durch die Totalisierung des Seins entkräftet so der Diskurs als der große Diskurs gerade den Anspruch der Totalisierung. Umkehrung in etwa wie bei der Widerlegung des Skeptizismus. Gewiß wird im Schriftlichen das Sagen zum reinen Gesagten, zur Gleichzeitigkeit des Sagens und seiner Bedingungen. Der unter-

brochene Diskurs, der seine eigenen Unterbrechungen noch einmal einholt – genau das ist das Buch. Doch haben Bücher ihre Bestimmung, sie gehören zu einer Welt, die sie nicht umfassen, sondern die sie anerkennen, indem sie geschrieben und gedruckt werden und indem sie sich Vorworte geben und vorausgehen lassen. Sie werden unterbrochen, berufen sich auf andere Bücher und lassen sich schließlich interpretieren in einem Sagen, das sich vom Gesagten unterscheidet.

Die Reflexion des Diskurses über sich selbst schließt ihn nicht in sich selbst ein. Die Totalität, die jede Eschatologie und jede Unterbrechung umfaßt, hätte sich schließen können, wenn sie Schweigen wäre, wenn der stille Diskurs möglich wäre, das Geschriebene ein für alle Mal geschrieben bleiben – auf jede Tradition, von der es getragen und ausgelegt wird, verzichten könnte, ohne seine Bedeutung zu verlieren. Der stille Diskurs mit sich selbst, ist er wirklich möglich? Das Sich ist die Nicht-Indifferenz den Anderen gegenüber, Zeichen auf die Anderen hin. Jeder Diskurs, selbst der innerlich formulierte, steht in der Nähe und umfaßt nicht das Ganze. Die beständige Wiederkehr des Skeptizismus bedeutet nicht so sehr das mögliche Zerbrechen der Strukturen als die Tatsache, daß *sie* nicht das letztgültige Sinngerüst bilden, daß zur Übereinstimmung mit ihnen schon die Repression nötig sein kann. Die beständige Wiederkehr des Skeptizismus ruft uns den – in einem sehr weiten Sinne – politischen Charakter jedes logischen Rationalismus in Erinnerung, das Bündnis der Logik mit der Politik.

Die Wiederkehr des Skeptizismus trotz der Widerlegung, die seiner These einen Widerspruch zu den Bedingungen jeder These nachweist, wäre völlig sinnlos, wenn alles in der Zeit erinnert werden könnte, das heißt imstande wäre, sich mit der Gegenwart zusammenzufügen, wenn das Sa-

gen strikt gleichzeitig würde mit dem Gesagten; wenn alles aus der Vergangenheit evozierbar wäre und sich zeigen ließe, wenn die Zeit nichts weiter wäre als eine Folge von Momenten und reine Form des Seins, apriorische Form vom *sein* des Seins, vom *esse* der Seienden, und wenn letztendlich der indirekte Diskurs über die an-archische Dia-chronie eine Wahrheit einbrächte, die im selben Sinne wahr wäre wie die auf das thematisierte Sein sich p. 218
beziehende Wahrheit, wenn die Wahrheit über die Diachronie sich in ein Thema einholen ließe, ohne sich dadurch bereits selbst zu widersprechen.

Die periodische Renaissance des Skeptizismus und seine unbezwingbare und nachlassende Kraft erlauben zwar nicht, seinem Gesagten irgendeinen Vorrang gegenüber den impliziten Voraussetzungen seines Sagens zuzubilligen. Doch daß der Widerspruch, der das eine gegen das andere stellt, den Sprecher nicht abwürgt – auch das erinnert an den Riß, der bei kritischer Betrachtung dieser wiederkehrenden Erscheinung sich in der Totalität der Vorstellung zeigt, in der universellen Gleichzeitigkeit, wie sie das Wissen als Vernunft verlangt. Es erinnert an das Zerbrechen der Einheit der transzendentalen Apperzeption, ohne das man nicht *anders* könnte *als sein*.

Anders gesagt

Kapitel VI
Draußen

Mephistopheles: p. 221
Willst du nur hören, was du schon gehört?
Dich störe nichts, wie es auch weiter klinge,
Schon längst gewohnt der wunderbarsten Dinge.
Faust:
Doch im Erstarren such ich nicht mein Heil:
Das Schaudern ist der Menschheit bestes Teil.
Goethe, *Faust II,* 1. Akt

Der Begriff des *Seins*, von allem ihn determinierenden Inhalt gereinigt, unterscheidet sich Hegel zufolge nicht vom reinen Nichts. Doch schon das intellektuelle Vermögen, das *Sein* ohne allen Inhalt zu denken, die Kühnheit der Abstraktion und der Verallgemeinerung, berufen sich auf dieses Nichts, welches das Sein aushöhlt, auf die Zersetzung, die das *esse* des Seins erschöpft, auf die *Endlichkeit* des *sein*. Ohne die Verallgemeinerung und den Verfall, die das *sein* abnutzen, käme es nicht zur Entstehung des Begriffs infolge der Verneinung des Individuellen – die rein logische Verallgemeinerung hätte sich noch so sehr anstrengen können. Der Begriff geht vom *sein* aus. Das Nichts, welches das *sein* zu Tode langweilt, perpetuiert die Wahrheit der Idealismen, das Privileg der Thematisierung und die Auslegung des *Seins* des Seienden durch die Objektivität des Objekts. Ohne diese Erosion des *sein*, die sich durch sein eigenes *esse* vollzieht, hätte sich nie irgendetwas gezeigt. Durchläuft nicht der Gegenstand der Wahrnehmung tatsächlich eine unbestimmte Vielfalt von „Abschattungen“, um in *idealer Identität* identifiziert zu werden, die anders ist als jede konkrete Ähnlichkeit zwischen

Bildern? Niemals wäre die Wissenschaft entstanden, die Wissenschaft des Universalen ist, Spiel des *sein*, das um Sein und um Nichts spielt. Niemals müßte das *sein* durch einen *Umweg* – im Durchgang durch die Menschheit – die Kraft seines Vollzuges in der Wirksamkeit der *Praxis* offenbaren, in der der abstrakte und gleichsam asthenische Begriff sich des Unmittelbaren bemächtigt, um es durch die Institutionen und Gesetze nach seiner Idee zu formen. Sein, Erkenntnis und Handlung sind an den Tod gebunden. Als verdankten selbst die Platonischen Ideen ihre Ewigkeit und ihre Reinheit als Universalien dem Niedergang des Vergänglichen, bevor sie einen Staat erfordern, um, nunmehr wirksam, aus ihrem schlechten Idealismus herauszukommen.

Das menschliche Subjekt – das bewußte, erkennende, handelnde Ich – läßt sich von daher als Dreh- und Angelpunkt dieser Umkehr des Begriffs, dieses Geschehens der Endp. 222 lichkeit interpretieren. Es ist als *Seiendes* dem Begriff unterworfen, der seine Einzigartigkeit von allen Seiten her zudeckt und sie aufgehen läßt im Universalen und im Tod. Insofern kann man sich fragen, ob nicht der *Phaidon* sokratische Ironie ist; Ironie, welche sich die vollkommene Weisheit einer hellsichtigen Ergebung erlauben kann, die mit einem verständnisvollen und komplizenhaften Lächeln der Ironie des *sein* selbst antwortet: Das zum Spiel des *sein* entstandene Subjekt ist „die Frist eines Morgens" *für sich*, von da an aber verweigert es sich dem Tod, obschon es durch ihn zum Begriff gelangt und, als universales, das *sein* selbst in Gang setzt, durch das es seinerseits eingesetzt worden war. Todesverweigerung, die gerade die Tiefe seiner Einwohnung im *sein* oder seines Interessiertseins[a] bemißt. Denn die Zugehörigkeit zum Sein ist nicht

[a] *Vgl. Anm. d in Kap. I, S. 26.*

ein Ruhen in einem friedlichen Hafen; die Dialektik von Sein und Nichts ist innerhalb des *sein* Angst vor dem Nichts, Kampf ums Dasein. Auf die Ironie des *sein* gehen vermutlich die Komödie, die Tragödie und die eschatologischen Tröstungen zurück, die alle die abendländische Geistesgeschichte kennzeichnen und in denen der Letztgültigkeit des Begriffs und des Todes des Subjekts die Hoffnung gegenübersteht, dem Ende zu entkommen.

Findet sich so das Subjekt nicht eingesperrt in eine Alternative? Der eine Teil der Alternative wird durch das Verständnis der Ironie des *sein* und durch die Möglichkeit gebildet, sich mit dem Universalen in dem Moment zu verschmelzen, in dem das Denken, das das Ganze umfängt, um darin unterzugehen, an „nichts weniger" denkt „als an den Tod". Eingeständnis der Letztgültigkeit des *sein*, der ausweglosen Immanenz seines einschließenden Spiels; stoische Weisheit in ihren verschiedenen Spielarten von Zenon bis Spinoza und bis Hegel; Weisheit der Ergebung und der Sublimierung. Der andere Teil der Alternative steht genauso in dieser Eingeschlossenheit und Ausweglosigkeit. Er bestünde jedoch darin, sich durch die Irrgänge verlocken zu lassen, die der Augenblick eröffnet, wo er seinen „Retentionen" und „Protentionen" entronnen ist: in der Lust, die im Augenblick auf noch ungenügende Weise die „Zeit abstellt", die noch träumt und zwar am Rande von Alpträumen und symbolischen Bedeutungen und die dabei eine andere Zeit sucht und eine „Bewußtseinstrübung" im Rausch und in der Droge – entfernten Resultaten oder Verlängerungen epikuräischer Unschuld und Reinheit, in denen gleichwohl die Lust sich schon von der Verantwortung für die Anderen trennte, die Liebe sich trennte vom Gesetz, aus denen der Eros hervordrang. Scheinlösung, die ihrerseits im *sein* und seinem Spiel verbleibt, ohne für das *sein* selbst in einer neuen oder

älteren Bedeutung einen Sinn zu finden. Ausweglosigkeit des Dilemmas, Ausweglosigkeit des *sein*: zur Angst vor dem Tod gesellt sich der Abscheu vor der Fatalität, vor
p. 223 dem unablässigen Rauschen des *Es-gibt* – entsetzliche Ewigkeit im Innern des *sein*.

Die vorliegende Untersuchung stellt diese Bezogenheit der Subjektivität auf das *sein*, das die beiden Teile der erwähnten Alternative beherrscht, in Frage. Sie fragt, ob aller Sinn aus dem *sein* hervorgeht. Schöpft die Subjektivität aus ihm ihren Sinn, um sodann als Kampf ums Dasein hervorzutreten und sich durch die Möglichkeit der Macht, in Gestalt nationalistischer Gewalttätigkeiten, verführen zu lassen, auch wenn sie heuchlerisch vorgibt, nur *im Dienste* des *sein* zu sein und das Wollen nicht zu wollen? Das eigentliche Problem besteht für uns Abendländer nicht mehr so sehr darin, die Gewalt abzulehnen, als vielmehr darin, uns zu fragen, wie wir die Gewalt so bekämpfen sollen, daß wir – ohne in der Widerstandsverweigerung gegenüber dem *Bösen* zu verkümmern – die Institutionalisierung der Gewalt infolge ebendieses Kampfes verhindern können. Perpetuiert nicht der dem Krieg erklärte Krieg das, was er zu vertilgen aufgerufen ist, um mit gutem Gewissen den Krieg und seine mannhaften Tugenden zu sanktionieren? Es ist an der Zeit, den Sinn einer bestimmten menschlichen Schwäche neu zu überdenken und in der Geduld nicht mehr einzig und allein die Kehrseite der ontologischen Endlichkeit des Menschlichen zu sehen. Doch eben deshalb selbst geduldig sein, ohne die Geduld von den Anderen zu verlangen; und insofern eine Differenz zugestehen zwischen sich und den Anderen. Es gilt dem Menschen eine andere Verwandtschaft zu finden als die, die ihn ans Sein bindet – wodurch es vielleicht möglich wird, die Differenz zwischen mir und dem Anderen, diese Ungleichheit, in einem ganz anderen Sinne zu

denken als dem der Unterdrückung, ja geradezu gegensätzlich zu ihr.
Erneutes Überdenken, das kaum vorstellbar ist in einer Welt, in der Nietzsche untreu zu werden – selbst wenn man frei von aller nationalsozialistischen Infizierung so denkt – als Blasphemie (dem „Tode Gottes" zum Trotz) gilt. Indes, entrinnt das Subjekt dem Begriff und dem *sein* – der Angst vor dem Tod und dem Abscheu vor dem *Es-gibt* – allein in der Ergebung und im Schein, gegenüber denen das *sein* sich in der Stunde der Wahrheit oder des unvermeidlichen Erwachens als stärker erweist? Kann man nicht die Subjektivität des Subjekts *von jenseits des sein her* verstehen, gleichsam von einem *Ausstieg* aus dem Begriff – von einem Vergessen des Seins und des Nichtseins her? Nicht von einem „unkontrollierten" Vergessen her, das noch *innerhalb* der Zweipoligkeit des *sein* steht, zwischen dem Sein und dem Nichts. Vielmehr von einem Vergessen her, das ein Ignorieren sein könnte in dem Sinne, in dem die Noblesse *nicht zur Kenntnis nimmt*, was nicht nobel ist und in dem manche Monotheisten, obschon sie es kennen, das nicht anerkennen, was nicht der Höchste ist. Ignorieren jenseits des Bewußtseins, Ignorieren mit offenen Augen. Nicht in jenem Interessiertsein, in dem die Mystiker ihr Heil suchen und in dem sowohl die p. 224
Zerstreuung als auch die Hoffnung auf ewiges Leben noch bleiben – Sinnwidrigkeit *im sein* – aber am Beginn allen Sinns. Nicht in all dem, was die Struktur des *Bedürfnisses* hat, das heißt was das *sein* auch durch seine eigenen Unterbrechungen hindurch noch einmal andeutet und in dem die verlorengegangene Fülle schon da ist, schon wiedergefunden ist – im Drang und im Hunger nach der Suche; nicht als dieses Verlangen nach dem Anderen, das sich noch innerhalb des *sein* hält und von daher gerade sich darin gefällt zu verlangen, das insofern erotisches Verlan-

gen ist. Ignorieren des Begriffs in der Offenheit des Subjekts auf das hin, was über diesen Kampf in eigener Sache und über die in sich ruhende Selbstgefälligkeit hinausgeht. Un-erotische Offenheit zwar und nicht erneut jene Offenheit eines Blicks, der ein Thema fixiert. Doch auch Offenheit, die nicht bloß Schein wäre: selbst das Spiel des Seins und des Nichts bezöge aus ihr seinen Sinn. Offenheit, die nicht eine Modalität dieses Spiels wäre, selbst wenn sie sich dem Philosophen nur *dank* dieses Spiels zeigt; gleichwohl trotzt sie dem Mythos, in dem die Erzählungen über den Ursprung der Welt erstarren, die alle schon in der Welt und unter ihren Bewohnern spielen. Ignorieren des Seins und des Todes, das weder ein Ausbruch sein kann noch eine Feigheit noch ein Absturz in die Alltäglichkeit; und ebensowenig der Mut zum Freitod, der immer noch interessiert ist und in dem das Subjekt aus Angst zu sterben oder aus Abscheu vor dem *Es-gibt* nur um so sicherer unter ihre Herrschaft fällt. Ignorieren und Offenheit, Indifferenz gegenüber dem *sein*, die im Titel unseres Buches durch die unmögliche Wendung „anders als Sein geschieht" bezeichnet wird; sie muß jedoch die ganze Tragweite des Sich-vom-Sein-Lösens ermessen und ist als ontologische Indifferenz der Bereich, der zur Unterscheidung zwischen Wahrheit und Ideologie notwendig ist. Indifferenz, die nicht rein negativ ist, denn in einer anderen Hinsicht meint sie Nicht-Indifferenz: Nicht-Indifferenz für den Anderen, für die Anderen. Schon die Differenz zwischen mir und dem Anderen ist Nicht-Indifferenz, ist *der-Eine-für-den-Anderen*. Doch der-Eine-für-den-Anderen, gerade darin liegt die Bedeutsamkeit der Bedeutung. Wie kann man eine solche Untersuchung durchführen, ohne dabei eine Reihe von Barbarismen in die Sprache einer Philosophie einzuführen, die zwar ausnahmsweise, in ihren Sternstunden, das Jenseits-des-

Seins und das vom *Sein* verschiedene *Eine* zum Ausdruck brachte, vor allem aber *bei sich* blieb, um das Sein zu sagen, das heißt die Immanenz im Sein; das *Bei-sich*, das *Zuhause*, dessen Eroberung und dessen eifersüchtige Verteidigung die europäische Geschichte gewesen ist? Und sicher hätten wir uns nicht erlaubt, hier an das *Jenseits-des-sein* zu erinnern, wenn nicht die abendländische Geschichte an ihren Rändern die Spur von Ereignissen aufwiese, die einer anderen Bedeutung fähig wären, und wenn die Opfer der Siegeszüge, nach denen die Epochen p. 225
der Geschichte benannt sind, sich vom Sinn dieser Geschichte abschneiden ließen. Wir schrecken hier vor dem Gedanken nicht zurück, daß selbst die stoische Würde, sich dem Logos zu ergeben, ihre Kraft schon der Offenheit für das *Jenseits-des-sein* verdankt.

Würde aber so die Offenheit für das Jenseits-des-sein, für das „anders als Sein geschieht“ nicht die Möglichkeit des Sehens, des Erkennens, des Begreifens und Greifens bedeuten, die mit Sicherheit darauf hinausliefe, zu *thematisieren* und so *das Sein* zu denken – dem Wissen, dem In-die-Hand-nehmen, dem Verschieben, dem Vorgehen und dem Besitzen ein Feld zu erschließen? Die Offenheit würde so das Subjekt dahin führen, wo diese Intentionen als grundlegend oder als gut anerkannt wären, unter Umständen auch darin anerkannt wären, anders zu sein, nicht aber in ihrem „anders als sein“. Wie kann man die Offenheit für das „dem Sein gegenüber Andere“ denken, ohne daß die Offenheit als solche sogleich eine Versammlung zu einer Verbundenheit, zur Einheit des *sein* bedeutet; zu einer Einheit, in die sofort auch das Subjekt hineingezogen würde, dem diese Versammlung sich enthüllt, wodurch die Verbindung *mit* dem *sein* sich unmittelbar *im* Innersten des *sein* ergibt? Wie kann man diese Offenheit denken, ohne sie mit der Befriedigung eines „Bedürfnisses nach Offenheit" gleichzusetzen? Läßt sich das Schema des intentionalen Subjekts vermeiden – das Wille ist, Immanenz im Sein, Interessiertsein und dessen Psychismus, dessen Menschlichkeit sich umkehrt zu „Erfahrung"; dessen Transzendenz verkehrt ist zur Ausrichtung auf Hinterwelten jener Himmelsstadt, die am Himmel der Erdenstadt sich in deren Kraftfeld dreht; dessen Extase nichts weiter ist als das Außer- sich-sein eines immer im Eigenen eingesperrten Seienden, ein Außer-sich-sein, das sich verbergen läßt? Kann die Offenheit einen anderen Sinn haben als den, durch offene Türen und Fenster für Seiende zugänglich zu sein? Kann die Offenheit eine andere Bedeutung haben als die des Enthüllens?

Folgt man dem Kritizismus, der eigentlichen Grundlegung der Philosophie, soweit man sie als Seinsverstehen auffaßt, so scheint dies nicht der Fall zu sein. Als „subjektive Form der Anschauung" ist der Raum für Kant ein Vorstellungsmodus der Seienden. Weder Attribut von Seiendem noch Beziehung zwischen Seienden, Nicht-Begriff. In keiner Weise Seiendes – diese negative Aussage ist eine Errungenschaft.

Doch bleibt für Kant der Raum Bedingung für die Vorstellung des Seienden und impliziert als solcher eine Subjektivität. Nicht daß das Seiende eine „subjektive Täuschung" im Spinnengewebe einer Seele wäre! Bemerkenswerterweise vollzieht sich das Seiende als Seiendes – vollzieht sich das *sein* – nicht *zunächst* in sich, um sich sodann und gelegentlich zu zeigen. Das *sein* entwickelt seine An-
p. 226 wesenheit und Gegenwart als Zurschaustellen oder Phänomenalität oder Erscheinen, und insofern gerade erfordert es ein Subjekt als Bewußtsein und setzt es das Subjekt ein als zur Vorstellung bestimmt. Das Subjekt auf diese Weise zu erfordern und durch das Offenbarwerden, in dem das *sein* seine Anwesenheit vollzieht, zur Vorstellung

zu verpflichten, macht die Objektivität des *sein* aus. Der Raum oder die Exteriorität sind für die Objektivität notwendig, weil sie für das *Offenbarwerden* notwendig sind, als vom Licht ausgefüllte Distanz, als Freiraum der Trans*parenz*.
Auch wenn man sich auf die operativen und kinetischen Möglichkeiten und auf die technischen Planungen des Subjekts im Raum bezieht, hat man deshalb noch nicht aufgehört, das *sein* als Objektivität zu denken. Man kann das *sein* nicht anders denken; anders denken kann man nur das Jenseits-des-sein. Die Lehre Kants ist die Grundlage der Philosophie, wenn die Philosophie Ontologie ist. Die Objektivität bedeutet keineswegs die Verdinglichung des *sein*, sie ist eben seine Phänomenalität, sein Offenbarwerden. Geht man von der Betrachtung der Anschauung zur Philosophie der Praxis über, so behält man bei den Akten am Ende die Vorstellung, die die Akte trägt, und in ihrer Zwecksetzung die „Erhellung" und den Raum als Transparenz. Alles Subjektive ist nach der – von Husserl wieder aufgenommenen – Formulierung Brentanos entweder Vorstellung oder auf der Vorstellung aufgebaut; jeder Satz verwandelt sich in doxische Setzung, Position oder Anerkennung von Seiendem, Aufnahme von Gegenwart. Das Enthüllen bleibt das Geschehen der Räumlichkeit und die Bestimmung des Subjekts.
Erschöpft sich aber der Sinn des Raumes in Transparenz und Ontologie? Ist er unlösbar mit dem *sein* und dem Erscheinen verknüpft? Umfaßt er nicht andere Bedeutungen? Spur eines Abschieds, Figur einer uneinholbaren Vergangenheit, Gleichheit einer Vielfalt, die gleichartig ist vor dem Gesetz – diese menschlichen Bedeutungen sind im Laufe der vorliegenden Arbeit angesprochen worden. Sie lassen sich nicht vom Enthüllen her interpretieren. Und ihnen zuvor bedeutet wahrscheinlich die Offenheit

des Raumes das *Außerhalb*, in dem nichts durch irgendet-
was bedeckt wird, die *Ungeschütztheit*, die Kehrseite des
„innersten Winkels“, die *Unbehaustheit*, die *Nicht-Welt*,
die Obdachlosigkeit, das Ausgebreitetsein ohne Sicher-
heit. Nicht allein negative Bedeutungen: Sie bedeuten das
Ende – oder das Diesseits – der finsteren Absichten der
Innerlichkeit, die Entmythologisierung der Mythen, das
Weitmachen einer Abgeschlossenheit, die durch die ab-
strakten Begriffe von Freiheit und Unfreiheit nicht ausge-
schöpft wird, handelt es sich doch dabei um einen Kom-
plex von Bedeutungen, der tiefer und weiter ist als Frei-
heit, den die Freiheit beseelt, in dem sie die Beseeltheit
selbst ist, der Hauch, das Atmen eines Luftzugs von aus-
p. 227 sen, in dem die Innerlichkeit, allen Winden ausgesetzt,
sich von sich selbst befreit. Ausgesetztheit ohne Übernah-
me, die schon ein Sich- Schließen wäre. Daß die Leere des
Raumes mit unsichtbarer Luft erfüllt ist – der Wahrneh-
mung verborgen, wo nicht der Wind zur zärtlichen Be-
rührung wird oder der Sturm zur Bedrohung – nicht-
wahrgenommen, sondern mich durchdringend bis in die
innersten Winkel meiner Innerlichkeit – daß sich diese
Unsichtbarkeit oder diese Leere atmen läßt oder Entset-
zen verbreitet – daß diese nicht-indifferente Unsichtbar-
keit mich früher als alle Thematisierung in Beschlag
nimmt, daß die bloße *Umgebung* sich aufdrängt als *Atmo-
sphäre*, der das Subjekt sich ergibt und sich aussetzt bis
hinein in seine Lunge, absichtslos und ohne Ziele – daß
das Subjekt auf dem Grunde seiner Substanz Lunge sein
kann – all dies macht die Bedeutung einer Subjektivität
aus, die leidet und sich darbietet, bevor sie im Sein Fuß
faßt – Passivität, die ganz und gar ein *Ertragen* ist.
Dabei ist weder die Ausgesetztheit den Blicken gegenüber
gemeint, in der Transparenz des Raumes, der offen ist für
das Licht und in dem das Subjekt unter der Plastizität

einer Form und den Beziehungen seines räumlichen Inhalts noch sein defensives und aggressives *Für-sich* verbirgt und so die Welt reziprok von neuem beginnt; noch ist der nächtliche Raum gemeint, der zwar der Überraschung ausgesetzt, aber in der Unsicherheit in Sicherheit, im Schutz der Dunkelheit in Ruhe ist. Die Ausgesetztheit geht der Initiative, sich auszusetzen, die ein Subjekt freiwillig ergreifen könnte, voraus. Denn das Subjekt findet für sich keinen Ort, nicht einmal in seiner eigenen räumlichen Ausdehnung, und auch nicht in der Nacht. Es öffnet sich im Raum, aber ist-nicht-in-der-Welt. Die Ruhelosigkeit des Atmens, das Exil in sich selbst, das ruhelose In-Sich ist nicht eine Unfähigkeit zu bleiben, die schon zur Bewegung würde von *hier* nach dort; es ist ein *Keuchen, ein Schaudern der Substantialität, ein Diesseits des Hier* – Passivität der Ausgesetztheit, die es nicht schafft, Gestalt anzunehmen. Meine Ausgesetztheit dem Anderen gegenüber erfolgt in meiner Verantwortung für ihn, ohne „Entschluß" meinerseits: Der geringste Anschein von Initiative und subjektivem Akt bedeutet infolgedessen ein stärkeres Hervortreten der Passivität dieser Ausgesetztheit. Ausgesetztheit gegenüber der Offenheit des Gesichts, die das „Immer-noch-weiter" der Ent-schlossenheit des „Sich" ist, der Ent-schlossenheit, die nicht das In-der-Welt-sein ist. Ein Immer-weiter – ein tiefes Atmen bis dahin, daß einem der Wind der Anderheit den Atem verschlägt. Dem Nächsten nahekommen, das Nahekommen des Nächsten heißt Spaltung des Subjekts, Spaltung über die Lunge hinaus bis zum resistenten Kern des Ich, bis zum indivis seines Individuums – Selbstspaltung oder Selbst als Spaltbarkeit, Passivität, die passiver ist als die Passivität der Materie. Sich öffnen wie der Raum, sich durch die Atmung aus der Geschlossenheit in sich befreien, setzt be- p. 228
reits dieses Jenseits voraus: meine Verantwortung für den

Anderen und meine Inspiration durch den Anderen: die erdrückende Bürde – das Jenseits – der Anderheit. Daß das Atmen, durch welches die Seienden sich triumphierend in ihrem Lebensraum zu behaupten scheinen, ein Aufzehren ist, eine Auflösung des Kerns meiner Substantialität; daß ich mich im Atmen bereits auf meine Unterwerfung hin öffne, Unterwerfung unter das unsichtbare Andere im ganzen; daß das *Jenseits* oder die Befreiung der Träger einer erdrückenden Bürde ist – ist sicherlich erstaunlich. Diesem Erstaunen ist das vorliegende Buch gewidmet.

Gewiß, das Atmen läßt sich einfacher in biologischer Begrifflichkeit zur Sprache bringen. Es entspricht einem grundlegenden Energiebedürfnis, es führt dem Gewebe Sauerstoff zu, der notwendig ist zum Funktionieren des Organismus und zum Ausscheiden der Schlacke. Die Luft und der darin enthaltene Sauerstoff werden dann wie Holz und Eisen behandelt, die Luft kann gesund oder ungesund sein, klimatisierte oder flüssige Luft; Sauerstoff läßt sich im Gepäck von Astronauten mitführen wie Süßwasser auf Schiffen. *Aber die Beziehung zur Luft, der es zu verdanken ist, daß die in diesen Wahrheiten ausgedrückten Erfahrungen gemacht werden und zur Sprache kommen, ist nicht ihrerseits eine Erfahrung*, trotz des Status' der Objektivität, den sie selbst in der philosophischen Sprache bekommt, die die Bedeutung dieser Erfahrungen beschreibt – indem sie hinter die Erfahrungen zurückgeht oder sie zurückführt auf den Horizont ihrer Thematisierung. Die philosophische Sprache aber, die das Gesagte auf das Sagen zurückführt, führt das Gesagte auf das Atmen zurück, das sich dem Anderen öffnet und dem Anderen gerade seine Bedeutsamkeit bedeutet. Reduktion, die also ein unablässiger Widerruf des Gesagten ist, zum Sagen hin, das durch das Gesagte, dessen Worte durch undefinierte Worte definiert werden, sich stets verraten sieht; Bewegung, die vom Gesagten zum Widerrufenen läuft, worin der Sinn sich zeigt, bedroht ist und sich zeigt – Schiffahrt, bei der das Element, welches das Schiff trägt, zugleich das Schiff überschwemmt und zu verschlingen droht. Vielleicht ist die Philosophie nichts anderes als diese Steigerung der Sprache, in der die Worte – im nachhinein – einen eigenen Status finden, dem dann die Religion, die Wissenschaft und die Technik ihr semantisches Gleichgewicht verdanken.

Als Offenheit des Sich für den Anderen, die nicht ein Konditionieren oder Gründen des Sich in irgendeinem Prinzip ist – der Unveränderlichkeit des seßhaften oder nomadischen Bewohners –, sondern Beziehung, die nichts zu tun hat mit der Inbesitznahme eines Ortes, mit einem Bauen, einem *Sich-Einrichten* – ist das Atmen Transzendenz als Ent-schlossenheit. Es offenbart seinen vollen Sinn erst in der Beziehung mit dem Anderen, in der Nähe des Nächsten, die Verantwortung für ihn, Stellvertretung für ihn bedeutet. Diese pneumatische Beziehung ist p. 229
nicht das Nichtsein, sie *ist* das Sich-vom-Sein-Lösen: das vom *sein* ausgeschlossene Dritte, zwischen Sein und *Nichtsein*.

Doch ist die Diachronie zwischen Inspiration und Expiration, zwischen Ein- und Ausatmen, die voneinander getrennt sind durch einen Moment, der weder zum einen noch zum anderen gehört, nicht Animalität? Ist vielleicht die Animalität die Offenheit auf das Jenseits – des *sein*? Es sei denn, die Animalität wäre erst der noch zu kurze Atem der Seele; es sei denn, im menschlichen Atmen, in seiner täglichen Gleichmäßigkeit, wäre schon die Atemlosigkeit einer Inspiration zu vernehmen, die das *sein* erstarren läßt, die es durchstößt in einer Inspiration durch den Anderen, in einer Inspiration, die schon Expiration ist, die „die Seele aushaucht"![1] Längstmöglicher Atem – Geist. Ist nicht der Mensch das Lebewesen, das zum längsten Atem fähig ist – in der Inspiration, die nicht ins Stocken kommt, und im Aushauchen, von dem es kein Zurück mehr gibt? Sich transzendieren, aus dem Eigenen weggehen bis dahin, aus sich selbst wegzugehen, heißt zum Stellvertreter des Anderen werden: in meinem Befinden als ich selbst nicht mich wohlbefinden, sondern aufgrund meiner Einzigkeit als einzigartiges Wesen für den Anderen sühnen. Die Offenheit des Raumes als Offenheit des Sich – ohne Welt, ortlos, die U-topie, das Nichteingemauertsein, die Inspiration bis zum Ende, bis zum Aushauchen – genau das ist die Nähe des Anderen, die nur möglich ist als Verantwortung für den Anderen, welche wiederum nur möglich ist als Stellvertretung für ihn. Die Anderheit des Anderen ist nicht ein Sonderfall, eine Spezies der Anderheit, sondern ihre ursprüngliche Aus-nahme. Nicht weil der Andere *neu* ist – eine unveröffentlichte Washeit – bedeutet er die Transzendenz oder, genauer, bedeutet er überhaupt; weil die Neuheit vom Anderen kommt, gibt es in ihr Transzendenz und Bedeutung. Durch den Anderen bedeutet die Neuheit im Sein das *Anders-als-sein*. Ohne die Nähe des Anderen in seinem Gesicht wird alles aufgesogen, versikkert alles, wird alles eingemauert im Sein, verschwindet alles in dieselbe Richtung, bildet alles ein Ganzes, in dem auch das Subjekt, dem sich dieses Ganze enthüllt, aufgeht. Das *sein* – das Sein der Seienden – spinnt zwischen den Unvergleichlichen, zwischen mir und den Anderen, eine

[1] Die Weisen Israels erzählen in einem Gleichnis, Moses habe die Seele ausgehaucht, als Gott ihn küßte. Sterben auf Gottes Gebot hin heißt im Hebräischen (Dtn 34, 5) „auf Gottes Mund". Das vollkommene Aushauchen – „unter dem Kuß Gottes" – ist der Tod auf Geheiß – in der Passivität und im Gehorsam – in der Inspiration durch den Anderen für den Anderen.

Einheit (und sei es auch nur die der Analogie), eine Ge-
meinschaft, es versammelt uns, es zieht uns „auf dieselbe
Seite“, kettet uns als Galeerensklaven aneinander und be-
raubt so die Nähe ihres Sinns. Jeder Versuch, diese Verbin-
dung und diese Gesamtsituation zu entflechten, wird
bloßes Kettengerassel bleiben. Als *Enthüllter* kehrt der p. 230
Andere zum *Selben* zurück und macht sich die Erfahrung
der Transzendenz sogleich des Kunstgriffs verdächtig. Die
Feierlichkeit der Zeremonien und Kulte, die mitreißend
sein kann, die Neuheit der Augenblicke in der Dauer,
unvergleichliche Frühlingsmomente, außerhalb der all-
täglichen Zeit, das Wachsen und Aufblühen der Natur, die
Frische und die Harmonie der Landschaften, die unab-
lässige Ankunft der Eigenschaft in ihrer unbeweglichen
Präsenz, die Heidegger als Parusie hat wahrnehmen und
beschreiben können – sind sie nicht alle, hinter dem Tran-
szendenzversprechen, dem Versprechen von Außer-or-
dentlichem, das sie zu halten vorgeben, durch irgend-
welche Theatertricks bewirkt? Verkommen diese extati-
schen Momente in ihrem *sein* nicht schon zu Spiegelungen
unserer eigenen Blicke, zu Trugbildern unserer Bedürfnis-
se, zum Echo unserer Gebete? Nichtigkeit, nur Nichtig-
keit, alles ist Nichtigkeit, nichts Neues gibt es unter der
Sonne. Ist in dem geschraubt würdevollen Pathos, das
Heideggers magischem Diskurs anhaftet, im Impressio-
nismus seines Spiels mit Licht und Schatten und im Ge-
heimnis einer Klarheit, die hinter dem Vorhang ans Licht
kommt, ist bei der ganzen Art, in der sich dieser Diskurs
auf Zehenspitzen oder leisen Sohlen fortbewegt und in der
die übertriebene Vorsicht, das Wild nicht zu erschrecken,
vielleicht nur die Unfähigkeit verstellt, es überhaupt auf-
zuspüren, bei der jeder Kontakt nur tangential ist – ist in
all dem die Poesie imstande, die Rhetorik zurückzuneh-
men? Ist das *sein* nicht überhaupt die Unfähigkeit zu ir-

gendetwas Anderem, zu irgendeiner Revolution, die nicht wiederum nur Revolution ihrer selbst ist? Alles, was den Anspruch erhebt, von anderswoher zu kommen – bis hin zu den Wunderwerken, deren das *sein* selbst fähig ist, bis hin zu den überraschenden Möglichkeiten der Erneuerung durch Magie und Technik, bis zu den Vorzügen von Göttern, die die oberen Gemächer dieser Welt bewohnen, und ihrer Unsterblichkeit und selbst der, die sie den Sterblichen verheißen – all das schwächt das widerliche Rauschen des *Es-gibt* nicht ab, das nach jeder Negation von neuem beginnt. Nicht die mindeste Unterbrechung in der Art, in der das *sein* verläuft, nichts, was Abwechslung bietet. Einzig der Sinn des Anderen ist unabweisbar und untersagt die totale Abgeschiedenheit und den Rückzug in die Muschel des Selbst. Eine Stimme ertönt vom anderen Ufer her. Eine Stimme unterbricht das Sagen des schon Gesagten.

Die hier vorgelegten Untersuchungen bekennen sich zum Geist der Husserlschen Philosophie, deren Buchstabe unserer Zeit die Erinnerung an die permanente Phänomenologie gewesen ist, an die Phänomenologie als Methode für die Philosophie im ganzen. Unsere Darbietung von Begriffen erfolgt weder so, daß sie diese logisch zergliedert, noch so, daß sie sie dialektisch beschreibt. Sie bleibt der Intentionalanalyse treu, insofern diese das Wiedereinrücken von Begriffen in den – verkannten, vergessenen oder verschobenen – Horizont ihres Offenbarwerdens be-
p. 231 deutet, verschoben in die Schauseite des Gegenstands, in seinen Begriff, in den vom bloßen Begriff absorbierten Blick. Das Gesagte, in dem alles thematisiert wird, in dem alles sich im Thema zeigt, muß auf seine Bedeutung als *Sagen* zurückgeführt werden, weiter zurück als bis auf die bloße Korrelation zwischen Sagen und Gesagtem. Es gilt das Gesagte auf die Bedeutung des Sagens zurückzufüh-

ren, indem es dem philosophischen, dem immer noch weiter zu reduzierenden Gesagten ausgeliefert wird. Wahrheit in mehreren Zeiten, auch insofern dem Atmen vergleichbar, Wahrheit einer Diachronie ohne Synthese, die im Schicksal des widerlegten und als rechtmäßiges Kind philosophischen Forschens erneut auftauchenden Skeptizismus' angedeutet ist und zu der dieses Schicksal gewissermaßen ermutigt.

Doch ist das Offenbarwerden des Seins nicht die letztgültige Legitimation für die Subjektivität – gerade darin wagt sich die vorliegende Arbeit über die Phänomenologie hinaus. Im Subjektiven verlieren die Begriffe – und das *sein*, das sie ja nur artikulieren – die Konsistenz, die ihnen das Thema, in dem sie sich manifestieren, bietet. Nicht so, daß sie sich als „Seeleninhalte" in einem „dem Objekt gegenüberstehenden Subjekt" wiederfinden. Im Gegenteil, in der Übersteigerung, im Superlativ, in der *Exzellenz* der Bedeutung, auf die sie zurückgehen – in der Transzendenz, die darin sich vollzieht, „passiert" oder über sich hinausgeht und die nicht ein Seinsmodus ist und sich in einem Thema zeigt – zerspringen die Begriffe und das *sein*, das sie artikulieren, und werden sie zu menschlicher Verstrickung verknüpft. Die Emphase der Exteriorität heißt Exzellenz. Höhe, Himmel. Das Himmelreich ist ethisch. Diese Übersteigerung, diese Ex-zellenz ist nichts anderes als das „Für-den-Anderen" des Sich-vom-Sein-Lösens. Gerade das wollte die befremdliche Rede zum Ausdruck bringen, die hier über die Bedeutung im der-Eine-für-den-Anderen des Subjekts geführt worden ist. Sie hat die Bedeutung dem Thema entrissen, in dem sich die Bedeutung dem Verstehen eines „vernunftbegabten Subjekts" darbietet, doch hat sie die Bedeutung damit nicht auf ein „Erlebnis" des Bewußtseins reduziert. Sie hat den Anspruch erhoben, einen dritten Weg zu beschreiben oder die Un-

wegsamkeit eines ausgeschlossenen Dritten. Die Subjektivität entsteht hier nicht aus dem geheimnisvollen Treiben, als welches das *sein* des Seins sich vollzieht und in dem, Heideggers Antiintellektualismus zum Trotz, die gnoseologische Korrelation des durch eine Manifestation gerufenen Menschen wieder auftaucht. Das Menschliche tritt hier, schon unter Anklage, aufgrund der Transzendenz – oder der Übersteigerung – hervor, das heißt durch das Sich-vom-Sein-Lösen des *sein*, als Übersteigerung, in der das *sein* zerspringt und *nach oben fällt*, ins Menschliche. Der hier unternommene philosophische Diskurs geht nicht von einem Begriff zum anderen über, indem er einzig und allein die „subjektiven" Horizonte dessen, was sich zeigt, absuchte, sondern er umgreift Verbindungen
p. 232 von Einzelteilen, in die über-spannte Begriffe wie *Präsenz* oder *Subjekt* auseinanderfallen.

Daß diese Bedeutung des Sagens ohne Gesagtes gerade die Bedeutsamkeit der Bedeutung ist, der-Eine-für-den-Anderen – begründet nicht eine Armseligkeit des Sagens, die wir uns für den unendlichen Reichtum des Gesagten einhandelten, jenes fixierten und wunderbar beweglichen Gesagten in unseren Büchern und Überlieferungen, in unserer Wissenschaft und unserer Dichtung, in unseren Religionen und unseren Gesprächen – begründet keineswegs einen Kuhhandel. Die im Endeffekt (für den, der in Effekten denkt) immer gleiche Zärtlichkeit der Liebe – ist immer anders und übersteigt maßlos die Gesänge, Gedichte und Geständnisse, in denen sie auf so verschiedene Weise und durch so viele Themen hindurch, in welchen sie scheinbar sich verliert, zur Sprache kommt. Nach einem Wort Jehuda Halevis spricht Gott mit seinem ewigen Wort „zu jedem Menschen gesondert".

Die Bedeutung – der-Eine-für-den-Anderen – die Beziehung zur Anderheit – ist in der vorliegenden Arbeit als

Nähe analysiert worden, die Nähe als Verantwortung für die Anderen und die Verantwortung für die Anderen – als Stellvertretung: In seiner Subjektivität, gerade in seiner Haltung als getrennte Substanz, hat sich das Subjekt als Sühne-für-die-Anderen erwiesen, als Bedingung oder Unbedingung der Geiselschaft.
Dieses Buch interpretiert das *Subjekt* als *Geisel* und die Subjektivität des Subjekts als Stellvertretung, die mit dem *sein* des Seins – und des Seienden – bricht. Die These setzt sich unvorsichtigerweise dem Vorwurf des Utopismus aus, einer Meinung zufolge, in der der moderne Mensch sich für ein Seiendes unter Seienden hält, während seine Modernität gleichwohl sich zeigt als eine Unfähigkeit, bei sich zu bleiben. Dem Utopismus als Vorwurf – sofern Utopismus ein Vorwurf und überhaupt ein Gedanke von Utopismus frei ist – entgeht unser Buch, indem es daran erinnert, daß *das, was menschlich statt-fand, seinen Ort hatte, niemals an seinem Ort hat eingeschlossen bleiben können.* Es ist durchaus nicht nötig, sich dafür auf ein Geschehen zu beziehen, mit dem der Ort werdende Nicht-Ort unter außergewöhnlichen Umständen in den Raum der Geschichte eingetreten sein soll. Die moderne Welt ist vor allem eine Ordnung – oder eine Unordnung – in der die Eliten die Massen nicht länger ihren Gewohnheiten, ihrem Unglück, ihren Illusionen, ja nicht einmal ihren Heilsmechanismen überlassen können, die, ihrer eigenen Logik preisgegeben, sich unerbittlich umkehren. Eliten, die man bisweilen „die Intellektuellen" nennt. Menschenmassen, deren Ansammlungen oder deren Auseinandertreiben sich in den mannalosen Wüsten dieser Erde finden. Doch Menschenmassen, Völkerscharen, in denen jedes Individuum virtuell ein Erwählter ist, gerufen ist, seinerseits – oder ohne abzuwarten, bis die Reihe an p. 233
ihm ist[b] – aus dem Begriff des Ich aufzubrechen, aus seiner

Ausdehnung in der Masse, im Volk, gerufen, aus Verantwortung zu antworten: *ich*, das heißt *sieh mich, hier bin ich, für die Anderen*, gerufen, in radikaler Weise den eigenen Platz oder den eigenen Schutz im Sein zu verlieren, einzutreten in die Allgegenwärtigkeit, die ebenso eine Utopie ist. Hier, sieh mich, für die Anderen – Antwort außerhalb der Norm, deren Enormität oder Maßlosigkeit abgeschwächt wird durch den Verdacht der Heuchelei, der auftritt, sobald die Antwort mir zu Ohren kommt; zu Ohren, die vorgewarnt sind durch das *sein* des Seins, das heißt durch die Art, in der das Sein abläuft. Heuchelei, von der von vornherein jeder sich distanziert. Doch die Normen, auf die die Ächtung Bezug nimmt, sind in der Enormität der Bedeutung und im vollen Wortlaut ihrer Aussage schon verstanden worden, wahr wie ein Zeugnis, das sich nicht verdrängen läßt. Dies jedenfalls ist nötig für das bißchen Menschlichkeit, das die Erde ziert, und sei es auch nur aus bloßer Höflichkeit oder mit dem Glanz geschliffener Sitten. Nötig ist dazu eine Unregelmäßigkeit im *sein*, wodurch dieses nicht erst die Gewalt verabscheut. Diese Abscheu nämlich bezeugt erst das Stadium einer anfanghaften oder noch wilden Menschlichkeit, die schon bereit ist, ihre Abneigungen zu vergessen, umzuschlagen in ein „Unregelmäßigsein", sich wie alles *sein*, das unvermeidlicherweise eifersüchtig an seinem *sein* festhält, mit militärischen Ehren und Tugenden zu umgeben. Für das bißchen Menschlichkeit, das die Erde ziert, braucht es eine Seinsschwäche zweiten Grades: *im gerechten Krieg, der gegen den Krieg geführt wird, unablässig zittern – ja schaudern – gerade um dieser Gerechtigkeit willen*. Es braucht diese

[b] *Die französischen Formulierungen für* „seinerseits" *und* „abwarten, bis man an der Reihe ist" *sind deutlicher aufeinander bezogen, als es die deutsche Übertragung nachbilden kann:* à son tour – attendre son tour.

Schwäche. Es brauchte dieses Schwachwerden des Mannhaften, das nicht Feigheit ist, für das bißchen Grausamkeit, das unsere Hände verweigert haben. Diesen Sinn sollten die im vorliegenden Buch wiederholt gebrauchten Formulierungen andeuten, die Bezug nehmen auf die Passivität, die passiver ist als jede Passivität, auf die Spaltung des Ich bis zu mir, auf sein Sich-Verzehren für den Anderen, ohne daß aus der Asche dieses Verzehrens der Akt erneut erstehen kann.

In dieser Arbeit, die keineswegs unbrauchbar gewordene Begriffe zu restaurieren sucht, bleiben die Absetzung und die Entlassung des Subjekts aus seiner Stellung nicht ohne Bedeutung: Nach dem Tode eines bestimmten, die Hinterwelten bewohnenden Gottes deckt die Stellvertretung der Geiselschaft die Spur – als unaussprechliche Schrift – dessen auf, das, immer schon vergangen, immer schon „Er", in keine Gegenwart eintritt und zu dem weder die Namen, die Seiende bezeichnen, noch die Verben, in denen ihr *sein* erklingt, mehr passen – das vielmehr, selbst *Pro-nomen*, allem, was einen Namen trägt, sein Siegel einprägt.

Verzeichnis der verwendeten Sigel

AQ	E. Lévinas: Autrement qu'être on au-delà de l'essence, 2. Aufl. La Haye: Nijhoff 1978.
DD	E. Lévinas: De Dieu qui vient à l'idée, Paris: Vrin 1982.
DEHH	E. Lévinas: En découvrant l'existence avec Husserl et Heidegger, 4. Aufl. Paris: Vrin 1982.
EE	E. Lévinas: De l'existence à l'existant, 2. Aufl. Paris: Vrin 1978.
EU	E. Husserl: Erfahrung und Urteil. Untersuchungen zur Genealogie der Logik. Redigiert und herausgegeben von Ludwig Landgrebe, mit Nachwort und Register von Lothar Eley, 4. Aufl. Hamburg: Meiner 1972.
HAH	E. Lévinas: Humanisme de l'autre homme, Montpellier: fata morgana 1972.
HAM	E. Levinas: Humanismus des anderen Menschen. Übersetzt und mit einer Einleitung versehen von Ludwig Wenzler, Hamburg: Meiner 1989 (= dt. Übersetzung von HAH).
Hua	Husserliana, E. Husserl gesammelte Werke, Den Haag: Nijhoff 1950 ff. Die römische Zahl gibt den Band an.
JS	E. Lévinas: Jenseits des Seins oder anders als Sein geschieht. Übersetzt von Thomas Wiemer, Freiburg/München: Alber 1992 (= dt. Übersetzung von AQ).
SpA	E. Lévinas: Die Spur des Anderen. Untersuchungen zur Phänomenologie und Sozialphilosophie. Übersetzt und herausgegeben von Wolfgang Nikolaus Krewani, 3. Aufl. Freiburg/München: Alber 1992.
TA	E. Lévinas: Le Temps et l'Autre. Neudruck Montpellier: fata morgana 1979.
TI	E. Lévinas: Totalité et Infini. Essai sur l'extériorité, 7. Aufl. La Haye: Nijhoff 1980.
TU	E. Lévinas: Totalität und Unendlichkeit. Versuch über die Exteriorität. Übersetzt von Wolfgang Nikolaus

Krewani, Freiburg/München: Alber 1987 (= dt. Übersetzung von TI).

WG E. Lévinas: Wenn Gott ins Denken einfällt. Diskurse über die Betroffenheit von Transzendenz. Übersetzt von Thomas Wiemer, mit einem Vorwort von Bernhard Casper, 2. Aufl. Freiburg/München: Alber 1988 (= dt. Übersetzung von DD).

ZA E. Levinas: Die Zeit und der Andere. Übersetzt und mit einem Nachwort von Ludwig Wenzler, Hamburg: Meiner 1984 (= dt. Übersetzung von TA).

Personenregister

Sachregister

Der Index registriert nicht jedes Vorkommen eines Terminus, sondern trifft eine Auswahl nach dem Informationsgehalt.
Gelegentlich sind weitere Stichwörter angegeben, die zum Bedeutungsumfeld des jeweiligen Terminus gehören und zur näheren Bestimmung herangezogen werden können.

Werke von Emmanuel Lévinas bei Alber:

Totalität und Unendlichkeit

Versuch über die Exteriorität

Übersetzt von Wolfgang Nikolaus Krewani
1987. 472 Seiten. ISBN 3-495-47583-4

In diesem ersten Hauptwerk stellt Lévinas die Eigentümlichkeit der sozialen Beziehung heraus: Sie ist das eigentliche die Welt konstituierende und diese zugleich transzendierende Prinzip; sie führt über die Totalität der Welt hinaus zum Unendlichen des Anderen. Von daher erörtert Lévinas die Erneuerung des autonomen Subjekts in der zwischenmenschlichen Beziehung. Fazit ist die Konzeption eines neuen sozialen Pluralismus, der das Problem der Einheit hinter sich läßt.

Die Spur des Anderen

Untersuchungen zur Phänomenologie und Sozialphilosophie

Übersetzt, herausgegeben und eingeleitet
von Wolfgang Nikolaus Krewani
3., unveränderte Auflage 1992. 358 Seiten. ISBN 3-495-47531-1

Lévinas verläßt das durch ein selbstherrliches Ich geprägte Seins-Denken in Richtung einer Ethik als Erster Philosophie. Alles Denken, so seine Überzeugung, das vom Ich oder Selbst ausgeht, bleibt im Grund allein und schließt den Anderen aus, ja vernichtet ihn in letzter Konsequenz. Doch der Andere begegnet als „Antlitz“: als Verbot „Du sollst mich nicht töten“, als Gebot „Du sollst mich in meinem Sterben nicht allein lassen“. Diese Begegnung reißt das Ich aus dem Schlaf seiner Selbstgewißheit.

Wenn Gott ins Denken einfällt

Diskurse über die Betroffenheit von Transzendenz

Übersetzt von Thomas Wiemer. Vorwort von Bernhard Casper
2., unveränderte Auflage 1988. 288 Seiten. ISBN 3-495-47569-9

Lévinas stellt die Seinsfrage neu als Frage nach dem Recht, zu sein. Seine Aufsätze geben Zeugnis von dem Versuch, Transzendenz zur Sprache zu bringen, ohne ihr durch den Zugriff des Begriffs den Charakter des Transzendenten zu nehmen. In Descartes' Idee des Unendlichen findet Lévinas das Modell eines Denkens, das sich unendlich betreffen läßt von einem bis zur Abwesenheit transzendenten Gott, der sich in der unbedingten Verpflichtung zur Verantwortung für den Anderen zu erkennen gibt.

Bücher über Emmanuel Lévinas bei Alber:

Wolfgang Nikolaus Krewani: Emmanuel Lévinas

Denker des Anderen. Eine Einführung
1992. 270 Seiten. Kartoniert. ISBN 3-495-47741-1

Thomas Wiemer: Die Passion des Sagens

Zur Deutung der Sprache bei Emmanuel Lévinas
und ihrer Realisierung im philosophischen Diskurs
1988. 536 Seiten. Gebunden. ISBN 3-495-47645-8

Rudolf Funk: Sprache und Transzendenz im Denken von Emmanuel Lévinas

Zur Frage einer neuen philosophischen Rede von Gott
1989. 452 Seiten. Gebunden. ISBN 3-495-47654-7

Verlag Karl Alber, Freiburg/München